AF553884

श्री गुरुग्रन्थ-दर्शन

सिक्खों के धर्म-ग्रन्थ 'गुरुग्रन्थ साहिब' के अन्तर्गत

श्री गुरुग्रन्थ-दर्शन

सिक्खों के धर्म-ग्रन्थ 'गुरुग्रन्थ साहिब' के अन्तर्गत

डॉ. जयराम मिश्र

लोकभारती प्रकाशन

लोकभारती प्रकाशन
पहली मंजिल, दरबारी बिल्डिंग, महात्मा गाँधी मार्ग
प्रयागराज-211 001
वेवसाइट : www.lokbhartiprakashan.com
ईमेल info@lokbhartiprakashan.com
शाखाएँ : 1-बी, नेताजी सुभाष मार्ग, दरियागंज
नयी दिल्ली-110 002
अशोक राजपथ, साइंस कॉलेज के सामने
पटना-800 006 (बिहार)
36-ए, शेक्सपियर सरणी
कोलकाता-700 017 (प. बंगाल)

मूल्य : 750

प्रथम लोकभारती संस्करण : 2019

आस्था पेपर कन्वर्टर
प्रयागराज द्वारा मुद्रित

SHRI GURU GRANTH-DARSHAN
by Dr. Jairam Mishra

ISBN : 978-93-88211-59-8

पहिला मरणु कबूलि जीवण को छडि आस।
होहु सभना की रेणुका तउ आउ हमारै पासि।।

—गुरु अर्जुन देव

विषय-सूची

नम्र निवेदन

पूज्य ताऊ (स्व.) पण्डित जयराम मिश्र आदर्श शिक्षक होने के साथ-साथ विद्वान शोधकर्त्ता और श्रेष्ठ लेखक थे। उनका यह श्रमसाध्य ग्रन्थ पी.एच.डी. उपाधि के लिए लिखा गया शोध-प्रबन्ध है। इसे सम्पन्न करने के लिए उन्होंने गुरुमुखी लिपि सीखी तथा कई माह तक अमृतसर, चण्डीगढ़ जैसे स्थानों पर निवास कर पंजाबी भाषा के विद्वानों और प्रतिष्ठित गुरुद्वारों में जाकर सिख-पन्थ के अध्येताओं से 'श्री गुरुग्रन्थ साहिब' की पवित्र वाणियों का अन्तर्हित अर्थ समझा।

'श्री गुरुग्रन्थ-दर्शन' साहित्य भवन प्रा.लि., प्रयागराज से सन् 1950 में प्रकाशित हुआ था। दशाब्दियों से यह ग्रन्थ अनुपलब्ध रहा जबकि इसकी माँग बराबर होती रही। प्रसन्नता की बात है कि लोकभारती प्रकाशन से अब इसका पुनर्प्रकाशन हो रहा है। लोकभारती ने पूज्य ताऊजी की अनेक पुस्तकें—नानक वाणी, गुरु नानक, स्वामी रामतीर्थ, आदिगुरु शङ्कराचार्य, मर्यादा पुरुषोत्तम भगवान श्रीराम, लीला पुरुषोत्तम भगवान श्रीकृष्ण, शक्तिपुंज हनुमान—प्रकाशित की हैं। ये सभी पुस्तकें अच्छे आकार की प्रायः 400 पृष्ठों की हैं, जिनके दर्जनों संस्करण इनकी लोकप्रियता के प्रत्यक्ष प्रमाण हैं।

नैष्ठिक ब्रह्मचारी पूज्य ताऊजी एषणाओं से ऊपर उठे हुए महापुरुष थे। अध्यापन काल में तथा अवकाश प्राप्ति के बाद भी उनको अनेक पद और सम्मान प्रस्तावित किये गये, जिन्हें उन्होंने नम्रतापूर्वक अस्वीकार किया। वे त्याग, तितिक्षा और वैराग्य के मूर्तिमान स्वरूप थे। वे कट्टर देशभक्त भी थे। सन् 42 के स्वाधीनता आन्दोलन में भाग लेने पर उन्हें छः वर्ष का कठोर कारावास दण्ड मिला था। बेड़ी और तनहाई में रखे जाने की सख्त सजा मिली थी। इस अवसर का उपयोग कर उन्होंने जेल में सम्पूर्ण गीता, ईशादि नौ उपनिषद् कण्ठस्थ किये तथा ब्रह्मसूत्र, योगवासिष्ठ जैसे वेदान्त ग्रन्थों का गहन अनुशीलन किया, परिणामस्वरूप उन्हें वहाँ दिव्य अनुभूतियाँ प्राप्त हुईं और उनका भावी जीवन निरन्तर, नाम जप में लीन, आत्मस्वरूप में स्थित एक उच्चकोटि के सन्त का हो गया।

हम सभी सगे-चचेरे भाई-बहनों के जीवन-निर्माण में ताऊ जी का बहुत बड़ा योगदान रहा। मैं जो कुछ हूँ उन्हीं के चरणों के प्रसाद से हूँ। हम सभी भी उन्हें

अपने पिता से बढ़कर मानते रहे। मैं सभी की ओर से उनकी प्रेरक पावन स्मृति को कृतज्ञ श्रद्धांजलि अर्पित करता हूँ।

कार्तिक पूर्णिमा
गुरु नानक जयन्ती सं. 2075
23 नवम्बर 2018

डॉ. सर्वज्ञराम मिश्र
आई.ए.एस.
जिलाधिकारी, मथुरा (उ.प्र.)

भूमिका

सिक्खों के धर्मग्रन्थ 'गुरुग्रन्थ साहिब' के अन्तर्गत प्रवाहित होनेवाली विशिष्ट विचारधारा को भली भाँति समझ पाने में लोग अपने को बहुत दिनों से असमर्थ मानते आये हैं। इसके कारण, सिक्खधर्म के विषय में विशेषकर अनेक पाश्चात्य विद्वानों की धारणा प्रायः भ्रान्तिपूर्ण, अथवा कभी-कभी सर्वथा विपरीत तक बन जाती रही है। आज से कई वर्ष हुए डॉ. विल्सन ने सिक्खधर्म का एक परिचय देते समय कहा था, "इस रूपरेखा द्वारा, जो वस्तुतः अधूरी भी कही जा सकती है, पता चलेगा कि सिक्खधर्म को हम, बड़ी कठिनाई से किसी 'धार्मिक विश्वास' की श्रेणी में रख सकते हैं। नानक और उनके सहधर्मी कवियों की रचनाओं में जो, सृष्टिकर्त्ता एवं विश्व के मूलाधार तथा दिव्य संरक्षक एवं पालनकर्त्ता के विषय में एक अनिश्चयात्मक भावना काम करती है, वह उसे कवियों की शैली में, केवल अरूप, अकाल एवं निर्विशेष मात्र स्वीकार कर लेती प्रतीत होती है जिस कारण हम उसे किसी कवि-कल्पना से भिन्न नहीं ठहरा सकते।"[1] इसी प्रकार इसके अनन्तर एक अन्य यूरोपीय लेखक हीलर ने भी, लगभग ऐसे ही प्रसंग में कहा है, "जिस बात के कारण 'ग्रन्थ के उपदेशों में कोई सर्जनात्मक शक्ति नहीं आ पाती वह उसमें लक्षित होनेवाले धर्म को एक मिश्रित सम्प्रदाय का रूप दे देना है। यह एक ऐसी वृत्ति का परिचायक है जो, देववाद एवं सर्वात्मवाद, ईश्वरीय पुरुषवाद एवं अपुरुषवाद तथा परमेश्वर द्वारा क्षमा कर दिये जाने में दृढ़ विश्वास और निर्वाण के प्रति उत्कष्ट अभिलाषा के बीच बराबर दोलायित-सी होती रहा करती है।"[2]

इस प्रकार के कतिपय लेखकों ने 'गुरुग्रन्थ' के विषय में स्वयं सिक्ख-धर्मवालों तक के अज्ञान की चर्चा की है। एक अन्य पाश्चात्य विद्वान् का कहना है, "सिक्खधर्म के अनुयायी 'ग्रन्थ' को अपने लिये अन्तिम प्रमाण माना करते हैं। परन्तु वस्तुतः वे इस पुस्तक के प्रति उपेक्षा का ही भाव रखते हैं और उनमें से कम-से-कम 90 प्रतिशत को अपने पवित्र धर्मग्रन्थों के विषय का कोई ज्ञान नहीं रहता।"[3] गैकालिफ़ ने भी इस बात को एक दूसरे ढंग से कहा है तथा इस

---

1. एच. एच. विल्सन : सिविल ऐण्ड रिलीजियस इन्स्टीट्यूशन्स ऑफ दि सिक्ख्स; जर्नल ऑफ दि रायल एशियाटिक सोसाइटी, खण्ड 9 (1818)
2. हीलर : दि गास्पेल ऑफ साधु सुन्दर सिंह, पृष्ठ 25-36
3. मानियर विलियम्स : ब्राह्मनिज़्म ऐण्ड हिन्दुइज़्म आदि, पृष्ठ 167

सम्बन्ध में यह भी बतलाया है कि उसका वास्तविक कारण क्या हो सकता है। एक बार भाषण देते समय उन्होंने सिक्खधर्म के अनुयायियों के विषय में कहा था, "मुझे यह बात खेद के साथ स्वीकार करनी पड़ती है कि सिक्खों में से अधिकांश का आचरण अपने धार्मिक नियमों से नितान्त भिन्न दीख पड़ता है। जिस भाषा में उनके धर्म ग्रन्थ की रचना हुई है उसके जानकार आजकल सारे विश्व में कदाचित् 25 से अधिक न मिलेंगे और यह संख्या भी अत्युक्ति हो सकती है।"[1] अपने इस कथन को उन्होंने फिर, अपनी पुस्तक 'दि सिक्ख रिलीजन' की 'भूमिका' लिखते समय दोहराया है और 'गुरुग्रन्थ' के अनुवाद की कठिनाइयों के प्रसंग में, लिखा है कि इसकी ठीक प्रकार से व्याख्या करनेवाले यथेष्ट संख्या में नहीं मिलते तथा "यह कहना भी कदाचित् अतिशयोक्ति न होगा कि ऐसे लोग दुनिया में 10 से अधिक न होंगे।" उन्होंने वहाँ पर यहाँ तक कह डाला है, "इस प्रकार, 'ग्रन्थ साहिब' विश्व के समस्त ग्रन्थों में चाहे वे पवित्र समझे जाते हों अथवा अधार्मिक ही क्यों न हों, कदाचित् सबसे अधिक दुर्बोध सिद्ध होगा और इसी कारण इसके कार्य विषय के प्रति इतना व्यापक अज्ञान भी दीख पड़ता है।"[2]

मैकालिफ़ का यह कथन उनके व्यक्तिगत अनुभव पर आधारित था और यह उस समय किया गया था जब उन्हें अपना 'गुरुग्रन्थ' विषयक अनुवाद-कार्य करते समय, उपयुक्त साधन उपलब्ध नहीं हो रहा था। उन्हें न केवल कोई अच्छा 'शब्दकोश' नहीं मिल रहा था, अपितु जो कुछ ऐसी सामग्री मिल पाती थी उसमें भी पर्याप्त मतभेद अथवा सन्देह तक की गुंजाइश रहा करती थी। जो 'गियानी' वा इसके विशेषज्ञ समझे जानेवाले उन्हें मिलते थे वे भी इसके वर्ण्य विषय का आशय अपनी स्थानीय बोली में ही प्रकट कर पाते जिसका समझना एक विदेशी के लिए अत्यन्त कठिन था। इसके सिवाय उनका कहना है, "ऐसा कोई व्यक्ति बड़ी कठिनाई से मिलता है जो सिक्ख धर्म के ग्रन्थों का विशुद्ध अनुवाद कर सकता है। जो संस्कृत का पण्डित मिलेगा उसे फ़ारसी एवं अरबी का ज्ञान नहीं और जो फ़ारसी एवं अरबी का जानकार है उसे संस्कृतवाले शब्दों की अभिज्ञता नहीं है। जो व्यक्ति हिन्दी जानता है उसे मराठी का परिचय नहीं और जो, इसी प्रकार, मराठी जानता है वह पंजाबी और मुल्तानी से परिचित नहीं रहा करता।"[3] इस प्रकार के विचार उन लोगों ने भी व्यक्त किये हैं जिन्होंने 'गुरुग्रन्थ साहिब' की बातों को एक जिज्ञासु बनकर समझने की चेष्टा की है। तदनुसार एक अन्य लेखक का भी कहना है, "आधिकारिक 'आदि ग्रन्थ' एक भारी-भरकम पोथी है

---

1. एम.ए. मैकालिफ़ : दि सिक्ख रिलीजन, जर्नल ऑफ दि युनाइटेड सर्विस क्लब शिमला, 1903
2. एम. ए. मैकालिफ़ : दि सिक्ख रिलीजन, आक़्सफोर्ड, 1909 इण्ट्रोडक्शन, पृ. 6
3. एम. ए. मैकालिफ़ : दि सिक्ख रिलीजन, आक़्सफोर्ड, 1909 इण्ट्रोडक्शन, पृ. 6

जो तौल में 29 पौण्ड होगी और जिसमें लगभग 15 सहस्त्र पृष्ठों के अन्तर्गत 10 लक्ष शब्द तक पाये जा सकते हैं ये 10 लक्ष शब्द भी 'ग्रन्थ' की भ्रमात्मक पहेली बने बिखरे पड़े हैं जिन्हें किसी निहित रहस्य का पता लगाने के पहले, उचित ढंग से बिठा लेना आवश्यक होगा।''[1] इस लेखक ने ऐसी कठिनाइयों का 'ग्रन्थ' की गुरुमुखी लिपि के कारण, बढ़ जाना माना है। इसने यह भी अनुमान किया है कि कई स्थलों पर, उसके भावों को भली भाँति समझने में, पद्यों के गेय होने तथा उनके विभिन्न छन्दों के कारण भी, बड़ी बाधा पहुँचती है। इधर खालसा ट्रैक्ट सोसाइटी अमृतसर ने 'श्री गुरुग्रन्थ कोश' के प्रथम संस्करण का प्रकाशन 1899 ई. से ही कर दिया है।

'गुरुग्रन्थ' के अध्ययन में एक बहुत बड़ी कठिनाई यह भी रहती रही है कि उसके पूज्य धर्मग्रन्थ होने के कारण, सबके लिए उसका स्वयं पढ़ लेना तक सुलभ न था और जो कुछ ज्ञान उसके विषय में प्राप्त किया जा सकता था वह दूसरों का माध्यम से हुआ करता था, जिस कारण उस पर यथोचित चिन्तन और मनन करने का प्रायः अवसर भी नहीं मिल पाता था। कहते हैं कि जब जर्मन पादरी डॉ. ट्रम्प 'इण्डिया आफ़िस' द्वारा नियुक्त होकर 'आदि ग्रन्थ' का अनुवाद करने के लिए अमृतसर आये तो उनकी सहायता के लिए अंग्रेज शासकों ने स्थानीय सिक्ख विद्वानों को आमन्त्रित कर दिया। परन्तु साम्प्रदायिक बंधनों के कारण, उसे कोई भी सिक्ख 'गियानी' उस समय यथेष्ट संकेत न दे सका। अन्त में, उसे 'ग्रन्थ' को म्यूनिख ले जाना पड़ा जहाँ पर अनेक जर्मन पण्डितों के गम्भीर अध्ययन एवं अध्यवसाय के फलस्वरूप ही, कुछ किया जा सका। इस प्रकार की बाधा साधारणतः उन सिक्खों के मार्ग में भी आ जाती थी जो, 'ग्रन्थ' की भाषा से न्यूनाधिक परिचित होते हुए भी, उसके निकट नहीं जा पाते थे। उसके पुजारियों द्वारा दूर से ही पाठ किये जाते समय, उसकी केवल अधूरी बातें ही ग्रहण कर पाते थे। उन्नीसवीं ईसवी शती के चतुर्थ चरण में कदाचित् पहले पहल, 'गुरुग्रन्थ' का मुद्रित संस्करण विस्तृत टीकाओं के साथ प्रकाशित हुआ और उस समय भी उसका वही रूप सबके सामने आ सका जो, साम्प्रदायिक विचारोंवाले सिक्ख 'गियानियों' के आदर्शानुसार हो सकता था। अतएव जो लोग उसमें निहित बातों पर स्वतन्त्र रूप से विचार करना चाहते थे उनके सामने मतभेदों की एक समस्या भी खड़ी हो गयी।

आश्चर्य की बात है कि उक्त प्रकार की साम्प्रदायिक भावनाजन्य बाधाओं तथा भाषा एवं कथन-शैली विषयक विविध कठिनाइयों के रहते हुए भी, डॉ. विल्सन एवं हीलर जैसे विदेशी लेखकों को अपनी 'गुरुग्रन्थ' सम्बन्धी जानकारी में कैसे सफलता मिल सकी? किस प्रकार उसके आधार पर यदि एक ने सिक्ख धर्मानुसार ईश्वर को कोरी 'कवि-कल्पना' की संज्ञा दी तो दूसरे ने भी उसी

1. सी.एच. लोचलिन : दि सिक्ख्स ऐण्ड देयर बुक, लखनऊ 1946, पृ. 29

प्रकार, उसमें निहित विचारों के सहारे किसी विचित्र 'मिश्रित सम्प्रदाय' की रूपरेखा का अनुमान कर लिया? ऐसा लगता है कि वे लोग 'गुरुग्रन्थ' का अनुशीलन स्वयं न कर सके, न इसी कारण, उसके विषय में अपना कोई निश्चित मत निर्धारित कर सके। जो बातें इन्हें दूसरों से सुनी-सुनायी, अथवा अन्यत्र उद्धृत रूपों में मिलीं उन्हीं को पर्याप्त एवं प्रामाणिक मानकर, इन्होंने अपना निर्णय दे दिया और इस ओर कदाचित् कुछ भी ध्यान देने की चेष्टा नहीं की कि इसके कारण कितनी भ्रान्ति फैल जा सकती है। किसी ग्रन्थ को समझने की चेष्टा करते समय विभिन्न कठिनाइयों का अनुभव करना तथा उसके कारण भूलकर जाना एक बात है, किन्तु ऐसा भी न करके केवल 'तिरछी राह' से गन्तव्य तक पहुँच जाना और उसका मनमाना परिचय देने लगना उचित नहीं। ऐसा करना कदाचित् किसी व्यक्ति की या तो अटकलबाजी सिद्ध करता है अथवा उसके किसी पूर्वग्रह की सूचना देता है जो क्षम्य अथवा वांछनीय नहीं, फिर भी ऐसे अध्ययन का एक पृथक् महत्त्व है।

'गुरुग्रन्थ' को गुरु नानक तथा उनके 'सहधर्मी कवियों' की रचनाओं का केवल एक संग्रह-ग्रन्थ जैसा मानकर इसके आधार पर तदनुकूल परिणाम निकालने लगना पर्याप्त नहीं कहा जा सकता, न यही सन्तोषप्रद समझा जा सकता है कि उसे विभिन्न मत-मतान्तरों का कोई 'कोशग्रन्थ' ठहराकर तदनुसार उसमें किसी 'मिश्रित सम्प्रदाय' की खोज की जाये। इस बात को स्वीकार कर लेने के लिए कदाचित् कोई भी साधन उपलब्ध नहीं कि जिन सन्तों की रचनाओं को उसमें स्थान दिया गया है वे या तो कोरे कवि मात्र थे अथवा ऐसे धर्म-प्रचारक ही थे जिन्हें सम्प्रदाय चलाने की धुन रहा करती है। इनके जीवन-चरित्रों की प्राप्त सामग्री तथा इनकी 'बानियों' से भी केवल इतना ही पता चलता है कि ये अपने समकालीन धार्मिक समाज की गतिविधि से पूर्ण सन्तुष्ट नहीं थे और ये उसे बहुत-कुछ सत्य से दूर जाती हुई भी समझते थे। इन्होंने अपने व्यक्तिगत चिन्तन एवं साधना द्वारा इसको हृदयंगम कर लिया था कि, जब तक हम किसी एक विशिष्ट आध्यात्मिक जीवन के आदर्श को अपने सामने नहीं रख लेते तथा तदनुकूल व्यवहार भी नहीं करते तब तक अपने भविष्य के कल्याण की आशा नहीं कर सकते। इन्होंने अपने मन्तव्यों को स्वयं निजी अनुभूतियों द्वारा स्थिर किया था, ये उन पर अपनी गहरी आस्था रखते थे तथा, उन्हें सर्वथा व्यापक एवं सार्वजनीन भी मानते हुए, उनके अनुसार चलने के लिए सब किसी को परामर्श देते रहते थे। अतएव, यदि हम इन उपलब्धियों के आधार पर विचार करें तो, कह सकते हैं कि कवि की श्रेणी में गिने जाने पर इन्हें अधिक-से-अधिक 'जीवन-दर्शन का कवि' ठहराया जा सकेगा तथा, धर्म-प्रचारक होने की दृष्टि से यदि इनके विषय में बतलाना पड़े तो भी हम केवल इतना ही पता दे सकते हैं कि इन्होंने अपनी ओर से किसी विशुद्ध आध्यात्मिक जीवन के अपनाने का आदर्श मात्र ही रखा होगा।

'गुरुग्रन्थ' की अधिकांश रचनाएँ उन सिक्ख गुरुओं की हैं जो सीधे गुरु नानक देव की शिष्य-परम्परा में आते हैं तथा जिन्हें क्रमशः उन्हीं की 'ज्योति का प्रतिरूप' रहते आने के कारण, 'नानक' संज्ञा द्वारा अभिहित करने की परिपाटी भी चली आयी है। गुरुं नानक देव ने जहाँ तक पता है कभी किसी धर्म वा सम्प्रदाय-विशेष का आश्रय ग्रहण करने की आवश्यकता का अनुभव नहीं किया, न उन्होंने किसी ऐसे स्पष्ट उद्देश्य को लेकर कार्य किया जिससे किसी पन्थ की स्थापना हो। उनके प्रयत्न लगभग उसी प्रकार के थे जैसे सन्त कबीर द्वारा किये जा चुके थे तथा जिनकी एक विशिष्ट प्रणाली बनती आ रही थी। इसके लिए किन्हीं पूर्वप्रचलित सिद्धान्तों में विश्वास रखना अनिवार्य न था, न किसी साधना-विशेष के अपनाने का आग्रह था। प्रत्येक व्यक्ति के लिए विचार स्वातन्त्र्य का मार्ग प्रशस्त बना था जिसकी सीमा केवल स्वानुभूति के अनुसार ही निर्धारित की जा सकती थी और उस 'स्व' की परिधि के अन्तर्गत न केवल विश्व अपितु विश्वातीत सत्य का भी समावेश किया जा सकता था। इस प्रकार, ऐसी भावना, स्वभावतः एक अत्यन्त उच्च एवं उदात्त आदर्श के प्रति निर्दिष्ट थी जिसे अनिर्वचनीय तक बतलाया जाता था, किन्तु जिसके साथ पूर्ण तन्मयता का भाव ग्रहण कर सदा व्यवहार करना जीवन का लक्ष्य भी समझा जाता था। यहाँ पर किसी 'धार्मिक विश्वास' के जाग्रत होने की बात न थी, न इन सन्तों ने उसकी आवश्यकता का ही अनुभव किया। आदर्श एवं व्यवहार (कथनी-करनी) का भेद मिटाकर उन्होंने अपने जीवन में किसी अपूर्व आनन्द का अनुभव किया और उसके विषय में अपने उद्‌गार प्रकट करते समय उनकी वाणी में जो रहस्यमयता आ गयी उसी के कारण हमें वहाँ 'अनिश्चयात्मक भावना' का भ्रम हो जाता है।

ऐसे जीवनादर्श में सभी कुछ आ जा सकता था जिस कारण हम उसे किसी प्रकार अपूर्ण वा एकांगी भी नहीं ठहरा सकते। अतएव यदि हम चाहें तो, उसे सर्वाङ्गीण भी कह सकते हैं तथा उसके लिए की गयी साधना को 'सर्वाङ्ग साधना' का नाम देकर उसके अन्तर्गत उन सभी धार्मिक प्रयत्नों का समावेश कर सकते हैं जो ऐसे उद्‌देश्य से किये गये होंगे। वहाँ पर किसी पद्धति-विशेष का बंधन नहीं, न वैसे व्यापक दृष्टिकोण के रहते हुए, हमें किसी दर्शन-विशेष की ही अपेक्षा होगी। ज्ञान, कर्म एवं उपासना कहे जानेवाले तीनों मार्गों में वहाँ पूर्ण सामंजस्य रह सकता है तथा, उस 'अनिर्वचनीय सत्य' को जानने वा समझने के लिए, वहाँ पर कोई भी उपयुक्त दृष्टि काम कर सकती है। तदनुसार सन्तों की इन रचनाओं में यदि हमें कभी देववाद, कभी सर्वात्मवाद तथा, इसी प्रकार कभी अन्य ऐसे परस्पर-विरोधी वादों के उदाहरण दीख पड़ें तो, हमें उसमें कोई आश्चर्य करने का कारण नहीं हो सकता। साधना-पद्धति की संकीर्णता अथवा सैद्धान्तिक दृष्टिकोण की संकुचित वृत्ति केवल वहीं बाधा डाल सकती है, जहाँ अपने लक्ष्य में किसी अपूर्णता की गुंजाइश हो, जहाँ उस पूर्णत्व की साक्षात् अनुभूति हो सके जिसमें उपनिषद् के शब्दों में, वह (परमतत्त्व) है और यह (सभी कुछ) पूर्ण है

तथा पूर्ण से उत्पत्ति होती है और पूर्ण का पूर्णत्व लेकर फिर पूर्ण ही अवशेष भी रह जाता है'' वहाँ वैसा प्रश्न ही कहाँ उठेगा?

'गुरुग्रन्थ' के अन्तर्गत जिस प्रकार किसी धार्मिक विश्वास की 'वस्तु' का अभाव है, उसी प्रकार उसमें हमें किसी वैसी 'धार्मिक व्यवस्था' द्वारा विहित उपदेश वा आदेश भी नहीं मिल सकते जो प्रायः प्रत्येक सम्प्रदाय में प्रवर्तित की गयी पायी जाती है तथा जिसका अक्षरशः अनुसरण करना उसके अनुयायियों का पवित्र कर्त्तव्य हुआ करता है। इसमें संगृहीत वाणियों के रचयिताओं की चेष्टा अधिकतर यही जान पड़ती है कि जो कुछ वास्तविक सत्य के रूप में अनुभूत हो उसे स्वयं अपने जीवन में भी उतारा जाय तथा वैसा ही करने का परामर्श किसी दूसरे को भी दिया जाय। वैसे सत्य का स्वरूप सदा एकरस एवं विश्वजनीन ही हो सकता है। इसी कारण, उसकी अनुभूति में भी कोई मौलिक अन्तर नहीं आ सकता। ये लोग इसी धारणा के साथ अपने निजी अनुभवों का वर्णन करते हैं, ऐसे कथन के समय आवेश में आकर बहुधा गा भी उठा करते हैं तथा इस पूर्ण प्रत्यय के साथ व्यवहार किया करते हैं कि सर्वत्र एक ही सत्ता का स्पन्दन हो रहा है। इन्हें न तो किसी सिद्धान्त का प्रतिपादन करना अभीष्ट है, न किसी को किसी मार्ग-विशेष की ओर मार्ग-निर्देश करना है। ये अपनी स्वानुभूति के गीत गाते समय उसे बार-बार तथा भिन्न-भिन्न प्रकार से प्रकट करते हैं, जिस कारण हमें कभी-कभी उसमें मत-वैविध्य का भ्रम हो सकता है और हम तर्क-वितर्क भी करने लग सकते हैं। किन्तु इसके लिए उन्हें दोष देने का कोई कारण नहीं हो सकता। इनकी वाणियों के अन्तर्गत जो कवि-सुलभ उक्तियाँ लक्षित होती हैं वे, इसी कारण, इनके रहस्यात्मक प्रकाशन का परिणाम हो सकती हैं। इसी प्रकार, जो उनमें मतों का वैविध्य अथवा सम्मिश्रण प्रतीत होता है वह इनकी गहरी अनुभूति की व्यापकता तथा सर्वाङ्गीणता से किसी प्रकार भिन्न नहीं कहा जा सकता।

'गुरुग्रन्थ' के समझने में बाहरी कठिनाई अवश्य दीख पड़ सकती है, किन्तु यह उतनी गम्भीर नहीं जितनी बतलायी जाती है। इसमें, भाषा वैविध्य के रहते हुए भी, एक ऐसी कथन-शैली का भी परिचय प्राप्त किया जा सकता है जो प्रायः सर्वत्र सामान्य है तथा जिसे सन्तों की उपर्युक्त मूल प्रवृत्ति का बोध हो जाने पर आपसे आप ढूँढ़ लिया जा सकता है। इसका रूप प्रायः वही है जो कभी वज्रयानी सिद्धों, जैन मुनियों, नाथपन्थियों अथवा अनेक प्राचीन भक्तों द्वारा अपने-अपने ढंग से अपनाया जाता रहा तथा जिसके विभिन्न अंगों का व्यवहार एवं प्रचार प्रचलित सन्त-परम्परा द्वारा भी होता आ रहा था। उसका प्रयोग अनेक हिन्दी सूफ़ी कवियों तक ने भी किया था। इन सभी ने, एक साथ, एक ऐसी प्रणाली को अग्रसर किया था जो कई बातों में विलक्षण थी, किन्तु जो अपने व्यवहारकर्त्ताओं के स्वभाव एवं मनोवृत्ति की पूर्ण परिचायक भी रही। 'गुरुग्रन्थ' की एक ऐसी अन्य विशेषता, उसमें संगृहीत विविध रचनाओं के क्रमदान में भी पायी जा सकती है। उसमें आये हुए पदों को कोई ऐसा शीर्षक भी दिया हुआ

नहीं मिलता जो विषयानुसार निश्चित किया गया हो तथा जिसके सहारे हमें उस मत-विशेष का परिचय मिल सके जो उनके रचयिताओं ने प्रकट किया होगा। उनका क्रम केवल रागानुसार ही स्थिर किया गया जान पड़ता है जिससे, इस विषय में, हमें कोई भी सहायता नहीं मिल पाती। हमें यहाँ प्रत्यक्षतः केवल इतना ही पता चल पाता है कि सिक्ख गुरुओं ने, तथा कतिपय सन्तों, भक्तों एवं सूफ़ियों तक ने भी एक ही प्रकार के गीत गाये होंगे। उनकी कथन-शैली की समानता, उनके भाव-साम्य तथा उनके वर्ण्य विषय की एकरूपता का पता इसके पीछे ही लग पाता है। पदों की संख्या यहाँ पर सबसे अधिक है। उनमें सिक्ख गुरुओं से भिन्न सन्तों एवं 'भगतों' की भी रचनाएँ पायी जाती हैं। इसी प्रकार हम यह बात उन 'सलोकों' व साखियों के विषय में भी कह सकते हैं जिनकी संख्या भी यहाँ पर कम नहीं है। इन सभी रचनाओं के अन्तर्गत हमें एक विशिष्ट भाव-धारा काम करती हुई मिलेगी तथा उसकी एक बहुत-कुछ स्पष्ट झाँकी हमें उन 'लघु ग्रन्थों' में भी दीख पड़ेगी जो 'जपुजी' 'सोद्धरु' 'सोपुरखु' एवं 'सोहिला' आदि के रूपों में यहाँ समाविष्ट हुए हैं। उनमें सर्वत्र एक विचित्र प्रकार की एकरसता और एकरूपता लक्षित होती है जिसका ठीक-ठीक परिचय हमें केवल तभी मिल सकेगा जब हम उसके लिए यथोचित रूप से प्रयत्न करें तथा वस्तुस्थिति को भली भाँति समझकर ही उसे जानना चाहें। तभी हम उन विभिन्न विचारों के बीच उपयुक्त संगति बिठा सकते हैं जो इस ग्रन्थ के अन्तर्गत इतस्ततः बिखरे हुए पाये जाते हैं तथा उसी दशा में हम उन सारी भ्रान्तियों का कोई समाधान भी पा सकते हैं जो इसे पढ़ते समय उत्पन्न हो जाती हैं।

डॉ. जयराम मिश्र के 'श्री गुरुग्रन्थ-दर्शन' द्वारा हमें उसी दिशा में किये गये प्रयत्नों का एक परिणाम देखने का अवसर मिलता है। डॉ. मिश्र ने यहाँ न केवल 'गुरुग्रन्थ साहिब जी' के अन्तर्गत प्रवाहित होनेवाली विशिष्ट धारा के विभिन्न स्रोतों का पृथक् परिचय दिलाने की चेष्टा की है, अपितु उन्होंने इसके पहले, उसमें संगृहीत रचनाओं के निर्माण की उस पृष्ठभूमि की भी एक रूपरेखा प्रस्तुत कर दी है जिसने उनके उद्‌गम एवं विकास में बाह्यप्रेरणा प्रदान की होगी। केवल गुरु वाणियों की चर्चा द्वारा भी हमें उसी प्रकार, यहाँ उसकी सारी रचनाओं के मूल रहस्य का भेद मिलने लग जाता है। ऐसा अध्ययन प्रस्तुत करने के कारण डॉ. मिश्र साधुवाद के पात्र हैं।

बलिया

—परशुराम चतुर्वेदी

निवेदन

श्री गुरु नानक देव जी सन्त-साहित्य के महान् कवि और सिक्ख धर्म के संस्थापक हैं। भारतीय धर्म-संस्थापकों में उनका गौरवपूर्ण स्थान है। वे उस धर्म के संस्थापक हैं जिसके बाह्य और आन्तरिक पक्ष अध्यात्म, तत्त्व चिन्तन और परमात्म-भक्ति की सुदृढ़ नींव पर निर्मित हैं। गुरु नानक देव की गुरु-परम्परा दशम गुरु श्री गुरु गोविन्द सिंह जी तक चलती रही।

पंचम गुरु श्री अर्जुन देव जी ने सिक्ख-गुरुओं तथा अन्य भक्तों की वाणियों का संग्रह किया। उन्होंने इस संग्रह का नाम 'ग्रन्थ साहिब' रखा। संवत् 1661 विक्रमीय में 'ग्रन्थ साहिब' की प्रतिष्ठा हर-मन्दिर (अमृतसर) में की गयी। संवत् 1765 विक्रमीय में दशम गुरु श्री गोविन्द सिंह जी गुरु का समस्त भार 'ग्रन्थ-साहिब' में केन्द्रीभूत करके 'ज्योती-ज्योति' में लीन हुए। इस ग्रन्थ का नाम 'आदि ग्रन्थ' भी है। ग्रन्थ का पूरा नाम 'आदि श्री गुरुग्रन्थ साहिब जी' भी है। 'श्री' 'साहिब' और 'जी' प्रतिष्ठा के लिए प्रयुक्त शब्द है। जिस प्रकार हिन्दुओं को वेद, पुराण, उपनिषद्, ब्रह्मसूत्र और श्रीमद्भगवद्गीता, मुसलमानों को 'कुरान शरीफ़' और ईसाइयों को 'होली बाइबिल' मान्य है, उसी भाँति 'श्री गुरुग्रन्थ साहिब जी' सिक्खों का परम पूज्य ग्रन्थ है। सिक्खों की सभी दार्शनिक विचारधाराएँ इसी ग्रन्थ से अनुप्राणित हैं।

'श्री गुरुग्रन्थ साहिब' पर कुछ यूरोपीय विद्वानों ने मौलिक कार्य किया है। मैकालिफ़ का कार्य श्लाघनीय है। उनके कार्य में इतिहास की मात्रा अधिक है। किन्तु धर्म और दर्शन के सिद्धान्त नहीं के बराबर हैं। यूरोपीय विद्वानों की कुछ अंग्रेजी पुस्तकों और फुटकल लेखों में धर्म और दर्शन सम्बन्धी कुछ बातें अवश्य प्राप्त होती हैं। इस दिशा में कतिपय सिक्ख विद्वानों के प्रयत्न सराहनीय हैं।

'श्री गुरुग्रन्थ साहिब जी' 1430 पृष्ठों का वृहत्काय धर्मग्रन्थ है। हिन्दी में अब तक इसके सम्बन्ध में अध्ययन का न होना खटकने की बात है। इसके अध्ययन की प्रेरणा मुझे आदरणीय गुरु-द्वय डॉ. धीरेन्द्र वर्मा एवं डॉ. राम कुमार वर्मा से मिली। आगरा विश्वविद्यालय ने इसे पी-एच.डी. के प्रबन्ध विषय मानकर मेरा उत्साह बढ़ाया। मेरे इस कार्य के निरीक्षक डॉ. गोपीनाथ जी तिवारी, असिस्टेण्ट प्रोफेसर हिन्दी, गोरखपुर विश्वविद्यालय रहे।

'श्री गुरुग्रन्थ साहिब' जी के अध्ययन में केवल सिक्ख गुरुओं की वाणियाँ ली गयी हैं। इस पवित्र ग्रन्थ की धार्मिक और दार्शनिक मान्यताओं का अर्थ है,

सिक्ख गुरुओं की मान्यताएँ। सन्तों की वाणियाँ उनकी पुष्टि के लिए ग्रन्थ साहिब में संग्रह की गयी हैं। गुरु अर्जुन देव ने संग्रह में अन्य भक्तों की वाणियों को भी उदारतापूर्वक स्थान दिया। सन्तों की वे वाणियाँ जो सिक्ख गुरुओं के सिद्धान्तों के अनुकूल थीं, 'ग्रन्थ साहिब' में रख ली गयी। अतः प्रधानता सिक्ख गुरुओं की वाणियों की ही है। फिर भी सन्तों की वाणियों का पृथक् अध्ययन होना समीचीन है।

मेरे इस अध्ययन की निम्नलिखित विशेषताएँ हैं—

(1) 'श्री गुरुग्रन्थ साहिब' के संकलन के सम्बन्ध में तीन मतों (ट्रम्प, मैकालिफ़ और साहब सिंह) के बीच समन्वय की चेष्टा,

(2) 'श्री गुरुग्रन्थ साहिब' की आन्तरिक एवं बाह्य रूपरेखा का विस्तारपूर्वक विवेचन,

(3) विषम राजनीतिक, सामाजिक और धार्मिक परिस्थितियों के बीच सिक्ख धर्म का जन्म; अन्य भारतीय धर्मों में इसका स्थान और इसकी लोकप्रियता का कारण,

(4) सिक्ख धर्म की व्यावहारिक तथा सैद्धान्तिक विशेषताओं का निदर्शन,

(5) परमात्मा के निर्गुण, सगुण और सगुण-निर्गुण तीनों स्वरूपों की विस्तृत व्याख्या,

(6) सृष्टि-उत्पत्ति, हउमै (अहंकार), माया, जीव, मनुष्य, आत्मा और मन आदि का 'श्री गुरुग्रन्थ साहिब' के आधार पर विवेचन,

(7) श्री गुरुग्रन्थ साहिब के अनुसार हरि-प्राप्ति-पथ में कर्ममार्ग, योगमार्ग, ज्ञानमार्ग और भक्तिमार्ग का अनुसरण इनका विशद विवेचन,

(8) गुरुओं के योग की मौलिकता,

(9) श्री गुरुग्रथ साहिब में अद्वैतवाद—डॉ. शेर सिंह जी के इस मत का खण्डन कि श्री ग्रन्थ साहिब में अद्वैतवाद नहीं है; गुरुओं के अनुसार ज्ञान-प्राप्ति के विविध साधन,

(10) सिक्ख गुरुओं की रागात्मिकता भक्ति का नवीन शैली में परिचय, इस भक्ति में परमात्मा के साथ विविध सम्बन्ध, भक्ति के उपकरण तथा भक्ति-प्राप्ति के परिणाम,

(11) सद्गुरु एवं नाम की विशद विवेचना।

इस ग्रन्थ के अध्ययन में मुझे पर्याप्त कठिनाइयों का सामना करना पड़ा। किन्तु पूज्य पिता जी के आशीर्वाद एवं प्रेरणा से कठिनाइयाँ आसान हो गयीं। अध्ययन एवं सामग्री संकलन के लिए मुझे खालसा कालेज, अमृतसर कई महीने रहना पड़ा। वहाँ के तत्कालीन प्रिन्सिपल भाई जोधसिंह और पंजाबी-विभाग के प्रोफेसर साहब सिंह जी, तथा पंजाब विश्वविद्यालय के पंजाबी विभाग के तत्कालीन अध्यक्ष, डॉ. मोहन सिंह से मुझे बड़ी सहायता मिली। स्वर्गीय डॉ. रानाडे, महामहोपाध्याय डॉ. उमेश मिश्र, डॉ. हजारी प्रसाद द्विवेदी, पण्डित

परशुराम चतुर्वेदी, डॉ. लक्ष्मी सागर वार्ष्णेय के अमूल्य परामर्शों से मैंने लाभ उठाया है। अतएव उन सबका मैं परम आभारी हूँ। जिन विद्वानों की कृतियों से मुझे किसी प्रकार की सहायता प्राप्त हुई है, उनके प्रति मैं अपनी कृतज्ञता प्रकट कर रहा हूँ।

मेरे इस शोध-कार्य में डॉ. हरदेव बाहरी, असिस्टेण्ट प्रोफेसर, हिन्दी-विभाग, प्रयाग विश्वविद्यालय ने बहुत अधिक सहायता पहुँचायी है। मैं उनका चिर-ऋणी रहूँगा।

भाई श्री नर्मदेश्वर जी चतुर्वेदी मेरे ऊपर अपार स्नेह रखते हैं। इस पुस्तक के प्रणयन में उन्होंने मुझे जो प्रोत्साहन दिया है, वह मैं कभी नहीं भूल सकता। प्रसिद्ध सन्त साहित्य-मर्मज्ञ, श्री पण्डित परशुराम चतुर्वेदी ने इस पुस्तक की विद्वतापूर्ण एवं सारगर्भित भूमिका लिखी है, इसके लिए मैं उनका परम कृतज्ञ हूँ।

गणतन्त्र-दिवस
1960 ई.

जय राम मिश्र
श्री ब्रह्म निवास,
आलोपी बाग
प्रयाग

श्री ग्रन्थ साहिब जी का संकलन

जिस भाँति हिन्दुओं को वेद, पुराण, उपनिषद्, ब्रह्मसूत्र और श्रीमद्भगवद्गीता प्रभृति ग्रन्थ, मुसलमानों को कुरान और ईसाइयों को बाइबिल मान्य हैं, उसी भाँति श्री गुरुग्रन्थ साहिब भी सिक्खों का परम पूज्य ग्रन्थ है। सिक्खों के सभी दार्शनिक एवं धार्मिक विचार इसी ग्रन्थ से अनुप्राणित हैं। यह ग्रन्थ अपूर्व संकलन है। अतएव इस पर विचार करना आवश्यक है।

ग्रन्थ साहिब के संकलन के सम्बन्ध में अभी तक तीन प्रधान मत हैं। एक है ट्रम्प का मत, तो दूसरा है मैकालिफ़ का और तीसरा है साहब सिंह जी का मत।

ट्रम्प का मत—श्री गुरुग्रन्थ साहिब जी के संकलन के सम्बन्ध में अपने प्रसिद्ध ग्रन्थ 'आदि ग्रन्थ' की भूमिका में ट्रम्प साहब ने अपना मत इस भाँति व्यक्त किया है, ''एक बार सिक्खों ने एकत्र होकर अपने पाँचवें गुरु अर्जुन देव से निवेदन किया कि गुरु नानक के पदों में तन्मयता लाने की अपूर्व शक्ति है। उनके पदों के सुनने से मन की विचित्र अवस्था हो जाती है। आजकल स्वार्थी लोगों ने अपने स्वार्थ के निमित्त अनेक पद बाबा नानक के नाम पर प्रचलित कर दिये हैं। उन पदों में अहंकार और सांसारिक भावों की ही प्रधानता है। अतएव यह आवश्यक है कि गुरु महाराज के पद ऐसे पदों से पृथक् कर दिये जायँ, ताकि उनकी पवित्रता अक्षुण्ण बनी रहे।''

''यह सुनकर गुरु अर्जुन देव ने अनेक स्थानों से गुरु नानक जी के पदों का संग्रह किया। साथ ही अन्य सिक्ख गुरुओं और अन्य भक्तों के पद भी संग्रह किये गये। हाँ, संग्रह में इस बात की ओर अवश्य ध्यान दिया गया कि ऐसे ही पदों का संग्रह ग्रन्थ साहिब में किया जाय, जो गुरु नानक के विचारों और सिद्धान्तों के विरोधी न हों। उन संग्रह किये हुए पदों को गुरु अर्जुन देव ने भाई गुरुदास जी को दिया कि वे उसे गुरुमुखी लिपि में लिखें। सिक्खों के दूसरे गुरु अंगद देव तथा अन्य गुरुओं ने अपनी रचनाएँ 'नानक' के नाम से की थीं। गुरु अर्जुन देव ने सोचा कि 'नानक' नाम के प्रयोग के कारण अन्य गुरुओं की वाणी में विभिन्नता लाना असम्भव होगा। इसलिए उन्होंने पहले गुरु के लिए 'महला पहला', दूसरे गुरु के लिए 'महला दूजा', तीसरे गुरु के लिए 'महला तीजा', चौथे गुरु के लिए 'महला चौथा' और अपने लिये 'महला पंजवाँ' का प्रयोग किया। भक्तों की वाणी को पृथक् करने के लिए, उनके नाम लिख दिये गये। सभी वाणियों के संग्रह के पश्चात् गुरु अर्जुन देव ने समस्त सिक्ख मण्डली को

यह आदेश दिया कि वे उस संग्रह को ही माने। बाहर की अन्य वाणियाँ चाहे नानक के ही नाम से क्यों न हों, अस्वीकृत कर दें।''[1]

मैकालिफ़ का मत—मैकालिफ़ के मतानुसार गुरु अर्जुन देव ने सिक्ख धर्मानुयायियों के लिए ऐसे नियम आवश्यक समझे, जो उनके नित्य के धार्मिक कृत्यों में सहायक सिद्ध हो। इस लक्ष्य की तभी सिद्धि हो सकती है, जब सिक्ख गुरुओं के सही पद स्थायी रूप में एक बड़े ग्रन्थ में संगृहीत कर दिये जायँ। इसी बीच गुरु अर्जुन देव को यह भी ज्ञात हुआ कि प्रिथिया अपने पदों को गुरु नानक तथा उनके अन्य उत्तराधिकारी गुरुओं के नाम से संग्रह कर रहा था। अनजान एवं भोली जनता गुरुओं के वास्तविक पदों को पृथक् नहीं कर सकती थी। इसीलिए गुरुओं की सच्ची वाणी प्राप्त करने के निमित्त गुरु अर्जुन देव ने भाई गुरुदास को बाबा मोहन के पास भेजा। बाबा मोहन, सिक्खों के तीसरे गुरु, अमरदास जी के ज्येष्ठ पुत्र थे। वे गोइन्दवाल में रहते थे। कहते हैं कि गुरुओं की वाणियाँ उनके पास सुरक्षित थीं। गुरु अर्जुन देव के आदेशानुसार भाई गुरुदास जी बाबा मोहन के पास पहुँचे, पर उन्हें सफलता न प्राप्त हो सकी। बाबा मोहन अपनी कोठरी में गम्भीर ध्यान में मग्न थे। भाई गुरुदास उनका ध्यान भंग करने के लिए रात-भर दरवाजा खटखटाते रहे। किन्तु बाबा मोहन का ध्यान भंग नहीं हुआ। अतः किवाड़ नहीं खुल सका। वे निराश होकर गुरु अर्जुन देव के पास अमृतसर लौट गये।[2]

इस पर गुरु अर्जुन देव के भाई बुड्ढा को बाबा मोहन के पास भेजा। पर उन्हें भी सफलता न प्राप्त हो सकी। अतएव गुरु अर्जुन देव बाबा मोहन के पास स्वयं पहुँचे। उन्होंने बाबा मोहन को पुकारा, पर कोई उत्तर नहीं पाया। तब गुरु अर्जुन देव ने निम्नलिखित वाणी उच्चरित की। इस वाणी का कुछ अंश तो ईश्वर पर घटित किया जाता है और कुछ बाबा मोहन पर। यह वाणी इस प्रकार है—

मोहन तेरे ऊँचे महल अपार।
मोहन तेरे सोहनि दुआर जीउ सन्त धरमसाला,
धरमसाल अपार दैआर ठाकुर सदा कीरतनु गावहे।
जह साध सन्त इकत्र होवहिं तहा तुमहिं धिआवहे।।
करि दइआ मइआ दइआल सुआमी होहु दीन कृपारा।
बिनवंति नानक दरस पिआसे मिलि दरसन सुखु सारा[3] *।।1।।2।।*

कहते हैं इस वाणी को सुनकर बाबा मोहन ने दरवाजा खोल दिया और देखा कि स्वयं गुरु अर्जुन देव आये हैं। बाबा मोहन गुरु अर्जुन देव की स्तुति सुनकर

---

1. आदि ग्रन्थ : ट्रम्प (अर्नेस्ट)—भूमिका, पृष्ठ 80-81.
2. द सिक्ख रिलीजन : मैकालिफ़, भाग 3, पृष्ठ 55-56.
3. श्री गुरुग्रन्थ साहिब, रागु गउरी, छन्त, महला 5, 248

प्रसन्न होने के बजाय, उन्हें डाँटने-फटकराने लगे, "तूने मेरे वंश की गुरु-गद्दी छीन ली और अब मेरे पूर्वजों की वाणी भी अपहृत करने आया है।" गुरु अर्जुन इस भर्त्सना से तनिक भी विचलित नहीं हुए और सुनाते ही गये—

मोहन तेरे वचन अनूप चाल निराली।
मोहन तूं मानहिं एक जी अपर सभ राली।।
मानहि त एकु अलेख ठाकुर जिनहिं सम कल धारीआ।
तुधु बचनि गुर कै बसि कीआ आदि पुरखु बनवारीआ।।
तूं आपि चलीआ आपि रहिआ आपि सभि कल धारीआ।
बिनवंति नानक पैज राखहु सभ सेवक सरनि तुमारीआ[1] ।।2।।2।।

अर्थात्, "ऐ मोहन, तुम्हारे वचन अनुपम हैं और तुम्हारा आचरण निराला है। मोहन, तुम एक परमात्मा में विश्वास रखते हो और अन्य वस्तुओं को व्यर्थ मानते हो। तुम एक अलख, परमात्मा में विश्वास करते हो, जो संसार की सारी कलाओं को धारण किये हुए हैं। गुरु के वचन मानकर तुमने अपने को आदि पुरुष बनवारी को समर्पित कर दिया है। तुम स्वयं अपने आप चलते हो, तुम स्वयं अपने में स्थित हो। तुम सारी कलाओं (शक्तियों) को धारण किये हो। 'नानक' विनती करते हैं कि मेरी प्रतिष्ठा की रक्षा करो। सारे सेवक तुम्हारी शरण में हैं।"

उपर्युक्त वाणी से बाबा मोहन कुछ द्रवीभूत हुए। वे ऊपर से कोठे के नीचे उतर आये और प्रतिष्ठित अतिथि के स्वागत के लिए आगे बढ़े। गुरु अर्जुन देव ने अपने पद को जारी रखा[2]—

मोहन तुधु सतसंगति धिआवै दरस धिआना।
मोहन जमु नेड़ि न आवै तुधु जपहि निदाना।।
जमुकाल तिन कउ लगै नाहीं जो इक मनि धिआवहे।
मनि बचनि करमि जि तुधु अराधहिं से सभे फल पावहे।।
मल मूत मूड़ जि सुगध होते सि देखि दरसु सुगिआना।
बिनवंति नानक राजु निहचतु पूरन पूरख भगवाना[3] ।।3।।2।।

अर्थात् "ऐ मोहन, सत्संगी पुरुष तुम्हारा ध्यान करते हैं और यह चिन्तन करते हैं कि तुम्हारा दर्शन किस प्रकार हो। ऐ मोहन, जो तुम्हारा जप करते हैं, अन्त में उनके समीप मृत्यु नहीं आती। जो अनन्य भाव से तुम्हारा ध्यान करते हैं, उनके निकट यमराज नहीं आते। जो तुम्हारा ध्यान मनसा, वाचा, कर्मणा करते हैं, उन्हें सारे फलों की प्राप्ति होती। जो सांसारिक मल-मूत्र (विषय भोग) में

1. श्री गुरुग्रन्थ साहिब, रागु गउरी, छन्त, महला 5, पृष्ठ 248
2. दि सिक्ख रिलीजन, भाग 3 : मैकालिफ़, पृष्ठ 57
3. श्री गुरुग्रन्थ साहिब, गउरी छन्त, महला 5, पृ.248

रत हैं, मूढ़ हैं, ऐसे लोग भी तुम्हारे दर्शन से ज्ञानी हो जाते हैं। नानक विनय करते हैं कि हे पूर्णपुरुष, भगवान् तुम्हारा राज्य निश्चल हो।''

बाबा मोहन ने जब गुरु अर्जुन देव के मुख मण्डल को ध्यान से देखा, तो उन्हें उसमें गुरुओं का ही दिव्य तेज प्रतिभासित हुआ। उन्होंने गुरु अर्जुन देव को गुरु-गद्दी का सच्चा उत्तराधिकारी जानकर ग्रन्थ उनके हवाले कर दिया। इस पर गुरु अर्जुन देव ने अन्तिम पद सुनाकर शब्द को पूरा किया—

मोहन तूं सुफलु फलिआ सणु परवारे।
मोहन पुत्र मीत भाई कुटंब सभि तारे।।
तारिआ जहानु लहिआ अभिमानु जिनी दरसनु पाइआ।
जिनी तुध नो धनु कहिआ तिन जमु नेड़ि न आइआ।।
बे अन्त गुण तेरे कथे न जाहीं सतिगुर पुरख मुरारे।
बिनवंति नानक टेक राखी जितु लगि तरिआ संसारे[1] ।।4।।2।।

अर्थात्, ''ऐ मोहन, तुम अपने परिवार समेत फूलो-फलो। मोहन, तुमने अपने पुत्र, मित्र, भाई, परिवार सबको तार दिया। तुमने उन्हें भी तार दिया, जिन्होंने तुम्हें देखकर अपना अभिमान नष्ट कर दिया। जो तुम्हें 'धन्य-धन्य' कहते हैं, उनके निकट मृत्यु नहीं आती। ऐ सतगुरु पुरुष, मुरारे, तुम्हारे गुण अनन्त हैं। उनका कथन नहीं किया जा सकता। नानक विनय करते हैं कि तुमने ऐसा सहारा लिया है, जिसे पकड़कर सारा संसार मुक्त हो जायगा।''

इस प्रकार गुरु अर्जुन देव ने यत्नपूर्वक बाबा मोहन से गुरुओं की वाणी प्राप्त की। उन्होंने भाई गुरुदास जी को गुरुओं के शब्दों को लिखने को नियुक्त किया।[2]

भक्तों की वाणी के सम्बन्ध में मैकालिफ़ की धारणा इस प्रकार है—

''गुरु अर्जुन देव ने भारतवर्ष के प्रमुख हिन्दू और मुसलमान सन्तों के अनुयायियों को निमन्त्रित किया, ताकि वे इस पवित्र ग्रन्थ में अपने आचार्यों की उपयुक्त वाणियाँ संग्रह करा सकें। एकत्र भक्तों ने अपने-अपने सम्प्रदाय की वाणियों की आवृत्ति की। जो वाणियाँ तत्कालीन धार्मिक-सुधार भावना के अनुरूप थीं और सिक्ख गुरुओं की शिक्षा के सर्वथा विरोधिनी और प्रतिकूल नहीं थीं, वे इस ग्रन्थ में संकलित कर ली गयीं। सन्तों की कुछ वाणियों में परिवर्तन भी दिखायी पड़ते हैं। इसका प्रमुख कारण यही है कि सन्तों की वाणियाँ उनके अनुयायियों तक आते-आते (जो गुरु अंगद देव के समकालीन थे) परिवर्तित हो गयीं। इसी कारण श्री गुरुग्रन्थ साहिब की भक्तों की वाणियों में पंजाबी शब्द आ गये हैं और वे वाणियाँ भारतवर्ष की अन्य पोथियों की वाणियों से नहीं मिलतीं। भक्तों की वाणियों को भी गुरुग्रन्थ साहिब में स्थान देने में गुरु अर्जुन देव का

---

1. श्री गुरुग्रन्थ साहिब, रागु गउरी छन्त, महला 5, पृष्ठ 248
2. द सिक्ख रिलीजन, भाग 3 : मैकालिफ़, पृष्ठ 60

यही उद्देश्य था कि वे संसार को यह प्रदर्शित कर सकें कि सिक्ख-धर्म में धार्मिक-संकीर्णता के लिए लेश मात्र भी स्थान नहीं है। प्रत्येक सन्त, चाहे वह किसी भी जाति और सम्प्रदाय का क्यों न हो। प्रतिष्ठा और सम्मान का पात्र है।''[1]

अनेक भक्तों की वाणियाँ अस्वीकृत कर दी गयीं। इसका एकमात्र कारण यही है कि उनकी प्रतिपादित शिक्षाएँ सिक्ख गुरुओं के उपदेशों से मेल नहीं खाती थीं। कान्ह, छज्जू, शाह हुसेन और पीलू लाहौर के चार प्रसिद्ध भक्त थे। कहते हैं कि वे चारों ही अपनी रचनाएँ श्री गुरुग्रन्थ साहिब में संगृहीत कराने आये। किन्तु गुरु अर्जुन देव ने उनकी वाणियाँ ग्रन्थ में संग्रह करने से अस्वीकार कर दिया। इसका कारण केवल यही था कि उन भक्तों द्वारा प्रतिपादित शिक्षाएँ गुरुओं की विचारधाराओं के अनुरूप नहीं थीं। कान्ह ने तो अपने को ही परमात्मा कहा। छज्जू ने स्त्रियों की निन्दा की। पीलू और शाह हुसेन में निराशावादिता थी।[2]

कई भट्टों ने सिक्ख धर्म को स्वीकार कर लिया था। वे सब गुरु अर्जुन देव के सम्मुख उपस्थित हुए। उन्होंने गुरु अर्जुन देव तथा अन्य गुरुओं की स्तुति की। गुरु अर्जुन देव ने उनकी वाणियों को भी पवित्र ग्रन्थ में स्थान दिया।[3]

गुरु अर्जुन देव द्वारा निश्चित की हुई वाणियाँ, भाई गुरुदास द्वारा लिखायी गयी। गुरु अर्जुन देव तो उन वाणियों को बोलते जाते थे और भाई गुरुदास जी लिखते जाते थे। इस प्रकार संग्रह का कार्य अत्यन्त परिश्रम से संवत् 1661 विक्रमीय के भाद्रपद (सन् 1604 ई.) में समाप्त हुआ।[4]

कार्य-समाप्ति के पश्चात् गुरु अर्जुन देव ने सभी सिक्खों को अनुपम और अमूल्य संग्रह देखने को निमन्त्रित किया। इस कार्य की सफलता के उपलक्ष्य में प्रसाद वितरण किया गया। भाई गुरुदास और भाई बुड्ढा की सम्मति से यह प्रति 'हर-मन्दर' में प्रतिष्ठापित कर दी गयी। तब गुरु अर्जुन देव ने एकत्र सिक्खों से कहा कि की गुरुग्रन्थ साहिब गुरुओं का ही प्रतीक है। अतएव ग्रन्थ की अत्यधिक प्रतिष्ठा होनी चाहिए। बहुत-कुछ सोचने-विचारने के पश्चात् गुरु अर्जुन देव ने ग्रन्थ साहिब की सेवा का भार भाई बुड्ढा को सौंप दिया।

साहिब सिंह जी का मत

ग्रन्थ साहिब के संकलन में साहिब सिंह जी एक अन्य मत उपस्थित करते हैं। उन्होंने अपनी पुस्तकों 'गुरमति प्रकाश' तथा 'कुझ होर धारमिक लेख' में यह सिद्ध करने की चेष्टा की है कि गुरुवाणी का संग्रह पहले से होता चला आ रहा

---

1. द सिक्ख रिलीजन, भाग 3 : मैकालिफ़, पृष्ठ 60-61
2. द सिक्ख रिलीजन, भाग 3 : मैकालिफ़, पृष्ठ 62-63
3. द सिक्ख रिलीजन, भाग 3 : मैकालिफ़, पृष्ठ 64
4. द सिक्ख रिलीजन, भाग 3 : मैकालिफ़, पृष्ठ 64

था। गुरु नानक देव स्वयं अपनी वाणियों के संग्रह के प्रति जागरूक थे। उन्होंने इसकी पुष्टि के लिए अनेक तर्क उपस्थित किये हैं, जिनमें से कुछ निम्नलिखित हैं[1]—

(1) यह बात सम्भव नहीं प्रतीत होती कि गुरु नानक देव के मन में अपनी वाणियों के संग्रह की प्रेरणा न जगी हो। उन्होंने लोक-कल्याण के निमित्त सांसारिक सुखों की तिलांजलि दी और लोगों के दुःख दूर करने के लिए दूर-दूर देशों की यात्राएँ कीं। ऐसी परिस्थिति में उनके मन में अपनी वाणियों के संग्रह के प्रति अवश्य भावना जगी होगी।

(2) गुरु नानक के भक्तों के लिए यह सम्भव नहीं था कि वे कलम-दवात लेकर बैठें और वाणियाँ लिखते जायँ। अनजान प्रदेश के भक्तों के लिए, तो यह बात और भी अधिक कठिन थी।

(3) गुरु नानक देव के सहवासी सिक्ख मरदाना आदि पढ़े-लिखे नहीं थे कि वे गुरु-वाणी लिख सके हों।

(4) यह भी असंगत प्रतीत होता है कि गुरु नानक तथा अन्य गुरु सदैव संगीत मय ही शिक्षा दिये हों।

(5) गुरुग्रन्थ साहिब में कुछ वाणियाँ असमान रूप से लम्बी हैं, उदाहरणार्थ 'रागु आसा' में पट्टी, 'रामकली' राग में 'ओअंकार' और 'सिद्ध गोसटि', राग 'तुखवारी' में 'बारा माह' और प्रारम्भ में ही 'जपुजी' आदि पर्याप्त लम्बी वाणियाँ हैं। क्या वे प्रारम्भ से अन्त तक गायी गयी होंगी? यदि गायी गयी होंगी, तो कितना समय लगा होगा?

(6) वख्ता नामक सिक्ख ने यदि गुरुओं की वाणियाँ संगृहीत की थीं और उस संग्रह पर गुरुओं के हस्ताक्षर करा लिये थे, तब क्यों गुरु अर्जुन देव ने उस प्रति में से कुछ ही वाणियाँ छाँटीं? क्या शेष वाणियाँ गुरु-वाणियाँ नहीं थीं?

(7) प्रत्येक पिता अपने पुत्रों के लिए कुछ-न-कुछ सम्पत्ति छोड़ जाता हैं। तो क्या दीन-दुनिया के मालिक गुरु नानक पिता जी, हमारे लिये कोई सम्पत्ति नहीं छोड़ गये?

उपर्युक्त तर्कों के आधार पर साहिब सिंह जी इस निष्कर्ष पर पहुँचे हैं कि अपने सिक्खों के लिए गुरु नानक देव जी स्वयं अपनी वाणी सुरक्षित करते गये। उन्हें यह भली भाँति ज्ञात था कि आगे की पीढ़ियाँ इनसे लाभ उठावेंगी।

साहिब सिंह जी ने यह भी सिद्ध करने की चेष्टा की है कि दूसरे गुरु अंगद देव तथा तीसरे गुरु अमरदास जी के पास गुरु नानक देव की सारी वाणी पहले से उपस्थित थीं। गुरु नानक देव और गुरु अंगद देव की वाणियों के विचारों में तो साम्य है ही, साथ ही शब्दावलियों में भी असाधारण समानता है। उदाहरणार्थ,

---

1. कुझ होर धारमिक लेख : साहिब सिंह, पृष्ठ 9-21

चाकरु लगै चाकरी, ज चलै खसमै भाइ।।25।। गउड़ी।।
आसा की वार, महला 1
चाकरु लगै चाकरी, नाले गारब वादु।
सलोकु, महला 2
सोई पूरे साह, वखते उपरि लड़ि मुए।।1।।17।।
माझ की वार, सलोक, महला 1
सोई पूरे साह, जिनी पूरा पाइया।।2।।17।।
माझ की वार, महला 2

इसी भाँति गुरु नानक देव और गुरु अमरदास में बहुत कुछ समानता है। श्री गुरुग्रन्थ साहिब में कुल मिलाकर 31 राग बरते गये हैं। गुरु नानक देव की वाणी में 19 राग प्रयुक्त हुए हैं। वे राग निम्नलिखित हैं—

रागु सिरी, माझ, गउड़ी, आसा, गूजरी, वडहंसु, सोरठि, धनासिरी, तिलंग, सूही, बिलावलु, रामकली, मारू, तुखारी, भैरउ, वसन्त सारंग, मलार तथा प्रभाती।

गुरु अमरदास जी ने केवल 17 रागों में अपनी वाणी उच्चरित की है। आश्चर्य की बात तो यह है कि गुरु नानक देव के 19 रागों में से 17 रागों का प्रयोग गुरु अमरदास जी ने किया है। उपर्युक्त रागों में से केवल तिलंग और तुखारी राग नहीं हैं। शेष सब वे ही हैं। गुरु अमरदास जी का यह 17 रागों का प्रयोग आकस्मिक ही नहीं था। बात यह है कि उनके पास गुरु नानक देव के 19 राग थे और उन्हीं को उन्होंने आदर्श मानकर अपनी रचनाएँ कीं।

इसके अतिरिक्त साहिब सिंह जी ने कुछ और प्रमाण उपस्थित किये हैं[1]—

(1) आसा राग में गुरु नानक देव द्वारा कही गयी वाणियों में एक वाणी 'पट्टी' है। इसी राग में गुरु अमरदास जी द्वारा कही हुई 'पट्टी' है। दोनों गुरुओं ने अपनी-अपनी 'पट्टी' में मन को सम्बोधित किया है। दोनों 'पट्टियों की शब्दावली में भी समानता है—'पड़िआ', 'लेखा देवहिं' आदि।

(2) रागु वडहंसु में गुरु नानक देव एवं गुरु अमरदास दोनों ने ही 'अलाहणीआँ' लिखी हैं।

(3) मारू राग में दोनों गुरुओं ने 'सोलहे' लिखे हैं।

(4) राग रामकली में 'शब्दों' और 'अष्टपदियों' के अतिरिक्त गुरु नानक की दो बड़ी और लम्बी वाणियाँ हैं—'ओअंकार' तथा 'सिद्ध गोसटि।' इसी प्रकार 'शब्दों' और 'अष्टपदियों' को छोड़कर गुरु अमरदास जी की भी एक लम्बी वाणी है, जिसका नाम है, 'अनन्द'।

---

1. कुझ होर धारमिक लेख, साहिब सिंह, पृष्ठ 26

(5) बिलावलु राग में 'शब्दों' और 'अष्टपदियों' में गुरु नानक देव ने 'तिथियों' पर भी एक वाणी लिखी है, जिसका शीर्षक है, थिती, महला।''[1] इसी राग में गुरु अमरदास जी ने तिथियों के समान ही सात दिनों पर वाणी लिखी है। इसका शीर्षक है,'वार सत, महला।'

(6) गुरु नानक देव ने एक सलोक में अपने समय के लोगों का इस भाँति वर्णन किया है—

कलि काती राजे कासाई, धरमु पंख कर उडरिआ।
कूड़ अमावस सचु चन्द्रमा दीसै नाहीं, कहँ चड़िआ।।
... .
कहु नानक किनि बिधि गति होई।।

(माझ की वार, सलोक, महला 1, पृष्ठ 145)

गुरु अमरदास जी ने इसका उत्तर इस प्रकार दिया है—

कलि कीरति परगटु चानणु संसारि।
गुरमुखि कोई उतरै पारि।।
जिस नो नदरि करे तिसु देवै।
नानक गुरमुखि रतनु सो लेवै।

(माझ की वार, महला 3, पृष्ठ 145)

यदि गुरु अमरदास जी के पास गुरु नानक देव की वाणी न होती, तो इसका उत्तर वे इस प्रकार कैसे देते?

इस प्रकार साहिब सिंह जी ने अनेक उदाहरणों द्वारा यह सिद्ध करने की चेष्टा की है कि गुरु नानक देव, गुरु अमरदास, गुरु अर्जुन देव सभी की वाणियों में समानता है। इसकी पुष्टि के लिए उन्होंने सिरी रागु से उदाहरण दिये हैं और विस्तार के साथ यह प्रदर्शित किया है कि इस राग में चारों गुरुओं ने कुछ वाणियों की रचना ''मन रे'', ''भाई रे'', ''मुन्धे'' सम्बोधनों से की हैं। इससे यह सिद्ध होता है कि गुरु अर्जुन देव ने सारी गुरु वाणियाँ गुरु रामदास से प्राप्त कीं, क्योंकि इस प्रकार के सम्बोधन तभी हो सकते हैं जब पूर्ववर्ती की वाणियों के परस्पर सम्बन्ध में रहा जाये।

साहिब सिंह जी इस बात के समर्थक नहीं हैं कि गुरु अर्जुन देव ने बाबा मोहन की स्तुति करके गुरुओं की वाणियाँ प्राप्त कीं। उनका तर्क यह है कि, ''इस विच उसतति सिरफ़ अकाल पुरख की ही हो सकदी है।'' अर्थात् इसमें (श्री गुरुग्रन्थ साहिब में) केवल अकाल पुरुष की ही स्तुति हो सकती है। 'मोहन' शब्द 'बाबा मोहन' के लिए नहीं प्रयुक्त हुआ है। गउड़ी, गूजरी, बिलावलु, वसन्त,

---

1. कुझ होर धारमिक लेख, साहिब सिंह, पृष्ठ 26

मारू और तुखारी आदि रागों में गुरु नानक देव तथा गुरु अर्जुन देव द्वारा 'मोहन शब्द का प्रयोग अकाल पुरुष के लिए ही किया गया है।'[1]

निष्कर्ष

इस प्रकार श्री गुरुग्रन्थ साहिब के संकलन के सम्बन्ध में अब तक तीन मत हैं—एक ट्रम्प का, तो दूसरा मैकालिफ़ का और तीसरा है साहिब सिंह जी का।

ट्रम्प और मैकालिफ़ के मतों में निम्नलिखित भेद प्रतीत होते हैं—

(1) ट्रम्प के अनुसार संगत (सिक्खों की एकत्र जमात) की प्रेरणा से गुरु अर्जुन देव के मन में संकलन की भावना आयी। परन्तु मैकालिफ़ के मतानुसार गुरु अर्जुन देव के मन में यह स्वाभाविक प्रेरणा जागृत हुई।

मैकालिफ़ का मत इसलिए अधिक ठीक प्रतीत होता है कि गुरुवाणी के संग्रह की भावना पहले से ही चली आ रही थी। सिक्खों की उत्तरोत्तर बढ़ती हुई शक्ति को देखकर गुरु अर्जुन देव को यह आवश्यक प्रतीत हुआ कि सभी वाणियाँ (ऊपरी वाणियों के सहित) एक जगह संगृहीत की जायँ।

(2) ट्रम्प के अनुसार गुरु-वाणियाँ एक स्थान पर नहीं थीं। वे यत्र-तत्र बिखरी थीं। परन्तु मैकालिफ़ के अनुसार गुरु-वाणियाँ गुरु अमरदास जी के ज्येष्ठ पुत्र बाबा मोहन के पास सुरक्षित थीं।

इसमें भी मैकालिफ़ का मत अधिक समीचीन प्रतीत होता है। इसका कारण यह है कि गुरु नानक देव के पश्चात् किसी अन्य गुरु ने 'गुरुग्रन्थ साहिब' के संकलन तक (यानी सन् 1604 ई. तक) व्यापक और अकेली यात्रा नहीं की। अतः गुरु नानक की वाणियों के अतिरिक्त अन्य गुरुओं की वाणियों की बिखरने की सम्भावना कम थी।

(3) ट्रम्प ने लिखा है कि गुरु अर्जुन देव ने यह भविष्यवाणी कर दी थी कि अब गुरु तेगबहादुर को छोड़कर अन्य गुरुवाणी नहीं लिखेंगे, परन्तु मैकालिफ़ ने इस बात की चर्चा नहीं की है।

इस स्थल पर भी ट्रम्प का विचार युक्तियुक्त नहीं है। यह किंवदन्तियों के सहारे लिखा प्रतीत होता है, क्योंकि करतारपुरवाली 'गुरुग्रन्थ साहिब' की प्रति देखने से यह बात गलत सिद्ध होती है। यही प्रति सबसे अधिक प्रामाणिक समझी जाती है। इस प्रति में प्रत्येक राग के अन्त में कुछ स्थान अवश्य छोड़ा गया है, किन्तु यह स्थान नये विषय के लिए छोड़ा गया है। इसलिए नहीं कि रिक्त स्थानों की पूर्त्ति गुरु तेगबहादुर द्वारा की जाय।

अब मैकालिफ़ एवं साहिब सिंह जी के मतों की विवेचना की जायगी। दोनों विद्वान् यहाँ तक तो सहमत प्रतीत होते हैं कि गुरु नानक देव, गुरु अंगद देव,

---

1. कुझ होर धारमिक लेख : साहिब सिंह, पृष्ठ 41

गुरु अमरदास, तीनों गुरुओं की वाणियाँ सुरक्षित थीं। इस सम्बन्ध में हमें साहब सिंह जी की यह सम्मति समीचीन ज्ञात होती है कि गुरु नानक देव के ही मन में वाणियों के संग्रह की भावना जगी थी। इसका प्रमुख कारण यही है कि गुरु नानक की धर्म-संस्थापना सोद्देश्य थी। उसके पीछे सुधार की भावना थी। प्रत्येक धर्म-सुधारक अपनी वाणियों को सुरक्षित रखने की चेष्टा करता है।

किन्तु दोनों विद्वानों में मौलिक अन्तर यह है कि एक के अनुसार तो गुरु-वाणियाँ गुरु-परम्परा में ही सुरक्षित चली आ रही थीं और दूसरे के अनुसार वे वाणियाँ गुरु अमरदास जी के ज्येष्ठ पुत्र बाबा मोहन के पास गोइन्दवाल (तहसील, तरनतारन, जिला अमृतसर) में थीं।

साहिब सिंह जी ने जिन तर्कों को उपस्थित किया है, उनमें से प्रमुख तर्कों की विवेचना नीचे की जा रही है। उनके अनुसार गुरु नानक देव के मन में ही वाणियों के संग्रह की भावना जगी थी और उसके लिए वे जागरूक भी थे। विद्वान् लेखक की यह बात सही भी मान ली जाय, तो भी यह सिद्ध नहीं हो पाता कि गुरुओं की वाणियाँ बाबा मोहन के पास क्यों नहीं पहुँचीं? बाबा मोहन गुरु अमरदास जी के ज्येष्ठ पुत्र थे। बहुत सम्भव यह भी हो सकता है कि गुरु-गद्दी के सम्बन्ध में संघर्ष होने का अनुमान कर, उन्होंने किसी भी युक्ति से प्रथम तीन गुरुओं की वाणियाँ अपने अधिकार में कर ली हों।

प्रथम तीन गुरुओं की वाणियों में समानता होना तो स्वाभाविक है, क्योंकि साहब सिंह जी के अनुसार गुरु अमरदास जी तक तो सारी वाणियाँ उपस्थित ही थीं।

अब इस शंका का उठना स्वाभाविक है कि यदि तीन गुरुओं की वाणियाँ बाबा मोहन के पास पहुँच गयीं, तो चौथे गुरु रामदास जी की वाणी में समानता कैसे आ गयी? वाणियों के बाबा मोहन के पास पहुँचने पर भी समानता का होना कुछ अस्वाभाविक नहीं प्रतीत होता। कारण यह कि गुरु रामदास जी ९ वर्ष की अल्प वय से ही गुरु अमरदास जी के सम्पर्क में आ गये थे। पूर्ववर्ती गुरुओं की रचनाओं के सुनते और पढ़ते रहने से उनकी वाणियों का स्मरण होना स्वाभाविक था। गुरु-वाणियों के बाबा मोहन के अधिकार से चले जाने पर भी, उन्हें पर्याप्त मात्रा में वाणियाँ स्मरण हो सकती थीं। अतः उनका प्रभाव गुरु रामदास जी द्वारा लिखित वाणी पर आसानी से पड़ सकता था।

साहिब सिंह जी का अन्तिम तर्क "जिस शब्द में बाबा मोहन की स्तुति समझी जा रही है, यह शब्द परमात्मा के गुणगान के लिए प्रयुक्त हुआ है और उसमें केवल गुरु अकाल पुरुष की ही स्तुति हो सकती है।" भी बहुत युक्तियुक्त नहीं है। कारण यह कि बाबा मोहन साधक ही नहीं, सिद्ध पुरुष थे। उनके अन्तर्गत अपूर्व आध्यात्मिक शक्ति थी। वे रात-दिन परमात्मा के ध्यान में निमग्न रहा करते थे। ऐसे ही भक्तों एवं उपासकों के लिए गुरुवाणी में कहा गया है कि भक्त एवं भगवान् एक हैं। यथा—

"नानक हार जन हरि इके होए हरि जपि हरि सेती रलिआ"।।6।।1।।3।।

(वडहंसु, महला 4, पृष्ठ 562)

एवं

"सो हरि जनु नाम धिआइदा हरि हरिजनु इक समानि"

रागु सोरठि, सलोक, महला 4, पृष्ठ 652

इसलिए बाबा मोहन की स्तुति चाटुकारिता नहीं प्रतीत होती, बल्कि ठीक ही है। अन्तिम पद पर ध्यान देने से—

"मोहन तूँ सुफलु फलिआ सगु परवारे।"

अर्थात् "ऐ मोहन, तू अपने परिवार समेत फूलो-फूलो"—से यही प्रतीत होता है कि उपर्युक्त पद बाबा मोहन के लिए कहा गया है। गुरु-वाणी में परमात्मा की स्तुति किसी भी स्थल पर इस ढंग से नहीं की गयी है। अतएव साहिब सिंह जी के मत में अभी विद्वानों के परीक्षण की अधिक आवश्यकता है। अभी तक यह मत मान्य नहीं हो सका है।

श्री गुरुग्रन्थ साहिब के वाणीकार

पिनकाट के अनुसार श्री गुरुग्रन्थ साहिब में 3,384 शब्द हैं और उनमें 15,575 बन्द हैं। इनमें से 6,204 बन्द, पाँचवें गुरु अर्जुन देव, 'महला 5, द्वारा, 2,949 बन्द आदि गुरु नानक देव, 'महला 1 द्वारा, 2,522 बन्द तीसरे गुरु अमरदास जी 'महला 3, द्वारा 1730 बन्द चौथे गुरु रामदास, 'महला 4' द्वारा, 196 बन्द नवम गुरु तेगबहादुर, 'महला 9' द्वारा, और 57 बन्द द्वितीय गुरु अंगद देव, 'महला 2' द्वारा रचे गये हैं। अवशिष्ट बन्दों में से कबीर के बन्द सबसे अधिक हैं और मरदाना के सबसे कम।[1]

सुविधा के लिए ग्रन्थ साहिब के रचयिताओं का क्रम इस प्रकार रखा जा सकता है—

(क) सिक्ख गुरु। (ख) भक्त-गण।

(ग) भट्ट-समुदाय। (घ) फुटकल वाणीकार।

(क) सिक्ख गुरु–(1) गुरु नानक देव (1469 ई.-1539 ई.)—ये सिक्खों के आदि गुरु और सिक्ख धर्म के संस्थापक हैं। इनका जन्म 1469 ई. माना जाता है। इनका जन्मस्थान 'तलवण्डी' अथवा 'ननकाना साहब' (पश्चिमी पाकिस्तान) है। बाल्यकाल से ही इनमें अपूर्व साधु वृत्ति थी। ये जन्मजात विरागी, भक्त एवं ज्ञानी थे। धार्मिक सुधारकों की प्रवृत्ति भी बाल्यकाल से ही परिलक्षित होती थी। संसार के बद्ध जीवों के कल्याणार्थ इन्होंने विविध यात्राएँ कीं। कहते हैं कि गुरु नानक देव ने चीन, ब्रह्मा, लंका, अरब, मिस्त्र, तुर्किस्तान, रूसी तुर्किस्तान और अफगानिस्तान की यात्राएँ कीं। उन यात्राओं में इन्हें घोर कष्ट उठाना पड़ा। पर ये अपने उद्देश्य से विचलित नहीं हुए। इन्होंने घूम-घूमकर मानव-प्रेम, सेवा, त्याग, संयम और भगवद्भक्ति का सन्देश दिया। इनका व्यक्तित्व असाधारण था। इनमें पैगम्बर, दार्शनिक, राजयोगी, गृहस्थ, त्यागी, धर्म-सुधारक, समाज-सुधारक, कवि, संगीतज्ञ, देश-भक्त, विश्व-बन्धु सभी के गुण उत्कृष्ट मात्रा में विद्यमान थे। इनकी संकल्प-शक्ति में अद्वितीय बल था। इनमें विचार-शक्ति और क्रिया-शक्ति का अपूर्व सामंजस्य था और विनोदप्रियता भी कूट-कूटकर भरी थी। बड़ी-से-बड़ी शिक्षाएँ विनोद में दे दिया करते थे। ये करतार पुर में बस गये और वहाँ इन्होंने आदर्श समाज-व्यवस्था

1. जे. आर. ए. एस., भाग 18, कलकत्ता : फ्रेडरिक पिनकाट का लेख

की। वहीं 1539 ई. में 'ज्योती-ज्योति' में लीन हुए। श्री गुरुग्रन्थ साहिब में इनकी रचनाएँ "महला 1" के नाम से संकलित हैं।

(2) गुरु-अंगद देव (1504 ई.-1552 ई.)—ये सिक्खों के द्वितीय गुरु थे। इनका जन्मस्थान "मत्ते दी सरां" (जिला फिरोजपुर) है। इनका जन्म 1504 ई. में हुआ था। इनका पहले का नाम 'लहना' था। प्रारम्भ में ये दुर्गा के अपूर्व उपासक थे। परन्तु गुरु नानक देव के व्यक्तित्व ने इन्हें चुम्बक की भाँति अपनी ओर खींच लिया। गुरु में इनकी अपार श्रद्धा और भक्ति थी। इनकी गुरु भक्ति से प्रसन्न होकर गुरु नानक देव ने इन्हें 'अंगद' नाम दिया। गुरु नानक देव ने इनकी गुरु भक्ति पर रीझकर कहा था, "अब तुममें और मुझमें रंचमात्र भी अन्तर नहीं है। तुम मेरे अंग से ही उत्पन्न हुए हो। इसीलिए आज से तुम्हारा नाम अंगद पड़ा।" इनके आध्यात्मिक गुणों पर प्रसन्न होकर गुरु नानक देव ने 1539 ई. में करतार में इन्हें गुरु-गद्दी प्रदान की। इन्होंने सिक्ख धर्म को संघटित और शक्तिशाली बनाने के लिए निम्नलिखित उपाय प्रयोग में लाये—

(अ) गुरुमुखी लिपि का प्रचलन किया। यह लिपि सिक्ख जाति की पृथक् लिपि बन गयी और इसी लिपि में उनके सारे धार्मिक ग्रन्थ लिखे गये।

(आ) गुरु नानक देव के जीवन-संस्मरण एकत्र करने का प्रयास किया।

(इ) लंगर की प्रथा चलायी। इससे सेवा भाव और ऐक्य-भाव को बहुत बल प्राप्त हुआ।

अन्त में 1552 ई. में खडूर में ये अपनी देहलीला समाप्त कर 'ज्योती-ज्योति' में लीन हुए। श्री गुरुग्रन्थ साहिब में इनकी वाणियाँ "महला 2" के नाम से सम्मिलित हैं।

(3) गुरु अमरदास (1479 ई.-1574 ई.)—ये सिक्खों के तृतीय गुरु थे। इनका जन्म 1479 ई. में "बासर के ग्राम" (जिला अमृतसर) में हुआ था। पहले ये कट्टर वैष्णव थे। यह कट्टरतापूर्वक प्रति एकादशी का व्रत रखते थे। सन् 1522 ई. से सन् 1541 ई. तक, यानी लगभग 19 वर्ष तक, प्रति वर्ष हरिद्वार जाते थे। सन् 1541 ई. में गुरु अंगद देव के सम्पर्क में आये। इनकी गुरु भक्ति बड़ी श्लाघनीय और अनुकरणीय रही। ये प्रतिदिन आधीरात को गुरु अंगद देव के स्नानार्थ जल ले आते थे। ये परम तितिक्षु और महान् वैराग्यवान् थे। जाति-पाँति की कट्टरता को शिथिल करने के लिए इन्होंने प्रत्येक दर्शनार्थी के लिए यह नियम बना दिया कि गुरु-दर्शन के पूर्व सभी व्यक्तियों के साथ पंगत में भोजन करना आवश्यक है। अकबर बादशाह इन्हें बहुत अधिक मानता था। इन्होंने अपनी देहलीला सन् 1574 ई. में समाप्त की। ग्रन्थ साहिब में इनकी रचनाएँ "महला 3" के नाम अन्तर्गत हैं।

(4) गुरु रामदास (सन् 1534 ई. 1581 ई.)—ये सिक्खों के चतुर्थ गुरु हुए। इनका जन्म 1534 ई. में चूने मण्डी (लाहौर) में हुआ था। पहले इनका नाम जेठा था। अल्प वय ही में इनकी माता का देहान्त हो गया।

सात वर्ष की वय में, इनके पिता भी चल बसे। 9 साल की अल्प वय ही में ये गुरु अमरदास जी की सेवा में उपस्थित हुए। सन् 1553 ई. में गुरु अमरदास जी की पुत्री ''बीबी भानी'' के साथ इनका विवाह हुआ। गुरु रामदास परम गुरुभक्त थे। गुरु अमरदास जी के आदेशानुसार 1570 ई. में इन्होंने 'अमृतसर' बसाना प्रारम्भ किया। इन्हें 1574 ई. में 'गोइन्दवाल' नामक स्थान में गुरु गद्दी प्राप्त हुई। ये गोइन्दवाल छोड़कर अमृतसर में आकर रहने लगे। इनके तीन पुत्र थे। बाबा पृथ्वीचन्द्र इनके ज्येष्ठ पुत्र थे, जो 1557 ई. में उत्पन्न हुए थे। इनके दूसरे पुत्र का नाम 'बाबा महादेव' था। उनका जन्म 1560 ई. में हुआ था। तीसरे पुत्र अर्जुन देव थे। उनका जन्म 1563 ई. में हुआ था। आगे चलकर यही अर्जुन देव सिक्खों के पाँचवें गुरु बने। गुरु रामदास 1581 ई. में 'ज्योती-ज्योति' में लीन हुए। श्री गुरुग्रन्थ साहिब में इनकी वाणियाँ, 'महला 4' के नाम से अंकित हैं।

(5) गुरु अर्जुन देव (1563 ई.–1606 ई.)—ये सिक्खों के पाँचवें गुरु थे। इनकी जन्म तिथि 1563 ई. है और जन्मस्थान गोइन्दवाल। 11 वर्ष की अवस्था तक 'गोइन्दवाल' में ही रहे। फिर 1574 ई. में अपने पिता गुरु रामदास जी के साथ अमृतसर चले आये। 1581 ई. में गोइन्दवाल में उन्हें गुरु गद्दी प्रदान की गयी। 1581 ई. में अमृतसर चले आये। 1588 ई. में प्रसिद्ध गुरुद्वारा 'हर-मन्दिर' की नींव पड़ी। गुरु अर्जुन देव ने 1590 ई. में तरनतारन और 1593 ई. करतारपुर बसाया। सन् 1595 ई. के जून महीने में हरगोविन्द जी का जन्म हुआ। आगे चलकर यही हरगोविन्द सिक्खों के छठे गुरु बने। गुरु अर्जुन देव ने अत्यन्त श्रम से 'श्री गुरुग्रन्थ साहिब' का संकलन किया। सन् 1604 ई. में हर-मन्दिर में श्री गुरुग्रन्थ साहिब की संस्थापना की गयी, बाबा बुड्ढा इसके प्रथम ग्रन्थी नियुक्त किये गये।

चन्दूशाह अपनी पुत्री का विवाह गुरु अर्जुन देव के तीसरे पुत्र (बाद में सिक्खों के छठे गुरु हरगोविन्द) के साथ करना चाहता था। पर गुरु अर्जुन देव को यह विवाह मंजूर नहीं था। इसी कारण चन्दूशाह गुरु अर्जुन देव का कट्टर शत्रु हो गया और गुरु अर्जुन देव के विरुद्ध षड्यन्त्र करने लगा। इस षड्यन्त्र में गुरु अर्जुन देव के ज्येष्ठ भ्राता पृथ्वीचन्द्र (प्रिथिया) और सुलही खाँ भी सम्मिलित थे। 1605 ई. में अकबर बादशाह से भी गुरुग्रन्थ साहिब के विरुद्ध शिकायत की गयी। परन्तु अकबर ऐसे उदार शाहंशाह को उस पवित्र ग्रन्थ में कोई भी शिकायत की चीज नहीं मिली। इससे वह सन्तुष्ट हो गया। दिसम्बर, 1605 ई. में अकबर का देहान्त हो गया और उसका उत्तराधिकारी जहाँगीर बना। अकबर के समान जहाँगीर में सहृदयता और उदारता नहीं थी। उसने गुरु अर्जुन देव के ऊपर खुसरू की सहायता करने का बहाना बनाकर राजद्रोह का आरोप लगाया। गुरु अर्जुन देव लाहौर बुलाये गये। जहाँगीर ने गुरु अर्जुन देव को लाहौर के हाकिम मुर्त्तज़ा खाँ के हवाले किया। साथ ही यह भी निर्देश कर गया कि वह खूब कष्ट

दे-देकर गुरु अर्जुन देव को मारे। मुर्त्तज़ा खाँ ने इस क्रूर कर्म के लिए गुरु अर्जुन के शत्रु चन्दूशाह को नियुक्त किया। गुरु अर्जुन देव को कष्ट देने के लिए जिन-जिन उपायों के प्रयोग किये गये, वे अत्यन्त हृदयविदारक हैं। परन्तु गुरु अर्जुन देव ने उन कष्टों को हँस-हँसकर सहन किया। और सिक्ख-धर्म की गौरव-रक्षा के लिए गुरु अर्जुन (मई, सन् 1606 ई. में) शहीद हुए। श्री गुरुग्रन्थ साहिब को वर्तमान रूप देने का सारा श्रेय गुरु अर्जुन देव को ही है। ग्रन्थ साहिब में इन्हीं की रचनाएँ सबसे अधिक हैं और वे "महला पंजवाँ" के नाम से संगृहीत हैं।

इनके बाद के होनेवाले तीन गुरुओं—छठे हरगोविन्द जी (1595 ई.-1644 ई.), सातवें गुरु हर राय (1630 ई.-1661 ई.) और आठवें गुरु हर किशन (1656-1664 ई.) की कोई भी वाणी ग्रन्थ-साहिब में नहीं है।

(6) गुरु तेगबहादुर (1621 ई.-1675 ई.)—ये सिक्खों के नवें गुरु थे। और सिक्खों के छठे गुरु हरगोविन्द जी के पुत्र थे। इनका जन्म सन् 1621 ई. में 'गुरु के महल' (अमृतसर में) में हुआ था। ये बाल्यकाल से ही अत्यन्त वैराग्यवान् थे। आरम्भ से ही इनकी वृत्ति आध्यात्मिक थी। ये परम शान्त के और 'बकाला' नामक स्थान में अपना सारा समय परमात्म चिन्तन में व्यतीत करते थे। आठवें गुरु, हरकिशन जी ने अपनी देहलीला समाप्त कर 'ज्योती-ज्योति' में मिलते समय गुरु-नियुक्ति के सम्बन्ध में केवल इतना ही संकेत किया था—'बाबा बकाले!' माखनशाह जी ने सच्चे गुरु तेगबहादुर जी का पता लगाया। गुरु तेगबहादुर जी को सन् 1664 ई. में 'बकाला' में गुरुगद्दी का उत्तरदायित्व सौंपा गया। सन् 1666 ई. में पटना शहर में गोविन्दराय का जन्म हुआ। आगे चलकर यही गोविन्दराय सिक्खों के दशवें गुरु गोविन्द सिंह हुए। सन् 1675 ई. में गुरु तेगबहादुर जी ने देश की कल्याण-भावना और धर्म-संस्थापना के निमित्त अपने को औरंगजेब की प्रचण्ड धार्मिक द्वेषाग्नि की आहुति बनाया। ये हँसते-हँसते शहीद हुए। इनकी वाणियाँ श्री गुरुग्रन्थ साहिब में "महला नव" के नाम से संगृहीत हैं।

(7) गुरु गोविन्द सिंह (1666 ई.-1708 ई.)—ये सिक्खों के दसवें और अन्तिम गुरु थे। इनका जन्म सन् 1666 ई. में पटना (बिहार) में हुआ था। गुरु तेगबहादुर के शहीद होने के पश्चात् गुरु गोविन्द सिंह जी गुरु-गद्दी के उत्तराधिकारी बने। इनकी संघटन-शक्ति अद्भुत थी। इन्होंने अपनी संघटन-शक्ति के आधार पर सिक्ख-जाति को अपूर्व शक्तिशाली जाति में परिणत कर दिया। अनंगपाल के पश्चात् गुरु गोविन्द सिंह जी के समान पंजाब में कोई भी राजनीतिक नेता नहीं हुआ। गुरु गोविन्द सिंह जी धार्मिक नेता तो थे ही, साथ ही अपूर्व महान् राष्ट्रीय भी थे। इन्होंने जाति-प्रथा को मेटकर सभी सिक्खों को समान अधिकार दिया। सिक्खों के लिए सामूहिक उपासना की विधि बतायी। उन्हें 'अमृत छकने' की महत्ता बताकर और उन सबके लिए बाहरी एकता (कंघी, कच्छा, केश, कड़ा कृपाण) में समानता लाकर पन्थ का निर्माण किया।

किन्तु जिन लोगों की यह धारणा है कि केवल बाह्य साधनों के आधार पर ही, सिक्खों में पौरुष, शौर्य, साहस और बलिदान होने की भावना आ गयी, वे भारी भूलकरते हैं। गुरु गोविन्द सिंह जी ने सिक्खों को आन्तरिक शक्ति प्रदान की। इन्होंने सिक्खों को बाह्य और आन्तरिक दोनों ही प्रकार से अमृत पिलाया। इन्होंने आध्यात्मिक उपदेशों द्वारा सिक्खों के व्यक्तिगत अहंभाव को नष्ट कर दिया। इन्होंने सिक्खों के सम्मुख सेवा, त्याग और राष्ट्र-प्रेम के अद्वितीय आदर्श रखे। इन्होंने भारतीय साहित्य का इसलिए अनुवाद कराया कि पंजाब-निवासी भारतीय वीरों के त्यागमय आदर्श को समझें। साथ ही वे यह भी अनुभव करें कि रावणत्व पर रामत्व की विजय अवश्यम्भावी है। इन्होंने अपने चारों पुत्रों की बलि इसलिए दी कि उनके सहस्रों पुत्र आनन्द से जीवनयापन कर सकें। वे जीवन-पर्यन्त अन्याय को मिटाने के लिए युद्ध करते रहे और 'सवा लाख' से 'एक' को जुझाते रहे। गुरु गोविन्द सिंह का नाम धर्म-सुधारकों में तो ऊपर है ही, राष्ट्र-उन्नायकों में भी इनका नाम अग्रगण्य है। गुरु गोविन्द सिंह जी ने गीता के प्रसुप्त आदर्शों को पंजाब में फिर से जागृत किया। इन्होंने लोक और परलोक में तथा व्यवहार और अध्यात्म में अद्वितीय सामंजस्य स्थापित किया। इनका जीवन संघर्षमय, त्यागमय एवं सेवामय था। ये पूर्ण निष्काम कर्मयोगी थे। अन्त में ये दक्षिण भारत के नदेड़ (हैदराबाद, दक्षिण) नामक स्थान में अपनी देहलीला समाप्त कर 'ज्योती-ज्योति' में लीन हुए। इन्होंने गुरु-गद्दी के लिए भीषण संघर्षों का अनुमान कर गुरुत्व का समस्त भार 'श्री गुरुग्रन्थ साहिब' में केन्द्रीभूत कर दिया। ट्रम्प एवं मैकालिफ़, तेजसिंह और गण्डा सिंह आदि विद्वान् ग्रन्थ में इनका रचित केवल एक 'दोहरा' मात्र मानते हैं—

बकु होआ बंधन छुटै, सभ किछु होत उपाइ।
नानक सभ किछु तुमरै हाथ में, तुम ही होत सहाइ।।[1]

परन्तु शेरसिंह इस दोहरे को गुरु गोविन्द सिंह जी द्वारा रचित नहीं मानते। वे इसे गुरु तेगबहादुर द्वारा ही रचित मानते हैं।[2]

(ख) भक्तगण : श्री गुरुग्रन्थ साहिब में गुरुओं की रचनाओं के अतिरिक्त विभिन्न सम्प्रदाय के भक्तों की रचनाएँ भी संगृहीत हैं। इन भक्त कवियों में लगभग चार शताब्दियों के विचार गुम्फित हैं। ईसा की बारहवीं शताब्दी के मध्य से लेकर सोलहवीं शताब्दी के मध्य तक की विचारधारा इन भक्त कवियों में पायी जाती है। मैकालिफ़ प्रभृति विद्वान् इन भक्तों की संख्या 16 मानते हैं। किन्तु ट्रम्प और गोकुलचन्द नारंग इनकी संख्या केवल 14 मानते हैं। दोनों ही विद्वान्, 'मीराँबाई' और 'परमानन्द' का नाम छोड़ देते हैं। मीराँबाई का केवल एक पद भाई बन्नो के 'ग्रन्थ साहिब' की प्रति में है। किन्तु यह प्रामाणिक नहीं

1. श्री गुरुग्रन्थ साहिब, पृष्ठ 1429
2. फिलासफ़ी ऑफ सिक्खिज़्म : शेरसिंह, पृष्ठ 49

समझा जाता। परमानन्द का एक पद राग सारंग, 1253 पृष्ठ पर है। हालाँकि परमानन्द का नाम अन्य भक्तों के नामों की भाँति शीर्षक में नहीं दिया गया है। पद के अन्त में उनका नाम अवश्य मिलता है। भक्तों के नाम समयानुक्रम से इस प्रकार हैं—

1. **जयदेव**–इनकी जन्म-तिथि अज्ञात है। ईसा की बारहवीं शताब्दी में इनकी जन्म-तिथि मानी जाती है। पण्डित परशुराम चतुर्वेदी के अनुसार इनका जन्म-स्थान उड़ीसा और कर्म-स्थान बंगाल है। प्रसिद्ध 'गीत-गोविन्द' के रचयिता ये ही माने जाते हैं।

2. **नामदेव**–इनका जन्म-स्थान बम्बई प्रान्त के सतारा जिले में माना जाता है। जन्म-तिथि अज्ञात है।

3. **त्रिलोचन**–ये नामदेव के समकालीन माने जाते हैं। इनकी जन्म-तिथि 1267 ई. है और जन्म-भूमि बम्बई प्रान्त है।

4. **परमानन्द**–इनकी जन्म-तिथि अज्ञात है। पर जन्म-भूमि बम्बई प्रान्त मानी जाती है।

5. **सदना**–इसका जन्म-स्थान सिन्ध प्रान्त है। ये कसाई का व्यवसाय करते थे।

6. **बेनी**–इनकी जन्म-तिथि तथा जन्म-स्थान अज्ञात है। पर मैकालिफ़ के अनुसार इनकी जन्म-भूमि कदाचित् उत्तर प्रदेश ही है।

7. **रामानन्द**–ये काशी के प्रसिद्ध वैष्णव धर्म के आचार्य थे। इन्होंने भक्ति की मन्दाकिनी उत्तर भारत में प्रवाहित की। ये उदार धार्मिक भावना से ओत-प्रोत थे। इनके शिष्यों की संख्या अनेक थी। इन्होंने भक्ति का मार्ग सबके लिए सुलभ बनाया।

8. **धन्नाजाट**–ये जाति के जाट थे। इनका जन्म 1415 ई. में राजस्थान में हुआ था।

9. **पीपा**–इनकी जन्म तिथि 1425 ई. मानी जाती है। इनका जन्म-स्थान उत्तर प्रदेश है।

10. **सेन**–ये जाति के नाई थे और बान्धवगढ़ (रीवा) के राजा के यहाँ सेवा-कार्य किया करते थे। ये रामानन्द जी के शिष्य भी थे।

11. **कबीर**–इनका जन्म 1455 ई. में काशी में हुआ था। विधवा ब्राह्मणी के परित्यक्त पुत्र थे। नव विवाहित मुसलमान दम्पति नीरू और नीमा ने इनका पालन-पोषण किया। रामानन्द जी के शिष्यों में इनका अग्रगण्य स्थान है। ये प्रसिद्ध सन्त और क्रान्तिकारी सुधारक हुए।

12. **रवदास अथवा रविदास अथवा रैदास**–ये भी रामानन्द जी के शिष्य थे। जाति के चमार थे और जूता गाँठने का व्यवसाय करते थे। ये कबीर के समकालीन थे और अत्यन्त शान्त भक्त थे।

13. मीराँबाई–ये मेड़ता के रत्नसिंह की पुत्री थीं। 1504 ई. के लगभग इनका जन्म हुआ था। इन्हें कृष्णभक्ति में अनेक कष्ट उठाने पड़े। पर ये रंचमात्र भी विचलित नहीं हुईं। वैसे तो ये सगुणोपासिका मानी जाती हैं। पर इन पर निर्गुणी प्रभाव भी बहुत अधिक है।

14. फरीद–ये जाति के मुसलमान थे। इनका जन्म-स्थान पश्चिमी पंजाब है।

15. भीखन–सम्भवतः ये काकोरी के शेख भीकन थे। इनका देहावसान अकबर के पूर्वार्द्ध शासन-काल में हुआ।

16. सूरदास–ये 'सूरसागर' के रचयिता 'सूरदास' से भिन्न सूरदास हैं। ये जाति के ब्राह्मण थे और अत्यधिक सुन्दर थे। इसी कारण ये 'सूरदास मदनमोहन कहलाते थे।

(ग) भट्ट-समुदाय–श्री गुरुग्रन्थ साहिब में कतिपय भट्टों की रचनाएँ भी संगृहीत हैं। उन्होंने प्रथम पाँच गुरुओं की स्तुति सवैया छन्दों में की है। उनके नामों के सम्बन्ध में अनेक विद्वानों में मतभेद है। नामों की संख्या के बारे में भी मतभेद है। ट्रम्प ने भट्टों के नामों की संख्या 15 बतलायी है। गोकुलचन्द नारंग ने ट्रम्प की दी हुई नामावली की पुष्टि की है। मोहन सिंह जी ने केवल 12 नाम गिनाये हैं। साहिब सिंह जी के मत से उनकी संख्या 11 है। शेरसिंह जी ने निम्नलिखित 17 नामों की सूची दी है।

1. मथुरा, 2. जालप, 3. बल्ह, 4. हरिवंश, 5. टल्ह, 6. सल्ह, 7. जल्ह, 8. भल्ह, 9. कल्ह सहार, 10. कल्ह जल्हन, 12. नल्ह, 13. कीरत, 14. दास, 15. गयन्द, 16. सदरंग और 17. भिखा,

यदि सभी विद्वानों द्वारा दी गयी नामों की सूची एक स्थान पर रखी जाय तो उपर्युक्त 17 नामों के अतिरिक्त 5 नाम और बढ़ते हैं—

1. सेवक, 2. परमानन्द, 3. पारथ, 4. नल्ह ठाकुर, 5 गंगा।

मोहन सिंह जी ने 12 नामों की सूची दी है! वे नाम निम्नलिखित हैं—

1. कल्ह, 2. कीरत, 3. जालप, 4. भिखा, 5. भल्ह, 6. सल्ह, 7. कल्ह ठाकुर, 8. नल्ह, 9. रद, 10. दास, 11. मथुरा और 12. हरिवंश।

(घ) फुटकल वाणीकार–उपर्युक्त वाणीकारों के अतिरिक्त सुन्दर, मरदाना, सत्ता और बलवण्ड भी हैं। सुन्दर का रामकली का सद, मरदाना की वाणी, और सत्ता तथा बलवण्ड की बार भी ग्रन्थ साहिब में संगृहीत हैं।

श्री गुरुग्रन्थ साहिब जी का भीतरी क्रम

श्री गुरुग्रन्थ साहिब में वाणियों का क्रम निम्नलिखित हैं—

(क) जपुजी (1 पृष्ठ से 8 पृष्ठ तक) सिक्खों के आदि गुरु नानक द्वारा रचित है। जपुजी के प्रारम्भ में सिक्खों का मूल मन्त्र 1 ओंकार से गुर प्रसादि तक है। इसमें 38 पौड़ियाँ हैं। इसके प्रारम्भ और अन्त में एक-एक सलोक हैं। श्री जपुजी प्रातःकाल पढ़ा जाता है।

(ख) सोदरु (पृष्ठ 8 से 10 तक) में 5 शब्द हैं और दो रागों से लिये गये हैं—रागु आसा से और रागु गूजरी से। रागु आसा के 3 शब्द "महला 1" के हैं और रागु गूजरी का 1 शब्द "महला 4" का और दूसरा शब्द "महला 5" का है। इस प्रकार सोदरु में 5 शब्द हैं।

(ग) सो पुरखु (पृष्ठ 10-12) में 4 शब्द। ये चारों शब्द आसा रागु में हैं। उन चारों में 1 शब्द "महला 1" का है, 2 शब्द "महला 4" के हैं और 1 शब्द "महला 5" का है। सोदरु और सोपुरखु रहिरास के भाग हैं। रहिरास का पाठ सिक्ख लोग सायंकाल करते हैं।

(घ) सोहिला (पृष्ठ 12-13) में 5 शब्द हैं। वे रागु गउड़ी, रागु आसा तथा रागु धनासरी में पाये जाते हैं।

"महला 1" के तीन शब्द हैं, एक तो रागु-गउड़ी दीपकी का, दूसरा रागु आसा का और तीसरा रागु धनासारी का है।

"महला 4" का एक शब्द है जो रागु गउड़ी-पूरबी में है और गउड़ी-पूरबी रागु में ही "महला 5" का भी एक शब्द है। इस प्रकार कुल 5 शब्द हैं।

सोहिला का पाठ रात में सोने से पहले किया जाता है।

(ङ) इसके पश्चात् राग प्रारम्भ होते हैं (पृष्ठ 12-1353) आदि श्री गुरुग्रन्थ साहिब के अन्त में रागों की एक सूची दी गयी है, इसे "राग-माला" कहते हैं। यह "रागमाला" किसके द्वारा रची गयी है, इस विषय में काफ़ी मतभेद रहा है। मैकालिफ़ के अनुसार "रागमाला" की सूची एक मुसलमान कवि (आलम कवि) द्वारा लिखी गयी। उनका कथन है, "यह समझ में नहीं आता कि यह "रागमाला" आदि श्री गुरुग्रन्थ साहिब में जोड़ कैसे दी गयी।"[1] परन्तु

1. दि सिक्ख रिलीजन, भाग 3, मैकालिफ़, पृष्ठ 64-65

शेरसिंह जी की सम्मति है यह "रागमाला" गुरु अर्जुन देव द्वारा ही लिखी गयी और उन्होंने इसे "गुरुग्रन्थ साहिब जी" में स्थान दिया।[1]

"रागमाला" द्वारा दी गयी सूची के अनुसार 6 प्रधान राग हैं और उनकी 30 रागिनियाँ हैं और उनके कुल 48 पुत्र हैं। इस प्रकार सबका योग 84 है।[2]

"खसट राग उनि गाए, संगि रागनी तीस।
सभै पुत्र रागन के, अठारह दस बीस ॥3॥

परन्तु गुरुओं द्वारा उच्चरित वाणियों में से 84 में से 31 रागों के प्रयोग हुए हैं। वे राग निम्नलिखित हैं—

1. सिरी रागु।
2. रागु माझ।
3. रागु गउड़ी।
4. रागु आसा।
5. रागु गूजरी।
6. रागु देवगन्धारी।
7. रागु बिहागड़ा।
8. रागु वडहंसु।
9. रागु सोरठि।
10. रागु धनासारी।
11. रागु जैतसिरी।
12. रागु टोडी।
13. रागु बैराड़ी।
14. रागु तिलंग।
15. रागु सूही।
16. रागु विलावलु।
17. रागु गौड़।
18. रागु रामकली।
19. रागु नट नाराइन।
20. रागु माली गउड़ा।
21. रागु मारू।
22. रागु तुखारी।
23. रागु केदारा।
24. रागु भैरउ।
25. रागु वसन्तु।
26. रागु सारंगु।
27. रागु मलार।
28. रागु कानड़ा।
29. रागु कलिआन।
30. रागु प्रभाती।
31. रागु जैजावन्ती।

परन्तु उपर्युक्त 31 रागों के अतिरिक्त "आदि श्री गुरुग्रन्थ साहिब" में किसी-किसी स्थान पर किसी शब्द में दो मिले रागों का प्रयोग हुआ है—

1. गउड़ी-माझ।
2. गउड़ी-दीपकी।
3. आसा-काफ़ी। काफ़ी (स्वतन्त्र राग नहीं है। यह लय का एक रूप है)
4. तिलंग-काफ़ी।
5. सूही-काफ़ी।
6. सूही-ललित।
7. विलावलु-गोंड़।
8. मारू-काफ़ी।
9. वसन्तु-हिडोल।
10. कलिआन-भोपाली।
11. प्रभाती-विभास।
12. आसा-आसारी।

---

1. फिलासफी ऑफ सिक्खिज़्म, शेरसिंह, पृष्ठ 53
2. आदि श्री गुरु साहिब, पृष्ठ 1430

इस प्रकार ऊपर 31 रागों के अतिरिक्त निम्नलिखित 6 और रागों के प्रयोग हुए हैं। पर ये राग स्वतन्त्र नहीं हैं। प्रधानता तो उसी राग की है, जो पहले प्रयुक्त है, जैसे सूही-ललित में सूही की ही प्रधानता है। गायन के लिए ललित का भी सहारा लिया गया है। जो छह नये राग हैं, वे निम्नलिखित हैं—

1. ललित। 2. आसावरी।
3. हिण्डोल। 4. भोपाली।
5. विभास। 6. दीपकी।

घरु : रागों के साथ गुरुवाणी में कहीं-कहीं "घरु" शब्द का भी प्रयोग हुआ है। यह संगीतज्ञों के लिए गायन का संकेत है। समस्त श्री गुरुग्रन्थ साहिब में 17 घरु के प्रयोग हैं।

(च) रागों की समाप्ति के पश्चात् "आदि श्री गुरुग्रन्थ साहिब जी" का भोग है। ट्रम्प के अनुसार भोग का अर्थ है 'उपसंहार' इसमें निम्नलिखित क्रम से वाणियाँ दर्ज हैं—

(1) सलोक सहस-कृती, (महला 1), सलोक 4, पृष्ठ 1353 पर।
(2) सलोक सहस-कृती, (महला 5), सलोक 67, पृष्ठ 1353-1360।
(3) गाथा, (महला 5), 24 बन्द, पृष्ठ 1360-1361।
(4) फुनहे, (महला 5), 23 बन्द, पृष्ठ 1361-1363।
(5) चउबोले (महला 5), बन्द, पृष्ठ 1363-1364
(6) सलोक, (भगत कबीर जीउ के), 243 सलोक, पृष्ठ 1364-1377।
(7) सलोक, (सेख फरीद के), 130 सलोक, पृष्ठ 1377-1384।
(8) सवैये स्त्रीमुख वाक्य (महला 5), 20 सवैये, पृष्ठ 1385-1389।
(9) भट्टों के सवैये (विभिन्न भट्टों द्वारा, 123 सवैये) पृष्ठ 1389-1409।

(अ) गुरु नानक देव (महला पहिले) की स्तुति में 10 सवैये।
(आ) गुरु अंगद देव (महला दूजे) की स्तुति में 10 सवैये।
(इ) गुरु अमरदास (महला तीजे) की स्तुति में 22 सवैये।
(ई) गुरु रामदास (महल चउथे) की स्तुति में 60 सवैये।
(उ) गुरु अर्जुनदेव (महला पंजवें) की स्तुति में 21 सवैये।

इन सबका सम्पूर्ण योग 123 सवैये है।

(10) सलोक वारा ते वधीक (पृष्ठ 1410-1426)

इसका तात्पर्य यह है कि वे सलोक इस स्थल पर अंकित हैं, जो वारों की पौड़ियों में लिखित होने से बचे थे। इनकी संख्या 152 है—

(अ) सलोक (महला 1 के) 33।
(आ) सलोक (महला 3 के) 67।
(इ) सलोक (महला 4 के) 30।
(ई) सलोक (महला 5 के) 22।

सबका योग 152 होता है।

(11) सलोक (महला 9), गुरु तेगबहादुर के, पृष्ठ 1426-1429 तक इनकी संख्या 57 है।

(12) मुंदावणी, (महला 5), 2 सलोक, पृष्ठ 1429।

(13) रागमाला—पृष्ठ 1429-1430।

श्री गुरुग्रन्थ साहिब जी के रागों में वाणी का क्रम

प्रत्येक राग में साधारणतया वाणियाँ निम्नलिखित क्रम से रखी गयी हैं—

(अ) सबद (शब्द)।

(आ) असटपदीआ (अष्टपदियाँ)।

(इ) छन्त (छन्द)।

(ई) वार।

(उ) अन्त में भक्तों की वाणी।

(अ) सबद (शब्द)—सबसे पहले गुरु नानक देव जी के (महला 1), तत्पश्चात् अमरदास जी के (महला 3), फिर गुरु रामदास जी के (महला 4), फिर गुरु अर्जुन देव जी के (महला 5) सबद रखे गये हैं ; गुरु अंगद देव (महला 2) के सबद नहीं हैं। गुरु अंगद देव के केवल सलोक हैं, जो वारों की पौड़ियाँ के साथ दर्ज हैं। गुरु तेगबहादुर (महला 9) के सबद जिस राग में हैं, वे वहाँ क्रम से गुरु अर्जुन देव (महला 5) के सबदों के पश्चात् रखे गये हैं।

(आ) असटपदीआ (अष्टपदियाँ)—शब्दों की समाप्ति के पश्चात् अष्टपदियाँ (असटपदीआ) रखी गयी हैं। उनका क्रम भी सबदों के क्रम के समान ही हैं। गुरु तेगबहादुर (महला 9) की कोई भी अष्टपदी नहीं है।

(इ) छन्त (छन्द)–अष्टपदियों के पश्चात् छन्त हैं। इनके रखने का भी वही क्रम है, जो शब्दों एवं अष्टपदियों का है।

(ई) वारां (वारें)[1]—श्री गुरुग्रन्थ साहिब में 22 वारें हैं। इनमें 21 वारें तो गुरुओं की है। केवल 1 वार सत्ता और बलवण्ड की है। वार की प्रत्येक पौड़ी के साथ साधारणतया सलोक होते हैं। केवल दो ऐसी वारें हैं, जिनके साथ कोई भी सलोक नहीं है। सत्ता और बलवण्ड की वार में और रागु वसन्तु की वार में सलोकों के प्रयोग नहीं हुए हैं।

(उ) भक्तों की वाणी—गुरुग्रन्थ साहिब में 31 रागों में से 22 रागों में भक्तों की वाणी है। वे 22 राग निम्नलिखित हैं—

---

1. **वार :** उस कविता को कहते हैं जिसमें किसी योद्धा के शौर्य की कोई प्रसिद्ध कथा कही जाती है। पंजाब में इनका उसी प्रकार प्रचार था, जैसे उत्तर प्रदेश में आल्हखण्ड का प्रचार है। ये रचनाएँ वीर रस में होती थीं। इनका प्रचार जनता में बहुत अधिक था। गुरु नानकदेव ने जनता में भक्ति के प्रचार के लिए वारों का प्रयोग किया।

रागु सिरी, रागु गउड़ी, रागु आसा, रागु गूजरी, रागु सोरठि, रागु धनासरी, रागु जैतसिरी, रागु टोड़ी, रागु तिलंग, रागु सूही, रागु विलावलु, रागु गौड़, रागु रामकली, रागु माली-गउड़ा, रागु मारू, रागु केदारा, रागु भैरउ, रागु वसन्तु, रागु सारंगु, रागु मलार, रागु कानड़ा और रागु प्रभाती।

शब्दों, अष्टपदियों, छन्तों और वारों के अतिरिक्त वाणियों के अन्य सम्बोधन—शब्दों, अष्टपदियों और वारों के अतिरिक्त कुछ रागों में कुछ वाणियाँ खास नामों से सम्बोधित हैं। उनका क्रम इस प्रकार है—

1. सिरी रागु में—'पहरे' और 'वणजारा' नामक दो नयी वाणियाँ हैं। 'पहले' का क्रम शब्दों और अष्टपदियों के बाद तथा छन्तों के पहले है।

'वणजारा' केवल महला 4, अर्थात् गुरु रामदास ने लिखा है। इसका क्रम ''छन्तों'' और ''वारों'' के बीच में है।

2. रागु माझ—में दो नयी वाणियाँ हैं—'बारहमाहा (बारहमासा) और 'दिनरैणि'। ये दोनों वाणियाँ क्रमशः अष्टपदियों के बाद आयी हैं।

3. रागु गउड़ी—में 'करहले', 'बावन अक्खरी', 'सुखमनी' और 'थिती' नामक चार अतिरिक्त वाणियाँ हैं। 'करहले' की रचना, महला 4, अर्थात् गुरु रामदास जी ने की है। इसका स्थान महला 3, अर्थात् गुरु अमरदास की अष्टपदियों के बाद में है। इसकी गणना अष्टपदियों में ही की भी जाती है। महला 5, अर्थात् गुरु अर्जुन देव जी ने 'बावन अक्खरी' की रचना की है। इसमें 57 सलोक और 55 पौड़ियाँ हैं। ''बावन अक्खरी'' ''छन्तों'' के पश्चात् दर्ज हैं। 'सुखमनी' की भी रचना महला 5, अर्थात् गुरु अर्जुन देव जी ने की है। इसमें 24 सलोक और 24 अष्टपदियाँ हैं और 'बावन अक्खरी' के बाद ही रखी गयी हैं। 'थिती' (तिथी) की रचना भी महला 5 ही ने की है। इसका क्रम 'सुखमनी' और 'वारों' के मध्य में है, अर्थात् 'सुखमनी' के पश्चात् और 'वारों' के पहले है।

4. राग आसा—में 'विरहड़े' और 'पट्टी' ये दो पृथक् वाणियाँ हैं। विरहड़े की रचना महला 5, ने की है। इनकी संख्या तीन हैं। ये अष्टपदियों के बाद रखे गये हैं और अष्टपदियों में ही इनकी गणना भी की गयी है। 'विरहड़े' की समाप्ति के पश्चात् ही 'पट्टी' आ जाती है। पट्टियों की रचना महला 1, और महला 3 द्वारा हुई है। महला 1 की पट्टी में 35 पौड़ियाँ हैं और महला 3 की पट्टी में 18 पौड़ियाँ।

5. रागु वडहंसु—में ''घोड़ीआ'' और 'अलाहणीआ' नामक दो पृथक् वाणियाँ प्रयुक्त हुई हैं। 'घोडीआ' की रचना महला 1 द्वारा हुई है। महला 4 के छन्त के पश्चात् ये रखी गयी हैं और इनकी गणना भी छन्तों में ही की गयी है। 'अलाहणीआ' महला 1 और महला 3 द्वारा रची गयी हैं। इनका स्थान 'छन्तों' और 'वारों के बीच में हैं, अर्थात् 'छन्त' की समाप्ति के पश्चात् और 'वारों' के प्रारम्भ के पूर्व है।

6. रागु धनासिरी—में 'आरती' ही अतिरिक्त वाणी है। इसकी रचना महला 1 ने की है और इसकी गणना शब्दों में की जाती है।

7. रागु सूही—में तीन अतिरिक्त वाणियाँ हैं—'कुचज्जी', की 'सुचज्जी' तथा 'गुणवन्ती'। 'कुचज्जी' और 'सुचज्जी' की रचना महला 1 ने की है और 'गुणवन्ती' की रचना महला 5 ने। तीनों वाणियाँ अष्टपदियों और छन्तों के बीच में दर्ज हैं।

8. रागु विलावलु—में दो वाणियाँ ऐसी हैं—एक तो "थिति" (तिथि) और दूसरी "वारसत"। थिति की रचना महला 1 ने की है, वारसत की महला 3 ने। ये दोनों वाणियाँ क्रमशः अष्टपदियों के बाद और छन्तों के पूर्व रखी गयी हैं।

9. रागु रामकली—इस राग में चार वाणियाँ ऐसी हैं, जो नये नाम से प्रसिद्ध हैं—'अनन्दु', 'सद' 'ओअंकारु' और 'सिध गोसटि (सिद्धगोष्ठी) 'अनन्दु' की रचना महला 3 ने की थी। कहते हैं कि यह वाणी महला 3, अर्थात् गुरु अमरदास जी ने अपने पोते "अनन्द जी" के जन्म के अवसर पर सन् 1554 ई. में की थी। इसमें परमात्म चिन्तन के अवर्णनीय आनन्द का वर्णन है। इसलिए इस वाणी का नाम ही अनन्दु रखा गया। यह वाणी सिक्खों के किसी भी मंगल-कार्य के अवसर पर पढ़ी जाती है। 'अनन्दु' में 40 पौड़ियाँ हैं। 'सद' वाणी बाबा सुन्दर की रचना है। इसमें 6 पौड़ियाँ हैं। 'अनन्दु' और 'सद' दोनों ही वाणियाँ क्रमशः अष्टपदियों की समाप्ति के बाद ही रखी गयी हैं। ओअंकारु (ओंकार) की रचना महला 1 ने की थी। इसमें 54 पौड़ियाँ हैं। "सिध गोसटि"[1] भी महला 1 कृत है। इसमें 73 पौड़ियाँ हैं। अन्तिम दोनों वाणियाँ अत्यन्त महत्त्वपूर्ण हैं। गुरु नानक द्वारा प्रतिपादित सिद्धान्तों का सुन्दर वर्णन चित्रण इन वाणियों में मिलता है। ये दोनों वाणियाँ क्रमशः छन्तों और वारों के बीच में रखी गयी हैं।

10. रागु मारू—में नये नामों से प्रसिद्ध दो वाणियाँ हैं—पहली है अंजुलीआ (ऊंजलियाँ) और दूसरी सोलहे। अंजुलीआ की रचना महला 5 ने की है, और यह अष्टपदियों के बाद रखी गयी है। सोलहे की संख्या 62 है। 22 महला 1 द्वारा, 24 महला 3 द्वारा, 2 महला 4 द्वारा तथा 14 महला 5 द्वारा लिखे गये हैं। 'अंजुलीआ' की समाप्ति के पश्चात् ही ये दर्ज हैं।

11. रागु तुखारी—में केवल एक अतिरिक्त वाणी है और वह है, "बारहमासा" इसकी रचना महला 1 ने की है। इसकी गणना छन्तों में की गयी हैं।

---

1. गुरु नानक देव और सिद्धों की गोष्ठी "अचल बटाला" और "गोरख हटड़ी" नामक स्थानों में हुई थी। कहते हैं कि गुरु नानक देव जी का दीवान सजा हुआ था और सिद्धगण आकर आसन लगाकर बैठ गये। इसी समय प्रश्नोत्तर हुए। इस वाणी में उन्हीं प्रश्नोत्तरों का सारांश है।

गुरुग्रन्थ साहिब में वर्णित राजनीतिक सामाजिक और धार्मिक दशाएँ

किन्हीं विशेष परिस्थितियों में किसी भी धर्म-विशेष की स्थापना होती है। इनके प्रत्यक्ष उदाहरण बौद्ध धर्म, जैन धर्म तथा वैष्णव धर्म हैं। अन्य धर्मों के मूल में भी तत्कालीन परिस्थितियों का ही विशेष हाथ रहता है। गुरु नानक देव जी के धर्म-संस्थापन में भी इन्हीं परिस्थितियों का ही मुख्य हाथ था। इनमें से मुख्य हैं—राजनीतिक, धार्मिक एवं सामाजिक परिस्थितियाँ। इन तीनों का स्वरूप तत्कालीन शासन की धर्मान्धता, संकीर्णता, असहिष्णुता और क्रूरता के कारण विकृत हो चुका था।

राजनीतिक परिस्थिति

देश में मुसलमानों का राज्य पूर्ण रूप से स्थापित हो चुका था। उदार-से-उदार मुसलमान शासक में धर्मान्धता कूट-कूटकर भरी थी। भाई गुरुदास जी की वारों में इस बात का संकेत मिलता है कि काजियों में रिश्वत का बोलबाला था।[1] आदि श्री गुरुग्रन्थ साहिब जी में गुरु नानक देव जी के शब्दों में तत्कालीन राजनीतिक परिस्थिति का अनुमान लगाया जा सकता है—

कलि होई कुत्ते मुही खाजु होआ मुरदारु।
कूड़ु बोलि बोलि भउकणा चूका धरमु बीचारु।।
जिन जीवंदिआ पति नहीं मुइआ मंदी सोई।
लिखिआ होवै नानका करता सु होई।''[2]

अर्थात् ''कलियुग में (इस बुरे समय में) मनुष्य के मुख कुत्तों के समान हो गये हैं। वे मुरदा भक्षण करते हैं। झूठ बोलने के रूप में सदैव भूँकते रहते हैं धर्म के सम्बन्ध में उनके सारे विचार समाप्त हो गये हैं। जिनमें जीवित रहते हुए प्रतिष्ठा नहीं है, मरने के पश्चात् उनकी अवश्य बुरी दशा होगी। जो कुछ भी भाग्य में लिखा होता है, वह अवश्य होता है। जो कर्त्ता (परमात्मा) करता है, वही होता है।''

गुरु नानक देव ने तत्कालीन राजाओं और उनके कर्मचारियों का चित्रण बड़ा भयावह किया है। उनका कथन है ''राजा लोग सिंह हो गये हैं। उनके

---

1. काजी होए रिश्वती : भाई गुरुदास की वार, वार 1, पौड़ी 30
2. श्री गुरुग्रन्थ साहिब : सारंग की वार महला 1, पृष्ठ 1242

कर्मचारीगण कुत्तों के रूप में परिणत हो गये हैं...वे सब मनुष्यों का रक्त चाटते हैं और उनका मांस-भक्षण करते हैं।''[1] इसी भाँति उन्होंने तत्कालीन राजनीतिक परिस्थिति का बड़ा ही मार्मिक चित्रण किया है—

कलि काती, राजे कासाई धरमु पंखु करि उडरिआ।
कूडु अमावस, सचु चन्द्रमा दीसै नाही, कह चड़िया।।
हउ भालि विकुंनी होई। आधेरै राहु न कोई।।
विचि हउमै करि दुखु रोई। कहु नानक किनी बिधि गति होई[2] ।।

अर्थात्, ''कलियुग छुरे के तुल्य है, राजे कसाई के समान हो गये हैं, धर्म अपने पंखों पर उड़ गया है। (अब) झूठ रूपी अमावस्या का प्राबल्य है। सत्य रूपी चन्द्रमा दिखलायी ही नहीं पड़ रहा है। पता नहीं, वह कहाँ उदय हुआ है? मैं (पथ ढूँढ़-ढूँढ़) व्याकुल हो गयी हूँ। अहंकार में कहीं भी मार्ग नहीं सुझायी पड़ता। अहंकार करने के कारण दुःख से रो रही हूँ। नानक कहते हैं कि इस संसार से किस भाँति मुक्ति हो?''

इतिहास में बाबर के आक्रमण प्रसिद्ध हैं। सन् 1521 ई. में उसने अमीनाबाद पर आक्रमण किया और उसे नष्ट-भ्रष्ट कर दिया। स्त्रियों की दुर्दशा की गयी। गुरु नानक देव ने इस रोमांचकारी दृश्य का चित्रण अत्यधिक द्रवीभूत होकर किया है। उन्होंने अमीनाबाद के आक्रमण को स्वयं देखा था। वे उसका निम्नलिखित ढंग से वर्णन करते हैं—''जिन स्त्रियों की सुन्दर केश-राशि थी, जिनकी माँगें सिन्दूर से अनुरंजित रहा करती थीं, सिर के वे ही बाल कैंचियों से कतर दिये गये हैं और धूल उड़-उड़कर गले तक आ रही है। जो सुन्दरियाँ महलों के भीतर निवास करती थीं, उन्हीं की आज साधारण स्थानों में बैठने की भी जगह नहीं मिल रही है।...जो रमणियाँ गरी-छुहारे खाती थीं और पलँग पर आनन्द लेती थीं, उन्हीं के गले में रस्सियाँ पड़ी हुई हैं और उनकी मुक्ता-मालाएँ टूट-टूटकर गिर रही हैं।''—

जिन सिरि सोहनि परीआ माँगी पाइ संधूरू।
से सिरि काती मुनीअन्हि गल विचि आवै धूड़ि।।
महला अंदर होरीआ हुणि बहणि न मिलन्हि हदूरि।।1।।

..

गरी छुहारे खांदीआ माणन्हि सेजड़ीआ।
तिन्ह गल सिलका पाईआ, तुटन्हि मोतसरीआ[3] ।।3।।11।।

युद्ध के परिणामों पर भी गुरु नानक देव की पैनी दृष्टि गयी है। उन्होंने कहा है—

---

1. श्री गुरुग्रन्थ साहिब : वार मलार की, महला 1, पृष्ठ 1288
2. श्री गुरुग्रन्थ साहिब : वार माझ, महला 1, पृष्ठ 145
3. श्री गुरुग्रन्थ साहिब, आसा, महला 1, पृष्ठ 417

कहां सु खेल तबेला घोड़े, कहां भेरी सहनाई।
कहाँ सु तेगबन्द, गाड़ेरड़ि, कहा सु लाल कवाई।।
कहां सु आरसीआ, मुंह बंके, ऐथै दिसहि नाही[1] ।।1।।12।।

अर्थात् "तुम्हारे वे सब खेल कहाँ चले गये? तुम्हारे घोड़ों और अस्तबल का भी पता नहीं है तुम्हारी भेरियों और शहनाइयों की मधुर ध्वनि का भी पता नहीं है। तुम्हारी तलवारों की म्यानें, तुम्हारे रथ, तुम्हारी लाल वर्दियाँ, तुम्हारे दर्पण, तुम्हारे सुन्दर मुख कहाँ विलीन हो गये ? वे यहाँ तो कहीं भी नहीं दिखायी पड़ रहे हैं!"

गुरु नानक देव बाबर के आक्रमण और भारतवर्ष की दुर्दशा से अत्यन्त द्रवीभूत हुए। सीधा प्रश्न उठता है कि आखिर इन क्रूरताओं का कारण क्या है? इसका उत्तर यही है, "परमात्मा की इच्छा!" पर उनका पवित्र, सरल, सच्चा और भावुक हृदय अपनी भावनाओं को व्यक्त करने से रोक न सका। वे साहस, धैर्य, निर्भयता और दृढ़ता से परमात्मा से उसी भाँति प्रश्न करते हैं, जिस भाँति सरल बालक अपने पिता से उसके किसी रहस्यमय चरित्र का समाधान चाहता है। गुरु नानक देव प्रारब्ध की आड़ में सारी बुराइयाँ और अच्छाइयाँ परमात्मा पर थोपकर अपने नैतिक कर्त्तव्य से मुक्ति नहीं पाना चाहते थे। उन्होंने अपना उत्तरदायित्व समझकर परमात्मा से इस भाँति प्रश्न किया[2]—

खुरासान खसमाना कीआ हिन्दुस्तानु डराइआ।
आपै दोसु न देई करता जमु करि मुगल चड़ाइआ।।
एती मार पई करलाणै तैं की दरदु न आइआ।।1।।
करता तू सम्भना का सोई।
जे सकता सकते कउ मारे ता मनि रोसु न होई।।1।। रहाउ।।
सकता सीहु मारे पै वगै खसमै सा पुरसाई[3] ।।2।।5।।39।।

अर्थात् "बाबर ने खुरासान पर शासन किया, किन्तु उसे अपना समझकर बचा रखा। उसने हिन्दुस्तान को (अपने आक्रमण से) भयभीत किया। कर्त्ता (परमात्मा) ने अपने ऊपर दोष न रखकर मुगलों को यम रूप बनाकर आक्रमण कराया। इतनी मारकाट हुई और इतनी करुणा व्याप्त हुई, पर ऐ परमात्मा क्या तुममें तनिक भी करुणा उत्पन्न नहीं हुई? ऐ कर्त्ता, तू सभी का है (किसी वर्ग-विशेष अथवा जाति-विशेष का नहीं है) यदि कोई शक्तिशाली किसी शक्तिशाली का हनन करता है, तो मन में क्रोध उत्पन्न नहीं होता। पर यदि शक्तिशाली सिंह निरपराध पशुओं के झुण्ड पर आक्रमण करता है, तो स्वामी को कुछ तो पुरुषार्थ दिखलाना चाहिए।"

---

1. श्री गुरुग्रन्थ साहिब, आसा, महला 1, पृष्ठ 417
2. फिलासफी ऑफ सिक्खिज्म : शेरसिंह, पृष्ठ 23-24
3. श्री गुरुग्रन्थ साहिब, आसा, महला 1, पृष्ठ 360

इस प्रकार श्री गुरुग्रन्थ साहिब में आये हुए गुरु नानक देव के पदों से स्पष्ट प्रतीत होता है कि भारतवर्ष की राजनीतिक अवस्था अत्यन्त शोचनीय थी। पंजाब की दशा तो और भी चिन्त्य थी। पहले पहल यही प्रान्त जीता गया था। उसकी स्थिति दो शक्तिशाली मुसलमानी राजधानियों—दिल्ली और काबुल के बीच में थी। वहाँ मुसलमानी साम्राज्य पूर्णरूपेण स्थापित हो चुका था। गुरु नानक के पदों से स्पष्ट प्रतीत होता है कि वह समय रक्तपात का युग था। तलवारें सदा गर्दनों पर लटकी रहती थीं। आतंक का साम्राज्य सारे देश में व्याप्त था। कोई ऐसा नेता न था, जो राष्ट्र की समस्त बिखरी शक्तियों को एक सूत्र में पिरोकर अत्याचार का सामना कर सके।

सामाजिक परिस्थिति

राजनीतिक धर्मान्धता का सामाजिक संघटन पर प्रभाव पड़ना अवश्यम्भावी है। मुसलमान शासकों ने धर्म-परिवर्तन के कई अस्त्र निकाले, जिनमें यात्रा कर, तीर्थयात्रा कर, धार्मिक मेलों, उत्सवों और जुलूसों पर कठोर प्रतिबन्ध, नये मन्दिरों के निर्माण तथा जीर्ण-मन्दिरों के पुनरुद्धार पर रोक, हिन्दू-धर्म और समाज के नेताओं का दमन, मुसलमान होने पर बड़े-बड़े पुरस्कार देने आदि मुख्य थे। इन्हीं अस्त्रों के द्वारा वे लोग हिन्दू-धर्म को सर्वथा मिटा देना चाहते थे।[1]

इन अत्याचारों का परिणाम तत्कालीन जनता पर बहुत अधिक पड़ा। हिन्दुओं का अनुदार वर्ग और भी अधिक अनुदार बन गया। वे अपनी सामाजिक स्थिति के रक्षण के प्रति और भी अधिक सचेष्ट हो गये। इसका परिणाम हिन्दू-मात्र के लिए अत्यन्त भीषण सिद्ध हुआ। हिन्दुओं का एक वर्ग असहिष्णु, अनुदार और संकीर्ण हो गया। अपने को विधर्मी प्रभावों से बचाना उसका उद्देश्य हो गया। युग-धर्म, लोक-धर्म से पराङ्मुख हो, ब्राह्याचारों, रूढ़ियों के कवच से अपने को सुरक्षित रखना यही उनका सबसे बड़ा प्रयास सिद्ध हुआ। उनकी यह पराङ्मुखता अन्य धर्मावलम्बियों तक ही सीमित नहीं रही, बल्कि अपने सहधर्मियों के साथ भी व्यापक रूप में परिलक्षित हुई। इसी कारण सामाजिक व्यवस्था अस्त-व्यस्त हो उठी।

हिन्दुओं का वर्णाश्रम धर्म कहने मात्र को रह गया। ब्राह्मण अपनी दैवी सम्पदा को त्यागकर, पाखण्डपूर्ण धर्म में रत हो गये। इसी प्रकार क्षत्रियगण अपने स्वाभाविक शौर्य को त्यागकर अपनी भाषा और संस्कृति के प्रेम को त्यागकर उदरपोषण के निमित्त अरबी-फारसी के अध्ययन में रत हुए। गुरु नानक देव ने इस परिस्थिति का बड़ा सुन्दर आभास दिया है—

---

1. इवोल्यूशन ऑफ द खालसा, भाग 1ः इन्दुभूषण बनर्जी, पृष्ठ 43-44

अरवी त मीटहि नाक पकड़हि ठगण कउसंसारु।।1।। रहाउ।।
आंट सेती नाकु पकड़हि सूझते तिनि लोअ।
मगर पाछै कछु न सूझै एहु पदमु अलोअ।।2।।
खत्रीआ त धरमु छोड़िआ मलेछ भाखिआ गही,
सृसटि सभ इक बरन होई धरम की गति रही[1]।।3।।1।।6।।8।।

अर्थात्, "(ब्राह्मण) ध्यान करने के लिए आँखें तो बन्द करते हैं, प्राणायाम करने के लिए नाक भी पकड़ते हैं, किन्तु संसार को ठगने में प्रवृत्त रहते हैं। अँगूठे और अँगुलियों से नाक पकड़कर यह दम्भ करते हैं कि हमें तीनों लोकों का ज्ञान है, किन्तु अपने पीछे की वस्तु भी न देख सकते। यह कैसा पद्मासन है। क्षत्रियों ने भी अपना धर्म त्याग दिया है और फ़ारसी आदि भाषाओं को ग्रहण कर लिया है। इस प्रकार सारी सृष्टि में गुलामी की एकता हो गयी। धर्म का वास्तविक स्वरूप समाप्त-सा हो गया है।"

हिन्दू धर्म पर केवल मुसलमानों का ही अत्याचार नहीं था, बल्कि हिन्दुओं का अत्याचार उससे भी अधिक था। शूद्रों को नीचतम वर्ण समझा गया। उच्च वर्णवालों ने उन्हें सारे अधिकारों से वंचित कर दिया। वेदों और शास्त्रों का अध्ययन उनके लिए त्याज्य बताया गया। अन्त्यजों की दशा तो और भी शोचनीय थी। वे मन्दिरों में देवताओं के दर्शन से भी बहिष्कृत किये गये। उनकी छाया के स्पर्श मात्र से उच्च वर्ण के हिन्दुओं का शरीर अपवित्र हो जाता था। सिक्ख गुरुओं की वाणियों से यह बात भली भाँति सिद्ध हो जाती है कि जाति-गत अभिमान उस समय अत्यधिक प्रबल था। गुरु नानक देव ने इसका संकेत इस भाँति किया है—

जाणहु जोति न पूछहु जाती आगै जाति न हे[2]।।1।।रहाउ।।3।।

अर्थात्, "मनुष्य मात्र में स्थित परमात्मा की ज्योति ही को समझने की चेष्टा करो। जाति-पाँति के टण्टे-बखेड़े में मत पड़ो। यह निश्चित समझ लो कि आगे (वर्ण-व्यवस्था) के पूर्व कोई भी जाति-पाँति नहीं थी।"

गुरु अंगद देव ने जाति-प्रथा की इस बुराई को ही दूर करने के लिए सामंजस्य स्थापित करने की चेष्टा की है। उनका कथन है, योगी गण दर्शन को ही धर्म समझते हैं। ब्राह्मणों का धर्म वेदों का पढ़ना और पढ़ाना समझा जाता है। क्षत्रियों का धर्म शूरवीरता और शूद्रों की सेवा है। इस प्रकार भेद-बुद्धिवालों के लिए पृथक्-पृथक् ढंग और पृथक्-पृथक् तरीके हैं। किन्तु तथ्य तो यह है कि प्रत्येक मनुष्य में चारों वर्णों का समन्वित रूप होना चाहिए। प्रत्येक मनुष्य में किसी समय ब्राह्मण, किसी समय क्षत्रिय, किसी समय और किसी समय शूद्र के होने चाहिए।"—

---

1. श्री गुरुग्रन्थ साहिब, धनासरी, महला 1 पृष्ठ 662-63
2. श्री गुरुग्रन्थ साहिब, आसा, महला, 1 पृष्ठ 349

जोग सबदं गिआन सबदं बेद सबदं ब्राहमणह।
खत्री सबदं सूर सबदं सूद्र सबदं पराकृतह।।
सरब सबदं एक सबदं जेको जाणै भेउ।
नानकु ताका दासु है सोइ निरंजनु देउ।।[1]

जिस व्यक्ति ने जाति के इस समन्वित रूप को अपने में स्थापित कर लिया है, वही परमात्मा का वास्तविक रहस्य समझता है। गुरु अंगद देव जी ऐसे व्यक्ति को बहुत ही ऊँचा समझते हैं। उसे साक्षात् परमात्मा ही समझते हैं और अपने को ऐसे व्यक्ति का दास कहने में भी नहीं हिचकते।

तीसरे गुरु अमरदास जी की वाणी से यह भली भाँति स्पष्ट हो जाता है कि जाति-व्यवस्था का कितना मिथ्या अभिमान था। गुरु अमरदास जी "भैरउ रागु" में जाति के सम्बन्ध में अपने विचार निम्नलिखित ढंग से व्यक्त करते हैं—

"किसी भी व्यक्ति को जाति का अभिमान नहीं करना चाहिए। कोई कहने मात्र से ब्राह्मण नहीं बन जाता। परम ब्रह्म का जिसने भी साक्षात्कार कर लिया है, वही ब्राह्मण है। मूर्खों, गँवारों! जाति का अभिमान मत करो। इस प्रकार के अभिमान से अनेक विकारों की उत्पत्ति होती है। सभी कोई चार वर्णौं की बातें करते हैं। किन्तु यह नहीं समझते कि चारों वर्णों की उत्पत्ति ब्रह्म से ही हुई है। ऐसी स्थिति में न कोई बड़ा कहा जा सकता है और न छोटा। सृष्टि मात्र में एक ही मिट्टी विद्यमान है। कुम्हार उसी मिट्टी से नाना भाँति के बर्तन बनाता है। इसी प्रकार पंच तत्त्वों—आकाश, वायु, अग्नि, जल एवं पृथ्वी—से सृष्टि के समस्त प्राणियों की रचना हुई है। अतः कौन कह सकता है कि अमुक बड़ा अमुक छोटा।

जाति का गरबु न करीअहु कोई।
ब्रहमु बिन्दे सो ब्राहमणु होई।।1।।
जाति का गरबु न करि मूरख गवारा।
इसु गरब ते चलहि बहुतु विकारा।।1।। रहाउ।।
चारे वरन आखै सभु कोई।
ब्रहमु बिंदु ते सम ओपति होई।।2।।
माटी एक सगल संसारा!
बहु बिधि भांडे घेड़े कुम्हारा।।3।।
पंच ततु मिलि देही का आकारा।
घटि बधि को करै बीचारा[2] *।।4।।1।।*

मुसलमानों के शासनकाल में भारतीय नारियों के ऊपर अत्याचार तो चरम सीमा पर पहुँच गया। यह परम शोचनीय बात थी कि उनका सम्मान उनके परिवार में ही समाप्त हो गया। अमरत्व की साधना के सारे अधिकारों से वे

---

1. श्री गुरुग्रन्थ साहिब, आसा, महला 2, वार सलोका नालि सलोक भी, पृष्ठ ।।469
2. श्री गुरुग्रन्थ साहिब, रागु भैरउ, महला 3, पृष्ठ 1128

वंचित कर दी गयी थीं। उनका कोई निजी कर्म ही न रह गया। वे आध्यात्मिक उत्तरदायित्व से हीन थीं। उनका कोई अधिकार भी न रह गया। वेदों, शास्त्रों का अध्ययन उनके लिए वर्जित था। यह परिचर्या ही उनकी साधना थी और उसी में उन्हें सन्तोष करना पड़ता था।[1] इतना ही नहीं सन्त-महात्माओं की दृष्टि में भी वे हेय समझी जाने लगीं। बड़े दुःख की बात तो यह है कि उनके सामाजिक स्तर को ऊँचा उठाने को कौन कहे वे उत्तरोत्तर तिरस्कार की वस्तु समझी जाने लगीं। लोग उनकी निन्दा करने में भी नहीं चूकते थे। गुरु नानक देव के एक पद से यह बात स्पष्ट रूप से ज्ञात हो जाती है कि लोगों की दृष्टि में स्त्रियों का स्थान मन्द था। किन्तु उन्होंने हिन्दू-जाति के उपेक्षित नारी-समाज को गौरव के आसन पर प्रतिष्ठित करने की चेष्टा की—

भंडि जंमीऐ भंडि निमीऐ भंडि मंगणु वीआहु।
भंडहु होवे दोसती भंडहु चलै राहु।।
भंडु मुआ भंडु भालीऐ भंडि होवै बंधानु।
सो किउ मंदा आखीऐ जितु जंमहि राजानु।।[2]

अर्थात्, "स्त्री के द्वारा ही हम गर्भ में धारण किये जाते हैं और उसी से जन्म लेते हैं। उसी से हमारी मँगनी होती है और उसी से विवाह होता है। स्त्री से हमारी (जीवन-पर्यन्त की) मैत्री होती है। उसी से सृष्टि-क्रम चलता रहता है। एक स्त्री के मर जाने पर दूसरी स्त्री खोजनी पड़ती है। स्त्री हमें सामाजिक बंधन में रखती है। फिर हम उस स्त्री को मन्द क्यों कहें, जिससे महान् पुरुष जन्म लेते हैं?"

धार्मिक-परिस्थिति

भारतवर्ष में राजनीति और समाज का मेरुदण्ड धर्म ही रहा। यहाँ की राजनीतिक एवं सामाजिक संघटन कभी धर्म-निरपेक्ष नहीं रहे हैं। गुरु नानक देव के समय में राजनीतिक एवं सामाजिक संकीर्णता एवं अत्याचारों और अनाचारों का मूल कारण धार्मिक संकीर्णता थी। उस काल के हिन्दू एवं मुसलमान अपने-अपने धर्म की उदार और सार्वभौमिक मान्यताओं को भूलकर साम्प्रदायिकता के गड्ढे में पड़े हुए थे। गुरु नानक देव ने उसका सजीव चित्रण अपने शिष्य, भाई लालों से इस भाँति किया है—

सरमु धरमु दुइ छपि खलोए कूड़ु फिरै परधानु वे लालो।
काजीआ बामण की गलि थकी अगदु पड़े सैतानु वे लालो।।
मुसलमानीआ पड़हि कतेबा कसट महि करहि खुदाइ वे लालो।
जाति सनाती होरि हिंदवाणीआ एहि भी लेख लाह वे लालो।।
खून के सोहिले गावीअहि नानक रतु का कंगू पाइ वे लालो।।[1] *1।।3।।5*

---

1. एसेज़ इन सिक्खिज्म : तेजासिंह, पृष्ठ 12-13
2. श्री गुरुग्रन्थ साहिब, आसा दी वार, महला 1, पृष्ठ 473

अर्थात्, "अरे लालो, लज्जा और धर्म—दोनों ही—संसार से विदा हो चुके हैं और चारों ओर झूठ का ही साम्राज्य है। काजियों और ब्राह्मणों ने अपने कर्त्तव्य त्याग दिये हैं और अब विवाह शैतान करवाता है। मुसलमान स्त्रियों और हिन्दू-स्त्रियों तथा अन्य ऊँची और नीची स्त्रियाँ कष्ट में पड़कर परमात्मा का नाम ले रही हैं। नानक कहते हैं कि वे सब खूनी गीत गा रही हैं और केसर के स्थान पर रक्त पड़ रहा है।"

धर्म का वास्तविक रूप लोग भूले जा रहे थे। ब्राह्याडम्बरों का बोलबाला था। बहुत-से लोग तो भय से और मुसलमानों को प्रसन्न करने के लिए कुरान इत्यादि पढ़ते थे। मुसलमान भी "असली मजहब" को छोड़ रहे थे। गुरु नानक देव के ही शब्दों में सुनिये—

गऊ बिराहमणा कउ करु लावहु गोबरि तरणु न जाई।
धोती टिका तै जपमाली धानु मलेछां खाई।।
अंतरि पूजा पड़हिं कतेबा संजमु तुरका भाई।।
छोडीले पाखंडा।।[2]

तात्पर्य यह कि ऐ समृद्धिशाली हिन्दुओं, एक ओर तो तुम लोग मुसलमानों का शासन सुदृढ़ बनाने के लिए गौओं और ब्राह्मणों पर कर लगाते हो और दूसरी ओर गौ के गोबर (अर्थात् गौ के गोबर आदि की गौरी, गणेश आदि की प्रतीक-मूर्ति) के बल पर मुक्ति पाना चाहते हो। भला यह कैसे सम्भव हो सकता है? धोती पहनते हो, टीका लगाते हो, गले में जप की माला धारण किये हो किन्तु धान्य तो म्लेच्छों का ही खाते हो। (अपने संस्कारों के वशीभूत होकर) भीतर-भीतर तो पूजा करते हो किन्तु (मुसलमानों को प्रसन्न करने के लिए) बाहर कुरान आदि पढ़ते हो और सारे आचरण तुरकों के समान करते हुए। इस पाखण्ड को छोड़ो, इससे कोई भी लाभ नहीं।

सारी धार्मिक क्रियाएँ दिखावा मात्र के लिए होती थीं। धर्म प्रदर्शन मात्र था। उस पर आचरण दुर्लभ था। गुरु नानक देव ने ऐसे प्रदर्शनों का स्थान-स्थान पर संकेत किया है और इसकी निन्दा भी की है—

पड़ि पुसतक संधिया बादं।
सिल पूजसि बगुल समाधं।
मुखि झूठ विभूखण सारं[3] *।।*

अर्थात् "पुस्तकें पढ़ते हैं, संध्या करते हैं। किन्तु उस सन्ध्या के वास्तविक रहस्य को नहीं समझते। पाण्डित्य-प्रदर्शन के निमित्त वाद-विवाद में रत रहते हैं।

---

1. श्री गुरुग्रन्थ साहिब, तिलंग, महला 1, पृष्ठ 722-723
2. श्री गुरुग्रन्थ साहिब, आसा दी वार, महला 1, पृष्ठ 471
3. श्री गुरुग्रन्थ साहिब, आसा दी वार, महला 1, पृष्ठ 470

पाषाण की पूजा करते हैं और बगुले की भाँति झूठी समाधि लगाते हैं। सच्ची समाधि के आनन्द से बहुत दूर हैं। दिखावा मात्र समाधि का दम्भ भरते हैं। मुख से झूठ बोलकर लोहे के गहने को (सोने का) दिखाते हैं।'' इन सब उद्धरणों से हम इस निष्कर्ष पर पहुँचते हैं कि धार्मिक प्रवृत्तियों में दम्भ और प्रदर्शन का बोलबाला था।

गुरु नानक देव ने 'आसा दी वार' में कहा है ''हिन्दू मस्तिष्क मुसलमानों की संस्कृति की इतनी दासता स्वीकार कर लिये है कि वह जीवन के प्रत्येक क्षेत्र में मुसलमानों को आत्म समर्पण कर दिये हैं।''[1] वास्तव में मुसलमानों के बलात् धर्म-परिवर्तन एवं हिन्दुओं की मानसिक कमजोरी के कारण हिन्दुओं में बाह्याडम्बरों की प्रबलता आ गयी थी।

भाई गुरुदास जी ने अपनी वारों में तत्कालीन धार्मिक परिस्थिति का इस प्रकार चित्रण किया है—''मुसलमानों में भी अनेक वेश चल पड़े हैं। कोई पीर है, तो कोई पैगम्बर और कोई औलिया। ठाकुरद्वारों को गिराकर उनके स्थान में मस्जिदों का निर्माण किया गया है। गौ और गरीबों की हत्या करते हैं। इस भाँति पृथ्वी के ऊपर पाप का विस्तार हो गया है।[2]

इसी भाँति हिन्दुओं की दशा का भी भाई गुरुदास जी ने वर्णन किया है। उनका कथन है—''संन्यासियों के दस सम्प्रदाय हैं और योगियों के बारह पन्थ। जंगम और दिगम्बर आदि परस्पर कलह करते रहते हैं। ब्राह्मणों में भी अनेक वर्ग हैं। शास्त्रों, वेदों एवं पुराणों में परस्पर संघर्ष चलता रहता है। तन्त्र-मन्त्र, रसायन और करामात का बोलबाला है। इस प्रकार सभी तमोगुण में रत हैं।

सारांश यह कि उस समय की राजनीतिक स्थिति की भयंकरता, सामाजिक व्यवस्था की अस्तव्यस्तता एवं धार्मिक बाह्याडम्बरता तथा रूढ़िग्रस्तता के कारण देश विषमावस्था में था। देश में दो वर्ग थे—एक तो शासकों का और दूसरा शासितों का। दोनों की मानसिक अवस्थाएँ पृथक्-पृथक् थीं। शासकों में अहंभाव की प्रधानता आ गयी थी। उनकी अहम्मन्यता अपनी चरमसीमा को पहुँच चुकी थी। यह अहम्मन्यता इतनी बढ़ी हुई थी कि शासितों के राजनीतिक अस्तित्व स्वीकार करने में भी कौन कहे, वे उनके धार्मिक और सामाजिक अस्तित्व को भी स्वीकार करने में भी अपना अपमान समझते थे। दूसरी ओर शताब्दियों के अत्याचार, अपमान और राजनीतिक दासता के फलस्वरूप हिन्दू (शासित वर्ग) अपना शौर्य, आत्म-गौरव और आत्म-विश्वास खो बैठे थे। धर्म का वास्तविक स्वरूप लुप्त-सा हो गया था।

1. 'नील वसत्र ले कपड़े पहिरे, तुरक पठाणी अमुल कीआ'—
श्री गुरुग्रन्थ साहिब जी, आसा दी वार, महला 1, पृष्ठ 470
2. वारां भाई गुरुदास जी, वार 1, पौडी 20

मध्यकालीन धर्म-सुधारकों में गुरु नानक देव का महत्त्व

यह कहना अनुपयुक्त न होगा कि तत्कालीन सामाजिक एवं धार्मिक परिस्थितियों को देखकर भी भारतीय धर्म-सुधारकों के मन में सुधार करने की कोई भावना नहीं उत्पन्न हुई। पन्द्रहवीं शताब्दी के उत्तरार्द्ध एवं सोलहवीं शताब्दी के पूर्वार्द्ध में प्रतिक्रिया की भावना बड़े वेग के उत्पन्न हुई। सुधारकों का एक दल ऐसा उत्पन्न हुआ, जिसने धार्मिक और सामाजिक क्षेत्र में सुधार करने का प्रयास किया। प्रसिद्ध इतिहासकार कनिंघम ने अपने प्रसिद्ध ग्रन्थ 'सिक्खों के इतिहास' में लिखा है, "इस प्रकार 16वीं शताब्दी के प्रारम्भ में हिन्दू मस्तिष्क प्रगतिहीन और स्थिर न रह सका। मुसलमानों के संसर्ग से वह उद्वेलित होकर परिवर्तित हो उठा और नवीन प्रगति के लिए उत्तेजित हो उठा। रामानन्द और गोरख ने धार्मिक एकता का उपदेश दिया। चैतन्य ने उस धर्म का प्रतिपादन किया, जिससे जातियाँ सामान्य स्तर पर आयीं। कबीर ने मूर्तिपूजा का निषेध किया और अपना सन्देश लोकभाषा में सुनाया। वल्लभाचार्य जी ने अपनी शिक्षाओं में भक्ति और धर्म का सामंजस्य स्थापित किया। पर वे महान् सुधारक जीवन की क्षणभंगुरता से इतने अधिक प्रभावित थे कि उनकी दृष्टि में समाजोद्धार का दृष्टिकोण नगण्य-सा था। उनके प्रचार का लक्ष्य केवल ब्राह्मण-वर्ग के प्रभुत्व से छुटकारा दिलाना, मूर्तिपूजा और बहुदेव की स्थूलता प्रदर्शित करना मात्र था। उन्होंने वैराग्यवान् और शान्त पुरुषों का संगठन तो किया और आत्मानन्द की प्राप्ति के लिए अपना सर्वस्व त्याग दिया। पर अपने भाइयों को सामाजिक और धार्मिक बंधनों को तोड़ने का उपदेश न दे सके, जिससे ऐसे समाज का निर्माण हो, जो रूढ़ियों एवं आडम्बरों से विहीन हो। उन्होंने अपने मतों में तर्क-वितर्क, वाद-विवाद पर तो विशेष बल दिया; पर ऐसे उपदेश नहीं दिये जो राष्ट्र निर्माण में बीजारोपण का कार्य कर सकें। यही कारण है कि उनके सम्प्रदाय विकसित न हुए और जहाँ के तहाँ ही रह गये।"[1]

यदि हम उपर्युक्त सुधारकों की असफलता के कारणों का उल्लेख करें तो हमें प्रधानतया दो कारण दिखायी पड़ते हैं।[2]

1. हिस्ट्री ऑफ द सिक्ख्स : जे. डी. कनिंघम, पृष्ठ 38
2. ट्रान्सफारमेशन ऑफ सिक्खिज्म : गोकुलचन्द नारंग, पृष्ठ 32-33-34

गुरु नानक के पूर्व जितने भी धर्म-सुधार सम्बन्धी आन्दोलन हुए थे, वे प्रायः सभी साम्प्रदायिक थे और पारस्परिक वाद-विवाद में रत थे। उदाहरणार्थ श्री रामानन्द जी उत्तरी भारत के महान् सुधारक थे। उन्होंने ही भक्ति का मार्ग सर्व-सुलभ बनाया और साधारण जनता में यह भावना भरी—"जाति-पाँति पूछै नहिं कोई। हरि का भजै सो हरि को होई।।" उन्होंने अवतारवाद को स्वीकार करके रामोपासना की प्रथा चलायी। इसका परिणाम यह हुआ कि साम्प्रदायिक अहम्मन्यता बढ़ी। साम्प्रदायिकता के कारण ही गोस्वामी तुलसीदास ऐसे उच्चकोटि के भक्त की "विश्वनाथ की पुरी" (काशी) ही वैरी हो गयी। वैष्णवों, शैवों, शाक्तों का पारस्परिक कलह घटने के बजाय बढ़ता ही गया। रामानन्द जी के अनुयायी रूढ़ियों और ब्राह्याचारों के बंधन से मुक्त न हो सके। उनके पहनने के वस्त्र विशेष ढंग के थे। उनकी माला भी विशेष प्रकार की थी। वे किसी के स्पर्श से भय खाते थे और सबसे पृथक् रहते थे। रामानन्द जी द्वारा प्रचारित मत की यही दशा हुई। वह विकसित होने के बजाय संकीर्ण होता गया।

गोरखनाथ जी ने भी बाह्याचारों और प्रदर्शनों का उन्मूलन योगक्रिया के गुप्त साधनों द्वारा करना चाहा; परन्तु वे भी सम्प्रदाय के संकीर्ण प्रभावों से मुक्त न हो सके। गोरखनाथ जी के धर्म में आगे चलकर बाह्याचार अपनी चरमसीमा को पहुँच गये। नाथ योगी सैकड़ों की संख्या में 'मेखला' सृंगी, सेली, गूदरी, खप्पर; कर्ण-मुद्रा, झोला आदि चिह्नों से युक्त, सैकडों, तीर्थ-स्थानों में घूमते हुए देखे जाने लगे।'[1] इब्नबतूता नामक मिस्त्री पर्यटक जब भारत आया था, तो उसने इन योगियों को देखा था। उसने लिखा है कि उन योगियों के वस्त्र पैर तक लम्बे होते हैं। सारे शरीर में भभूत लगी होती है और तपस्या के कारण उनका वर्ण पीत हो गया होता है।[2] उन योगियों का प्रभाव और आतंक सारी जनता पर छाया हुआ था। इब्नबतूता का कथन है कि चमत्कार प्राप्त करने की शक्ति प्राप्त करने के इच्छुक बहुत-से मुसलमान भी उनके पीछे लगे फिरते हैं।[3] परन्तु आगे चलकर उन योगियों की सारी साधनाएँ वस्त्र-वेश में सीमित हो गयीं। श्री गुरुग्रन्थ साहिब जी सिद्ध-गोष्ठी (गुरु नानक द्वारा रचित) तथा अन्य गुरुओं की वाणियों में गोरखपन्थियों की वेश-भूषा का सुन्दर चित्रण मिलता है। सारांश यह कि गोरखपन्थियों में वेश-भूषा का प्रचार अधिक हो गया तथा आन्तरिक साधना में गौण-भाव आ गया। इसी प्रकार अन्य धार्मिक आन्दोलनों के प्रति भी थोड़ी या अधिक बातें कही जा सकती हैं। उन सभी आन्दोलनों के मूल में साम्प्रदायिकता निहित थी। सभी के अपने आचारात्मक और ब्राह्म नियम थे और वे सब उनमें बुरी तरह जकड़े थे।

---

1. नाथ-सम्प्रदाय : हजारीप्रसाद द्विवेदी, पृष्ठ 14
2. नाथ-सम्प्रदाय : हजारीप्रसाद द्विवेदी, पृष्ठ 19
3. नाथ-सम्प्रदाय : हजारीप्रसाद द्विवेदी, पृष्ठ 19

"इन आन्दोलनों से राष्ट्रीय उत्त्थान क्यों न हुआ?"—इस प्रश्न का दूसरा कारण यह है कि प्रायः सभी सुधारक त्याग और वैराग्य को जीवन का चरम लक्ष्य मानते थे। एकाध इसके अपवाद अवश्य कहे जा सकते हैं, जैसे कि वल्लभाचार्य जी। श्री रामानन्द जी के अनुयायी वैरागियों के नामकरण से ही प्रतीत होता है कि वे लोग वैराग्य की साक्षात् प्रतिमूर्ति थे। श्री गोरखनाथ के योगियों में त्याग आवश्यक अंग समझा जाता था, हालाँकि उनके अनुयायी गृहस्थ भी थे। कबीर यद्यपि विवाहित थे, गृहस्थ जीवन व्यतीत करते थे, फिर भी वैराग्य पर जोर देते थे। सन्तों के त्याग के इस आदर्श ने लोगों में किंकर्त्तव्यविमूढ़ता की भावना भर दी। लोक-संग्रह के निमित्त कर्म करने का आदर्श लोग भूल गये। लोग हाथों पर हाथ रखकर भाग्यवादी बन गये और काल, कर्म तथा भाग्य पर मिथ्या दोष आरोपित करने लगे। इस प्रकार इस अकर्मण्यता से हमारे समाज का कर्म पंगु हो गया, ज्ञान चु-ज्ञान मात्र रह गया और भक्ति आडम्बरयुक्त हो गयी।

गुरु नानक देव क्रान्तिदर्शी, महान् देशभक्त, प्रचण्ड रूढ़ि-विरोधी एवं अद्‌भुत युग-पुरुष थे। इसके साथ ही उनके हृदय में वैराग्य और भक्ति की मन्दाकिनी सदैव प्रभावित होती रहती थी तथा मस्तिष्क में विवेक और ज्ञान का प्रचण्ड मार्त्तण्ड अहर्निश प्रकाशित रहता था। वे अपूर्व दूरदर्शी थे। उन्होंने स्पष्ट रूप से समझ लिया कि वर्तमान परिस्थितियों में कौन-सा धर्म भारत के लिए और वह भी विशेषतया पंजाब के लिए श्रेयस्कर होगा। इसी विचार से उन्होंने सिक्ख धर्म की संस्थापना की। यद्यपि मध्ययुग में भारतवर्ष में अनेक धर्म-सुधारक हुए, पर उन्हें वह सफलता नहीं प्राप्त हुई, जो गुरु नानक देव को प्राप्त हुई। कनिंघम महोदय के इस कथन से हम अक्षरशः सहमत हैं—"यह सुधार गुरु नानक के लिए अवशिष्ट था। उन्होंने आधार पर अपने के सच्चे सिद्धान्तों का सूक्ष्मता से साक्षात्कार किया और ऐसे व्यापक सुधार अपने धर्म की नींव डाली, जिसके द्वारा गुरु गोविन्दसिंह ने अपने देशवासियों का मस्तिष्क नवीन राष्ट्रीयता से उत्तेजित कर दिया और उन सिद्धान्तों को व्यावहारिक रूप दिया कि छोटी और बड़ी जाति तथा उनके धर्म समान हैं। इसी भाँति राजनीतिक सुविधाओं की प्राप्ति में सभी की समानता है।[1]"

इस प्रकार मध्ययुग के धर्म-सुधारकों गुरु नानक देव का विशिष्ट स्थान उन्होंने युग की नाड़ी पहचानी और तदनुरूप उसका निदान किया। उन्होंने खूब सोच-समझकर सिक्ख धर्म की संस्थापना की। सुभीते के लिए सिक्ख धर्म की विशेषताओं को दो भागों में विभाजित कर और उनके अध्ययन करने के उपरान्त गुरु नानक देव का महत्त्व आँका जा सकता है। वे विभाग निम्नलिखित हैं—(1) व्यावहारिक पक्ष और (2) सैद्धान्तिक पक्ष।

---

1. हिस्ट्री ऑफ द सिक्ख्स, कनिंघम, पृष्ठ 38-39

व्यावहारिक पक्ष

राधाकृष्णन् का कथन है कि प्रत्येक मौलिक धर्म-संस्थापक अपनी व्यक्तिगत, समाजगत तथा ऐतिहासिक परिस्थितियों के अनुरूप ही अपने धार्मिक सन्देश देता है।[1] गुरु नानक द्वारा संस्थापित धर्म में हम उपर्युक्त कथन की अक्षरशः पुष्टि पाते हैं। हम पहले ही देख चुके हैं कि सिक्ख-धर्म की संस्थापना के पूर्व भारतवर्ष की राजनीतिक, सामाजिक एवं धार्मिक परिस्थितियों का क्या स्वरूप था। उत्तरी भारत में मध्ययुग में बहुत-से धर्म-संस्थापक हुए, किन्तु विषम राजनीतिक परिस्थिति का चित्रण किसी ने भी नहीं किया। किसी में भी यह प्रवृत्ति नहीं उत्पन्न हुई कि वह अपने आराध्य देव से यह प्रश्न कर सके।

खुरासान खसमाना कीआ हिन्दुस्तानु डराइआ।

...

एती मार पई करलाणै तैं की दरदु न आइआ[2] ।।1।।5।।39।।

अतएव गुरु नानक के धर्म की सबसे बड़ी विशेषता यह है कि वह निवृत्तिमूलक नहीं है, प्रवृत्तिमूलक है।

इस धर्म की दूसरी विशेषता यह है कि इसने पाखण्डों एवं बाह्याडम्बरों का खण्डन किया है, चाहे वह हिन्दू-ब्राह्मणों का हो, चाहे जैनों का हो, चाहे योगियों का हो चाहे मुल्लाओं अथवा काजियों का हो। धर्म के वास्तविक स्वरूप को त्यागकर लोग बाह्याडम्बरों के पीछे बुरी तरह से पड़ जाते हैं। ये ही बाह्याडम्बर लड़ाई-झगड़े संकीर्णता और असहिष्णुता के कारण बन जाते हैं।

गुरु नानक द्वारा संस्थापित सिक्ख धर्म की तीसरी विशेषता यह है कि उसमें सामाजिक कुरीतियों का बुरी तरह से खण्डन किया है। जातिगत प्रथा समाज की सबसे बड़ी कमज़ोरी है। इससे सारा समाज विश्रृङ्खल हो जाता है। गुरु नानक देव ने इस कमज़ोरी को अनुभव करके ही कहा था—

जाणहु जोति न पूछहु जाती आगे जाति न हे[3] ।।1।। रहाउ।।3।।

तात्पर्य यह कि परमात्मा की ज्योति ही समस्त प्राणियों में समझो। अतएव जाति-सम्बन्धी प्रश्न मत करो, क्योंकि पहले किसी प्रकार की जाति-व्यवस्था नहीं थी।

इसी प्रकार उन्होंने हिन्दू-जाति की उपेक्षिता नारी समाज को फिर से प्रतिष्ठा एवं गौरव के आसन पर बैठाया। उन्होंने आसा की वार में स्त्रियों के सम्बन्ध में बहुत ऊँचे विचार प्रकट किये हैं। गुरु नानक देव ने अपने धर्म में स्त्रियों के खोये

---

1. द हिन्दू व्यू ऑफ लाइफ़, राधाकृष्णन, पृष्ठ 25
2. श्री गुरुग्रन्थ साहिब, रागु आसा, महला 1, पृष्ठ 360
3. श्री गुरुग्रन्थ साहिब, रागु आसा, महला 1, पृष्ठ 349,

हुए अधिकारों को वापस दिया। आध्यात्मिक साधनाओं और जीवन के अन्य क्षेत्रों में उसकी समानता पुरुषों से स्वीकार की गयी।

इस धर्म की चौथी विशेषता यह है कि इसकी परम्परा कम-से-कम दसवें गुरु गोविन्द सिंह जी तक अत्यधिक विकासोन्मुखी थी यदि कोई धार्मिक परम्परा विकसित नहीं होती, तो इसके अर्थ यह हैं कि इस परम्परा के अनुयायी आध्यात्मिक दृष्टि से मृत हो गये हैं।[1] सिक्ख धर्म में विकासोन्मुखी प्रवृत्ति उत्तरोत्तर बढ़ती गयी। उन्होंने धर्म के मूल सिद्धान्तों को तो पकड़े रखा, किन्तु बाह्याचारों अथवा धर्म के बाह्य रूपों में परिस्थितियों के अनुकूल परिवर्तन करते गये। इसी से यह धर्म इतना शक्तिशाली होता गया। यदि परिस्थितियों के अनुकूल इस धर्म के बाह्य रूपों में परिवर्तन न होते, तो यह भी कबीर-पन्थ, दादू-पन्थ अथवा रैदास-पन्थ की भाँति एक सीमा में केन्द्रीभूत हो गया होता।

गुरु नानक के धर्म की पाँचवीं विशेषता यह है कि उन्होंने भक्ति मार्ग को उसके दोषों से बचा रखा। भक्ति मार्ग के प्रधानतया तीन दोष हैं—पहला तो यह कि इष्टदेव के नाम-भेद के कारण पारस्परिक झगड़े हो जाया करते हैं।[2] दूसरा दोष यह है कि अन्ध श्रद्धा के कारण लोग प्रायः इष्टदेवों की मर्जी पर इतने अधिक निर्भर हो जाते हैं कि व्यवहार में भी स्वावलम्बी बनना छोड़कर एकदम आलसी और निकम्मे से ही रहते हैं तथा अपनी कमजोरियों और आपत्तियों का दोष अपने-अपने इष्टदेव के मत्थे मढ़कर चुप हो जाया करते हैं।[3] तीसरा दोष यह है कि अन्ध-विश्वास का प्रबन्ध कभी-कभी इतना अधिक हो जाता है कि लोग दम्भियों के चक्कर में पड़कर दुःख भी खूब उठाते हैं।[4] गुरु नानक देव ने भक्ति के उपर्युक्त तीन दोषों को अत्यन्त सतर्कता से दूर किया।

पहले दोष को मिटाने के लिए तो उन्होंने यह उपाय किया कि परमात्मा को रूप और आकार की सीमा से परे माना। उन्होंने ऐसे इष्टदेव की कल्पना की जो 'अकाल मूर्त्ति' 'अजूनी' (अयोनि; अजन्मा), तथा 'सैभं' (स्वयंभू) हैं। दूसरे दोष को मिटाने के लिए गुरु नानक देव ने निवृत्ति मार्ग को त्यागकर प्रवृत्ति मार्ग को ग्रहण किया। तभी तो बाबर के आक्रमण की भयंकरता को देखकर और करुणा से विगलित होकर कर्त्ता से नानक देव प्रश्न करते हैं—

एती मार पई करलाणै तैं की दरदु न आइआ।।1।।5।।39।।

अर्थात् ऐ कर्त्ता-पुरुष भारतवर्ष पर इतनी मार पड़ी, पर तुम्हारा हृदय जरा भी नहीं द्रवीभूत हुआ। इसीलिए उन्होंने अपने मोक्ष तथा लोक-कल्याण के निमित्त

---

1. द हिन्दू व्यू ऑफ लाइफ़ : राधाकृष्णन, पृष्ठ 21
2. तुलसी-दर्शन : बल्देव प्रसाद मिश्र, पृष्ठ 79-80
3. तुलसी-दर्शन : बल्देव प्रसाद मिश्र, पृष्ठ 80
4. तुलसी-दर्शन : बलदेव प्रसाद मिश्र, पृष्ठ 80,

सेवा-धर्म पर बल दिया है। गुरु नानक का प्रेम मौलिक न होकर सेवा-भावना से ओत-प्रोत है। जिस प्रेम में सेवा-भावना न होगी, वह वास्तविक प्रेम न होकर सहानुभूति मात्र रह जायेगा। तीसरे दोष के परिहार के लिए उन्होंने बाह्याडम्बरों के त्याग और प्रेम-भक्ति पर अधिक बल दिया।

गुरु नानक द्वारा संस्थापित धर्म की छठीं विशेषता यह है कि उन्होंने जनता की निराशावादिता को दूर कर उसमें आशा, विश्वास और पौरुष की भावना जागृत की। इस प्रकार की शिक्षा का गुरु नानक देव ने खण्डन किया कि मनुष्य पापी है और उसका इस जगत् में रहना अपराध और पाप है। उन्होंने निराशों में यह अमरत्व भावना भरी कि उसका शरीर परमात्मा के रहने का पवित्र स्थान है। इसीलिए इसे कष्ट देने की अपेक्षा परमात्मा की अनुपम देन समझकर उपयुक्त ढंग से रखना चाहिए। पर इसके अर्थ यह कदापि नहीं कि उन्होंने शरीर को सब-कुछ समझ लेने को कहा। इस सम्बन्ध में उनकी शिक्षा गीता के निम्नलिखित श्लोक के समान है—

युक्ताहारविहारस्य युक्तचेष्टस्य कर्मसु।
युक्तस्वप्नावबोधस्य योगो भवति दुःखहा।।17।। अध्याय 6।।

'यह दुःखों का नाश करनेवाला योग तो यथायोग्य आहार विहार करनेवाले का; कर्मों में यथायोग्य चेष्टा करनेवाले का, यथायोग्य शयन करनेवाले तथा जागनेवाला का सिद्ध होता है।

गुरु नानक की इन्हीं शिक्षाओं का प्रभाव था कि उनके अनुयायियों ने राष्ट्र के निर्माण और राष्ट्र-सेवा में अनुपम योग दिया। उनके अनुयायी सिक्ख अपने 'आपा' को खोकर मानवता की सेवा के माध्यम द्वारा परमात्मचिन्तन में प्रवृत्त हुए।

सिक्ख धर्म की सातवीं विशेषता यह है कि उसमें हिन्दू और मुसलमान दोनों ही धर्मों के बीच समन्वय स्थापित करने की चेष्टा की गयी। गुरु नानक देव जानते थे कि हिन्दुओं-मुसलमानों के पारस्परिक मनोमालिन्य को दूर करने के लिए सहज मार्ग यही है कि उन दोनों की आन्तरिक अच्छाइयों को ग्रहण करके, उनके बाह्याडम्बरों को दूर करने की चेष्टा की जाय। कदाचित् पंजाब में हिन्दू-मुसलिम संघर्ष सबसे अधिक था। इसीलिए उन्होंने जहाँ एक ओर सच्चे मुसलमान बनने की विधि बतायी[1] वहाँ दूसरी ओर यह भी बताया कि सच्चा ब्राह्मण कौन है।[2]उन्होंने यह भी बताया कि ब्राह्मणों का जनेऊ किस प्रकार का होना चाहिए? जो ब्राह्मण जनेऊ धारण करके क्रूरता और असन्तोष की आग में जल रहा है, वह ब्राह्मण नहीं है। सच्चा यज्ञोपवीत की गाँठ है और सत्य ही

---

1. मिहर मसीति सिदकु हकु हलालु गुराणु...आदि, श्री गुरुग्रन्थ साहिब, वार माफ की, सलोकु, महला 1, पृष्ठ 140
2. सो ब्राह्मण जो ब्रह्मु बीचारै...आदि तरै सगलै कुल तारै।। श्री गुरुग्रन्थ साहिब, धनासरी महला 1, पृष्ठ 662

उसकी पूरन है। जो ऐसे यज्ञोपवीत को धारण करता है, वही सच्चा जनेऊ पहनता है।[1]

इस धर्म की आठवीं विशेषता यह है कि वह निर्माणकारी प्रवृत्तियों से ओत-प्रोत है। जो यह समझते हैं कि इसमें विध्वंसक प्रवृत्तियाँ हैं वे गुरु नानक देव के व्यक्तित्व को एकदम नहीं समझ पाते हैं। उन्होंने किसी भी धर्म को बुरा नहीं कहा, बल्कि उसमें फैली हुई बुराइयों को बुरा कहा। उन्होंने इस बात को स्पष्ट कर दिया है कि जो व्यक्ति हिन्दू-मुसलमान दोनों धर्मों को एक समझता है, वही मर्मज्ञ हैं।[2] उन्होंने हिन्दुओं और मुसलमानों की निन्दा इसलिए नहीं की कि वे धर्म बुरे थे, बल्कि उनकी निन्दा इसलिए की कि वास्तविक मार्ग को भूलकर कुराह पर जा रहे थे। उन्होंने क्षुब्ध होकर दोनों की क्रूरताओं की तीव्र आलोचना की। वे कहते हैं—"मनुष्य-भक्षक (मुसलमान) नमाज़ पढ़ते हैं और ज़ुल्म की छुरी चलानेवाले (हिन्दू) जनेऊ धारण करते हैं।[3] उनकी आलोचना का यही आशय प्रतीत होता है कि हिन्दू-मुसलमान अपनी कमज़ोरियों को समझें, उसे दूर कर अपने-अपने धर्मों का ठीक-ठीक पालन करें।

सिक्ख धर्म की अन्तिम और नवीं विशेषता यह है कि इसमें सभी धर्मों के प्रबल व्यावहारिक पक्ष अत्यन्त उदारता से संगृहीत हैं। मुसलमानों के भाई-चारे और एकता का सिद्धान्त जितना इस धर्म में दिखलायी पड़ता है, उतना भारत के अन्य किसी भी धर्म में नहीं है। बौद्धों के आदि संगठन की भावना से यह धर्म पूर्णरूपेण व्याप्त है। इसी भाँति वैष्णवों की सेवा-भावना भी इस धर्म का प्रधान अंग है। गोरखनाथ और कबीर की जाति-प्रथा सम्बन्धी क्रान्तिकारी विचारों से भी यह धर्म ओत-प्रोत है।

सैद्धान्तिक पक्ष

अब संक्षेप में गुरु नानक देव के सैद्धान्तिक पक्ष का सिंहावलोकन किया जायगा। इसकी विस्तृत व्याख्या तो अगले अध्यायों में की जायगी। इस स्थल पर केवल संकेत मात्र किया जायगा। इस सम्बन्ध में यह बात स्पष्ट कर दी जाती है कि गुरु नानक देव तथा अन्य गुरुओं ने परमात्मा का साक्षात्कार किया और प्रत्यक्ष अनुभूतियाँ प्राप्त कीं और उन्हीं अनुभूतियों को लोकभाषा में अभिव्यक्त किया। आन्तरिक अनुभूतियों की एकता के सम्बन्ध में 'मिस अण्डरहिल' का यह कथन अक्षरशः सत्य प्रतीत होता है, "कोई भी व्यक्ति सच्चाई से यह बात नहीं

---

1. दइआ कपाह संतोखु सूतु...श्री गुरुग्रन्थ साहिब, वार सलोका नालि सलोक भी, महला 1, पृष्ठ 471
2. राहु दोवै इकु जाणै सोई सिझसी, वार माझ की, महला 1, पृष्ठ 142
3. माणस खाणे करहिं निवाज। छुरी बगाइन तिन गलि ताग।। रागु आसा, महला 1, पृष्ठ 471

कह सकता कि ब्राह्मण, सूफी और ईसाई रहस्यवादियों में कोई महान् अन्तर है।''[1] अतएव गुरु नानक के उपदेश में वही अनुभूति है, जो हिन्दुओं के प्रस्थानत्रयी (उपनिषद्, ब्रह्मसूत्र तथा श्रीमद्भगवद्गीता) तथा मुसलमानों के कुरान और ईसाइयों के धार्मिक ग्रन्थ बाइबिल में मिलती है। पैग़म्बर अपरोक्ष ज्ञान और संसार में अवतीर्ण होते हैं। इसी से उनकी वाणी में अद्भुत शक्ति होती है। गुरु नानक ने चरम सत्य परमात्मा को बताया और उस चरम सत्य को जनता के सम्मुख रखा। उस समय भारतवर्ष के दार्शनिक तो परमात्मा का अव्यक्त स्वरूप मानते थे, किन्तु अपढ़ों के सम्मुख अनेक देवी-देवताओं की उपासना का स्वरूप था।[2] गुरु नानक देव ने परमात्मा को अव्यक्त, निर्गुण स्वरूप में प्रतिष्ठित किया और साथ ही यह भी प्रयत्न किया कि यह सिद्धान्त सर्वग्राह्य हो।

उन्होंने अवतारवाद का खण्डन कर एकेश्वरवाद का स्वरूप प्रतिष्ठित किया। परमात्मा के सम्बन्ध में गुरु नानक देव के विचार उपनिषदों की विचारधारा से साम्य रखते हैं। जीव, मनुष्य और आत्मा के सम्बन्ध में भी उनके निजी सिद्धान्त हैं। सृष्टिनिर्माण परमात्मा ने अपने आप बिना किसी की सहायता के किया। सृष्टि रचना का समय गुरु नानक देव के अनुसार अनिश्चित है। कहीं-कहीं सृष्टि और परमात्मा के बीच अभिन्नता दिखलाया है और यह बतलाया है कि परमात्मा स्वयं सृष्टि बना है। गुरु नानक देव ने सृष्टि को मिथ्या न मानकर सत्य माना है और माया को स्वतन्त्र न मानकर परमात्मा के अधीन माना है। उनकी वाणी में स्थान-स्थान पर उसके अति प्रबल स्वरूप का चित्रण मिलता है। आध्यात्मिक रूपकों द्वारा माया की मोहिनी शक्ति का चित्रण किया है। अन्त में माया से तरने के लिए विविध उपाय भी बतलाये हैं।

गुरु नानक देव ने अहंकार और द्वैतवाद का विशद चित्रण किया है। अहंकार के विविध स्वरूपों तथा इसके होनेवाले परिणामों की ओर उनकी व्यापक दृष्टि पड़ी है। उन्होंने अहंकार-नाश के विविध उपायों को भी बतलाया है। अहंकार और मन का क्या सम्बन्ध है, इसे भी वे भूले नहीं हैं। मन के विविध स्वरूप, उसकी प्रबलता और चंचलता का वर्णन किया है और साथ ही यह भी बतलाया है कि यह कैसे वशीभूत होता है। उन्होंने परमात्मा-प्राप्ति ही जीवन का परम लक्ष्य माना है और उसकी प्राप्ति में कर्ममार्ग, ज्ञानमार्ग तथा भक्तिमार्ग की सार्थकता बतलायी है। गुरु नानक द्वारा निरूपित कर्ममार्ग, योगमार्ग तथा ज्ञानमार्ग भक्ति के ही अधीन बताये गये हैं। गुरु नानक देव का योग हठयोग से सर्वथा भिन्न है। उन्होंने उस योग को राजयोग की संज्ञा दी है। उनके इस योग में ज्ञानयोग, भक्तियोग तथा कर्मयोग का विचित्र समन्वय है। गुरु नानक देव की ज्ञानयोग के प्रति पूरी आस्था है। यत्र-तत्र इसकी व्याख्या भी मिलती है। अद्वैतवाद

1. द हिन्दू व्यू ऑफ लाइफ़, राधाकृष्णन् , पृष्ठ 34
2. ट्रान्सफारमेशन ऑफ सिक्खिज्म : फोरवर्ड, जोगेन्दर सिंह, पृष्ठ 3

भी स्थिति ही ज्ञान है, चाहे उसकी प्राप्ति का जो भी माध्यम हो। इस अद्वैतावस्था को सिद्ध करने के लिए गुरु नानक देव ने कहीं-कहीं जीव और ब्रह्म की एकता मानी है, हालाँकि व्यावहारिक दृष्टि से वे जीव को परमात्मा से भिन्न मानते हैं। इसी भाँति उन्होंने ब्रह्म और सृष्टि की भी एकता स्थापित की है। ज्ञान-प्राप्ति के साधनों का भी उल्लेख मिलता है।

गुरु नानक देव ने भक्तिमार्ग पर सबसे अधिक बल दिया है। भक्ति की अबाध मन्दाकिनी उनके प्रत्येक पद में प्रवाहित हुई है। उनका सारा जीवन ही भक्तिमय था। उन्होंने वैधी भक्ति और रागात्मिका भक्ति में अन्तिम भक्ति को प्रधानता दी। वैधी भक्ति आडम्बरों में बँध जाती है, इससे उसमें संकीर्णता तथा साम्प्रदायिकता आ जाती है। गुरु नानक देव ने रागात्मिका भक्ति अथवा प्रेमा भक्ति के स्वरूप और लक्षणों को भी बतलाया है। इस भक्ति के विविध प्रकार तथा उपकरणों की भी चर्चा की गयी है।

परमात्मा

सृष्टि में अनेक धर्म हैं। अधिकांश धर्मों में परम तत्त्व परमात्मा को स्वीकार किया गया है। परमात्मा के अस्तित्व को सिद्ध करने के लिए धर्म संस्थापकों और दार्शनिकों ने तर्क-वितर्क, प्रमाण तथा दृष्टान्त आदि का सहारा लिया है। किन्तु गुरु नानक एवं अन्य गुरु परम श्रद्धालु थे। वे तर्क-वितर्क के आधार पर परमात्मा के अस्तित्व को नहीं सिद्ध करना चाहते थे। उन्हें यह खण्डन-मण्डनवाली प्रणाली अभीष्ट भी नहीं थी। गुरुओं को तो परमात्म-तत्त्व की साक्षात् अनुभूति होती थी। उन्हें सर्वत्र परमात्मा के दर्शन होते थे—

जह जह देखा तह तह सोई[1] ।।6।।3।।

उनका परमात्मा तो प्रत्यक्ष है। प्रत्यक्ष के लिए प्रमाण की क्या आवश्यकता है? क्या सूर्य कहीं दीपक से देखा जा सकता है?

वेद कतेब संसार हभाहूँ बाहरा।
नानक का पातिसाहु दिसै जाहरा[2] ।।4।।3।।105।।

नानक का पातशाह (परमात्मा) तो वेद, कुरान, संसार तथा अन्य सभी से परे है। वह प्रत्यक्ष है। ऐसे प्रत्यक्ष के लिए भला प्रमाणों की क्या आवश्यकता है? हाँ, यह बात अवश्य है कि जो आँखें प्रियतम (परमात्मा) का दर्शन करती हैं, वे आँखें कुछ दूसरी ही होती हैं—

नानक से अखड़ीआं विअंनि जिनी डिंसदो मा पिरी[3]

इसीलिए तो श्रीमद्भगवद्गीता में दिव्य दृष्टि की महत्ता की ओर संकेत किया गया है—

न तु मां शक्यसे द्रष्टुमनेनैव स्वचक्षुषा।
दिव्यं ददामि ते चक्षुः पश्य मे योगमैश्वरम् ।।8।।अध्याय 11।।

अर्थात् (हे अर्जुन) तू मुझ विश्वरूपधारी परमेश्वर को अपने इन प्राकृतिक नेत्रों से नहीं देख सकेगा। जिन दिव्य नेत्रों द्वारा तू मुझे देख सकेगा, (मैं) तुम्हें देता हूँ। उन दिव्य नेत्रों के द्वारा तू मुझ ईश्वर के ऐश्वर्य और योग-सामर्थ्य को देख।

---

1. गुरुग्रन्थ साहिब, प्रभाती, असटपदीआ, महला 5, पृष्ठ 1343
2. गुरुग्रन्थ साहिब, आसा, महला 5, पृष्ठ 397
3. गुरुग्रन्थ साहिब, रागु वडहंस, महला 5, पृष्ठ 577

तर्क के द्वारा अनुभूति होना अत्यन्त असम्भव है। परमात्मा की अनुभूति में श्रद्धात्मक भावना का बहुत बड़ा महत्त्व है।

गुरु नानक देव ने अपने मूलमन्त्र तथा बीजमन्त्र में परमात्मा के स्वरूप की इस भाँति व्याख्या की है।

"1 ओंकार सतिनामु करता पुरखु निरभउ निरवैरु अकाल मूरति अजूनी सैभं गुर प्रसादि"[1]

मोहन सिंह जी ने इस मूलमन्त्र की व्याख्या इस ढंग से की है—

"वह एक है, शब्द अथवा वाणी है और इसी द्वारा सृष्टि रचता है। वह सत्य है, नाम है। उसके अस्तित्व का वाचक नाम केवल सत्य है और शेष जितने नाम हैं, उसके गुणों के वाचक हैं। उसके प्रत्यक्ष गुण (Positive) ये हैं : कर्तार है, पुरियों का निर्माण करके उनके बीच निवास करनेवाला है। महान् पौरुष और महान् शक्तियुक्त है। समस्त शक्तियों का स्वामी है।" परमात्मा के निषेधात्मक गुण (Negative) हैं—'वह भय से रहित है, वैर से रहित है, मूर्तिमान् है, काल से रहित है, योनि के अन्तर्गत नहीं आता। त्रिपुटी से परे है। इस प्रकार प्रत्यक्ष गुणों से प्रारम्भ करके फिर प्रत्यक्ष गुणों में अन्तर करते हैं—

वह स्वयंभू (अपने-आप होनेवाला) है। वह प्राप्त होनेवाला है और उसकी प्राप्ति गुरु की कृपा से होती है[2]।"

वास्तव में बीजमन्त्र अथवा मूलमन्त्र का अत्यधिक मूल्य है। यदि हम गुरुग्रन्थ साहिब को इसी बीजमन्त्र का भाष्य कहें, तो कुछ अनुपयुक्त न होगा।

अब बीजमन्त्र के पृथक्-पृथक् शब्दों का विवेचन किया जायगा।

"1" परमात्मा को "1" कहा गया है। वास्तव में इस "1" का बहुत बड़ा महत्त्व है। सांख्यवादियों का द्वैत सिद्धान्त—प्रकृति और पुरुष—गुरुओं को मान्य नहीं है। वह परमात्मा प्रकृति से सर्वथा परे है। गुरुओं द्वारा वर्णित यह एक सर्वव्यापी अव्यक्त और अमृततत्व है। यही "1" चर-अचर सृष्टि का मूल है। यदि हम वेदान्त की दृष्टि से देखें, तो परब्रह्म अक्षर ही "एक" है" उसका कभी नाश नहीं होता। गुरुओं द्वारा प्रयुक्त परमात्मा के लिए "1" शब्द का प्रयोग प्रकृति से परे परब्रह्म का स्वरूप दिखलाने के लिए किया गया है। वह "1" अगम है, अगोचर है।

अगम अगोचरु अनाथु अजोनी गुरमति एकै जानिआ।।

(सारंग, महला 1)

उपर्युक्त वाणी पर विचार करने से स्पष्ट प्रतीत होता है कि वह "1" अगम है और इन्द्रियों के गोचर नहीं है।

---

1. सिक्खों का मूलमन्त्र, गुरुग्रन्थ साहिब, पृष्ठ 1
   प्रत्येक सिक्ख को दीक्षित होते समय तथा अमृतपान करते समय उपर्युक्त मन्त्र पाँच बार आवृत्ति करनी पड़ती है।
2. पंजाबी भाखा बिगिआन अते गुरमति गिआन, मोहनसिंह, पृष्ठ 21, 22, 23

उपनिषदों में भी परमात्मा की एकता का प्रतिपादन हुआ है। कठोपनिषद् और वृहदारण्यकोपनिषद् के अनुसार एक परमात्मा को छोड़कर किसी भी नानात्व की गुंजाइश नहीं—"नेह नानास्ति किंचन[1]।" छान्दोग्योपनिषद् के अनुसार एक परमात्मा के अतिरिक्त कोई दूसरी वस्तु है ही नहीं—"एकमेवाद्वितीयम्"

ओंकार—बीजमन्त्र में परमात्मा का गुण-वाचक दूसरा शब्द है "ओंकार"। वास्तव में गुरुग्रन्थ साहिब में 'एकंकार' और 'ओअंकार' एक ही हैं। 'एकंकार' में एक विशेषण अधिक लगाया गया है।

"हरि जी सदा धिआइ तूं गुरमुखि एकंकार।" (सिरी रागु, महला 3) तथा "अनिक भाँति होइ पसरिआ नानक एकंकार।"

(गउड़ी थिती, महला 5)

गुरु नानक देव का 'ओंकार' परमात्मा का ठीक इसी भाँति प्रतीक है, जिस भाँति पतञ्जलि के योगसूत्र में परमात्मा का वाचक शब्द प्रणव (ओंकार) माना जाता है। गुरु अर्जुन देव ने सारी सृष्टि की रचना ओंकार से ही मानी है—

"एकंकार एक पासारा, एकै अपर अपारा।"

(रागु बिलावलु, महला 5)

छान्दोग्योपनिषद् में भी ओंकार का ही सारा विस्तार माना गया है। जिस प्रकार पत्ते की नसों से सम्पूर्ण पत्ते, पत्तों के अवयव समूह अनुविद्ध अर्थात् व्याप्त रहते हैं, इसी भाँति परमात्मा के प्रतीक ओंकार रूप ब्रह्म द्वारा सम्पूर्ण वाक्-शब्द समूह व्याप्त है[2]

गुरु अर्जुन देव ने एक स्थल पर बतलाया है कि यह ओंकार ही अनेक रूप धारण करके फैला हुआ है। यही एक से अनेक होकर दिखायी पड़ रहा है। यही सृष्टि की उत्पत्ति का मूल कारण है—

जल थल महीअल पूरिआ सुआमी सिरजनहारु।
अनिक भांति होइ पसरिआ नानक एकंकारु।।[3]

गुरु नानक देव ने इसी ओंकारु प्रतीक परमात्मा से सारी उत्पत्ति मानी है—

ओअंकारि ब्रह्मा उतपति। ओअंकारु कीआ जिनि चिति।।
ओअंकारि सैल जुग भए। ओंअंकारि वेद निरमए।।
ओअकारि सबदि उधरे। ओअंकारि गुरमुखि तरे।।
ओनम अखर सुणहु बीचारु। ओनम अखरु त्रिभवण सारु[4] *।।*

माण्डूक्योपनिषद् में भी ओंकार को सर्वोत्पत्ति का मूल कारण माना गया है—

---

1. वृहदारयण्कोपनिषद् अध्याय 4, ब्राह्मण 4, तथा मन्त्र 19 और कठोपनिषद् अध्याय 2, वल्ली 1, मन्त्र 11
2. छान्दोग्योपनिषद्, अध्याय 2, खण्ड 23, मन्त्र 3
3. गुरुग्रन्थ साहिब, रागु गउड़ी थिति, महला 5, पृष्ठ 296
4. गुरुग्रन्थ साहिब, रागु रामकली, महला 1, दखनी ओअंकारू, पृष्ठ 929-30

'ओमित्येतदक्षरमिंद सर्वं तस्योपव्याख्यानं भूतं भवद्भविष्यदिति सर्वमोङ्कार एव। यच्चान्यत्रिकालातीतं तदप्योङ्कार एव[1],

अर्थात् "ॐ" यह अक्षर ही सब-कुछ है। यह जो कुछ भूत, भविष्यत् और वर्तमान है, उसी की व्याख्या है। इसलिए यह सब ओंकार ही है। इसके सिवा जो अन्य त्रिकालातीत है, वह भी ओंकार ही है। तात्पर्य यह कि भूत, वर्तमान और भविष्यत् इन तीनों कालों से जो कुछ परिच्छेद्य है, वह भी उपर्युक्त न्याय से ओंकार ही है। इसके अतिरिक्त जो तीनों कालों से परे अपने कार्यों से ही विदित होनेवाला और काल से अपरिच्छेद्य आदि है, वह भी ओंकार ही है।

सतिनामु—बीजमन्त्र का तीसरा शब्द है, जो परमात्मा का वाचक शब्द है। वेदों में सत्य की महिमा मुक्त कण्ठ से की गयी है। सारी सृष्टि की उत्पत्ति के पहले 'ऋत' और 'सत्य' ही उत्पन्न हुए। सत्य ही से आकाश, पृथ्वी, वायु आदि पंच महाभूत स्थिर हैं। 'ऋतं च सत्यं चाभीद्धात्तपसोऽव्यजायत" (ऋग्वेद, 10, 180, 1) सत्येनोत्तमिता भूमि (ऋग्वेद, 10, 85, 1)।[2] वास्तव में सत्य शब्द का तात्पर्य भी यही है—रहनेवाला अर्थात् जिसका कभी अभाव न हो, अथवा जो त्रिकालबाधित हो।

गुरु नानक देव ने सत्य पुरुष सत्य ही स्थान मानते हैं। उस सत्य पुरुष का 'महल' उन्होंने 'अपार' माना है—

'सति पुरखु सति असथानु' (सारंग, महला 1)
'साचै महिल अपारा' (महला-1)
'सति माहि ले सति समाइआ' (रामकली, महला 5)

गुरु नानक देव ने इसलिए परमात्मा को "सतिनामु" से संबोधित किया। गुरु रामदास ने इस बात को स्पष्ट करके बतलाया कि परमात्मा का प्रतीक यह शब्द निरंजन है, अमर है, निर्भय है, निरंकार है और निर्वैर है—

"हरि सति निरंजन अमरु है, निरभउ, निरवैरु, निरंकारु।
(गउड़ी, महला 4)

उपनिषदों में सत्य को ही परब्रह्म का वाचक अर्थ माना गया है। तैत्तिरीयोपनिषद् में ब्रह्म के लिए प्रयुक्त होनेवाले लक्षणों में सत्य को सर्वप्रथम स्थान दिया गया है—'सत्यंज्ञानमनन्तं ब्रह्म।'[3] वृहदारण्यकोपनिषद् में कहा गया है—'तदेतदमृतं सत्येनाच्छन्तं'[4] अर्थात् वह अमृत सत्य से आच्छादित है। छान्दोग्योपनिषद् में इसीलिए स्पष्ट कर दिया गया है, "हे सौम्य, आरम्भ में यह एकमात्र अद्वितीय सत्य ही था—

---

1. माण्डूक्योपनिषद्, मन्त्र 1
2. गीता रहस्य अथवा कर्मयोगशास्त्र, लोकमान्य बाल गंगाधर तिलक, पृ.32
3. तैत्तिरीयोपनिषद्, (वल्ली 2, अनुवाक 1, मन्त्र 1)
4. वृहदारण्यकोपनिषद्, अध्याय 1, ब्राह्मण 6, मन्त्र 3,

'सदेव सोम्येदमगु आसीदेकमेवाद्वितीयम्'[1]

गुरु नानक देव ने परमात्मा की सार्वभौमिकता, एकता और शाश्वत सत्ता का निम्नलिखित ढंग से चित्रण किया है—

आपे पटी कलम आपि उपरि लेख भि तूं।
एको कहीऐ नानका दूजा काहे कू।। पउड़ी।।
तू आपे आपि बरतदा आपि बणत बणाई।
तुधु बिन दूजा को नहीं तू रहिआ समाई।।
तेरी गति मिति तू है जाणदा तुधु कीमति पाई।
तू अलख अगोचरु अगमु है गुरमति दिखाई[2] *।।28।। गउड़ी।*

अर्थात्, "तू ही कलम है, तू ही पट्टी है और तू ही उस पट्टी के ऊपर लेख भी है। तू अकेला ही है, दूसरा और कोई है नहीं। तू अपने आप बरतता है और तू स्वयंभू है। तुम्हारे अतिरिक्त और अन्य दूसरा है ही नहीं। तू सबमें समान रूप से व्याप्त है। तू अपनी गति-मिति स्वयं जानता है। तू अलख, अगोचर है और गुरु-कृपा से ही जाना जाता है।

जो वस्तु एक है, वह सदैव सत्य रहेगी। अनेकता में असत्य का समावेश हो सकता है। परन्तु जो एक अनेक रूप में समान रूप से व्याप्त होकर भी अनेक नहीं होता, वह सदैव सत्य ही रहेगा।

गुरु अर्जुन देव ने इसकी शाश्वतता देखकर कहा है—

"प्रीति लगी तिसु सच सिउ मरै न आवै जाइ।
ना बेछोड़िआ बिछुड़ै सभ महि रहिआ समाइ।।

(सिरी रागु, महला 5)

अर्थात् "मेरी प्रीति उस सत्य पुरुष से लगी हुई है, जो अमर है। वह न जन्म लेता है, न मरता है। वह किसी भी भाँति पृथक् नहीं किया जा सकता, क्योंकि वह सबमें समान रूप से व्याप्त है।"

करता—यहाँ इस शंका का उठना स्वाभाविक है, कि जो परमात्मा निर्गुण, निरंकार, निरंजन, अलख, अगोचर है, वह भला कर्त्ता किस प्रकार हो सकता है? इसका उत्तर यही है कि परमात्मा निर्गुण, निरंकार होकर भी सर्वगुण-सम्पन्न है। इसीलिए वह पूर्ण है। वही है, जिसमें किसी भी वस्तु की कमी न हो और जो विरोधी गुणों से परिपूर्ण हो—

सभ गुण किस ही नाहि, हरि पर भंडारीआ

(गडड़ी, असटपदी, महला 5, पृष्ठ 1241)

अर्थात् सभी गुण परमात्मा को छोड़कर अन्य किसी में भी नहीं होते। वह गुणों का भण्डार एवं पूर्ण है।

---

1. छान्दोग्योपनिषद्, अध्याय 6, खण्ड 2, मात्र 1
2. गुरुग्रन्थ साहिब, वार मलार, महला 1, पृष्ठ 1291

उपनिषदों में स्थान-स्थान पर परमात्मा को 'कर्ता' कहा गया है। जैसे—

'कर्त्तारमीशं पुरुषं ब्रह्मयोनिम्।'

(मुण्डकोपनिषद्, मुण्डक 3, खण्ड 1, मन्त्र 3)

अर्थात् (वह परमात्मा) कर्त्ता है, ईश्वर है, पुरुष है और ब्रह्मा का भी उत्पत्ति स्थान है। गुरुग्रन्थ साहिब में कर्त्ता के स्वरूप की स्थान-स्थान पर व्याख्या मिलती है उसी कर्त्ता पुरुष ने ब्रह्मा, विष्णु, महेश सभी का निर्माण किया है।

ब्रहमा बिसुन महेसु इक मूरति आपे करता कारी।।12।।9।।

(रामकली, महला 1, पृष्ठ 908)

गुरुग्रन्थ साहिब के अनुसार परमात्मा अकेला ही, बिना किसी अन्य को सहायता के सृष्टि रचना करता है।

करण कारण प्रभु एक है दूसर नाहिं कोइ।
नानक तिसु बलिहारिणै जलि थलि महीअलि सोइ।।

(गउड़ी, सुखमनी, महला 5, पृष्ठ 276)

अर्थात् एकमात्र परमात्मा ही सृष्टि का कारण और कार्य है; दूसरा और कोई नहीं है। जो (परमात्मा) जल, थल पृथ्वी में व्याप्त है, उस पर नानक बलिहारी है।

सभी जीवों के अन्तर्गत उसी एक परमात्मा का निवास है और वही समस्त जीवों में शक्ति का प्रदाता है। वही समस्त सृष्टि को धारण कर रहा है और सारे जीवों की देखभाल भी कर रहा है—

सभ महि जीउ जीउ है सोई घटि घटि रहिआ समाई।।

(मलार, असटपदीआ, महला 1, पृष्ठ 1273)

सगल समग्री अपनै सूति धारै।।

(गउड़ी, सुखमनी, महला 5)

इस प्रकार कर्त्ता द्वारा ही सारी सृष्टि रची गयी है।

पुरखु—सांख्यवादियों ने पुरुष को तो निर्गुण माना है[1]; पर उनके अनुसार पुरुष एक नहीं अनेक हैं[2]। पुरुष में भिन्नता का भास होना अहंकार का परिणाम है और पुरुष यदि निर्गुण है, तो असंख्य पुरुषों के पृथक्-पृथक् रहने का गुण उसमें रह नहीं सकता[3]। तत्त्व की दृष्टि से पुरुष को एक मानना ही समीचीन प्रतीत होता है। जीवों में अनेकता तो सम्भव है, पर पुरुष (परमात्मा) में अनेकता ठीक नहीं। परमात्मा एक है, अनेक नहीं हो सकता। गुरुओं ने 'पुरखु' को एक ही माना है। उसमें अनेकता नहीं प्रदर्शित की है।

---

1. "असंगोऽयं पुरुष इति"—सांख्य दर्शनम्, अध्याय 1, सूत्र 15
2. "जन्मादि व्यवस्थातः पुरुष बहुत्वम्।"—सांख्य दर्शनम्, अध्याय 1, सूत्र 149
3. गीता रहस्य, बाल गंगाधर तिलक, पृष्ठ 197

गुरुओं द्वारा निरूपित ''पुरखु'' अनादि है, एक है। पुरुष अद्वितीय कर्त्ता है। उसका कोई पार नहीं पा सकता। वह सभी घटों में, सभी के भीतर व्याप्त है। उसका अन्त कोई भी नहीं पा सकता। वह 'अरूप' 'अरेख' 'अदृष्ट' 'अगोचर' तथा 'अलक्ष' है। गुरूपदेश द्वारा ही यह जाना जा सकता है।...वह पुरुष सत्य है, परमेश्वर है, शाश्वत है और अविनाशी है। वह सारे गुणों का निधान है। परमात्मा ही सर्वज्ञ पुरुष है। वह एक ही है, उसके अतिरिक्त कोई दूसरा नहीं है और उस पुरुष से बढ़कर भी कोई नहीं है[1]।

गुरु अमरदास ने तो एक स्थल पर और अधिक स्पष्ट कर दिया है कि इस जगत् में एक ही पुरुष है और शेष सब उसकी स्त्रियाँ हैं अर्थात् पुरुष तो परमात्मा है और स्त्रियाँ जीव हैं—

इसु जगु महि पुरखु एकु है होर सगली नारि सबाई।।

वडहंस की वार, महला 3, पृष्ठ 591

उपनिषदों एवं श्रीमद्भगवद्गीता में भी पुरुष को एक ही माना है। मुण्डकोपनिषद् में परमात्मा को पुरुष एवं कर्त्ता कहा गया है—

कर्त्तारमीशं पुरुषं ब्रह्मयोनिम्[2]।

कठोपनिषद् में पुरुष को सबसे परे माना गया है—

पुरुषान्न परं किंचित्सा काष्ठा सा परा गतिः[3]।

अर्थात् पुरुष से परे और कुछ नहीं है। पुरुष ही सूक्ष्मत्व की पराकाष्ठा है। वही परा (उत्कृष्ट) गति है।

श्रीमद्भगवद्गीता में भी पुरुष को सबसे परे माना गया है—

उत्तमः पुरुषस्त्वन्यः परमात्येत्युदाहृतः।
यो लोकत्रयमाविश्य बिभर्त्यव्यय ईश्वरः।।17।।

श्रीमद्भगवद्गीता, अध्याय 15

अर्थात् उत्तम पुरुष तो अन्य ही है जो तीनों लोकों में प्रवेश करके, सबका धारण-पोषण करता है। वह अविनाशी परमेश्वर और परमात्मा ऐसे कहा गया है।

निरभउ—निर्भयता उसी में आश्रित रहती है, जो सर्वशक्तिमान्, सर्वज्ञाता, एक, त्रिकालबाधित, निरंजन और अद्वैत हो। भय वहीं होता है, जहाँ उपर्युक्त गुणों के विपरीत गुण हों। परमात्मा को इसीलिए 'निर्भय' की संज्ञा दी गयी है।

---

1. तू आदि पुरखु अपरंपरु करता तेरा पारु न जाइआ जीउ।
   ....
   पुरखु सुजान तू परधानु तुधु जे वडु अवरु न कोई।।3।।7।।14।।
   गुरुग्रन्थ साहिब, आसा, महला 4, छंत, पृष्ठ 448
2. मुण्डकोपनिषद्, मुण्डक 3, खण्ड 1, मन्त्र 3
3. कठोपनिषद्, अध्याय 1, वल्ली 3, मन्त्र 11

उसका भय तो सबके ऊपर है। उसके ऊपर किसी का भय नहीं है। गुरुग्रन्थ साहिब में स्थान-स्थान पर परमात्मा को निर्भय बतलाया गया है।

निरभउ निरवैरु अथाह अतोलै (माझ, महला 5, पृष्ठ 99)

निरभउ निरंकारु निरवैरु पूरन जोति समाई।।

सोरठ, महला 1, पृष्ठ 596

हरि सति निरंजन अमरु है निरभउ निरवैरु निरंकारु।।

गउड़ी।। पहला 4, पृष्ठ 302

वेदों और उपनिषदों में परमात्मा को "अभय" कहा गया है।

"अभय" और "निर्भय" शब्द समानार्थक हैं।

ऋग्वेद में परमात्मा को "अभयम् ज्योतिः"[1] कहा गया है। सुबालोपनिषद् में परमात्मा के विशेषण "अभयं अशोकं अनन्तं"[2] कहे गये हैं। कठोपनिषद् में भी परमात्मा का विशेषण 'अभय' कहा गया है—

अभयं तितीर्षतां पारं नाचिकेतँ शकेमहि।[3]

गुरुओं ने इस 'निरभउ' का भय सबके ऊपर प्रदर्शित किया है। गुरु नानक देव कहते हैं—

"इसी 'निरभउ' के भय से सैकड़ों ध्वनि उत्पन्न करनेवाली वायु बहती रहती है। इसी के भय से लाखों नद बहते रहते हैं और मर्यादा का अतिक्रमण नहीं कर सकते। इसी के भय से वशीभूत होकर अग्नि बेगार करती है। भय से पृथ्वी भार से दबी रहती है। भय से ही इन्द्र अपने सिर पर भार रखकर अपने कार्य में प्रवृत्त होता है। भय से ही धर्मराज भी अपने कार्य चलाते हैं। भय से ही वशीभूत सूर्य और चन्द्रमा करोड़ों कोस चलते रहते हैं, फिर भी उनकी यात्रा का अन्त नहीं होता। सिद्ध, बुद्ध, सुरनाथ सभी के ऊपर 'निरभउ' का भय है। भय से ही आकाश तना रहता है। योद्धाओं, महाशक्तिशाली शूरवीरों के ऊपर उसी का भय है। इस प्रकार सभी के सिर पर परमात्मा का भय है। नानक कहते हैं कि निरंकार सत्य, एक परमात्मा ही भय से रहित है।"[4]

गुरु अर्जुन ने भी बतलाया है कि किस प्रकार 'निरभउ' के भय से सभी सृष्टि भयभीत होकर मर्यादा के अन्तर्गत बनी रहती है—

"परमात्मा (निरभउ) की महती आज्ञा से पृथ्वी, आकाश, नक्षत्र, सभी भयभीत रहते हैं। पवन, जल, वैश्वानर और बेचारे इन्द्र उसी के भय से भयभीत

---

1. ऋग्वेद, मण्डल 2, 27वाँ सूक्त, 11वाँ मन्त्र।
2. सुबालोपनिषद्, अध्याय 5।
3. कठोपनिषद्, अध्याय 1, वल्ली 3, मन्त्र 2।
4. भै विचु पवणु वहै सद वाउ...
   नानक निरभउ निरंकारु सचु एकु।।
   आसा, पहला 1, वार सलोका नालि सलोकु भी, पृष्ठ 464

रहते हैं। सभी देहधारी, सभी देवतागण, सिद्धगण, साधकगण भय से मरते रहते हैं। इसी भाँति सृष्टि की चौरासी लाख योनियाँ निरन्तर जन्म धारण करती और मरती रहती हैं और बार-बार योनि के अन्तर्गत पड़ती रहती हैं। सात्त्विकी, राजसी और तामसी सभी व्यक्ति डरते रहते हैं। छलिया कमला (लक्ष्मी) और धर्मराज भी डरते रहते हैं इस प्रकार समस्त सृष्टि भय से व्याप्त है। यदि कोई निर्भय है, तो वह है कर्त्ता पुरुष।''[1]

उपनिषदों में भी परमात्मा के भय का ठीक इसी भाँति चित्रण प्राप्त होता है। तैत्तिरीयोपनिषद् में परमात्मा के भय का चित्रण इसी भाँति प्रदर्शित किया गया है—

''इसके (परमात्मा) के भय से पवन चलता है। इसी के भय से सूर्य उदय होता है तथा इसी के भय से अग्नि, इन्द्र और पांचवां मृत्यु दौड़ता है[2]।''

कठोपनिषद् में लगभग इस प्रकार का चित्रण किया गया है—

''इसके (परमात्मा) के भय से अग्नि तपती है, इसी के भय से सूर्य तपता है तथा इसी के भय से इन्द्र और पाँचवाँ मृत्यु दौड़ता है।''[3]

वृहदारण्यकोपनिषद् में भी इसका विस्तार के साथ वर्णन किया गया है, जो इस प्रकार है—

''हे गार्गि, इस अक्षर के प्रशासन में सूर्य और चन्द्रमा विशेष रूप में धारण किये हुए स्थित रहते हैं। हे गार्गि, इस अक्षर (परमात्मा) के ही प्रशासन में द्युलोक और पृथ्वी विशेष रूप से धारण किये हुए स्थित रहते हैं। हे गार्गि, इस अक्षर के प्रशासन में निमेष, मुहूर्त्त, दिन-रात, अर्द्धमास (पक्ष), मास, ऋतु और संवत्सर विशेष रूप से धारण किये हुए स्थित रहते हैं।[4] आदि।

निरवैरु—बीजमन्त्र में ''निरमउ'' के पश्चात् ''निरवैरु'' विशेषण का प्रयोग परमात्मा के लिए हुआ है। ''निरवैरु'' वही हो सकता है, जो साक्षी हो, सर्वव्यापक हो, सर्वत्र हो और निर्लिप्त हो। ''निरवैरु'' शब्द का प्रयोग समस्त गुरुग्रन्थ साहिब में पर्याप्त मात्रा में पाया जाता है। यथा—

निरभउ निरंकास निरवैरु पूरन जोति समाई।। (सोरठ, महला 1, पृष्ठ 596)

निरभउ निरवैरु अथाह अतोले।।4।।9।।16।। (माझ, महला 5, पृष्ठ 99)

निरहारी केसव निरवैरा।।3।।6।।13।। (माझ, महला 5; पृष्ठ 98)

---

1. डरपै धरति अकासु नख्यत्रा सिर ऊपरि अमरु करारा।

   ....

   सगल समग्री डरहि बिआपी बिनु डर करणैहारा।। मारू, महला 5, पृष्ठ 998-99
2. तैत्तिरीयोपनिषद्, बल्ली 2, अनुवाक 8, मन्त्र 1
3. कठोपनिषद्, अध्याय 2, मन्त्र 3
4. एतस्य वा अक्षरस्य प्रशासने...आदि; वृहदारण्यकोपनिषद्, अध्याय 3, ब्राह्मण 8, मन्त्र 9

श्रीमद्भगवद्गीता में भी परमात्मा का गुण निर्वैर कहा गया है।

समोऽहं सर्वभूतेषु न मे द्वेष्योऽस्ति न प्रियः[1]।

"मैं सब भूतों में समभाव से व्यापक हूँ। इसीलिए न कोई मेरा प्रिय है और न अप्रिय।"

परमात्मा ही कीट से लेकर हस्ति तक में समान रूप से व्यापक है—

कीट हसति महि पूर समाने।
प्रगट पुरख सभ ठाऊ जाने।।[2]

इस प्रकार जो परमात्मा सर्वत्र व्याप्त है, सूक्ष्म और स्थूल वही बना हुआ है। कीट से लेकर हस्ति पर्यन्त में वही विराजमान है। सारी सृष्टि मात्र जिसकी है, भला वह किसी से वैर क्यों करे? इसीलिए उसकी दृष्टि में 'रंग राउ' एक समान हैं।[3]

अकाल मूरति—यह स्वाभाविक है कि जो परमात्मा एक है, ओंकार स्वरूप है, सत्य है, कर्त्ता है, पुरुष है, निर्भय तथा निर्वैर है, वह काल रहित भी हो। जो त्रिकालबाधित होगा, उसमें उपर्युक्त विशेषण किसी प्रकार घटित नहीं हो सकते। "जपुजी" में गुरु नानक देव ने स्पष्ट कर दिया है कि परमात्मा भूत, वर्त्तमान, तीनों काल में समान रूप से व्याप्त है। वह तीनों का द्रष्टा, ज्ञाता और साक्षी है। तीनों काल उसी में स्थित हैं—

आदि सचु, जुगादि सचु।
है भी सचु, नानक होसी भी सचु।।[4]

इस प्रकार अविनाशी परमात्मा युगों के प्रारम्भ के पूर्व था और युगों के बीतने में भी वही था। वर्त्तमान समय में भी वही है और भविष्य में भी वही रहेगा। इतना तो वाणी का विषय है। शेष कथन के परे है। अतएव परमात्मा अकाल-मूर्ति है। काल का उस पर कोई भी प्रभाव नहीं पड़ सकता।

गुरुओं ने स्थान-स्थान पर परमात्मा के "अकाल स्वरूप" का वर्णन भी किया है। यथा—

अलख अपार अगंम अगोचर न तिसु कालु न करमा।
(सोरठु, महला 1, पृष्ठ 597)
अकाल मूरति अजोनी संभौ (माझ, महला 5, पृष्ठ 99)
अकाल मूरति है साध सन्तन की ठाहर नीकी विआन कउ ।।1।।1।।
(सारंग, महला 5, पृष्ठ 1208)

अजूनी (अयोनि)—अयोनि का तात्पर्य है—अजन्मा अर्थात् जो जन्म, नहीं धारण करता। यह निश्चित है कि जो जन्म धारण करेगा, वह अवश्य मरेगा।

---

1. श्रीमद्भगव्गीता, अध्याय 9, श्लोक 29
2. गुरुग्रन्थ साहिब, गउड़ी, बावन अखरी, महला 5, पृष्ठ 252
3. गुरुग्रन्थ साहिब, गोंड, महला 5
4. गुरुग्रन्थ साहिब, जपुजी, पृष्ठ 1

जातस्य हि ध्रुवो मृत्युर्ध्रुवं जन्म मृत्यस्य च।[1]

अर्थात् जो जन्मता है, उसकी मृत्यु निश्चित है और जो मरता है, उसका जन्म निश्चित है। गुरुओं ने इसीलिए परमात्मा को 'अयोनि' कहा है। समस्त श्री गुरुग्रन्थ साहिब में यह विशेषण पाया जाता है। यथा—

सो ब्रहमु अजोनी है भी होनी घट भीतरि देखु मुरारी जीउ।।2।।8।।

सोरठि, महला 1, पृष्ठ 598

जाति अजाति अजोनी संभउ ना तिसु भाउ न भरमा।।1।।6।।

सोरठि, महला 1, पृष्ठ 597

सुरि नर नाथ बे अन्त अजोनी साचै महलि अपारा।।4।।2।।

गूजरी, महला 1, पृष्ठ 489

पारब्रह्म अजोनी संभउ सरब थान घट बीठा ।।1।।19।।42।।

सारंग, महला 5, पृष्ठ 1212

कठोपनिषद् में भी यही भावना मिलती है—

"न जायते मृत्यते"[2] आदि।

गुरु नानक देव ने परमात्मा को अयोनि मानकर उसकी व्याख्या निम्नलिखित ढंग से की है—

अलख अपार अंगम अगोचर ना तिसु कालु न करमा।
जाति अजाति अजोनी सभउ ना तिसु भाउ न भरमा।।

...

ना तिसु मात पिता सुत बंधव ना तिसु कामु ब नारी।
अकुल निरंजन अपर परंपरु सगली जोति तुमारी।।0।।6।।

भावार्थ यह कि परमात्मा अलख है, अपार है, अगम है, इन्द्रियों से परे है, न तो उसका काल है न कर्म, जाति-अजाति से परे हैं। अयोनि है, स्वयंभू है। उसमें न किसी भी प्रकार के भाव हैं और न भ्रम। उसके माता-पिता, पुत्र, भाई नहीं हैं। उसके न स्त्री है और न उसमें काम ही है। इस प्रकार परमात्मा कुल से परे हैं। वह निरंजन और अपार है। सारे प्रकाश उसी के हैं। जो योनि के अन्तर्गत आवेगा उसी का माता-पिता, भाई, पुत्र, स्त्री, कुटुम्ब आदि का सम्बन्ध हो सकता है। पर जो अयोनि है, उसका सम्बन्ध भला किससे हो सकता है? इस प्रकार परमात्मा का "अयोनि" विशेषण सर्वथा उपर्युक्त है।

सैभं (स्वयंभव अथवा स्वयंभू)—स्वयंभू का तात्पर्य है स्वयं ही होनेवाला उसके लिए किसी अन्य निर्माता की आवश्यकता नहीं। गुरुग्रन्थ साहिब में स्थान-स्थान पर यह विशेषण मिलता है—

जाति अजाति अजोनी सभउ।।1।।6।। सोरठि, महला 1, पृष्ठ 597

---

1. श्रीमद्भवगद्गीता, अध्याय 2, श्लोक 27
2. कठोपनिषद्, अध्याय 2, वल्ली 2, मन्त्र 18

अकाल मूरति अजोनी संभौ।।2।।9।।16।। माझ, महला 5, पृष्ठ 99
पारब्रहमु अजोनी संभउ...।।1।।19।।42।। सारंग, महला 5, पृष्ठ 1812

परमात्मा स्वयं अपने को रचनेवाला है। जो सबको रचनेवाला है, भला उसे कोई दूसरा कैसे रच सकता है?

आपनि आपु आपही उपाइओ।। (गउड़ी, बावन अक्खरी, महला 5) गुरु नानक देव ने जपुजी में और अधिक स्पष्ट कर दिया है—

थापिआ न जाइ कीता न होइ।
आपे आप निरंजन सोइ।। जपुजी, महला 1, पृष्ठ 2

तात्पर्य यह कि वह परमात्मा न तो स्थापित किया जा सकता है, और न निर्मित ही। वह तो स्वयंभू है। अतः कोई अन्य न तो उसे स्थापित कर सकता है और न निर्मित।

गुरुग्रन्थ साहिब में परमात्मा को स्वयं ही अपना निर्माता कहा गया है। इसीलिए यह स्वयंभू है—

आपे आपु उपाई उपंना। सभ महि बरतै एकु परछंना।।1।।8।।

मारू सोलहे, महला 3, पृष्ठ 1051

भावार्थ यह है कि उस परमात्मा ने स्वयं अपने आपको रचा है और वही परिच्छिन्न भाव से सभी में बरत रहा है।

ईशावास्योपनिषद् में भी परमात्मा को स्वयंभू कहा गया है—

'कविर्मनीषी परिभूः स्वयंभू'[1]

अर्थात् वह परमात्मा सर्वद्रष्टा, सर्वज्ञ, सर्वोत्कृष्ट और स्वयंभू है। गुरुओं के मत में ब्रह्मा, विष्णु, महेश, अवतार तथा अन्य देवतागण उसी परमात्मा द्वारा रचे जाते हैं।

त्रितीआ ब्रह्मा बिसनु महेसा। देवो देव उपाए वेसा।।

बिलावलु, महला 1, थिती।

हुकमि उपाए दस अवतारा। देव दानव अगणत अपारा।।

मारू, सोलहे, महला 1

उस स्वयंभू की महिमा को देवी, देवता, अवतार तथा वेद नहीं जान सकते—

महिमा न जानहिं बेद। ब्रहमे नहीं जानहिं भेद।।
अवतार न जानहिं अंतु। परमेसरु पारब्रह्म बेअंतु।।[2]

1।।25।।36

गुर प्रसादि—उपर्युक्त प्रतीकोंवाला परमात्मा प्राप्त होने में शक्य है। परन्तु वह कैसे सम्भव है? 'गुरु की कृपा से', यही इस प्रश्न का उत्तर है। गुरु की

1. ईशावास्योपनिषद्, मन्त्र 8
2. गुरुग्रन्थ साहिब, रामकली, महला 5, पृष्ठ 894

कृपा, गुरु का प्रसाद भी परमात्मा ही स्वयं है। गुरु मिलाना और कृपा करके अपने दर्शन कराना यह भी उसी का गुण है[1]। सिक्ख गुरुओं के उपदेशानुसार परमात्मा कभी जन्म नहीं लेता। किन्तु समय-समय पर गुरु अवतरित होते हैं और लोगों को पथ दिखाते हैं। ऐसे सद्गुरुओं के अन्तर्गत परमात्मा की विशेष ज्योति प्रकाशित रहती है।

बाह्य साधनों से परमात्मा की प्राप्ति नहीं होती। नेवली कर्म, प्राणायाम के पूरक, कुम्भक, रेचक कुछ भी सहायक नहीं होते। बिना सद्गुरु की कृपा से न ज्ञान की प्राप्ति होती है और न दुःख की निवृत्ति ही। इसी से संसार के प्राणी भूल-भुलैया में पड़कर संसार-सागर में बूड़ते और मरते रहते हैं—

निवली करम भुअंगम भाठी रेचक पूरक कुंभ करै।
बिनु सतिगुर किछु सोझी नाहीं भरमे भूल बूड़ि मरै[2] ।।1।।3।।

गुरु-कृपा से ही नाम-जप होता है, मन के संशय एवं भ्रम की निवृत्ति होती है—

गुर परसादि नामु हरि जपिआ मेरे मन का भ्रम भउ गइआ।[3]

गुरु-कृपा पर उपनिषदों और श्रीमद्भगवद्गीता में भी बहुत बल दिया गया है।

परमात्मा निर्गुण, सगुण और सगुण-निर्गुण तीनों है

उपासक के भेद के अनुसार, उपास्य अव्यक्त परमात्मा के गुण भी उपनिषदों और श्रीमद्भगवद्गीता में भिन्न-भिन्न कहे गये हैं। गुरुओं में भी उपासक की आन्तरिक वृत्ति के अनुकूल ब्रह्म के स्वरूप का निरूपण तीन प्रकार का मिलता है—

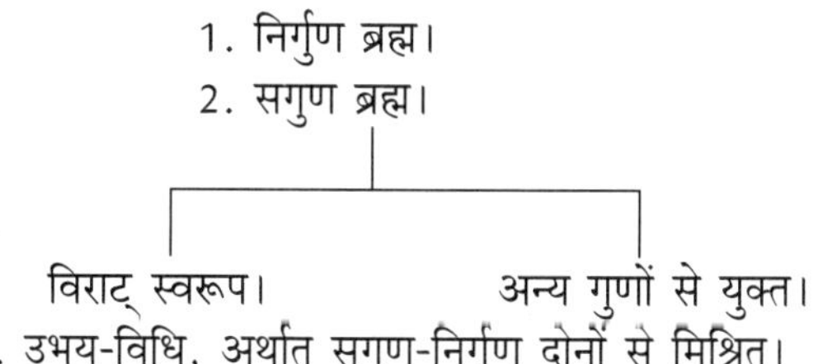

3. उभय-विधि, अर्थात् सगुण-निर्गुण दोनों से मिश्रित।

1. निर्गुण ब्रह्म

वास्तव में निर्गुण ब्रह्म का वर्णन तो असम्भव है, क्योंकि वहाँ तक न मन पहुँच सकता है, न वाणी, न इन्द्रियाँ। उसका केवल संकेत मात्र किया जा सकता

1. सतिगुर विचि आपु रखिओनु करि परगटु आखि सुणाइआ
2. गुरुग्रन्थ साहिब, प्रभाती असटपदीआ, महला 1, विभास, पृष्ठ 1343,
3. गुरुग्रन्थ साहिब, रागु मलार, महला 4, पृष्ठ 1264

है। परमात्मा का अधिदेवत्व और व्यापकत्व नाम और रूप की उपाधियों से परे है। पूर्ण रूप से उस तत्त्व का कोई उपयुक्त विचार ही नहीं कर सकता। वह वाङ्मनस् से परे हैं। बुद्धि मूर्त्त रूप का आधार चाहती है और वाणी रूपक का। इसलिए उस अमूर्त्त और अनुपम को ग्रहण करने में बुद्धि और व्यक्त करने में वाणी असमर्थ है। बुद्धि से हमें उन्हीं पदार्थों का ज्ञान हो सकता है, जो इन्द्रियों के गोचर है, इन्द्रियातीत का नहीं।[1]

गुरु नानक देव निर्गुण ब्रह्म की इस स्थिति को पूर्ण रूप से समझते थे। निर्गुण ब्रह्म की इस अगमता को समझकर उन्होंने जपुजी के प्रारम्भ में कहा है—

सहस सिआणपा लख होहि त इक न चलै नालि।[2]

अर्थात् परमात्मा के सम्बन्ध में लाखों बार सोचने का प्रयास करने पर भी, सोचते बनता ही नहीं है।

ब्रह्म प्रतिपादन के लिए दो शैलियों का प्रयोग होता है। एक तो विधि शैली और दूसरी निषेधात्मक शैली। विधि शैली में, 'वह यह है, वह यह है, कहकर अन्त में यह कहा जाता है, 'वही सब-कुछ है।' निषेधात्मक शैली में 'यह भी नहीं है, यह भी नहीं है।' कहकर, अन्त में जो कुछ शेष रहता है वह सब ब्रह्म ही है, कहा जाता है।

सिक्ख गुरुओं ने ब्रह्म के निरूपण में दोनों शैलियों का प्रयोग किया है निर्गुण ब्रह्म के निरूपण के लिए निषेधात्मक शैली का सहारा लिया है और सगुण के निरूपण के लिए विधि शैली का। गुरुओं द्वारा निर्गुण ब्रह्म के निरूपण में उनकी प्रत्यक्षानुभूति की झलक स्पष्ट रूप से दृष्टिगोचर होती है। गुरु नानक देव निर्गुण ब्रह्म का इस भाँति निरूपण करते हैं—

अरबद नरबद धुंधूकारा। धरणि न गगना हुकमु अपारा।
ना दिनु रैनि न चंदु न सूरजु सुंन समाधि लगाइया।।1।।
खाणी न वाणी पउण न पाणी। ओपति खपति न आवण जाणी।
खण्ड पताल सपत नहीं सागर नदी न नीरू बहाइदा।।2।।
ना तदि सुरगु मछु पइआला। दोजकु भिसतु नहीं रवै काला।
नरकु सुरगु नहीं जंमणु ना को आइ न जाइदा।।3।।
ब्रहमा बिसुन महेसु न कोई। अवरु न दीसै एको सोई।।
नारि पुरखु नहीं जाति न जनमा ना को दुखु सुखु पाइदा।।4।।
ना तदि जती सती बनवासी। ना तदि सिध साधिक सुखवासी।।
जोगी जंगम भेखु न कोई नाको नाथु कहाइदा।।5।।
जप तप संजम ना ब्रत पूजा। नाको आखि बखाणै दूजा।।
आपे आपि उपाइ बिगसै आपै कीमति पाइदा।।6।।

---

1. हिन्दी काव्य में निर्गुण सम्प्रदाय : पीताम्बरदत्त बड़थ्वाल।
2. श्री गुरुग्रन्थ साहिब, जपुजी, महला 1, पृष्ठ 1

ना सुचि संजमु तुलसी माला। गोपी कान न गऊ गोआला।।
तंतु मंतु पाखंडु न कोई ना को वंसु बजाइदा।।7।।
करम धरम नहीं माइआ माखी। जाति जनमु नहीं दीसै आखी।।
ममता जालु कालु नहीं माथै नाको किसै धिआइदा।।8।।
निंदु बिंदु नहीं जीउ न जिंदो। ना तदि गोरखु ना माछिंदो।।
ना तदि गिआनु धिआनु कुल ओपति नाको गणत गणाइदा।।9।।
बरन भेख नहीं ब्रहमण खत्री। देउ न देहुरा गउ गाइत्री1।।
होम जग नहीं तीरथि नावणु ना को पूजा लाइदा।।10।।3।।15।।

सुखमनी साहब में गुरु अर्जुन देव ने निर्गुण ब्रह्म के सम्बन्ध में इस प्रकार कहा है, जब निराकार, अदृश्य, अवर्ण, अरेख, अविनाशी, अव्यक्त, अगोचर, निरंजन, निरंकार, अछल, अछेद, अभेद, एकमात्र निर्गुण ब्रह्म था, तब पाप-पुण्य, हर्ष-विषाद, मोह-मुक्त, बंधन-मोक्ष, नरक-स्वर्ग, अवतार शिव-शक्ति, निर्भय-भयभीत, जन्म-मरण, मान-अभिमान, छल-प्रपंच, क्षुधा-पिपासा, वेद-कतेब, शकुन-अपशकुन, चिन्ता-अचिन्ता, श्रोता-वक्ता, आदि द्वैत भावों के लिए कोई भी स्थान नहीं था, क्योंकि निर्गुण ब्रह्म स्वयं में ही प्रतिष्ठित था—

जब अकास इहु कछु न दसटेता। पाप पुंन तब कह तें होता।।
जब धारी आपन सुंन समाधि। तब बैर विरोध किसु संगि कमाति।।
जब इसका बरनु चिहनु न जाप। तब हरख सोग कहु किसहि बिआपत।
जब आपन आप आपि पारब्रह्म। तब मोह कहा किसु होवत भरम।।
आपन खेलु आपि बरतीजा। नानक करनैहारु न दूजा।।1।।
जब होवत प्रभु केवल धनी। तब बंध मुकति कहु किस कउ गनी।।
जब एकहि हरि अगम अपार। तब नरक सुरग कहु कउन अवतार।।
जब निरगुन प्रभ सहज सुभाइ। तब सिव सकति कहहु कितु ठाइ।।
जब आपिहि आप अपनी जोति धरै। तब कवन निडरु कवन कत डरै।।
आपन चलित आपि करनैहारू। नानक ठाकुर अगम अपार।।2।।

....

जह अछत अछेद अभेद समाइया। उह्हा किसहि बिआपत माइआ।।
आपस कउ आपहि आदेसु। तिहु गुण का नाहीं परबेसु।।
जह एकहि एक एक भगवंता। तह कउन अचिंतु किसु लागै चिंता।
जह आपन आपु आदि पतिआरा। तह कउन कथै कउन सुननैहारा।।
बहु बेअन्त ऊच तै उचा। नानक आपस कउ आपहि पहूचा[2]।।6।।21।।

ठीक उपर्युक्त भावों की श्रुति वृहदारण्यकोपनिषद् में पायी जाती है—

---

1. श्री गुरुग्रन्थ साहिब, मारू सोलहे, महला 1, पृष्ठ 1035-36
2. श्री गुरुग्रन्थ साहिब, गउड़ी सुखमनी, महला 5, पृष्ठ 290-91

"जिस अवस्था में द्वैत भाव होता है, वहाँ अन्य, अन्य को सूँघता है, अन्य, अन्य को देखता है, अन्य, अन्य को सुनता है, अन्य, अन्य का अभिवादन करता है, अन्य, अन्य का मनन करता है तथा अन्य, अन्य को जानता है, किन्तु जहाँ सब-कुछ आत्मा (परमात्मा) ही हो गया, वहाँ किसके द्वारा किसे सूँघे? किसके द्वारा किसे देखे? किसके द्वारा किसे सुने? किसके द्वारा किसका अभिवादन करे? किसके द्वारा किसका मनन करे और किसके द्वारा किसे जाने? जिसके द्वारा इस सबको जानता है, उसे किसके द्वारा जाने? हे मैत्रेयी, विज्ञाता को किसके द्वारा जाने?"[1]

हिन्दी-साहित्य में भक्तिकाल के सन्त-कवियों में निर्गुण ब्रह्म का इसी भाँति निरूपण मिलता है। कबीरदास जी ने निर्गुण ब्रह्म का इसी भाँति निरूपण किया है—

परमात्मा अवर्ण है, अकल है, अविनाशी है,[2] न वह बालक है, न बूढ़ा है।[3]

निर्गुण ब्रह्म के सूक्ष्मत्व का उल्लेख नानक में बहुत अधिक पाया जाता है। गुरु नानक देव में ऐसे स्थल भी मिलते हैं, जो ब्रह्म की निर्विकल्प भावना के पूर्ण परिचायक हैं। जपुजी में गुरु नानक देव ने एक स्थल पर कहा है—

ता कीआ गला कथीआ ना जाहि।
जे को कहै पिछै पछुताइ।। जपुजी। पउड़ी, 36, पृष्ठ 8।

वहाँ (सरभ खण्ड) की बातें कही नहीं जा सकतीं। यदि कोई कहने की चेष्टा करता है, तो उसे पछताना ही पड़ेगा। (क्योंकि कथन तो हो ही नहीं सकता)।

कई स्थलों पर ऐसे कथन मिलते हैं कि उस निर्गुण ब्रह्म में जल, थल, धरणी और आकाश कुछ भी नहीं है। वह स्वयंभू स्वयं अपने आप है। वहाँ न माया है, न छाया है, न सूर्य है न चन्द्रमा—

जलु थलु धरणि गगनु तह नाही आपे आपु कीआ करतार।
ना तदि माइआ मगनु न छाइआ ना सूरज चंद न जोति अपार।।

(असटपदीआ, महला 1, रागु गूजरी, पृष्ठ 503)

अन्त में तो गुरुओं को स्पष्ट ही कह देना पड़ा कि ऐ परमात्मा अपनी महिमा, अपनी मति-पिति तू ही जानो। तू ही अपने आप को पहचानता है। तेरी महिमा का कौन वर्णन कर सकता है ?—

तेरी महिमा तू है जाणहिं। अपणा आप तू आपि पछाणहिं।।

3।।42।।43।। (रागु माझ, महला 5, पृष्ठ 108)

---

1. वृहदारण्यकोपनिषद्, अध्याय 2, ब्राह्मण 4, मन्त्र 14
2. अबरण एक अकल अविनाशी घट घट आप रहै। कबीर-ग्रन्थावली, पृष्ठ 102
3. ना हम बार बूढ़ हम नाहीं—कबीर ग्रन्थावली, पृष्ठ 104

सगुण स्वरूप

सांख्य मतावलम्बी सृष्टि-रचना में प्रकृति का बहुत बड़ा हाथ मानते हैं। उनके अनुसार बिना प्रकृति की सहायता के सृष्टि-रचना हो ही नहीं सकती। परन्तु गुरुओं ने स्पष्ट रूप से इस बात को माना है कि निर्गुण ब्रह्म के बिना किसी अन्य अवलम्बन के अपने को सगुण रूप में प्रकट किया। उन्होंने माया को परमात्मा रचित माना है। उनके अनुसार स्वयंभू निर्गुण ब्रह्म सगुण रूप में दिखायी पड़ रहा है, निर्गुण हरि ही सगुण बन गया है—

निरगुन हरिआ सरगुन धरीआ।
अनिक कोठरीआ भिंन भिंन भिंन करीआ[1] ।।1।।1।।44।।

अर्थात् निर्गुण हरी ने ही सगुण रूप धारण किया है। उसी ने भिन्न-भिन्न रूप में अनेक कोठरियाँ (शरीर) निर्मित की हैं।

गुरु अर्जुन देव ने सुखमनी में इसी भाव को निम्नलिखित ढंग से कहा—

"उसी निर्गुण ब्रह्म ने सारे स्वरूपों और प्रपंचों की रचना की और सारी सृष्टि को तीन गुणों के अन्तर्गत विभक्त कर दिया। उन्हीं के कारण पाप-पुण्य की पृथक्-पृथक् संज्ञा दी गयी। फिर कोई स्वर्ग की वाञ्छा करने लगा और कोई नरक की, इस प्रकार माया के जंजाल और आल-जाल (अनेक प्रपंच) तैयार हो गये"—

जह आप रचिओ परपंच अकारु। तिहु गुण कहि कीनो बिसथारु।।
पापु पुंनु तह भई कहावत। कोऊ नरक कोउ सुरगु बंछावत।।
आल जाल माइआ जंजाल[2] ।।7।।21।।

परमात्मा के सगुण रूप के वर्णन गुरुओं की वाणी में दो प्रकार के मिलते हैं—

1. विराट् स्वरूप का वर्णन।
2. परमामा के अन्य गुणों का वर्णन।

1. विराट् स्वरूप—गुरुओं में स्थान-स्थान पर सगुण ब्रह्म के विराट् स्वरूप का चित्रण पाया जाता है—

गगनमै थालु, रवि चदु दीपक बने, तारिका मंडल जनक मोती।
धूपु मलआनलो, पवणु चवरो करे, सगल बनराइ फूलन्त जोती।
कैसी आरती होइ।। भवखंडना तेरी आरती।
अनहता सबद बाजंत भेरी[3] ।।1।।रहाउ।।

अर्थात् आकाश रूपी थाल में सूर्य और चन्द्रमा दीपक के समान बने हुए हैं और मलय चन्दन की सुगन्ध ही (तुम्हारी आरती की) धूप है। वायु चँवर कर रहा

---

1. श्री गुरुग्रन्थ साहिब, रागु सूही, महला 5, पृष्ठ 746
2. श्री गुरुग्रन्थ साहिब, गउड़ी सुखमनी, महला 5, पृष्ठ 291-92
3. श्री गुरुग्रन्थ साहिब, सोहिला, रागु धनासरी, महला 1, पृष्ठ 13

है। वनों के सारे पुष्प तुम्हारी आरती के निमित्त पुष्प बने हुए हैं। तुम्हारी आरती (सीमित आरती) कैसे हो सकती है? हे भवखण्डन, तुम्हारी आरती कैसे हो सकती है?

श्री गुरुग्रन्थ साहिब में अन्य स्थलों पर ऐसी ही विचारधारा प्राप्त होती है—

सरब भूत आपि बरतारा। सरब नैन आपि पेखनहारा।।
सगल समग्री जाका तना। आपन जसु आप ही सुना।।
आवन जानु इकु खेलु बनाइआ। अगिआकारी कीनी माइआ[1] ।।

अर्थात् सभी भूतों में परमात्मा स्वयं ही बरत रहा है। विश्व के सभी नेत्रों से परमात्मा ही देखता है। (अनन्त ब्रह्माण्डों की) सारी सामग्रियाँ (जड़ और चेतन वस्तु) उस विराट् स्वरूप का शरीर है। वह अपना यश आप ही श्रवण करता है और आवागमन को उसने एक खेल-सा बना रखा है। माया भी उसकी आज्ञाकारिणी है।

सगुण ब्रह्म के विराट् स्वरूप का चित्रण उपनिषदों और श्रीमद्भगवद्गीता में इसी रूप में पाया जाता है। उदाहरणार्थ—

अग्निर्मूर्धा चक्षुषी चन्द्रसूर्यौ दिशः श्रोत्रे वाग्विवृताश्च वेदाः।
वायु प्राणो हृदयं विश्वमस्य पद्भयां पृथिवी ह्येष सर्वभूतान्तरात्मा।।[2]

अर्थात् अग्नि (द्युलोक) जिसका मस्तक है, चन्द्रमा और सूर्य नेत्र हैं, दिशाएँ कान हैं, प्रसिद्ध वेदादिक वाणी हैं, वायु प्राण है, सारा विश्व जिसका हृदय है और जिसके चरणों से पृथ्वी प्रकट हुई है, वह देव सभी भूतों का अन्तरात्मा है।

इसी प्रकार श्रीमद्भगवद्गीता के ग्यारहवें अध्याय में पंद्रहवें श्लोक से तीसरे श्लोक तक में विराट् स्वरूप का चित्रण है।

विराट् स्वरूप के चित्रण में गुरु अर्जुन देव ने कहा है कि सृष्टि के समस्त जड़-चेतन पदार्थ परमात्मा का स्मरण करते हैं। सृष्टि के पदार्थ हमारे सामने इस प्रकार स्मरण करते हुए रखे गये हैं, कि उससे परमात्मा के विराट् स्वरूप का सहज ही बोध हो जाता है—

‘‘धरती, आकाश, चन्द्रमा, सूर्य, वायु, अग्नि, सारी सृष्टि, खण्ड, द्वीप, सारे लोक, पाताल लोक, सत्य लोक, सारे जीव, चारों खानियाँ वाणी, ब्रह्मा, विष्णु, महेश, तैंतीस करोड़ देवतागण, यक्षगण, दैत्यगण, पशु-पक्षी, सारे प्राणी, वन, पर्वत, अवधूत, लताएँ, वल्लरियाँ, शाखाएँ, स्थूल-सूक्ष्म, सारे जन्तु, सिद्ध एवं साधक गण, चारों आश्रमों के नर-नारी, सारी जातियाँ, ज्योति, सारे वर्ण के लोग, गुणी, चतुर, पण्डित, दिन-रात, घड़ी, निमिष, मुहूर्त्त, काल-अकाल, शौच

---

1. श्री गुरुग्रन्थ साहिब, गडड़ी सुखमानी, महला 5, पृष्ठ 294
2. मुण्डकोपनिषद्, मुण्डक 2, खण्ड 1, मन्त्र 4

(पवित्रता) श्रवण एवं शास्त्रादिक उस परमात्मा का स्मरण करते हैं, जो गुणों का गृह है, जिसके यशों का गुणगान नहीं हो सकता, जो सबमें समान रूप से व्याप्त है, जो अलक्ष्य है और एक क्षण के लिए भी नहीं देखा जा सकता।[1]

सगुण रूप की विराट्-भावना का निरूपण कहीं-कहीं इस प्रकार मिलता है—एक ही परमात्मा के नाना रूप हैं और नाना रंग हैं और वह एक ही नाना भेख धारण करता है। अविनाशी, एक परमात्मा ने अपना विस्तार अनेक रूप से किया है। एक क्षण मात्र से वह असंख्य लीलाएँ कर रहा है। इस प्रकार वह सर्वथा परिपूर्ण है—

नाना रूप नाना जाके रंग। नाना भेख करहि इक रंग।।
नाना बिधि कीयो बिसथारु। प्रभु अविनासी एकंकारु।।
नाना चलित करे खिन माहिं। पूरि रहिओ पूरन सभ ठाइ।।

(गउड़ी सुखमनी, महला 5, पृष्ठ 284)

कठोपनिषद् के निम्नलिखित मन्त्र का भाव भी बिलकुल समान सा प्रतीत हो रहा है—

अग्निर्यथैको भुवनं प्रविष्टो,
रूपं रूपं प्रतिरूपो बभूव।
एकस्तथा सर्व भूतान्तरात्मा,
रूपं रूपं प्रतिरूपो बहिश्च।।

कठोपनिषद्, अध्याय 2, वल्ली 2, मन्त्र 9

अर्थात् "जिस प्रकार सम्पूर्ण भुवन में प्रविष्ट हुआ एक ही अग्नि प्रत्येक रूप (रूपवान् वस्तु) के अनुसार हो गया है, उसी प्रकार सम्पूर्ण भूतों का एक ही अन्तरात्मा (परमात्मा) उनके अनुरूप हो रहा है तथा वही उनके बाहर भी है।"

विराट् स्वरूप के निरूपण में अनेक स्थलों पर यह स्पष्ट रूप से कह दिया गया है कि प्रभु ही सब-कुछ है। उसके अतिरिक्त कोई दूसरी वस्तु है ही नहीं। यथा—

आपे दाना आपे बीना। आपे आपु उपाइ पतीना।
आपे पउणु पाणी बैसतरु आपे मेलि मिलाई हे।।3।।
आपे ससि सूरा पूरो पूरा। आपे गिआनि धिआनि गुरु सूरा।।4।।

....

आपे पुरखु आपे ही नारी। आपे पासा आपे सारी।।5।।

....

आपे भवरु फुलु फलु तरवरु। आपे जलु थलु सागरु सरवरु।
आपे मछु कछु करणी करु, तेरा रूप न लखणा जाई हे।
आपे दिनसु आपे ही रैणी। आपि पतीजै गुर की बैणी[2] ।।7।।1।।

---

1. श्री गुरुग्रन्थ साहिब, मारु सोलहे, पृष्ठ 1078-79
2. श्री गुरुग्रन्थ साहिब, मारू सोलहे, महला 1, पृष्ठ 1020

तात्पर्य यह है कि परमात्मा स्वयं ज्ञाता है और स्वयं ही द्रष्टा है। वह अपने आपको रचकर प्रसन्न होता है। परमात्मा ही, पवन, जल और वैश्वानर (अग्नि) है। इनका मेल भी प्रभु ही करता है। आप ही शशि है, आप ही पूर्ण सूर्य है। आप ही ज्ञानी, ध्यानी, गुरु और शूरवीर है''... ''परमात्मा ही पुरुष है, वही स्त्री है, वही जुए की पासा है और वही उसकी सारी है''...

''वही भ्रमर है, वही वृक्ष है और वही उस वृक्ष का फूल और फल है। वही मच्छ-कच्छ की करणी करता है और उसका रूप कुछ समझ में नहीं आता। इस प्रकार वह स्वयं दिन और रात बना है और स्वयं ही गुरु के वचनों को सुनकर प्रसन्न होता है—

अन्त में गुरु अर्जुन देव ने यह कहा कि अव्यक्त और अगोचर परमात्मा का विराट् स्वरूप अनन्त है। सारा दृश्यमान् जगत् ही (सारा विराट्) उस परमात्मा का स्वरूप है—

''तू बेअन्तु अविगतु अगोचरु, इहु सभु तेरा अकास'[1] ।।1।।37।।

जिस प्रकार निर्गुण ब्रह्म अनन्त है और उसका कथन नहीं किया जा सकता, उसी भाँति सगुण ब्रह्म का विराट् स्वरूप भी कथन की सीमा से परे है। तभी तो गुरु नानक देव जी ने 'जपुजी' में कहा है—

अंतु न जापै कीता आकारु। अन्तु न जापै पारावारु।।
अंत कारणि केते बिललाहि। ताके अन्त न पाए जाहि।
एहु अंत न साणै कोइ। बहुता कहीऐ बहुता होइ।। पउड़ी 24।।

(जपुजी)

अर्थात् ''उस परमात्मा के लिए हुए आकार (विराट् स्वरूप कोई न पा सका। उसकी सीमा का कोई अन्त नहीं है। बहुत-से लोग उसका अन्त पाने के लिए बिलबिलाते रहते हैं, पर वे अन्त नहीं पा सकते इस प्रकार जितना अधिक कथन करते जाइये, उतना ही उसका विस्तार बढ़ता जाता है और कोई भी उसका अन्त नहीं पा सकता।'' उसका विराट् स्वरूप कितना महान् है, इसे वही जान सकता है—

''जेवडु आपि जाणै आपि आपि।'' पउड़ी 24।। (जपुजी)

परमात्मा के अन्य गुण-गुरुओं ने मन के चिन्तन के निमित्त परमात्मा के अनेक गुणों को सम्मुख रखा। उन्हीं गुणों के चिन्तन के आधार पर, साधक, उत्तरोत्तर आगे बढ़कर निर्गुण ब्रह्म के चिन्तन में समर्थ हो सकता है। एक बारगी निर्गुण ब्रह्म की आराधना में प्रवृत्त होना शक्य नहीं है।

गुरुओं ने परमात्मा को सर्वव्यापी, सर्वान्तर्यामिन्, सर्व शक्तिमान्, दाता, भक्त-वत्सल, पतितपावन, परम कृपाल, सर्व प्रेरक, शीलवन्त, सखा, सहायक,

---

1. श्री गुरुग्रन्थ साहिब, आसा, महला 5, पृष्ठ 379

माता-पिता, स्वामी, शरणदाता आदि विशेषणों से विभूषित किया है। अब उसके कतिपय विशेषणों की व्याख्या गुरुवाणी के अनुसार की जायगी।

सर्वव्यापी—श्री गुरुग्रन्थ साहिब में परमात्मा का सर्वव्यापकत्व स्थान-स्थान पर प्रदर्शित किया गया है। वह जड़-चेतन, स्थूल-सूक्ष्म सभी में व्याप्त है। चौदह भुवनों और चारों दिशाओं में वही व्याप्त है[1] लोक-परलोक में उसी की व्यापकता है[2]। जल-थल में वही बरत रहा है[3] निष्केवल परमात्मा ही गुप्त और प्रकट सभी स्थानों में परिपूर्ण है[4]।

संक्षेप में यह कि आदि, मध्य, अन्त में एक ही परमात्मा व्याप्त है[5]। जैसे सूर्य की किरणें सर्वव्यापिनी हैं, वैसे ही परमात्मा भी सभी स्थानों में व्याप्त है[6]। जैसे काष्ठ के भीतर अग्नि व्याप्त है, वैसे ही सभी स्थानों में परमात्मा व्याप्त है[7]। जिस प्रकार वह स्थानों में रम रहा है, उसी प्रकार प्राणियों में जैसे सभी वनस्पतियों में आग अन्तर्हित है और जैसे दूध में घृत व्याप्त है, वैसे ही (ब्रह्मादिक पर्यन्त) उच्च-से-उच्च देवों से लेकर (कृमादिक) तुच्छ-से-तुच्छ जीवों में परमात्मा व्याप्त है[8]।

सर्वान्तर्यामिन्—वैसे तो आकाश सर्वव्यापक है, पर सर्वान्तरर्यामिन् नहीं है। वह परमात्मा चैतन्य मय है, ज्ञान एवं शक्ति से परिपूर्ण है। वह सब के भीतर-बाहर स्थित होकर, बिना कुछ कहे-सुने सारे रहस्यों को जानता है। मनुष्य जो कुछ भी भला अथवा बुरा करता है, कुछ भी परमात्मा से छिपा नहीं है, क्योंकि वह समीप से भी समीप है—

सो प्रभु नेरे हूँ ते नेरै। देव गन्धारी, महला 5
हरि अंदरि बाहरि इक तूं, तूं जाणहि भेतु।
जो कीयै सो हरि जाणदा, मेरे मन हरि चेतु।।[9]

---

1. चारि कुट चउदह भवन सगल विआपत राम पउड़ी 14।।थिती गउड़ी, महला 5, पृष्ठ 299
2. एथे तूँ है, आगै आंपे।।1।।39।।64 माझ, महला 5, पृष्ठ 107
3. आपे जलि थलि बरतदा, ।।3।।4।।30।।68।। गउड़ी माझ, महला 4, पृष्ठ 104
4. घरि इको, बाहरि इको, थान थनंतरि आपि ।।39।।79।। सिरी रागु, महला 5, पृष्ठ 45
5. आदि अंति मधि प्रभु सोई।।3।।38।।45।।, माझ, महला 5, पृष्ठ 107
6. जिउ पसरी सूरज किरणि जोति

   ....

   एको हरि रविआ सब ठाइ।।1।। रहाउ।। रागु वसंतु, महला 4, पृष्ठ 1177
7. जिउ बैसन्तर कासट मझार।।2।।1।।34।। देवगंधारी, महला 5, पृष्ठ 535
8. सगल बनसपति महि बैसंतर सगल दूध महि घीआ।।2।।1।।29।। सोरठ, महला 5, पृष्ठ 617
9. श्री गुरुग्रन्थ साहिब, सिरी रागु की वार, महला 3, पृष्ठ 84

तथा

"बिन बकने बिन कहिन कहावन, अन्तरजामी जानै।

सारंग महला 5

"तू करता सभु किछु जाणदा सभि जीअ तुमारे।।

वडहंस की वार, महला 3, पृष्ठ 589

सर्वशक्तिमान्—जो परमात्मा सर्वव्यापक और सर्वान्तर्यामिन् है, वह सर्वशक्तिमान् भी है। प्रभु ही करण-कारण समर्थ है। जो कुछ वह करता है, वही होता है, दूसरा कुछ भी नहीं। रिक्त को भरकर वही पूरा करता है और भरे हुए को वही खाली करता है। क्षण भर में तो स्थापित करता है और क्षण भर में ही मिटा देता है।

करण कारण समरथ प्रभ जो करे सो होई।
खिन महि थापि उथापदा तिस बिन नहि कोई।।

पौड़ी, वार जैतसरी, महला 5

परमात्मा क्षण मात्र में रंक को राजा बना डालता है और राजा को रंक—

छिन महि राउ रंक करई, राउ रंक कर डारे। विहागड़ा, महला 5
खिन नहि थापि उथापन हारा कीमत जाइ न करी।
राजा रंक करै खिन भीतर, नीचहि जोति धरी।। गूजरी, महला 5

परमात्मा सर्वशक्तिमान् है, इसलिए अघटित और अनहोनी वस्तुओं को घटित और होनी बनाकर दिखा देता है—

सीहा बाजा चरगा कुहीआ, एना खवाले घाह।
घाहु खानि तिना मासु खवाले, एहि चलाहे राह[1] ।।

अर्थात् सिंह, बाज, शिकरा और चील ऐसे मांसाहारी जीवों को सर्वशक्तिमान् परमात्मा घास खिला सकता है और जो घास खानेवाले जीव हैं, उन्हें वह मांस खिला सकता है। तात्पर्य यह कि सर्वशक्तिमान् परमात्मा शक्तिशाली को शक्तिहीन और शक्तिहीन को शक्तिशाली बना सकता है।

इसी भाँति गउड़ी सुखमनी में प्रभु की समर्थता का इस भाँति निरूपण किया गया है—

नीकी कीरी में महि कल राखै। भसम करै लसकर कोटि लाखै[2] ।।

अर्थात्, जिस छोटा-सी चींटी में प्रभु शक्ति भरता है (वह चींटी) लाखों, करोड़ों की सेनाओं को भस्म कर देती है।

---

1. श्री गुरुग्रन्थ साहिब, वार माझ, महला 1, पृष्ठ 144
2. श्री गुरुग्रन्थ साहिब, गउड़ी सुखमनी, महला 5, पृष्ठ 285

प्रभु की इसी सर्व-नियामिका शक्ति पर निश्चिन्त होकर प्रभु अमरदास जी कहते हैं—

हरि आपे मारै हरि आपै छोड़ै, मन हरि सरणी पड़ि रहीरे।
हरि बिनु कोई मारि जीवालि न सकै,
मन होइ निचिंद निसलु होइ रहीऐ[1] ।।

अर्थात् 'परमात्मा ही मारता है और वही छोड़ता है। इसीलिए ऐ मन, ऐसा समझकर उनकी शरण में पड़ जाओ। परमात्मा के बिना कोई अन्य व्यक्ति न मार सकता है और न जिला सकता है अर्थात् मारने जिलाने की शक्ति परमात्मा ही में है। इसीलिए, ऐ मन, निश्चिन्त होकर पैर फैलाकर सो रह।''

सूत्रधार—जो परमात्मा सर्वव्यापी, सर्वान्तर्यामिन्, सर्वशक्तिमान् है, वही सूत्रधार भी है—

आपे सूत आप बहु मणीआ, कर सकती जगत परोइ।।
आपे ही सूतधार है, पिआरा, सूत खिचै ढहि ढेरी होइ।।

सोरठ, महला 4

अर्थात्, ''परमात्मा ही सूत बना है और वही माला की मनिया बना हुआ है। वह अपनी ही शक्ति में सारे जगत् को पिरोये हुए है। वही सूत्रधार भी है। यदि वह सूत खींच ले, तो सारी मनिया अस्त-व्यस्त हो जायँगी।''

न्यायी—परमात्मा गुरुओं की दृष्टि में महान् न्यायी है। वह जीवों के कर्मानुसार उनके भले-बुरे कर्मों का फल देता है। वह पापियों को दण्ड तथा पुण्यात्माओं को बड़ाई देता है। वह बिना तराजू के ही सारे संसार को तौलता रहता है।

हरि आप बहि करै निआउ, कूड़िआर सभ मार कढोइ।
सचिआरा देइ वडिआई हरि धरगनिआउ कीओइ।।

(पउड़ी, महला 4, वार सिरी रागु)

सचा सच निआउ, पापी नर हारदा।

(महला 4, वार सिरी रागु।)

मेरा प्रभु निरमल अगम अपारा। बिन तकड़ी तोलै संसारा।।

माझ, असटपदी, महला 3

सचा आप तखत सचा, बहि सचा करे निआउ।।

पउड़ी, महला 3, वार रामकली ?

---

1. श्री गुरुग्रन्थ साहिब, वडहंस की वार, महला 3, पृष्ठ 594,

दाता—परमात्मा से बढ़कर कोई दूसरा दाता नहीं है[1]। वही सब को देनेवाला है। उसका भण्डार अगणित है और भरा हुआ है।[2] वह इतना बड़ा दाता है कि उसने पहल खाने-पीने की व्यवस्था करके, तब जीवों की सृष्टि की।[3] पवन, पानी, अग्नि, ब्रह्मा, विष्णु, महेश, सभी उसके याचक हैं। परमात्मा अकेला ही दाता है। वह अपनी ही इच्छा से सबको देता है। तैंतीस करोड़ देवतागण उसी से याचना करते रहते हैं और उसके देने में किसी प्रकार की कमी अथवा त्रुटि नहीं आती।[4]

रक्षक और पालन कर्त्ता—गुरुओं ने परमात्मा को सदैव रक्षक और पालक के रूप में देखा है। इष्टदेव में रक्षा और पालन का भाव आरोपित करना ही भक्ति का सर्वस्व है। बिना इस भावना के साधक भक्ति के क्षेत्र में एक कदम भी आगे नहीं बढ़ सकता। परमात्मा ही माता के गर्भ से जीवों की रक्षा करता है।[5] उसी परमात्मा का यहाँ (इस लोक में) और वहाँ (परलोक) में आसरा है।[6] परमात्मा की सबसे बड़ी विशेषता यह है कि वह गुणहीनों का भी पालनकर्त्ता है।[7]

क्षमाशील—यदि प्रभु क्षमाशील न हो, सदैव न्यायी ही रहे, तो जीव का कभी उद्धार हो ही नहीं सकता। अतएव जो अनन्य भाव से अपने को परमात्मा में समर्पित कर देते हैं, उनके सारे अवगुणों को वह क्षमा कर देता है। यदि वह जीवों के असंख्य अपराधों को क्षमा न कर दे, तो जीव का कभी उद्धार ही न हो[8]। परमात्मा किसी अन्य (पैगम्बर आदि) की सिफारिश से क्षमा नहीं करता, बल्कि अपने दयालु स्वभाव के कारण ऐसा करता है[9]। जिसको परमात्मा अपना बना लेता है, फिर वह उस व्यक्ति (के पापों) का लेखा नहीं लेता।[10] परमात्मा

---

1. सभना दाता एक है दूजा नाहीं कोइ सिरी रागु, महला 5
2. ददा दाता एक है, सभ कउ देवणहार।
   देदें तोट न आवई, अगनत भरे भंडार।। गउड़ी, बावन अक्खरी, महला 5
3. पहिलो दे तै रिजक समाहा। पिछो दे तै जंत उपाहा। माझ, महला 3, असटपदी।
4. पवण पाणी अगनि तिन कीआ, ब्रह्मा बिसनु महेस अकार।
   सरबे जाचक, तूं प्रभु दाता, दात करे अपने बीचार।।
   कोटि तैंतीस जाचहि, प्रभु नाइक, दे दे तोट नाहीं भंडार। (गूजरी, महला 1, असटपदी)
5. मात गरभ महि आपन सिमुरन दे तह तुम राखनहारे।—सोरठि, महला 5
6. ईहा ऊहा तुहारो धोरौ। सोरठि, महला 5
7. ओह निरगुणि और पालदा सोरठि, असटपदीआ, महला 5, पृष्ठ 640
8. असंख खते खिन बखसन हारा। नानक साहिब सदा दइआरा।।
   लेखै कतहि न छुटीअै, खिन खिन भूलनहार।
   बखसन हारा बखसलै, नानक पार उतार।। गउड़ी, बावन अखरी, महला 5।
9. सरब निरंतर आपे आप। किसै न पूछै बखसै आप।। आसा, महला 1, असटपदी।
10. जाकउ अपनी करै बखसीस। ताका लेखा न गनै जगदीश।। गउड़ी सुखमनी, महला 5,

अपने क्षमाशील स्वभाव के कारण ही जीव के सारे दोषों और अपराधों को क्षमा कर देता है[1]। यदि वह प्रत्येक अपराध का लेखा माँगने लगे, तो कोई भी व्यक्ति लेखा नहीं दे सकता[2]। वह अपने क्षमाशील स्वभाव के कारण ही कृतघ्नियों को भी पालता-पोसता है[3]।

माता-पिता—संसार में माता-पिता का सम्बन्ध परम पुनीत हैं। माता-पिता की गोद में बालक अपने को परम निर्भय और निर्द्वन्द्व समझता है और वह अपने को सभी प्रकार से निश्चिन्त पाता है। बालक की चिन्ताओं का सारा उत्तरदायित्व उसके माता-पिता पर रहता है। गुरुओं ने इसीलिए परमात्मा को माता-पिता के रूप में माना है—

नानक पिता माता है हरि प्रभु, बारिक हरि प्रतिपारे।

(रामकली, महला 4)

एक पिता, एकस के, बारिक—(सोरठ, महला 5)

जिसका पिता तूँ है, मेरे सुआमी, तिह बारिक भूख कैसी।।

(मलार, महला 5)

भक्त-वत्सल पतितोद्धारक—परमात्मा भक्त-वत्सल है। वह अपने सेवकों की रक्षा अवश्य करता है।

करि किरपा प्रभि आपणी अपने दास रखि लीए।

(विलावलु, महला 5, पृष्ठ 815)।

सन्तों और वेदों का कथन है कि परमात्मा पतित-उद्धारक है। भक्त-वत्सल परमात्मा का विरद युगों से चला आ रहा है[4]।

वे पतितों को पुनीत करनेवाले हैं, दीनबन्धु हैं, गज की त्रास मेटनेवाले हैं।[5]

इस प्रकार गुरुओं ने परमात्मा को ही सब-कुछ माना है। "परमात्मा ही उनका पर्वत है। वही उनका आसरा है, वही उनका मित्र है, वही उनका साजन है, वही उनका स्वामी है। उसके बिना वे किसी दूसरे को जानते ही नहीं।[6]

---

1. नानक सगले दोष उतारिअन, प्रभु पार ब्रहम बखसिंद। सिरी रागु, महला 5,
2. लेखा मागे, ता कित दीऐ। माझ, महला 3, असटपदी
3. अकिरतघणा नो पालदा प्रभु...। सिरी रागु, महला 5,
4. पतित उधारण पारब्रहमु सन्त वेद करुन्दा।
   भगति बछ्लु तेरा विरदु है जुगि जुगि वरतन्दा। गउड़ी की वार, महला 5, पृष्ठ 319
5. पतित पुनीत दीन बन्धु हरि सरनि ताहि तुम आवउ।
   गज को त्रासु मिटिओ जिह सिमरत तुम काहे बिसरावउ।।
   राग़ु गउड़ी, महला 9, पृ. 219
6. तूँ मेरा परबतु, तूँ मेरा ओला।
   तूँ मेरा मीतु, साजनु मेरा सुआमी।
   तुध बिन अवरु न जानणिआ।। माझ, महला 5, असटपदीआ, पृष्ठ 131-32

सगुण ब्रह्म के सिलसिले में दो बातों का स्पष्टीकरण आवश्यक है। एक तो यह कि गुरुओं ने परमात्मा के जिन गुणों का उल्लेख किया है, उनके आधार पर कोई यह न समझ ले कि उन्होंने अवतारवाद का प्रतिपादन किया है। उन्होंने स्पष्ट शब्दों में अवतारवाद का खण्डन किया है। दूसरी बात यह है कि अवतारवाद के खण्डन के साथ ही उन्होंने एकेश्वरवाद का प्रतिपादन किया है।

अवतारवाद का खण्डन

यद्यपि गुरुओं के परमात्मा को अनेक विशेषताओं से युक्त माना है, पर उन्होंने अवतारवाद का स्पष्ट रूप से विरोध किया है। गुरु नानक देव ने रामावतार के सम्बन्ध में अपने विचार इस भाँति प्रकट किये हैं—

मन महि झूरै रामचन्दु सीता लछमणु जोगु।
हणवंतरु आराधिआ आइआ करि संजोगु।।
भूला दैतु न समझई तिनि प्रभ कीए काम।
नानक बेपरवाह सो, किरतु न मिटई राम।।26।।

सलोक वारां ते बधीक, पृष्ठ 1412

अर्थात्, ''रामचन्द्र जी ने सीता और लक्ष्मण के लिए मन में दुःख प्रकट किया। उन्होंने हनुमान जी को स्मरण किया और संयोगवश वे आ गये। मूर्ख रावण यह नहीं समझता था कि मेरी मृत्यु का कारण राम नहीं, परमात्मा है। 'नानक' कहते हैं कि परमात्मा सर्वथा स्वतन्त्र है, क्योंकि राम भी भाग्य-रेखा नहीं मेट सके।

गुरु नानक देव के आसा राग में रामावतार और कृष्णावतार का खण्डन इस प्रकार किया गया है—

पउणु उपाइ धरी सम धरती जल अगनी का बंधु कीआ।
अंधुलै दहसिरि मूंड कटाइआ रावणु मारि किआ बड़ा भइया।
...
जीअ उपाइ जुगति हथि कीनी, काली नकि किआ बड़ा भइआ।
किस तूँ पुरखु जोरु कउणु कहीऐ सरब निरंतर रवि रहिआ।।
नालि कुटुंबु साथि वरदाता ब्रह्मा भालण सृसटि गइआ।
आगे अतु न पाइओ ताका कंसु छेदि किआ बड़ा भइआ[1] *।।3।।7।।*

अर्थात् परमात्मा ने पवन की रचना की, सारी पृथ्वी को धारण किया और जल तथा अग्नि का मेल मिलाया। अन्धे रावण ने अपने दस शिरों को कटवाया। रावण को मारने से परमात्मा को क्या बड़प्पन प्राप्त हुआ? जिस परमात्मा ने सारे जीवों की सृष्टि की और उनके सारे विधान अपने हाथों में रखा, तो भला बताओ, (कालीय) नाग के नाथने से उसे क्या बड़ाई प्राप्त हुई। तुम किसके पति

1. श्रीगुरुग्रन्थ साहिब, रागु आसा, महला 1; पृष्ठ 350

हो? तुम्हारी स्त्री कौन है? तुम तो सभी में रम रहे हो। वरदाता (ब्रह्मा) जिसका स्थान कमलनाल है सृष्टि-रचना के विस्तार का पता लगाने के लिए गये। पर सृष्टि के आदि-अन्त का पता उन्हें न लगा। भला ऐसे परमात्मा को कंस के मारने से क्या बड़ाई प्राप्त हो सकती थी?

गुरु नानक देव ने ही एक स्थान पर कहा है कि एक परमात्मा ही निर्भय और निरंकार है, रामादिक तो धूल के समान तुच्छ हैं—

नानक निरभउ निरंकारु होरि केते राम रवाल।।

आसा, महला 1, वार सलोका नालि सलोक भी, पृष्ठ 464

पंचम गुरु, अर्जुन देव ने गुरु नानक के स्वर में स्वर मिलाते हुए कहा है, कि सारी तिथियाँ एक पास रख दीं और अष्टमी (भाद्रपद, कृष्ण जन्माष्टमी) तिथि को अपनी जन्म-तिथि बनायी। भ्रम में भूलकर लोग कच्चापन करते रहते हैं। परमात्मा जन्म और मरण से परे हैं। पंजीरी बनाकर चोरी से (परदे की आड़ में) ठाकुर का भोग लगाते हो। अरे 'साकत', अरे पशु, परमात्मा न जन्म धारण करता है और न मरता है...वह मुख जल जाय जो चित्त से यह कहता है कि परमात्मा योनि के अन्तर्गत आता है। वह न जन्म धारण करता है, न मरता है और न कहीं आता है, न जाता है। नानक का परमात्मा तो सर्वत्र समान रूप से व्याप्त है—

सगली थीती पासि डारि राखी। असटम थीती गोविंद जनमासी।।1।।
भरमि भूले नर करत कचराइण। जनम मरण ते रहत नाराइण।।1।।
रहाउ।।1।।
करि पंजोरु खवाइओ चोर। ओहु जनमि न मरे रे साकत ढोर।।2।।

....

सो मुख जलउ चितु कहहि ठाकुर जोनी।।3।।
जनमि न मरै न आवै न जाइ। नानक का प्रभ रहिओ समाइ।।

—रागु भैरउ, महला 5, धरु 1, पृष्ठ 1136

कहना न होगा कि उस समय जितने भी ज्ञानाश्रयी शाखा के सन्त हुए, अधिकांश ने अवतारवाद का खण्डन किया है। कबीर, रजब, वषना, दादू, पलटू, तुलसी साहब सभी ने अवतारवाद का खण्डन किया है।[1]

एकेश्वरवाद

बीजमन्त्र के विवेचन में एक शब्द की व्याख्या करते समय यह बात बतलाई गयी है कि गुरुओं ने परमात्मा को एक माना है। उपनिषदों में भी परमात्मा को एक ही माना है। इस्लाम धर्म का एकेश्वरवाद तो प्रसिद्ध ही है। गुरुओं ने स्थान-स्थान पर जोरदार और स्पष्ट शब्दों में कहा है कि मेरा परमात्मा एक है।—

1. हिन्दी काव्य में निर्गुण सम्प्रदाय : पीताम्बरदत्त बड़थ्वाल, पृष्ठ 166-67

साहिबु मेरा एकु है अवरु नहीं भाई।।3।।18।।

—आसा काफ़ी, महला, 1 पृष्ठ 420

एक स्थान पर तो गुरु नानक देव ने परमात्मा को तीन वार एक कहा है—

साहिबु मेरा एको है। एको है भाई एको है।।1।। रहाउ।।5।।

—रागु आसा, महला 1, पृष्ठ 350

गुरु अंगद देव भी इसी भाँति कहते हैं—

एक कृसनं सरब देवा, देव देवा त आतमा।

—आसा, वार सलोका नालि सलोक भी, महला 2, पृष्ठ 469

अर्थात् सारे देवताओं में एक कृष्ण ही देव हैं। वही देवताओं के देवत्वपन की आत्मा है।

गुरु अमरदास जी भी कहते हैं—

नानक इकसु बिनु मैं अवरु न जाणौं

—वडहंसु, महला 3, पृष्ठ 559

गुरु रामदास जी एकेश्वरवाद का प्रतिपादन अपने शब्दों में इस प्रकार करते हैं—

"हरि हरि प्रभु एको अवरु न कोई तू आवे पुरखु सुजान जीउ।।

3।।7।।14।। आसा, महला 4, पृष्ठ 448

इसी भाँति पंचम गुरु में भी एकेश्वरवाद की भावना पर्याप्त मात्रा में पायी जाती है। उदाहरणार्थ—

पारब्रह्म प्रभु एकु है दूजा नाहीं कोई।।4।।9।।79।।

सिरी रागु, महला 5, पृष्ठ 45

हरि बिनु दूजा को नहीं एको नामु धिकाइ।।1।। रहाउ ।।12।।82।।

सिरी रागु, महला 5, पृष्ठ 46

नानक एको पसरिआ दूजा कहँ द्रसटार।।

गउड़ी सुखमनी, महला 5, पृष्ठ 292

निर्गुण और सगुण उभय स्वरूप

परमात्मा के निर्गुण और सगुण स्वरूपों के अतिरिक्त गुरुओं ने स्पष्ट रूप से उसके उभय स्वरूपों को माना है। उनके विचार में ब्रह्म निर्गुण भी है, सगुण भी है। इसके साथ-ही-साथ वह निर्गुण और सगुण दोनों ही एक साथ है। गुरु नानक देव ने 'सिद्ध-गोष्ठी' में कहा है कि परमात्मा ने अव्यक्त निर्गुण से सगुण ब्रह्म को उत्पन्न किया और वह दोनों आप ही है।

अविगतो निरमाइलु उपजे निरगुण ते सरगुण थीआ[1]

---

1. गुरुग्रन्थ साहिब, रामकली, महला 1, सिध गोसटि, पृष्ठ 940

गुरु अमरदास जी ने इसी बात को पुष्ट करने के लिए स्पष्ट कह दिया कि परमात्मा निर्गुण और सगुण स्वरूप अपने आप ही है। जो इस महान् तत्त्व को पहचानता है, वही वास्तविक पण्डित है—

निरगुणु सरगुणु आपे सोई।
सतु पछाणै सो पंडितु होई[1] ।।1।।31।।32।।

पाँचवें गुरु, अर्जुन देव ने अनेक स्थलों पर कहा है कि परमात्मा निर्गुण और सगुण दोनों ही स्वरूप है—

"तूं निरगुन तूं सरगुनी[2] ।।2।।5।।143।।

तथा

"निरंकार आकार आपि निरगुन सरगुन एक[3] ।।

तथा

"निरगुनु आपि सरगुन भी ओही।
कला धारि जिनि सगली मोही[4] ।।8।।18।।

गुरु अर्जुन देव एक स्थल पर कहते हैं कि किसी के पास निर्गुण स्वरूप है, किसी के पास सगुण स्वरूप। किन्तु मेरा स्वामी तो दोनों ही स्वरूपों में क्रीड़ा कर रहा है—

ईधै निरगुन उधै सरगुन, केल करत विचि सुआमी मेरी[5] ।।

इस प्रकार गुरुओं की वाणी के अनुसार परमात्मा के स्वरूप के विवेचन में यह देख लिया गया कि परमात्मा निर्गुण भी है, सगुण भी है तथा निर्गुण और सगुण दोनों ही है। पर वह अवतार धारण नहीं करता। वह एक है और अजन्मा है।

---

1. श्री गुरुग्रन्थ साहिब, माझ, महला 3, पृष्ठ 128
2. श्री गुरुग्रन्थ साहिब, गौड़ी चेती, महला 5, पृष्ठ 211
3. श्री गुरुग्रन्थ साहिब, गउड़ी बावन अखरी, महला 5, पृष्ठ 250
4. श्री गुरुग्रन्थ साहिब, गउड़ी सुखगनी, महला 5, पृष्ठ 287
5. श्री गुरुग्रन्थ साहिब, रागु विलावलु, महला 5, पृष्ठ 827

सृष्टि-क्रम

सृष्टि के पूर्व के तत्त्व

सृष्टि-क्रम भी अद्‌भुत पहेली है। विभिन्न दार्शनिकों और तत्त्ववेत्ताओं ने इस समस्या को अपने-अपने ढंग से सुलझाने का प्रयास किया। परन्तु फिर भी वह ज्यों की त्यों बनी रही। सिक्खों के आदि गुरु नानक देव ने सृष्टि-रचना के सम्बन्ध में एक ऐसे समय की कल्पना की है, जब सृष्टि का नाम-निशान तक नहीं था। वे कहते हैं, "अगणित युगों पर्यन्त महान् अन्धकार था। न तो पृथ्वी थी और न आकाश था। प्रभु का अपार हुकम मात्र था। न दिन था, न रात थी। न तो चन्द्रमा था, न सूर्य। केवल शून्य मात्र था।...वेद-पुराण, स्मृति-शास्त्र कुछ भी न थे। पाठ-पुराण तथा सूर्योदय और सूर्यास्त भी न थे। वह अगोचर वह अलख स्वयं अपने को प्रदर्शित कर रहा था।"[1]

गुरु नानक देव की उपर्युक्त विचारावली एवं ऋग्वेद के नासदीय सूक्त की विचारधारा में असाधारण साम्य है।

नासदीय सूक्त में सृष्टि-रचना की पूर्वावस्था का वर्णन इस प्रकार किया गया है, "तब अर्थात् मूलारम्भ में असत् नहीं था और सत् भी नहीं था। अंतरिक्ष नहीं था और उसके परे का आकाश भी नहीं था। (ऐसी अवस्था में) किसने (किस पर) आवरण डाला ? वहाँ ? किसके सुख के लिए ? अगाध और गहन जल भी कहाँ था?"[2]

"तब मृत्यु अर्थात् मृत्युग्रस्त नाशवान् दृश्य सृष्टि भी न थी। अतएव (दूसरा) अमृत अर्थात् अविनाशी नित्य पदार्थ (यह भेद भी) न था। इसी प्रकार रात्रि और दिन का फेर समझने के लिए कोई साधन (प्रकेत) न था। जो कुछ था, वह अकेला एक ही। अपनी शक्ति (स्वधा) से वायु के बिना श्वासोच्छ्‌वास लेता अर्थात् स्फूर्तिमान् होता रहा। इसके अतिरिक्त या परे कुछ भी न था।"[3]

ऋग्वेद में वर्णित इन्हीं मूल्य द्रव्यों का आगे अन्यान्य स्थानों में इस प्रकार उल्लेख किया गया है। जैसे (1) जल का तैत्तिरीय ब्राह्मण में "आपो वा इदमग्रे सलिलमासीत्"[4] अर्थात् यह सब पहले पहला पानी था। (2) असत् का

---

1. श्री गुरुग्रन्थ साहिब, मारू सोलहे, पहला 1, पृष्ठ 1035-36
2. ऋग्वेद, मण्डल 10, 129 सूक्त, नासदीय सूक्त, ऋचा 1
3. ऋग्वेद, मण्डल 10, 129 सूक्त, ऋचा 2।
4. तैत्तिरीय ब्राह्मण, 1, 1, 3, 5,

तैत्तिरीयोपनिषद् में ''असद् वा इमग्र आसीत्''[1] अर्थात् यह सब पहले असत् ही था। (3) सत् का छान्दोग्योपनिषद् में—

सदेव सोम्येदमग्र आसीरा[2] अर्थात् यह सब पहले सत् ही था। (4) आकाश का छान्दोग्योपनिषद् में आकाशः परायणम्[3] अर्थात् आकाश ही सबका मूल है। (5) मृत्यु का वृहदारण्यकोपनिषद् में, 'नेवेद किञ्चिनाग्र आसीन्मृत्युनेवेदमावृत्तमासीत्[4], अर्थात् 'पहले यह कुछ भी नहीं था। मृत्यु से सब आच्छादित था। और (6) तम का मैत्रायण्युपनिषद् में 'तमो वा इदमेकमास[5], अर्थात् पहले यह सब अकेला तम था। अन्त में इन्हीं वेद वचनों का अनुसरण करके मनुस्मृति में सृष्टि प्रारम्भ का वर्णन इस प्रकार किया गया—

आसीदिदं तमोभूतमप्रज्ञातमलक्षणम् ।
अप्रतर्क्यमविज्ञेयं प्रसुप्तमिव सर्वतः[6] ।।

अर्थात् ''यह सबसे पहले तम से यानी अन्धकार से व्याप्त था। भेदाभेद नहीं जाना जाता था, अगम्य और निद्रित सा था।'' फिर आगे उसमें अव्यक्त परमेश्वर ने प्रवेश करके पहले पानी उत्पन्न किया[7]।

गुरु नानक देव ने अत्यन्त दृढ़तापूर्वक इस बात का प्रतिपादन किया है कि सृष्टि के मूलारम्भ में कोई भेद नहीं था। जो कुछ भी था, वह सारे पदार्थों से विलक्षण था। वह अकेला अपने आप में प्रतिष्ठित था। वह निरंकार ब्रह्म निर्लिप्त भाव से बैठा था। उस समय किसी भी भाँति की दृश्यमान् सृष्टि का विस्तार नहीं था—

केते जुग बरते गुवारै। ताड़ी लाई अपर अपारै।।
धुंधूकारि निरालयु बैठा ना तदि धंधु पसारे है[8] ।।1।।1।।7।।

इस प्रकार उपर्युक्त पद में सारी सृष्टि में मूलारम्भ का तत्त्व उसी को माना है, जो अपरम्पार है और अपनी ताड़ी (ध्यान) में स्वयं अपने आप स्थित है। छान्दोग्योपनिषद् में भी इसी प्रकार की विचारधारा प्राप्त होती है। ''स्वे महिम्नि प्रतिष्ठितः[9]'' अर्थात् अपनी महिमा से अन्य किसी की अपेक्षा न करते हुए अपने आप में प्रतिष्ठित है।

---

1. तैत्तिरीयोपनिषद्, 2, 7, 1,
2. छान्दोग्योपनिषद् 6, 2, 1,
3. छान्दोग्योपनिषद् 1, 9, 1,
4. वृहदारण्यकोपनिषद्, 1, 2, 1
5. मैत्रावण्युपनिषद् चतुर्थ प्रपाठक, 5
6. मनुस्मृति, अध्याय 1, श्लोक 5
7. गीता-रहस्य अथवा कर्मयोगगशास्त्र, बाल गंगाधर तिलक, पृष्ठ 251-52
8. श्री गुरुग्रन्थ साहिब, मारू, महला 1, पृष्ठ 1026
9. छान्दोग्योपनिषद् 7।।24।।1।।

गुरुओं ने इस तत्त्व को कहीं-कहीं 'शून्य' की संज्ञा दी है। इसी शून्य को समस्त सृष्टि का मूल कारण माना है—

सुंन कला अपरंपरि धारी। आपि निरालमु अपर अपारी।।
आपे कुदरति करि करि देखे सुंनहु सुंनु उपाइदा।।1।।
पउणु पाणी सुंने ते साजे।...
अगनि पाणी जीउ जोति तुमारी सुंने कला रहाइदा।।3।।
सुंनहु ब्रहमा बिसनु महेषु उपाए।...
सुंनहु चंदु सूरजु गैणारे। तिसकी जोति त्रिभवण सारे।।5।।
सुंने अलख अपार निरालमु मुंने ताड़ी लाइदा।।
सुंनहु धरति अकासु उपाए।...
त्रिभवण साजि मेखुली माइआ आपि उपाइ खपाइदा।।6।।
सुंनहु खाणी सुंनहु वाणी। सुंनहु उपजी सुंनि समाणी।।7।।

अर्थात्, "अपरम्पार परमात्मा अपनी शून्य कला में स्थित है फिर भी वह स्वयं निर्लिप्त है। शून्य से ही सारी सृष्टि उत्पत्ति करके वह अपने आप देखता रहता है। वायु और जल की रचना उसने शून्य से ही की है। अग्नि, जल, जीव आदि तुम्हारी (परमात्मा की) ज्योति है। सृष्टि-उत्पत्ति के मूलारम्भ भी शक्ति इसी शून्य में विराजमान थी। इसी शून्य से ब्रह्मा, विष्णु, महेश त्रिदेवों की उत्पत्ति हुई।...शून्य से ही चन्द्रमा, सूर्य, आकाशादिक की उत्पत्ति हुई...अलक्ष्य, अपार, निरालमु (निराधार परमात्मा) शून्य में ताड़ी लगाकर स्थित है। इसी शून्य से पृथ्वी और आकाश की उत्पत्ति हुई है।...त्रिभुवन की उत्पत्ति भी इसी शून्य से हुई है। माया की रस्सी इसी शून्य से हुई है और फिर इसी शून्य में विलीन हो जाती है। शून्य से ही चारों खानियाँ (अण्डज, जरायुज, स्वेदज और उद्भिज) की उत्पत्ति हुई। इसी से सारी वाणियाँ अर्थात् शास्त्रों की उत्पत्ति हुई। संक्षेप में सारी दृश्यमान् सृष्टि इसी शून्य से उत्पन्न होती है और इसी शून्य में विलीन होती है।"[1]

पर इस 'शून्य' का अर्थ 'कुछ नहीं' नहीं है। शून्यावस्था का तात्पर्य उस स्थिति से है, जब संसार की उत्पत्ति के पूर्व सारी शक्तियाँ एकमात्र परमात्मा में केंद्रीभूत थीं, जब न रूप था, न रेखा थी और न जाति थी।[2]

ओंकार—सृष्टि के मूलारम्भ के इस परम तत्त्व को गुरु अर्जुन देव ने 'ओंकार' की संज्ञा से प्रतिष्ठित किया है। उनका कथन है कि उसी ओंअंकारि' से सारी सृष्टि की उत्पत्ति हुई है। दिन और रात का इसी से निर्माण हुआ। वन, तृण, त्रिभुवन, जल, सारे लोकों की उत्पत्ति इसी 'ओंअंकारि' से हुई—

---

1. श्री गुरुग्रन्थ साहिब; मारू सोलहे, महला 1, पृष्ठ 1037
2. श्री गुरुग्रन्थ साहिब, मारू सोलहे, महला पृष्ठ 1003

ओंअंकारि उतपाती। कीआ दिवसु सभ राती।।
वणु तृणु त्रिभवण पाणी। चारि वेद चोर खाणी।।
खंड दीप सभ लोआ।।...।।1।।1।।17।।

इस प्रकार गुरुओं के मतानुसार सृष्टि की एक अनारम्भ अवस्था थी और उसी से फिर सृष्टि का प्रारम्भ हुआ। परमात्मा ही निर्गुण स्वरूप से सगुण स्वरूप धारण कर सृष्टि रचता है और उसमें अलिप्त होकर कार्य करता और कराता है।

जुग छतीअ कओ गुबारा।
...
ओअंकारि सभ सृसटि उपाई।।
सभु खेल तमासा तेरी वडिआई।
सदा अलिपतु रहे गुर सबदी साचे सिउ चितु लाइदा।[1] ।।3।।4।।18।।

अर्थात् "छत्तीस युगों तक अन्धकार था (शून्यावस्था) थी। फिर (निर्गुण परमात्मा ने सगुण रूप धारण कर) ओंकार से सारी सृष्टि की उत्पत्ति की। संसार के सारे खेल और सारे तमाशे उसकी सत्ता के प्रतीक हैं। वह परमात्मा (सारे कार्यों को करता हुआ भी) अलिप्त ही रहता है। गुरु शब्द से उस सच्चे परमात्मा से चित्त लगता है।

सांख्य मत—सांख्य मतानुसार सृष्टि-रचना के मूल कारण दो हैं—पुरुष और प्रकृति। बाल गंगाधर तिलक ने इसका विवेचन इस प्रकार किया है, कि सांख्य शास्त्र के अनुसार सृष्टि के सब पदार्थों के तीन वर्ग होते हैं। पहला अव्यक्त (प्रकृति मूल), दूसरा व्यक्त (प्रकृति के विकार) और तीसरा पुरुष अर्थात् 'ज्ञ'। परन्तु इनमें प्रलय काल के समय व्यक्त पदार्थों का स्वरूप नष्ट हो जाता है। इसलिए मूल में केवल पुरुष और प्रकृति दो ही तत्त्व शेष रह जाते हैं। ये दोनों मूल तत्त्व सांख्यवादियों के मतानुसार 'अनादि' और 'स्वयंभू' है। इसीलिए सांख्यवादियों को द्वैतावादी (दो मूल तत्त्व माननेवाले) कहते हैं। वे लोग प्रकृति और पुरुष के परे ईश्वर, काल, स्वभाव या अन्य किसी भी मूल तत्त्व को नहीं मानते। इसका कारण यह है कि सगुण ईश्वर काल और स्वभाव सब व्यक्त होने के कारण प्रकृति से उत्पन्न होनेवाले व्यक्त पदार्थों में ही शामिल हैं। यदि ईश्वर को निर्गुण मानें, तो साकार्यवादानुसार निर्गुण मूल तत्त्व से त्रिगुणात्मक प्रकृति कभी उत्पन्न नहीं हो सकती। इसीलिए उन्होंने यह सिद्धान्त निश्चित किया है कि प्रकृति और पुरुष को छोड़कर, इस सृष्टि का और कोई तीसरा मूल कारण नहीं है। इस प्रकार उन लोगों ने दो ही मूल तत्त्व निश्चित किये। तब उन्होंने अपने मत के अनुसार इस बात को भी सिद्ध कर दिया कि इन दोनों मूल तत्त्वों से सृष्टि कैसे उत्पन्न हुई वे कहते हैं कि यद्यपि निर्गुण पुरुष कुछ भी नहीं कर सकता, तथापि जब प्रकृति के साथ उसका संयोग होता है, तब जिस प्रकार गाय अपने

1. श्री गुरुग्रन्थ साहिब, मारू सोलहे, महला 3, पृष्ठ 1061

बछड़े के लिए दूध देती है, या चुम्बक परस होने से लोहे में आकर्षण शक्ति आ जाती है, उसी प्रकार मूल अव्यक्त प्रकृति अपने गुणों (सूक्ष्म और स्थूल) का व्यक्त फैलाव पुरुष के सामने फैलाने लगती है। यद्यपि पुरुष सचेतन और ज्ञाता है तथापि केवल निर्गुण होने के कारण स्वयं कार्य करने के कोई साधन उसके पास नहीं है और प्रकृति यद्यपि काम करनेवाली है, तथापि जड़ या अचेतन होने के कारण वह नहीं जानती कि क्या करना चाहिए। इस प्रकार लँगड़े और अन्धे की वह जोड़ी है। जैसे अन्धे के कन्धे पर लँगड़ा बैठे और वे दोनों एक दूसरे की सहायता से मार्ग चलने लगें, वैसे ही अचेतन प्रकृति और सचेतन पुरुष का संयोग हो जाने पर सृष्टि के सब कार्य प्रारम्भ हो जाते हैं[1]।

श्री गुरुग्रन्थ साहिब का मत—परन्तु सांख्यवादियों के द्वैतपरक सिद्धान्त गुरुओं को मान्य नहीं। श्रीमद्‌भगवद्‌गीता और वेदान्त-शास्त्र को भी यह सिद्धान्त मान्य नहीं है[2]। उन दोनों का सिद्धान्त यह है जो कि प्रकृति और पुरुष से भी परे एक सर्वव्यापक, अव्यक्त और अमृत तत्त्व है जो चराचर सृष्टि का मूल है[3]। ठीक यही विचारधारा श्री गुरुग्रन्थ साहिब की भी है। सिक्ख गुरु परमात्मा को ही सृष्टि का कर्त्ता और कारण मानते हैं। वे परमात्मा को सृष्टि का निमित्त और उपादान कारण मानते हैं। परमात्मा के अतिरिक्त उन्हें अन्य कारण स्वीकार नहीं। परमात्मा के अस्तित्व से ही सारी सृष्टि दृश्य रूप में प्रकट हुई। उसी परमात्मा ने बिना अन्य कारणों द्वारा अपने को रचा है—

आपीन्हें आपु साजीओ आपीन्हें रचिओ नाऊ[4] ।।

गुरु अंगद देव ने भी इसी प्रकार कहा है कि परमात्मा स्वयं ही सृष्टि की रचना करता है—

आपे साजि करे[5] ।

परमात्मा ही सृष्टि का कार्य और कारण है। उसके अतिरिक्त न कोई अन्य कर्त्ता है और न कोई कारण है—

करण कारण प्रभ एकु है दूसरा नाहीं कोइ।[6]

तीसरे गुरु अमरदास जी ने भी इसी प्रकार के भाव व्यक्त किये हैं—आप ही सृष्टि का कारण और कर्त्ता है। वही सृष्टि की रचना करता है और सृष्टि उत्पन्न करके उसे देखता रहता है। इस प्रकार एक परमात्मा ही सबमें रमण करता है। वह अलक्ष्य दिखायी नहीं पड़ता—

---

1. गीता रहस्य अथवा कर्मयोग शास्त्र, बाल गंगाधर तिलक, पृष्ठ 162, 163 तथा 165
2. गीता रहस्य अथवा कर्मयोग शास्त्र, बाल गंगाधर तिलक, पृष्ठ 200
3. गीता रहस्य अथवा कर्मयोग शास्त्र, बाल गंगाधर तिलक, पृष्ठ 200
4. श्री गुरुग्रन्थ साहिब, वार आसा, महला 1, पृष्ठ 463
5. श्री गुरुग्रन्थ साहिब, रागु आसा, सलोक, महला 2
6. श्री गुरुग्रन्थ साहिब, गउड़ी सुखमनी, महला 5, पृष्ठ 276

आपे कारण करता करे सृसटि देखे आपि उपाई।

सभ एको इकु बरतदा, अलखु न लखिआ जाई[1] ।।1।।27।।60।।

अनेक स्थानों पर तो यह कहा गया है कि परमात्मा स्वयं ही सृष्टि बना है—

आपे अंडज जेरज सेतज उतभुज आपे खंड आपे सभ लोइ[2] ।।

अर्थात् परमात्मा आप ही अंडज, जरायुज स्वेदज और उद्भिज बना हुआ है। आप ही सृष्टि के खण्ड और सारे लोक बना है।

गुरु अर्जुन देव यावत् दृश्यमान् सृष्टि को परमात्मा का ही स्वरूप मानते हैं—

तूं पेडु साख तेरी फूली। तूं सूखमु होआ असथूली।।

तूं जलनिधि तूं फेनु बुदबुदा तुधु बिनु अवरु न भालीऐ जीउ।।1।।

तूं सूतु मणीए भी तूं है। तूं गंठी मेरु सिरी तूं है।

आदि मधि अंति प्रभु सोई, अवरु न कोई दिखालीऐ जीउ[3] ।।2।।21।।28।।

अर्थात् तू (परमात्मा) पेड़ है और तेरी शाखाएँ (सृष्टि) तुझी में विकसित हैं। तू ही सूक्ष्म है और तू ही (सूक्ष्म से) स्थूल रूप धारण किये हुए है। तू ही समुद्र है। तू ही उसका फेन और बुलबुला है। तुम्हारे अतिरिक्त अन्य कोई पाया ही नहीं जाता। तू ही सूत है और तू ही माला की गुरिया है। तू ही माला की गाँठ है और तू ही सुमेरु है। आदि, मध्य और अन्त में तू ही व्याप्त हो रहा है। तुम्हारे अतिरिक्त कोई दूसरा दिखायी ही नहीं पड़ता।

परमात्मा के हुकम से सृष्टि की उत्पत्ति

सिक्ख गुरुओं का यह सिद्धान्त है कि संसार की उत्पत्ति परमात्मा के 'हुकम' से होती है। हुकम का अर्थ शेरसिंह ने 'ईश्वरीय इच्छा (Divine Will) माना है[4], किन्तु मोहनसिंह हुकम का अर्थ सृष्टि विधान (Universal Order) मानते हैं।[5] व्याख्या की दृष्टि से मोहनसिंह का अर्थ अधिक युक्ति-संगत और समीचीन प्रतीत होता है। गुरु नानक देव जी जपुजी में 'हुकम' को सृष्टि का मूल कारण मानते हैं—

हुकमी होवनि आकार हुकमु न कहिआ जाई।

हुकमी होवनि जीअ हुकमि मिलै वडिआई।

हुकमी उतकु नीचु हुकमि लिखि दुख सुख पाईअहि।

---

1. श्री गुरुग्रन्थ साहिब, सिरी रागु, महला 3, पृष्ठ 37
2. श्री गुरुग्रन्थ साहिब, सोरठि, महला 4, पृष्ठ 605
3. श्री गुरुग्रन्थ साहिब, माझ, महला 5, पृष्ठ 102
4. फिलासफ़ी आफ़ सिक्खिज़्म : शेरसिंह, पृष्ठ 182
5. पंजाबी भाखा विगिआन अते गुरमति गिआन : मोहनसिंह, पृष्ठ 29

इकना हुकमी वखसीस इकि हुकमी सदा भवाईअहि।।
हुकमे अंदरि सभु को बाहरि हुकम न कोई।।[1] पउड़ी 2

अर्थात् सारे आकार, सारे मूर्त स्वरूप (रूप और नाम) उस एक (परमात्मा) के 'हुकम' से होते हैं। उसके 'हुकम' के क्यों के सम्बन्ध में कोई कुछ भी नहीं कह सकता। 'हुकम' से ही सारे जीव अस्तित्व में दिखायी पड़ते हैं। 'हुकम' से उन्हें बड़ाई प्राप्त होती है। 'हुकम' से जीव ऊँच-नीच कर्म करते हैं और विचारों में प्रवृत्त होते हैं। 'हुकम' से ही इन्हें दुःख और सुख की प्राप्ति होती है। कुछ तो उसके 'हुकम' से बख्शे जाते हैं और कुछ उसके 'हुकम' जन्म-मरण के चक्कर में भ्रमित किये जाते हैं, अर्थात् काल-चक्र में घुमाये जाते हैं। इस प्रकार सारी सृष्टि परमात्मा के 'हुकम' के अन्तर्गत है। परमाणु से लेकर ब्रह्मा, विष्णु, शिव पर्यन्त, गुणों से लेकर गुणों का कारण (माया) तक कोई उसके हुकम से बाहर नहीं[2]।

गुरु अर्जुन देव ने भी इसी प्रकार के विचार प्रकट किये हैं—

हुकमे धारि ऊधर रहावै।
हुकमे उपजे हुकमि समावै।।[3] 1।।11।।

अर्थात् (परमात्मा) 'हुकम' से ही सारी सृष्टि की रचना करके, बिना किसी शारीरिक सहारे के रहता है। समस्त सृष्टि परमात्मा के 'हुकम' से उत्पन्न होती है, और उसी के 'हुकम' से कम हो जाती है।

गुरु नानक देव ने 'हुकम' की महत्ता का मारू राग में विशद चित्रण किया है—

"परमात्मा के 'हुकम' से ही (जीवों) की उत्पत्ति हुई और उसी के 'हुकम' से वे फिर उसी में लीन हो जाते हैं। हुकम से ही सारा दृश्यमान जगत् उत्पन्न हुआ दिखायी दे रहा है। 'हुकम' से स्वर्ग, मर्त्यलोक और पाताल लोक प्रत्यक्ष भासित हो रहे हैं। 'हुकम' से ही वह अपनी कला (शक्ति) से युक्त रहता है। 'हुकम' से ही समस्त धरती का भार धवल (बैल) के सिर पर है। 'हुकम' से पवन, पानी और आकाश की उत्पत्ति हुई है।...'हुकम' से ही दस अवतारों की सृष्टि की गयी। अनन्त देवता और दानवगण हुकम के ही वशीभूत हैं।... 'हुकम' से ही परमात्मा ने छत्तीस युगों पर्यन्त शून्य समाधि अवस्था में व्यतीत किया। 'हुकम' के ही वशीभूत सिद्ध और साधक सभी हैं।"[4]

---

1. श्री गुरुग्रन्थ साहिब, जपुजी, महला 1, पृष्ठ 1
2. पंजाबी भाखा विगिआन अते गुरमति गिआनि : मोहनसिंह, पृष्ठ 30
3. श्री गुरुग्रन्थ साहिब, गउड़ी सुखमनी, पृष्ठ 277
4. श्री गुरुग्रन्थ साहब... हुकमे आइआ हुकमि समाइआ
   हुकमे सिध साधिक बीचारे।।14।।4।।16।।
   मारू, महला 1, पृष्ठ 1037

अन्त में पंचम गुरु, अर्जुन देव ने स्पष्ट कर दिया है कि सारे खण्डों, सारे द्वीपों, सारे लोकों का निर्माण उसके एक वाक्य (हुकम) से हुआ।

"खण्ड दीप सभि लोआ। एक कवावै ते सभि होआ।"[1]

1।।1।।17।।

सृष्टि-रचना का समय अज्ञात और अनिश्चित

सृष्टि-रचना कब और कैसे हुई ? इस प्रश्न के सम्बन्ध में गुरु नानक देव का स्पष्ट उत्तर है कि इस प्रश्न का उत्तर मनुष्य की जानकारी से परे की वस्तु है। बेचारे मनुष्य को क्या शक्ति है कि वह सृष्टि-रचना का समय जान सके। जो सृष्टि-निर्माता है वही उसकी रचना का ठीक समय जाने। गुरु नानक देव ने इस शंका का जपुजी में निम्नलिखित ढंग से समाधान किया है—

कवणु से बेला वखतु कवणु कवण थिति कवणु वारु।
कवणि सि सती माहु कवणु जितु होआ आकारु।।
वेल न पाईआ पंडती जि होवे लेखु पुराण।
बखतु न पाइओ कादीआ जि लिखनि लेखु कुराणु।।
थिति वारु ना जोगी जाणै सति माहु ना कोई।
जा करता सिरठी कउ साजे आपे जाणै सोई।।[2] *पउड़ी ।।21।।*

अर्थात्, "सृष्टि की रचना जब हुई, तो कौन घड़ी, कौन वक्त, कौन तिथि, कौन वार, कौन ऋतु, कौन महीना था, उसे कोई भी नहीं जानता। पण्डित लोगों ने सृष्टि-रचना की (बेला) नहीं जाना, क्योंकि यदि वे निश्चित बेला जानते, तो पुराणों में अवश्य उसका उल्लेख करते। काजी भी सृष्टि-रचना का निश्चित समय नहीं जानते, क्योंकि यदि जानते होते, तो निश्चय ही कुरान में इसका जिक्र करते। योगी-गण भी सृष्टि-रचना की तिथि और घड़ी नहीं जानते। अन्य कोई भी सृष्टि रचना की ऋतु अथवा महीना नहीं जानते। जिसने सृष्टि की रचना की है, वही इन सब वस्तुओं को जानता है।

गुरु अर्जुन देव ने भी स्थान-स्थान पर संकेत किया है कि सृष्टि का निर्माता ही सृष्टि के रहस्यों को जान सकता है—

नानक करते की जाने करता रचना।।[3] *।।2।।10।।*

"सिद्ध-गोष्ठी' में जब सिद्धों ने गुरु नानक देव से सृष्टि के प्रारम्भ के विषय में प्रश्न किया कि—

आदि कउ कवन बीचारु कथीअले सुंन कहा घर वासा[4] *।।21।।*

---

1. श्री गुरुग्रन्थ साहिब, मारू, महला 5, पृष्ठ 1003,
2. श्री गुरुग्रन्थ साहिब, जपुजी, महला 1, पृष्ठ 4
3. श्री गुरुग्रन्थ साहिब, गउड़ी, सुखमनी, महला 5, पृष्ठ 275
4. श्री गुरुग्रन्थ साहिब, सिध गोसटि, पृष्ठ 940

अर्थात् सृष्टि-आरम्भ के सम्बन्ध में आप क्या विचार कथन करते हैं? सृष्टि के प्रारम्भ के पूर्व उस निरंकार के रहने की स्थिति किस प्रकार थी?

तब इसका उत्तर गुरु नानक देव जी ने इस भाँति दिया—

आदि कउ विसयादु बीचारु कथीअले सुंनि निरंतरि वासु लीआ[1] ।।23।।

इसका तात्पर्य यह है कि सृष्टि-रचना के प्रारम्भ के सम्बन्ध में विचार करना आश्चर्यमय है। सृष्टि-रचना के प्रारम्भ पर विचार करना हैरानी मोल लेना है। निरंकार का वास तब भी हर स्थान पर था। शून्यावस्था में भी निरंकार सभी स्थानों में समान रूप से व्याप्त था।

सृष्टि-क्रम

श्री गुरुग्रन्थ साहिब में कहीं भी एक स्थान पर सृष्टि-रचना के प्रसंग में विचार नहीं किया गया है। परन्तु फुटकल स्थलों पर जो कुछ कथन किये गये हैं, उसके आधार पर सृष्टि-निर्माण का क्रम इस प्रकार दिया जा सकता है। ''चरम सत्य परमात्मा की निर्गुणावस्था है।[2] उसी निर्गुणावस्था को 'अफुर' ब्रह्म भी कहा जा सकता है।[3] परन्तु यहाँ 'अफुर' का अर्थ अभाव समझना भूल होगी। 'अफुर' शब्द से केवल नाम रूपात्मक व्यक्त स्वरूप या अवस्था का अभाव ही अपेक्षित है।''

इस सम्बन्ध में बाल गंगाधर तिलक की युक्ति हमें युक्तिपूर्ण और तर्कयुक्त प्रतीत होती है।—''दूध से दही बनता है, पानी से नहीं; तिल से तेल निकलता है, बालू से नहीं, इत्यादि। प्रत्यक्ष अनुभवों से भी यही सिद्ध होता है। यदि हम यह मान लें कि कारण में जो कुछ नहीं है, वे कार्य में स्वतन्त्र रूप से उत्पन्न होते हैं, तो फिर हम इसका कारण नहीं बता सकते कि पानी से दही क्यों नहीं बनता? सारांश यह है कि जो मूल में है नहीं, उससे, जो अभी अस्तित्व में है, वह उत्पन्न नहीं हो सकता[4]।''

अतएव 'अफुर' ब्रह्म से 'कुछ नहीं' समझना ठीक नहीं है। यदि इसे हम 'कुछ नहीं' की संज्ञा दें भी, तो यह ऐसा कुछ नहीं है, जिसमें सब-कुछ है और जिससे सब-कुछ उत्पन्न होता है। परमात्मा की मरजी से 'अफुर' ब्रह्म में 'हुकम' अवस्था का प्रादुर्भाव होता है[5]। 'हुकम' अवस्था का परमात्मा निर्गुण, निरंकार

---

1. श्री गुरुग्रन्थ साहिब, सिध गोसटि, पृष्ठ 940
2. श्री गुरुग्रन्थ साहिब—अरबद नरबद धुँधूकारा...पाठ पुराण उदै नहि आसत।। मारू सोलहे, महला 1, पृष्ठ 1035-36
3. फिलासिफ़ी आफ़ सिक्खिज़्म : शेरसिंह, पृष्ठ 185
4. गीता रहस्य अथवा कर्मयोग शास्त्र : बाल गंगाधर तिलक, पृष्ठ 155
5. श्री गुरुग्रन्थ साहिब, हुकमे आवै हुकमे जावै हुकमे रहे समाई।।
रामकली, सिद्ध गोसटि, महला 1, पृष्ठ 940

अथवा 'अफुर' ब्रह्म नहीं रह जाता। इसी 'हुकम' अवस्था में क्रियाशीलता होती है, सभी पदार्थों तथा सभी जीवों की उत्पत्ति होती है[1]। सृष्टि के अनन्त विस्तार उसके एक वाक्य (हुकम) से होते हैं—

कीता पसाउ एकै कवाउ।—जपुजी, महला 1, पृष्ठ 3।

उसी के 'सबद' से उत्पत्ति और प्रलय होता है और प्रलय के पश्चात् फिर उत्पत्ति होती है—

उतपति परलो सबदे होवै सबदे ही फिरि ओपति होवैं—

माझ, असटपदीआँ, महला 3, पृष्ठ 117

ज्योंही 'हुकम' की उत्पति होती है, त्योही हउमै (अहंकार) की उत्पत्ति होती है[2]। यही हउमै (अहंकार) जगत् की उत्पत्ति का मुख्य कारण है—

हउमै विचि जगु उपजै—

रामकली, महला 1, सिद्ध गोसटि, पृष्ठ 946

यही हउमै (अहंकार) बाह्य और आन्तरिक सृष्टि का कारण है। माया और अविद्या और तीन गुण (सत्त्व, रज तथा तम) हउमै अथवा अहंकार की ही परिधि में है। परमात्मा से पृथक् प्रकृति का कोई अस्तित्व नहीं है। अहंकार अथवा हउमै प्रकृतिजन्य नहीं है, बल्कि प्रकृति हउमै से उत्पन्न होती है। इस प्रकार इस सिद्धान्त में गुरुओं की मौलिकता है और वेदान्त तथा सांख्य के सृष्टिक्रम से विभिन्नता है[3]। तीनों गुण हउमै (अहंकार) में ही क्रियाशील होते हैं और समस्त सृष्टि के कारण होते हैं। गुरुओं के अनुसार परमात्मा 'अफुर' अवस्था में तो सबसे परे और अव्यक्त है, किन्तु वही 'सफुर' अवस्था में सर्वव्यापी और सर्वान्तरात्मा है।[4]

इस प्रकार सफुर ब्रह्म परमात्मा का 'हुकम' वाला स्वरूप है। 'हुकम' ही सृष्टि के विधान अथवा नियम का स्वरूप धारण करता है। प्रकृति के सारे विधान और नियम परमात्मा से ही शासित होते हैं—

नाम के धारे सगले जन्त। नाम के धारे खण्ड ब्रहमण्ड।।

....

नाम के धारे आगास पाताल। नाम के धारे सकलआकार ।।4।।

5।।16।। गउड़ी सुखमयी, महला 5, पृष्ठ 28

---

1. हुकमी होवनि आकार हुकम न कहिआ जाई।
   हुकमी होवनि जीअ। श्री गुरु साहिब जी, जपुजी, महला 1, पृष्ठ 1
2. फिलासफ़ी ऑफ़ सिक्खिज़्म : शेरसिंह, पृष्ठ 186
3. फिलासफ़ी ऑफ़ सिक्खिज़्म : शेरसिंह पृष्ठ 186
4. फिलासफ़ी ऑफ़ सिक्खिज़्म : शेरसिंह पृष्ठ 186

इन्हीं नियमों से उसकी इच्छा के अनुसार सृष्टि होती है और सृ।ष्ट का लय भी होता है।

आपन खेलु आपि करि देखै।
खेलु संकोचै तउ नानक एकै[1] ।।7।।21।।

अर्थात् अपना खेल (सृष्टि-रचना) वह स्वयं करता है और स्वयं ही उसे देवता भी है। यदि वह खेल को समेट लेता है (सृष्टि अपने में लीन कर लेता है) तब एकमात्र वही अकेला रह जाता है।

जा तिसु भावै तो सृसटि उपाए।
आपनै भाणै लए समाए2 ।।1।।22।।

यदि उसकी इच्छा होती है, तो वह सृष्टि उत्पन्न करता है और यदि उसकी इच्छा होती है, तो वह सृष्टि अपने में विलीन कर लेता है।

श्री गुरुग्रन्थ साहिब में ''जपुजी'' की 16वीं पौड़ी के आधार पर प्रकृति और उसके विकारों पर मोहनसिंह जी ने अच्छा प्रकाश डाला है। इस पौड़ी में गुरु नानक देव 'कुदरति' शब्द का प्रयोग किया है। मोहनसिंह जी ने 'कुदरति' का अर्थ 'ताकत' 'शक्ति', 'प्रकृति' अथवा 'माया' के अर्थ में लिया है[3]। किन्तु प्रकृति के अर्थ में विशेष युक्ति-संगत प्रतीत होता है। इसी प्रकृति के 'पंच परवाण, पंच परधान' आदि विकार कहे जाते हैं। मोहनसिंह जी ने इनका अर्थ इस भाँति किया है—

पंच परवाण (शब्द, स्पर्श, रूप, रस और गन्ध)
पंच परधान (आकाश, वायु, अग्नि, जल और पृथ्वी)
दरगह में पाँच मान पानेवाले (पाँचों ज्ञानेन्द्रियाँ)

राजाओं के दरवाजे पर पाँच सुशोभित होनेवाले (पाँचों कर्मेन्द्रियाँ[4]।

किन्तु पंच परवाण को शब्द, स्पर्श, रूप, रस और गन्ध की तन्मात्राएँ (अर्थात् बिना मिश्रण किये हुए प्रत्येक गुण के भिन्न भिन्न प्रति सूक्ष्म मूलस्वरूप) कहना अधिक समीचीन प्रतीत होता है; क्योंकि इससे सृष्टि के सिद्धान्तों को सुसंघटित रूप देने में पर्याप्त सहूलियत हो जाती है।

अब सांख्य, वेदान्त और श्रीमद्भगवद्गीता की सृष्टि-रचना के सिद्धान्तों को ध्यान में रखते हुए, गुरुओं की सृष्टि-रचना के सिद्धान्तों की समीक्षा की जायगी। बाल गंगाधर तिलक जी ने सांख्य, वेदान्त और श्रीमद्भगवद्गीता के सिद्धान्तों को एक स्थान पर वर्गीकरण किया है। उसी के ठीक बगल में गुरुओं के सृष्टि-रचना-सम्बन्धी-सिद्धान्त रखे जा रहे हैं—

---

1. श्री गुरुग्रन्थ साहिब, गउड़ी सुखमनी, महला 5, पृष्ठ 292
2. श्री गुरुग्रन्थ साहिब, गउड़ी सुखमनी, महला 5, पृष्ठ 292
3. पंजाबी भाखा विगिआन अते गुरमति गिआन : मोहनसिंह, पृष्ठ 50
4. पंजाबी भाखा विगिआन अते गुरमति गिआनः मोहनसिंह, पृष्ठ 46

1 सांख्यों का वर्गीकरण	2 वेदान्तियों का वर्गीकरण
(न प्रकृति न विकृति)	1 परमब्रह्म का श्रेष्ठ स्वरूप
1 पुरुष । (मूल प्रकृति) 2 प्रकृति।	2 प्रकृति 3 महत् बुद्धि/परब्रह्म का कनिष्ठ 4 अहंकार/ स्वरूप आठ प्रकार के। 5-9 तन्मात्राएँ
7 प्रकृति विकृति 3 महत् (बुद्धि) 4 अहंकार 5-9 तन्मात्राएँ (पाँच)	10 मन 11-15 ज्ञानेन्द्रियाँ (पाँच) 16-20 कर्मेन्द्रियाँ (पाँच) 16 विकार 21-25 महाभूत (तिकार ही के कारण उपर्युक्त सोलह तत्वों को वेदान्ती मूल तत्त्व नहीं मानते।)
10 मन 16 विकार 11-15 ज्ञानेन्द्रियाँ (पाँच) 16-20 कर्मेन्द्रियाँ (पाँच) 21-25 महाभूत (पाँच)	
3 श्रीमद्वद्गीता का वर्गीकरण	**4 सिक्ख गुरुओं के अनुसार वर्गीकरण**
1 परा प्रकृति। 2 अपरा प्रकृति। 3 महत् (बुद्धि) 4 अहंकार 5-9 पंच तन्मात्राएँ (अपरा प्रकृति के आठ प्रकार) 10 मन 11-15 पाँच ज्ञानेन्द्रियाँ 16-20 पाँच कर्मेन्द्रियाँ 21-25 पंच महाभूत (विकार होने के कारण इन 15 तत्त्व की गणना मूल तत्वों में नहीं की गयी[1]	1 अफुर ब्रह्म (निर्गुणब्रह्म) 2 सफुर ब्रह्म (सगुण ब्रह्म) 3 हउमै (अहंकार) 4 जीव (आत्मा) 5 प्रकृति और उसके बीस विकार 6-10 तन्मात्राएँ। 11-15 पंच ज्ञानेन्द्रियाँ 16-20 पंच कर्मेन्द्रियाँ 21-25 पंच महाभूत[2] (प्रकृति के बीस विकार)

सृष्टि-क्रम के सिद्धान्तों में गुरुओं की मौलिकता

ऊपर दिये गये वर्गीकरणों पर दृष्टि डालने से भली भाँति स्पष्ट हो जायगा कि सृष्टि-विकास के सिद्धान्तों में गुरुओं की क्या मौलिकता है। सांख्य और वेदान्त की सृष्टि-क्रम-विषयक शब्दावली 'श्री गुरुग्रन्थ साहिब' में पायी जाती है। फिर भी गुरुओं ने इस क्रम पर मौलिक ढंग से विचार किया है। ट्रम्प ने गुरुओं में विश्वदेववाद (Pantheism) माना है।[3] पर गुरुओं में ब्रह्मवाद है। सांख्यवादियों के अनुसार प्रकृति, परमात्मा से सर्वथा स्वतन्त्र तत्त्व है। पर गुरुओं ने प्रकृति को परमात्मा के अधीन माना है। यही बात श्रीमद्भगवद्गीता में भी पायी जाती

1. गीता रहस्य अथवा कर्मयोग शास्त्र : बाल गंगाधर तिलक, पृष्ठ 183
2. फिलासफ़ी ऑफ सिक्खिज़्म : शेरसिंह, पृष्ठ 187
3. द आदि ग्रन्थ : ट्रम्प, पृष्ठ 100 (भूमिका)

है।[1] प्रकृति और पुरुष से परे एक सर्वव्यापक, अव्यक्त और अमृत तत्त्व है, जो चराचर सृष्टि का मूल है।[2] गीता के सातवें अध्याय में भी कहा गया है—"पृथ्वी, जल, वायु, अग्नि, आकाश, मन, बुद्धि और अहंकार, इस तरह आठ प्रकार की मेरी प्रकृति है, इसके सिवा सारे संसार को जिसने धारण किया है, यह भी मेरी ही दूसरी प्रकृति है।[3] वेदान्त, सांख्य तथा गीता में अहंकार की उत्पत्ति प्रकृति द्वारा मानी गयी है। पर गुरुओं ने 'हउमै' (अहंकार) द्वारा प्रकृति की उत्पत्ति मानी है। इस प्रकार गुरुओं की यह मौलिक सूझ है। यह बड़े कुतूहल की बात है कि अहंकार से जगत्-उत्पत्तिवाली बात श्री गुरुग्रन्थ साहिब तथा योगवाशिष्ठ में समान रूप से पायी जाती है। योगवाशिष्ठ के अनुसार अहंकार ही स्थूल और सूक्ष्म सृष्टि की उत्पत्ति का कारण है।[4] इसी अहंकार में ही तीनों गुणों के मिश्रण से विविध रूप में सृष्टि की रचना होती है और सृष्टि की उत्पत्ति और लय का सिलसिला निरन्तर जारी रहता है। परन्तु चरम सत्य (अफुर ब्रह्म) ज्यों का त्यों बना रहता है। उसमें किसी भी प्रकार का विकार उत्पन्न नहीं होता।[5]

सृष्टि-उत्पत्ति और लय के सिद्धान्त में श्री गुरु ग्रन्थ साहिब, उपनिषदों, श्रीमद्‌भगवद्‌गीता एवं वेदान्त में समानता

सिक्ख गुरुओं ने स्थान-स्थान पर स्पष्ट कर दिया है कि सृष्टि उत्पत्ति जिस परमात्मा से होती है, उसी परमात्मा में वह विलीन भी होती है। निम्नलिखित उदाहरण इसकी पुष्टि के प्रमाण हैं।

"तुझ ते उपजहिं तुझ माहिं समावहिं"

मारू, महला 1, पृष्ठ 1035

जिसते उपजहि तिसते बिनसे।

सिरी रागु, महला 1, पृष्ठ 20

जिनि सिरि साजी तिनि फुनि गोई।।

आसा, महला 1, पृष्ठ 355

उपनिषदों में भी सृष्टि-उत्पत्ति और लय के सम्बन्ध में ठीक यही सिद्धान्त प्राप्त होता है—

तदेतत्सत्यं यथा सुदीप्तात्पावकाद्‌विस्फुलिङ्गाः
सहस्रशः प्रभवन्ते सरूपाः।

---

1. श्रीमद्‌भगवद्‌गीता, अध्याय 9, श्लोक 8 और 10 प्रकृति स्वामवसृभ्य विसृजायि पुनः पुनः ।।8।।
   मयाध्यक्षेण प्रकृतिः सूयते सचराचरम् ।।10।।
2. गीता-रहस्य अथवा कर्मयोग शास्त्र : बाल गंगाधर तिलक, पृष्ठ 200
3. श्रीमद्‌भगवद्‌गीता, अध्याय 7, श्लोक 4 तथा 5
4. द योगवाशिष्ठ : बी. एल. आत्रेय, पृष्ठ 190
5. फिलासफ़ी ऑफ़ सिक्खिज़्म : शेरसिंह, पृष्ठ 187

तथा क्षराद् विविधाः सोम्य भावाः
प्रजायन्ते तत्र चैवापि मन्ति[1] ।।

अर्थात् ''वह (यह अक्षर ब्रह्म) सत्य है। जिस प्रकार अत्यन्त प्रदीप्त अग्नि से उसी के समान रूपवाले हजारों स्फुलिंग (चिनगारियाँ) निकलते हैं, उसी प्रकार हे सौम्य उक्त लक्षणवाले अक्षर ब्रह्म से विविध देह, रूप उपाधि भेद के अनुसार अनेक प्रकार के भाव (जीव) उस नाना नाम रूप कृत देहोपाधि के जन्म के साथ उत्पन्न होते हैं और उसी में लीन हो जाते हैं।''

इसी उपनिषद् में एक दूसरे स्थल पर इस भाँति कहा गया है—

''यथोर्णनाभिः सृजते गृह्यते च[2]''

अर्थात् ''जिस प्रकार मकड़ी किसी अन्य उपकरण की अपेक्षा न कर स्वयं ही अपने शरीर से अभिन्न तन्तुओं को रचती है, अर्थात् उन्हें बाहर फैलाती है और फिर उन्हें ग्रहण भी कर लेती है (यानी अपने में मिलाकर अपने शरीर से एक कर देती है)... उसी प्रकार अक्षर ब्रह्म से सृष्टि का निर्माण होता है और उसी में लय होता है।''

श्रीमद्भगवद्गीता में भी ठीक इसी भाँति का विचार मिलता है—

अव्यक्ताद्व्यक्तयः सर्वा प्रभवन्त्यहरागमे।
रात्र्यागमे प्रलीयन्ते तत्रैवाव्यक्तसञ्ज्ञके[3] ।।

अर्थात् ''(ब्रह्म देव के) दिन का आरम्भ होने पर अव्यक्त से सब व्यक्त पदार्थ) निर्मित होते हैं और रात्रि होने पर उसी पूर्वोक्त अव्यक्त में लीन हो जाते हैं।''

गुरमत का सिद्धान्त है कि अपनी शक्ति द्वारा परमात्मा ने इस खेल (सृष्टि) की रचना कर दी है। द्वैत के वशीभूत जीवों को जड़-चेतन की भिन्नता प्रतीत होती है। पर वास्तव में सारी सत्ता उसी की है[4]।

कहीं-कहीं गुरुओं तथा वेदान्तियों के सृष्टि-रचना-सम्बन्धी रूपकों में असाधारण समानता पायी जाती है। गुरु अर्जुन देव ने सृष्टि-रचना के सम्बन्ध में राग सूही में इस प्रकार कहा है—

बाजीगरि ज़ैसे बाजी पाई। नाना रूप भेख दिखलाई।।
सांगु उतारि थम्हिओ पासारा। तब एको एकंकारा।।
कवन रूप दिसरिओ बिनसाइओ।
कतहि गइओ उहु कह ते आइओ।।1।। रहाउ।।

---

1. मुण्डकोपनिषद्, मुण्डक 2, खण्ड 1, मन्त्र 1
2. मुण्डकोपनिषद्, मुण्डक 1, खण्ड 1, मन्त्र 7
3. श्रीमद्भगवद्गीता, अध्याय 8, श्लोक 18
4. गुरमति निरणय : जोधसिंह, पृष्ठ 29

जल ते उठहि अनिक तरंगा। कनिक भूखन कीने बहु रंगा।।
बीजु बीजि देखिओ बहु परकारा। फल पाके ते एकंकारा।।2।।
सहस घटा महि एकु आकासु। घट फूटे ते ओही प्रगासु।
भरम लोभ मोह साइआ विकार। भ्रम छूटे ते एकंकार।।3।।
ओहु अबिनासी बिनसत नाहीं। ना को आवै ना को जाही।।4।।1।।

श्री गुरुग्रन्थ साहिब, रागु सूही, महला 5, पृष्ठ 736

उपर्युक्त पद पर विचार करने से प्रतीत होता है सृष्टि-रचना-सम्बन्धी विचार व्यक्त करने के लिए पाँच रूपकों का सहारा लिया गया है—

(1) बाजीगर और उसका स्वाँग।

(2) जल और उसकी तरंगें।

(3) कनक और उसके आभूषण।

(4) बीज और उससे उत्पन्न अनेक बीज।

(5) घट और आकाश

कहना न होगा कि वेदान्त-ग्रन्थों में सृष्टि-रचना-सम्बन्धी विचार ऐसे ही रूपकों के सहारे व्यक्ति किये गये हैं। योगवाशिष्ठ में कहा गया है कि अनन्त जगत् ब्रह्म में उसी प्रकार उत्पन्न होते हैं, जैसे समुद्र में तरंगें उत्पन्न होती हैं।[1] सुन्दरदास ने भी समुद्र और तरंग,[2] बीज और वृक्ष,[3] कंचन और आभूषण[4] की बात अपने प्रसिद्ध वेदान्त-ग्रन्थ सुन्दरविलास में कही है।

सृष्टि के गुण

सृष्टि अनन्त है—सिक्ख गुरुओं ने सृष्टि रचना की अनन्तता स्वीकार की है। उनके अनुसार सृष्टि अनन्त है। गुरु नानक देव ने 'जपुजी' में सृष्टि की अनन्तता की ओर इस भाँति संकेत किया है—

असंख नाव असंख थाव। अगंम अगंम असंख लोअ

जपुजी, पौड़ी 19, पृष्ठ 4

अर्थात् असंख्य नाम हैं और असंख्य स्थान हैं। असंख्य लोक हैं, जो दृश्यमान् हैं और अदृश्य भी हैं।

---

1. द योग वाशिष्ठ : बी.एल. आत्रेय, पृष्ठ 183
अनन्तानि जगत्यास्मिन्ब्रह्मतत्त्वमहाम्बरे।
अम्भोधिवीचिजलवन्निमज्जन्त्युद्भवन्ति च।। योग वाशिष्ठ, 4. 47.14
2. एक समुद्र तरंग अनेकहु—सुन्दरविलास : सुन्दरदास, पृष्ठ 102
3. वृक्ष सु बीज ही, बीज सुवृक्षहि—सुन्दरविलास : सुन्दरदास, पृष्ठ 102
4. जैसे एक कंचन में भूषण अनेक भए, आदि मध्य अन्त एक कंचन ही जानिये : सुन्दरविलास : सुन्दरदास, पृष्ठ 105

गुरु नानक देव जी ने 'जपुजी' के 'गिआन खण्ड' में सृष्टि की अनन्तता का विशद वर्णन किया है—

"आगे है ज्ञान खण्ड। इस भूमि में प्रभु की शक्तियों का प्रचण्ड ज्ञान उत्पन्न होता है। इस स्थान में ज्ञान स्वरूप, युक्त पुरुष देवतागण, अवतार बसते हैं। यह भौतिक खण्ड नहीं मानसिक मण्डल है। इस स्थल में न मालूम कितने देवता हैं। यहीं न मालूम कितने कान्ह (कृष्ण) हैं, महेश (शिव) हैं, ब्रह्मागण हैं, जो सृष्टि-रचना करते हैं और रूप-रंग के अनेक वेश उत्पन्न करते हैं। यहाँ अनन्त कर्म-भूमिकाएँ (ज्ञानमयी, कर्मवाली) हैं। अनन्त मेरु हैं। अनन्त ध्रुव हैं, जो ज्ञानोपदेश देते हैं। अनन्त इन्द्र हैं, चन्द्रमा हैं, सूर्य हैं, अनन्त मण्डल देश हैं, (ज्ञान आश्रित) कितने ही सिद्ध, बुद्ध, नाथ, देवियाँ, देव, दानव, मुनि, रत्न, समुद्र हैं। कितनी ही खानियाँ (चारों प्रकार की खानियाँ, अण्डज, स्वदेज, जरायुज, उद्भिज) हैं, कितनी प्रकार की वाणियाँ हैं, कितने ही पातशाह और नरेन्द्र (राजे) हैं, कितनी ही श्रुतियाँ हैं और कितने ही सेवक हैं। इनमें से किसी एक का भी अन्त नहीं है।[1]

पाँचवें गुरु अर्जुन देव ने भी सृष्टि की अनन्तता का बड़ा ही व्यापक चित्रण किया है—

नानक रचना प्रभि रची बहुबिधि अनिक प्रकार।।1।।
कई कोटि होए पुजारी। कई कोटि आचार बिउहारी।।
कई कोटि भए तीरथवासी। कई कोटि बन भ्रमहिं उदासी।।
कई कोटि वेद के स्रोते। कई कोटि तपीसुर होते[2] *।। आदि*

सृष्टि की इसी अनन्तता पर गुरु नानक देव ने महान् आश्चर्य प्रकट करते हुए कहा है, परमात्मा द्वारा रचित नाद, वेद, जीव, जीवों के भेद, रूप, रंग आदि पर आश्चर्य है, हैरानी है—

विसमादु नाद विसमादु वेद। विसमादु जीअ विसमादु भेद
विसमादु रूप विसमादु रंगु।...[3] *आदि।*

सृष्टि की विभिन्नता में भी एकरूपता-विभिन्नता ही सृष्टि है। यदि विभिन्नता न हो, तो सृष्टि-रचना का कोई महत्त्व नहीं होगा। 'खरे' पुरुष का मूल्य इसलिए है कि उसके साथ खोटा भी हैं। इसीलिए गुरु अमरदास ने स्पष्ट कहा कि "खोटों और खरों" की रचना प्रभु ने स्वयं की है—

---

1. गिआन खण्ड का आखहु करमु
   ....
   केतीआ सुरति सेवक केते नानक अंतु न अंतु।। 37।।
   श्री गुरुग्रन्थ साहिब, जपुजी, पौड़ी 35, पृष्ठ 7
2. श्री गुरुग्रन्थ साहिब, गउड़ी सुखमनी, महला 5, पृष्ठ 275
3. श्री गुरुग्रन्थ साहिब, आसा की वार, महला 1, पृष्ठ 463-64

खोटे खरे तुधु आपि उपाए[1]।

गुरु अमरदास ने एक दूसरे स्थान पर इस प्रकार कहा है "मेरे सच्चे प्रभु ने इस प्रकार के सच्चे खेल की रचना की है, जिसमें एक वस्तु दूसरी से सर्वथा पृथक् है। सृष्टि की वस्तुओं में विभिन्नता डालकर वह स्वयं ही विकसित होता है। इस प्रकार इस शरीर में ही विभिन्न भाव है। मेरे प्रभु ने ही अन्धकार और प्रकाश की रचना की है, परन्तु इन विभिन्नताओं में भी वही विराजमान है। उसको छोड़कर और कोई दूसरा है ही नहीं—

मेरै प्रभि साचै इकु खेलु रचाइआ।
कोइ न किसही जेहा उपाइआ।।
आपे फरकु करे वेखि बिगसे सभि रस देही माहा रे।

....

अंधेरा चावणु आपे कीआ।
एको बरतै अवरु न बोआ[2] *।।3।।4।।13।।*

वास्तव में यदि सैद्धान्तिक दृष्टि से देखा जाय, तो जीवन और मरण, दुःख और सुख, पुण्य और पाप, प्रकाश और अन्धकार एक ही वस्तु के दो पृथक्-पृथक् पहलू हैं। इतना अवश्य है इन दोनों विरोधी तत्त्वों के बीच भी एक ही सत्ता समान रूप से व्याप्त है और इस बात को सिक्ख गुरु भूले नहीं हैं।

सृष्टि अनादि है—सृष्टि-रचना के सम्बन्ध में सिक्ख गुरुओं का यह विचार है कि इसका क्रम निरन्तर चालू रहता है। अतः इसका क्रम अनादि है। सृष्टि-रचना एक बार नहीं हुई, बल्कि यह अनन्त बार हुई है—

कई बार पसरिओ पसार। सदा सदा इकु एकंकार[3] ।।7।।10।।

अर्थात् सृष्टि-रचना का विस्तार अनन्त बार हो चुका है। परन्तु ओंकार परमात्मा सदैव ज्यों का त्यों होता है। वह शाश्वत और परिवर्तनरहित है।

सृष्टि के इसी अनादि भाव पर आश्चर्यान्वित होकर गुरु अर्जुन देव ने कहा है—

जाकी लीला की मिति नाहिं।
सगल देव हारे अवगाहि[4] *।।16।।*

सृष्टि सत्य है—सिक्ख-गुरुओं ने वेदान्तियों के समान जगत् को मिथ्या नहीं माना और न इसे निरा भ्रम कहा है। उन्होंने जगत् को स्थान-स्थान पर सत्य कहा है। यथा—

---

1. श्री गुरुग्रन्थ साहिब, माझ, महला 3, पृष्ठ 119
2. श्री गुरुग्रन्थ साहिब, मारू, महला 3, पृष्ठ 1056,
3. श्री गुरुग्रन्थ साहिब, गउड़ी, सुखमनी, महला 5 पृष्ठ 276
4. श्री गुरुग्रन्थ साहिब गउड़ी, सुखमनी, पृष्ठ 284,

सच तेरे खंड सचे ब्रह्मंड। सच तेरे लोअ सचे आकार।।
सचे तेरे करणे सरब बीचार।

वार आसा, महला ,1 पृष्ठ 463

आपि सति सति सभ धारी। आगे गुण आपे गुणकारी।।

गउड़ी, सुखमनी, महला 5

सति करमु जाकी रचना सति। मूलु सति, सति उतपति।।

गउड़ी सुखमनी, महला 5, पृष्ठ 284

आपि सति कीआ सभु सति। आपे जाने अपनी मिति गति।।

गउड़ी, सुखमनी, पृष्ठ 284

उपर्युक्त उदाहरणों से यही सिद्ध होता है कि प्रभु सत्य है। उसने जो रचा है, वह भी सत्य है। सामान्य दृष्टि से यही देखा भी जाता है कि कारण से ही कार्य की उत्पत्ति होती है। कारण के मूल में जो द्रव्य विराजमान रहता है, वही कार्य में भी परिलक्षित होता है। दूध से दही बनता है, पानी से नहीं, तिल से तेल निकलता है, बालू से नहीं। अतएव सत्य परमात्मा से सत्य सृष्टि की उत्पत्ति होती है।

श्री गुरुग्रन्थ साहिब में स्थान-स्थान पर गुरुओं ने संसार को स्वप्नवत,[1] जल के बुदबुदे[2] के समान, हरि चन्दवरी[3] के तुल्य, जल के फेन[4] के सदृश,

---

1. यथा
(क) जगु सुपना बाजी बनी खिन महि खेलु खेलाई।।
श्री गुरुग्रन्थ साहिब, सिरी रागु, महला 1, पृष्ठ 18
(ख) इआ संसार सगल है सुपना...। श्री गुरुग्रन्थ साहिब, गउड़ी
बावन अक्खरी, महला 5, पृष्ठ 258
(ग) जैसा सुपना रैनि का तैसा संसार।। श्री गुरुग्रन्थ साहित्य, विलावलु, महला 5, पृष्ठ 808
(घ) सकल जगत है जैसे सुपना बिनसत लगत न बार। श्री गुरुग्रन्थ साहिब, सोरठि, महला 9, पृष्ठ 633
(ङ) नानक कहत सब मिथिआ जिउ सुपना रैनाई। श्री गुरुग्रन्थ साहिब, महला 9, पृष्ठ 1231
(च) इहु संसार सगल है सुपनो कहा लोभावै।
जो उपजै सो सगल बिनासै रहनु न कोई पावै।।
श्री गुरुग्रन्थ साहब, महला 9, पृष्ठ 1231
2. जैसे जल ते बुदबुदा उपजै बिनसै नीत। जगु रचना तैसे रची कहु नानक मीत।।
श्री गुरुग्रन्थ साहिब, सलोक, महला 9, पृष्ठ 1363
3. हरि चंदउरी पेखि काहे सुखु मानिआ।।
श्री गुरुग्रन्थ साहिब, फुनहे, महला, 5, पृष्ठ 1363
4. जिउ जल ऊपरि फेनु बुदबुदा तैसा बहु संसारा।
जिसते होआ तिसहि समाणा चूकि गइआ संसारा।।
श्री गुरुग्रन्थ साहिब, मलार, महला 3, पृष्ठ 1258

मृगतृष्णा[1] के सदृश, धुएँ का धवलहर,[2] बालू की भीति[3] के समान, विष के समुद्र[4] के तुल्य माना है—

कहीं-कहीं तो गुरुओं ने इस संसार का झूठा[5] तथा मिथ्या[6] भी माना है। पर झूठा और मिथ्या का भाव यह नहीं है कि संसार का अस्तित्व ही नहीं है। 'झूठ', मिथ्या तथा स्वप्न आदि विशेषणों का यही तात्पर्य है कि उन्होंने सारे दृश्यमान् जगत् को क्षणभंगुर और नश्वर माना है। वास्तव में गुरुओं ने तो संसार को सच्चे (परमात्मा) की कोठरी माना है और उसे सत्य स्वरूप परमात्मा का निवास-स्थान बतलाया है[7]। इतना ही नहीं एकाध स्थल पर तो संसार को साक्षात् परमात्मा ही माना है[8]।

सृष्टि का अन्त—सृष्टि के अन्त का सिक्ख-गुरुओं ने कोई निश्चित समय नहीं माना है। यह रहस्य इतना गूढ़तम है कि इसे सृष्टि के रचयिता को छोड़कर कोई दूसरा जान ही नहीं सकता—

जा करता सिरठी कउ साजै आपे जाणै सोई।।

जपुजी, पउड़ी 21, पृष्ठ 4

सिक्ख गुरुओं ने सृष्टि के अन्त के सम्बन्ध में केवल इतना ही संकेत किया है कि जिस परमात्मा ने सृष्टि-रचना की है, वही उसे अपने इच्छानुसार अपने में लीन भी कर लेता है। यथा—

जिसते उपजै तिसते बिनसै।

सिरी रागु, महला 1, पृष्ठ 20

---

1. मृग तृसना जिउ झूठो। श्री गुरुग्रन्थ साहिब, महला 9 पृष्ठ 219
2. ढंढोलिम ढुंठिम डिठु मै नानक जगु धुँए का धवलहल।
श्री गुरुग्रन्थ साहिब, वार माझ की, सलोकु महला 1, पृष्ठ 138
3. बारू भीति बनाई रचि पचि रहत नहीं दिन चारि।
श्री गुरुग्रन्थ साहिब, सोरठि, महला 9, पृष्ठ 633
4. मन पिआरिआ जीउ दिया बिखु सागरु संसारे।।
श्री गुरुग्रन्थ साहिब, सिरी रागु, छंत, महला 5, पृष्ठ 79
5. झूठा इहु संसारु किनि समझाईऐ—श्री गुरुग्रन्थ साहिब, माझ, सलोकु महला 1, पृष्ठ 147
6. (क) बरन चिहनु नाही किछु रचना, मिथिआ सगल पसारा।।
श्री गुरुग्रन्थ साहिब, मारू, महला 5, पृष्ठ 999
(ख) मिथिआ मोहु संसारु झूठा बिणसणा।
श्री गुरुग्रन्थ साहिब, आसा, महला 5, पृष्ठ 399
(ग) जन जातक जगु जानिओ मिथिआ रहिओ राम सरनाई।।
श्री गुरुग्रन्थ साहिब, रागु गउड़ी, महला 9, पृष्ठ 219
7. इहु जगु सचे की है कोठड़ी, सचै का विचि वासु।
श्री गुरुग्रन्थ साहिब, आसा की बार, महला 2, पृष्ठ 463
8. एहु बिसु संसारु तुम देखदे एहु हरि का रूपु है हरि रूपु नदरी आइआ।।
श्री गुरुग्रन्थ साहिब, रामकली, अनन्दु महला 3, पृष्ठ 922

तुधु आपे सृसटि सभ उपाई तुधु आपे सिरजि सभ गोई।।

राागु आसा, महला 1, पृष्ठ 348

जिनि सिरि साजी फुनि गोई।।

आसा, महला 1, पृष्ठ 355

तुधु आपे सिरजी आपे गोई।।

माझ, महला 3, पृष्ठ 112

प्रभु ते होए प्रभ माहिं समाति।।

गउड़ी, सुखमनी, महला 5, पृष्ठ 276

इस प्रकार परमात्मा अपने इच्छानुसार सृष्टि का लय अपने में कर लेता है। उसका कोई समय नहीं निश्चित है।

हउमै (अहंकार)

हउमै (अहंकार) का स्वरूप—'अफुर' ब्रह्म में परमात्मा के 'हुकम' से क्रियाशीलता उत्पन्न होती है और यही क्रियाशीलता सगुण ब्रह्म बन जाती है। 'हुकम' की उत्पत्ति के साथ ही साथ हउमै (अहंकार) की उत्पत्ति होती है। यही हउमै (अहंकार) जगत् की उत्पत्ति का मुख्य कारण है[1]। गुरुओं के अनुसार 'हउमै' ही सृष्टि-उत्पत्ति का मूल कारण है। 'हउमै' और नाम परस्पर एक-दूसरे के विरोधी हैं। 'हउमै' एकता से अनेकता और अद्वैत से द्वैत भाव की ओर ले जाता है। नाम अद्वैत सत्ता तथा सर्वव्यापी एकता का प्रतीक है। तीसरे गुरु अमरदास जी की उक्ति इस सम्बन्ध में इस प्रकार है—

"हउमै नावै नालि विरोध है, दुइ ना बसहि इक ठाइ[2] ।।1।।9।।
सिद्ध-गोष्ठी में सिद्धों ने गुरु नानक देव से प्रश्न किया,
कितु कितु विधि जगु उपजै पुरखा।
कितु कितु दुखि बिनसि जाई[3] ।।68।।
गुरु नानक देव ने उपर्युक्त प्रश्न का उत्तर इस भाँति दिया,
हउमै विधि जगु उपजै पुरखा
नामि बिसरिए दुखु पाई[4] ।।69।।

अर्थात् हउमै (अहंकार) से सृष्टि की उत्पत्ति होती है और नामविस्मरण से नाना-भाँति की दुःख-प्राप्ति होती है।

इस प्रकार "हउमै" (अहंकार) के कारण सत्त्वगुणी, रजोगुणी और तमोगुणी सृष्टि-परम्परा निरन्तर चलती रहती है। इन्हीं त्रिगुणों के सम्मिश्रण से नाना रूपात्मक सृष्टि का निर्माण होता है। उत्पत्ति, स्थिति और लय की परम्परा चलती रहती है।

योग वाशिष्ठ में भी अहंकार को ही सृष्टि-क्रम का मूल कारण माना है। बी.एल. आत्रेय ने उसे निम्नलिखित ढंग से संगृहीत किया है—

---

1. हउमै विचि जगु उपजै, श्री गुरुग्रन्थ साहिब, रामकली, महला 1, सिध गोसटि, पृष्ठ 946
2. श्री गुरुग्रन्थ साहिब, वडहंसु, महला 3, पृष्ठ 560
3. श्री गुरुग्रन्थ साहिब, रामकली, महला 1, सिध गोसटि, पृष्ठ 946,
4. श्री गुरुग्रन्थ साहिब, रामकली, महला 1, सिध गोसटि, पृष्ठ 946,

"अपने आप में प्रतिष्ठित होनेवाली अनन्त शक्तिमयी सत्ता (बिना किसी के अवलम्बन के) अपने को स्पन्दित करती है। (योगवाशिष्ठ, प्रकरण 6, पूर्वार्द्ध 11-37 तथा प्रकरण 6 पूर्वार्द्ध 114-15) फिर यह बहिर्मुख क्रियाशीलता से केन्द्रीभूत होने लगती हैं और यह सत्तापूर्वक (अहंभाव से आरोपित) अपने को पूर्ण ब्रह्म से पृथक् समझने लगती है (योगवाशिष्ठ, प्रकरण 3, 12, 5) परिणामतः यह संसार के अनेक भविष्यत् नामों और रूपों में परिच्छिन्न होने लगते हैं। तत्पश्चात् यह निश्चित रूप धारण कर लेती है और अनेक नामों से विभूषित होने लगती है। (योगवाशिष्ठ, प्रकरण 3, 12, 6) फिर यह बहिर्मुख क्रियाशीलता की घनीभूतता 'परम पद' से अपना पृथक् अस्तित्व समझकर जीव संज्ञा को प्राप्त हो जाती है (योगवाशिष्ठ प्रकरण, 3, 12, 7) यही भावना मात्र सार सत्ता अपनी संसारणोन्मुखी प्रवृत्ति के कारण अनेक वस्तुओं में परिवर्तित हो जाती है (योगवाशिष्ठ, प्रकरण 3, 12, 8) विशुद्ध चैतन्य सत्ता में इसी अहंभाव के कारण पृथक्-पृथक् नाम और रूप की सृष्टि होती है (योगवाशिष्ठ 3, 12, 99)[1]

इस प्रकार योगवाशिष्ठ और गुरुओं ने अहंकार को ही सृष्टि का मूल कारण माना है।

गुरुओं ने इसी 'हउमै' की दीवाल को व्यष्टि की सीमा के निर्धारण का मूल कारण माना है। इसी 'हउमै' ने मनुष्य को परिपूर्ण ज्योति से पृथक् कर दिया है—

अंतरि अलखु न जाई लखिआ विचि पड़दा हउमै पाई।
माइआ मोहि सभी जगु सोइआ, इहु भरमु कहहु किउ जाई।।
एका संगति इकतु गृहि बसते, मिलि बात न करते भाई।
एक बसतु बिनु, पंच दुहेले, ओह बसतु अगोचर ठाई[2] ।।2।।122।।

अर्थात् 'अलख परमात्मा शरीर के भीतर है, परन्तु वह दिखायी नहीं पड़ता, क्योंकि बीच में अहंकार का पर्दा पड़ा हुआ है। (अहंकार के कारण) माया और मोह से वशीभूत हो, सारा जगत् (अज्ञान निद्रा में) सो रहा है। बताओ भला इस भ्रम की निवृत्ति कैसे हो? (जीवात्मा और परमात्मा) एक ही साथ, एक ही घर में रहते हैं। किन्तु दोनों परस्पर न मिलते हैं, न बातें करते हैं। एक वस्तु (नाम) के बिना पाँचो (ज्ञानेन्द्रियाँ) दुःखी हैं और वह वस्तु अगोचर स्थान में है।

चौथे गुरु श्री रामदास जी ने 'हउमै' की कठिन दीवाल का संकेत इस भाँति किया है—

धन पिउ का इक ही संगि वासा विचि हउमै भीति करारी[3] ।।1।।1।।

---

1. द योगवाशिष्ठ : बी. एल. आत्रेय, पृष्ठ 188
2. श्री गुरुग्रन्थ साहिब, रागु गउड़ी-पूरबी, महला 5, पृष्ठ 205
3. श्री गुरुग्रन्थ साहिब, मलार, मलार 4, पृष्ठ 1263

स्त्री-पुरुष (जीवात्मा-परमात्मा) का एक ही साथ निवास है। पर दोनों साथ-साथ रहते हुए भी, एक साथ नहीं मिल सकते, क्योंकि हउमै की कठिन भीत दोनों के बीच में खड़ी हुई है।

विचारपूर्वक देखा जाय, तो यही अहंभाव समस्त पृथक्ताओं, बंधनों का कारण है। यह हउमै भयानक रोग है और इसी में द्वैत भाव की नाना क्रियाएँ होती रहती हैं। परमात्मा को भूलकर मनमुख जीवित ही मृतक के तुल्य हैं और वे नाना प्रकार के कष्ट भोगते हैं—

हउमै बड़ा रोगु है दूजै करम कमाइ।
नानक मनमुखि जीव दिआ मुए, हरि बिसरिआ दुखु पाइ[1] ।।

इसी हउमै के भयानक रोग से जीवन-मरण का अनवरत चक्र चलता रहता है—

हउमै बड़ा रोगु है, मरि जंमै आवै जाइ।।[2]

यह अहंकार का रोग सारे संसार को व्याप्त है। इसी रोग से जन्म-मरण के दुःखों का क्रम निरन्तर चलता रहता है। गुरु की कृपा से कोई विरला पुरुष इस रोग से मुक्ति पा सकता है।

हउमै रोगी सभु जगत बिआपिआ तनि कउ जनम मरण दुखु भारी।
गुर परसादी को विरला छूटै तिस जन कउ हउ बलिहारी[3] ।।3।।3।।14।।

तीसरे गुरु ने अहंकार की प्रबलता का अत्यन्त उत्कृष्ट चित्रण किया है—

हउमै सभु सरीरु है, हउमै ओपति होइ।
हउमै बड़ा गुबास है, हउमै विचि बुझि न सकै कोइ।।
हउमै विचि भगति त होवई, हुकमु बुझिआ जाइ।
हउमै विचि जीउ बंधु है, नामु न बसै मनि आइ[4] ।।3।।9।।

अर्थात्, ''सारे शरीरों की उत्पत्ति का कारण 'हउमै' ही है। 'हउमै' से ही सारी सृष्टि की उत्पत्ति होती है। यह महान् अन्धकार है। 'तमोगुणी प्रवृत्तियों का हेतु यही है।) इसी के कारण जीव अपने वास्तविक रूप को पहचान नहीं पाता। इसी के कारण परमात्मा की प्रेम-भक्ति की प्राप्ति नहीं होती और परमात्मा के 'हुकम' का भी बोध नहीं होता। इसी के कारण जीव बंधन में है और उसके मन में परमात्मा के नाम का वास भी नहीं होने पाता।''

'हउमै, इतना भयानक रोग है कि मनुष्य ही भर इस रोग के वशीभूत नहीं है, बल्कि पवन, पानी, वैश्वानर, धरती, सातों समुद्र, नदियाँ, खण्ड, पाताल,

---

1. श्री गुरुग्रन्थ साहिब, वडहंसु की वार, श्लोक, महला, 3, पृष्ठ 589
2. श्री गुरुग्रन्थ साहिब, वडहंसु की वार, महला 3, पृष्ठ 592
3. श्री गुरुग्रन्थ साहिब, सूही, महला 4, पृष्ठ 735
4. श्री गुरुग्रन्थ साहिब, वडहंसु, महला 3, पृष्ठ 560

षट् दर्शन, सभी पर इसका प्रभुत्व है। यहाँ तक कि त्रिदेव (ब्रह्मा, विष्णु, महेश) भी इस रोग से मुक्त नहीं हैं।

नानक हउमै रोग बुरे।

जह देखा वह तह एका वेदन आप बखसै सबदि धुरे।।1।। रहाउ।।

......

पउणु पाणी बसंतरु रोगी, रोगी धरति सभोगी।
मात पिता माइआ देह सि रोगी, रोगी कुटंब संजोगी।।3।।
रोगी ब्रहमा बिसनु सरुद्रा रोगी सगल संसारा।
हरि पदु चीनि भए से मुकते गुरु का सबद बीचारा।।4।।
रोगी सांत समुंद सनदीआ खड पताल सि रोग भरे।
हरि के लोक सि साच सुहेले सखी थाई नदरि करे।।5।।
रोगी खट दरसन भेखधारी नाना हठी अनेका।
बेद कतेब करहि कह बपुरे नह बूझहि इक एका[1] *।।6।।1।।*

गुरु अमरदास जी ने भी अहंकार की प्रबलता और व्यापकता का विशद चित्रण किया है। हउमै और मोह की वृद्धि के कारण त्रिगुणात्मक माया में ब्रह्मा, विष्णु, महेश भी पड़े हुए हैं। पण्डितगण पढ़-पढ़कर अपने विद्यागत अहंकार में डूबे हुए हैं। इसी भाँति मौनी लोग अपने मौन-व्रत के अभिमान में डूबे रहते हैं। अहंकार के कारण द्वैत भाव उनके चित्त में बढ़ता ही जाता है। जितने भी जोगी, जंगम, संन्यासी हैं, सभी अहंकार की प्रबलता के वशीभूत हैं। बिना सद्गुरु के किसी का न तो अहंकार छूटता है और न परम तत्त्व ही की प्राप्ति होती है। इस प्रकार मनमुख सदैव अहंकार की भावना से दुखी होकर भ्रमित होते और भटकते रहते हैं और अपना अमूल्य जन्म व्यर्थ गँवाते रहते हैं—

ब्रहम बिसनु महादेउ त्रैगुण भुले हउमै मोहु बधाइआ।
पण्डित पड़ि पड़ि मोनी भुले दूजै भाव चितु लाइआ।।
जोगी जंगम संनिआसी भुले विणु गुर ततु न पाइआ।
मनमुख दुखीए सदा भ्रमि भुले तिन्ही बिरथा जनमु गवाइआ[2] *।।*

अहंभाव से किये हुए सारे कर्म बंधन के हेतु हैं। इसी हउमै से ससीमपन आ जाता है। मूर्ख के सारे कर्म हउमै के कारण आशा-पाश में बँधे होते हैं। उसका प्रेम, काम क्रोध के ही अन्तर्गत रहता है। उसके सारे कार्य अहंभाव से प्रेरित होकर सम्पादित हुआ करते हैं। वह अपने को ही कर्त्ता-धर्ता मानता है। उसके सोचने की यही प्रणाली होती है, ''मैं लोगों को बाँधता हूँ। मैं वैर करता हूँ। यह हमारी भूमि है। इस पर कौन पैर रख सकता है? मैं पण्डित हूँ, चतुर हूँ, और सज्ञान हूँ।'' वह हउमै के वशीभूत हो वास्तविक कर्त्ता पुरुष परमात्मा को रंचमात्र

---

1. श्री गुरुग्रन्थ साहिब, भैरउ, असटपदीआ, महला 1, पृष्ठ 1153
2. श्री गुरुग्रन्थ साहिब, विलावलु की वार, सलोक, महला 3, पृष्ठ 852

समझने का प्रयास नहीं करता। बात यह है कि हउमै के कारण विषय-भोगों में सदैव लिप्त रहने से वह ज्ञानान्ध और विवेकहीन हो जाता है। इससे उसकी विवेक-मति नष्ट हो जाती है और वह अपने शरीर में केन्द्रित होकर यही समझता है, "मैं यौवनसम्पन्न हूँ, मैं आचारवान् हूँ, मैं कुलीन हूँ।" इस प्रकार की अहं-बुद्धि में वह जीवन-पर्यन्त बँधा रहता है। मरते समय भी उसकी यह बुद्धि विस्मृत नहीं होती। अपने भाइयों, मित्रों, सम्बन्धियों को अपनी सारी वस्तुओं को सौंप कर चला जाता है। जिस अहंभाव की वासना में उसने समस्त जीवन व्यतीत किया है, वही अन्त में साकार रूप धारण कर उसके सामने प्रकट होती है—

आसा बंधी मूरत देह। काम क्रोध लपटिओ असनेह।।
सिर ऊपरि ठाढ़ो धरमराइ। मीठी मीठी वरि विखिआ खाइ।।
हउ बंधउ हउ साधउ बैरु। हमरी भूमि कउणु घालै पैरु।।
हउ पंडितु हउ चतर सिआणा। करणैहास न बुझै बिगाना[1]
।।3।।9।।78।।

तथा,

रंग संगि विखिआ के भोगा इन संगि अंध न जानी।
हउ संचउ हउ खाटता सगली अवधि विहानी।।1।। रहाउ।।
हउ सूरा परधानु हउ को नाहीं मुझहिं समानी।।2।।
जोबनवंत अचार कुलीना मन महि होइ गुमानी।।3।।
जिउ उलझाइओ बाध बुधि का मरतिआ नहिं बिसरानी।।4।।
भाई मीत बंधप सखे पाछे तिनहू कउ संयानी।।5।।
जितु लागो मनु बासना अंत सोइ प्रगटानी।।6।।
अहंबुद्धि सुचि करम करि इह बंधन बंधानी2 ।।7।।3।।15।।44।।

श्री गुरुग्रन्थ साहिब में वर्णित अहंभाव की प्रवृत्तियों तथा श्रीमद्भगवद्गीता की आसुरी प्रवृत्तियों में अत्यधिक साम्य है।[3]

सांसारिक पुरुषों के सारे कार्य अहंकार ही में हुआ करते हैं। जन्म-मरण, देना-लेना, लाभ-हानि, सत्य-असत्य, पुण्य-पाप नरक-स्वर्ग, हँसना-रोना, शौच-अशौच, जाति-पाँति, ज्ञान-अज्ञान, बंधन-मोक्ष आदि सब-कुछ हउमै द्वारा ही होते हैं। उनकी अन्य क्रियाएँ भी हउमै द्वारा ही होती हैं। गुरु नानक देव ने आसा की वार में इसका निम्नलिखित ढंग से चित्रण किया है—

हउ विचि आइआ हउ विचि गइआ। हउ विचि जंमिआ हउ विचि मुआ।।
हउ विचि दिता हउ विचि लइआ। हउ विचि खटिआ हउ विचि गइआ।।
हउ विचि सचिआरु कुड़िआरु। हउ विचि पाप पुन्न वीचारु।।

---

1. श्री गुरुग्रन्थ साहिब, गउड़ी गुआरेरी, महला 5, पृष्ठ 178
2. श्री गुरुग्रन्थ साहिब, गउड़ी महला 5, पृष्ठ 242
3. श्रीमद्भगवद्गीता, अध्याय 16, श्लोक 10 से 21 तक

हउ विचि नरक सुरगि अवतारु। हउ विचि हसै हउ विचि रोवै।।
हउ विचि भरीऐ हउ विचि धोवै। हउ विचि जाती जिनसी खोवै।
हउ विचि मूरखु हउ विचि सिआणा। मोख मुकति की सार न जाणा।।
हउ विचि माइआ हउ विचि छाइआ। हउमै करि करि जंत उपाइआ।।
हउमै बूझै ता दरु सूझै। गिआन विहूणा कथि कथि लूझै।।
नानक हुकमी लिखिए लेखु। जेहा वेखहि तेहा वेखु।।[1]

गुरु अंगद देव ने भी "हउमै" का इसी भाँति चित्रण किया है,

हउमै एहा जाति है, हउमै करम कराहि।
हउमै एई बंधना फिरि फिरि जोनी पाहि।।
हउमै किथहु ऊपजै कितु संजमि इह जाइ।
हउमै एहो हुकम है पइऐ किरति फिराहि।।
हउमै दीरघु रोगु है दारू भी इसु माहि।
किरपा करे जे आपणी ता गुर का सबदु कमाहि।।
नानक कहे सुणहु जनहु इतु संजमि दुख जाहि[2] *।।*

सारांश यह कि 'हउमै' जीवात्मा की सांसारिक यात्रा का प्रमुख कारण है। रजोगुण, तमोगुण तथा सत्त्वोगुण के संयोग से नाना भाँति की सृष्टि-रचना होती है। अनेक प्रकार के जीव उत्पन्न होते रहते हैं, अनेक प्रकार के कर्म इसी हउमै के कारण ही किये जाते हैं। इन कर्मों के प्रभाव और संस्कार जीवात्मा को सूक्ष्म शरीर द्वारा बाँधे रहते हैं। इस प्रकार जीव अनेक योनियों में भटकता रहता है और जीव का आपा (अहंभाव) निरन्तर जारी रहता है।[3]

हउमै के भेद

अहंकार का स्वरूप अत्यन्त व्यापक है। इसके भेदों का निश्चित रूप निर्धारित करना टेढ़ी खीर है। संक्षेप में "हउमै" से प्रेरित द्वैत भाव की सारी क्रियाएँ और सारी वासनाएँ अहंकार के अन्तर्गत रखी जा सकती हैं। अतः सूक्ष्म दृष्टि से जिस प्रकार मनुष्य की वासनाएँ अनन्त हैं, उसी प्रकार हउमै के भेद भी अनन्त हो सकते हैं। फिर भी स्थूल दृष्टि से श्री ग्रन्थसाहिब के अनुसार हउमै के निम्नलिखित भेद किये जा सकते हैं—

1. धार्मिक अथवा आध्यात्मिक अहंकार।
2. विद्यागत अहंकार।
3. कर्मकाण्ड और वेशादिक के अहंकार।

---

1. श्री गुरुग्रन्थ साहिब, आसा, महला 1, वार सलोका नालि सलोक भी, पृष्ठ 466
2. श्री गुरुग्रन्थ साहिब, आसा, महला 2, वार सलोका नालि सलोक भी, पृष्ठ 466
3. गुरमति दर्शन : शेरसिंह, पृष्ठ 254

4. जाति-सम्बन्धी अहंकार।

5. धन-सम्पत्ति सम्बन्धी अहंकार।

6. परिवार-सम्बन्धी अहंकार।

7. रूप-यौवन-सम्बन्धी अहंकार।

अब क्रमशः प्रत्येक का संक्षिप्त विवेचन किया जायगा।

1. धार्मिक अथवा आध्यात्मिक अहंकार—बहुत-से साधक सच्चे अन्तःकरण से धार्मिक साधना में रत होते हैं। उस साधना के फलस्वरूप उनके हृदय में आनन्द की भी प्रतीति होने लगती है। उनका अन्तःकरण भी निर्मल होने लगता है। उन्हें मुदिता वृत्ति भी प्राप्त हो जाती है। परन्तु उस साधना में उनके सम्मुख त्रिपुटी—ध्याता, ध्येय और ध्यान अथवा ज्ञाता, ज्ञेय तथा ज्ञान का स्वरूप सदैव बना रहता है। इस कारण वे अपने को ध्येय अथवा ज्ञेय वस्तु से एकाकार कर अपने पृथक् अस्तित्व को उसमें विलय नहीं कर सकते। परिणाम यह होता है कि वे अपना पृथक् अस्तित्व समझते रहते हैं। इससे उसके चित्त में सूक्ष्म अहंकार अपना घर बना लेता है और वे सोचने लगते हैं, "मैं ध्यानी हूँ, मैं ज्ञानी हूँ, मैं तपस्वी हूँ, मैं योगी हूँ, मैं ब्रह्मचारी हूँ।" आदि आदि। यह सूक्ष्म अहंकार साधक की सम्पूर्ण साधना पर उसी प्रकार आच्छादित हो जाता है, जिस प्रकार मेघ का एक छोटा-सा खण्ड बढ़ते-बढ़ते आकाश को आच्छादित कर लेता है। गुरु नानक देव की पैनी दृष्टि इस प्रकार की बातों से अवगत है—

लख नेकीआ चंगिआईआ लख पुंना परवाणु।
लख तब ऊपरि तीरथां सहज जोग बेबाण।।
लख सूरतण संगराम रण महि छुटहि पराण।
लख सूरती, लख गिआन धिआन पड़ीअहि पाठ पुराण।

....

नानक मती मिथिआ करमु सचा नीसाणु[1] ।।

अर्थात् "लाखों भलाइयाँ, लाखों पुण्य कर्म, तीर्थों में लाखों तपस्याएँ, जंगलों में योगियों का सहज योग, योद्धाओं की लाखों बहादुरी तथा रणभूमि में उनका प्राण-त्याग, श्रुतियों के लाखों पाठ, लाखों (वाचक) ज्ञान, ध्यान तथा पुराणों के पाठ, यदि अहंभाव से किये गये है, तो नानक का कथन है कि वे सब मिथ्या बुद्धि से किये गये हैं। गुरु नानक देव ने इस प्रकार के अहंकार के त्याग पर पूरा ज़ोर दिया है।

छोडीले पाखण्डा[2]

विद्यागत अहंकार—यह अहंकार भी कुछ कम शक्तिशाली नहीं है। अहंकार के वशीभूत होकर बहुतों ने अपनी सारी आयु व्यतीत कर दी, पर

---

1. श्री गुरुग्रन्थ साहिब, आसा, महला 1, वार सलोका नालि, सलोक भी, पृष्ठ 467
2. श्री गुरुग्रन्थ साहिब, आसा की वार, महला 1, पृष्ठ 471

आन्तरिक शान्ति नहीं प्राप्त हुई। कारण यह कि शास्त्रों का पढ़ना एक वस्तु है और उनका मनन तथा निदिध्यासन दूसरी वस्तु हैं। नारद जी इसके प्रत्यक्ष उदाहरण हैं। सारी विधाओं के प्राप्त होने पर उन्हें आन्तरिक शान्ति नहीं प्राप्त हुई थी[1]।

ऐसे ही विद्यागत अहंकारियों का गुरु नानक देव ने इस भाँति चित्रण किया है—

पड़ि पड़ि गडी लदीअहि पड़ि पड़ि भरीअहि साथ।
पड़ि पड़ि बेड़ी पाईऐ पड़ि पड़ि गड़ीअहि खात।।
पड़ीअहि जेते बरस बरस पड़ीअहि जेते मास।
पड़ीऐ जेती आरजा पड़ीअहि जेते सास।।
नानक लेखै इक गल होर हउमै झखणा झाख[2] ।।

अर्थात् ''यदि पढ़-पढ़ कर काफ़िले भर दिये जायँ, पढ़-पढ़ कर नावें लाद दी जायँ और पढ़-पढ़ कर गढ्डे भर दिये जायँ और अध्ययन में ही सारे वर्ष, सारे मास, सारी आयु, सारी साँसें व्यतीत कर दी जायँ, फिर भी नानक के हिसाब से यही बात ठीक है कि (अध्ययन सम्बन्धी) सारे अहंकार सिर खपाने के अतिरिक्त कुछ भी नहीं है।'' इसीलिए परमहंस रामकृष्ण देव ने ग्रन्थों के अध्ययन के सम्बन्ध में अपनी सम्मति इस प्रकार प्रकट की थी, ''जितने ग्रन्थ उतनी ग्रन्थि।''

3. कर्मकाण्ड और वेशादिक के अहंकार—कर्मकाण्ड और वेशादिक के सम्बन्धी अहंकार भी आध्यात्मिक पथ में बहुत अधिक बाधक हैं। बहुत-से साधक लोग इसी के बल पर संसार में अपनी ख्याति चाहते हैं। उन्हें सांसारिक ख्याति चाहे भले ही प्राप्त हो जाय, किन्तु आन्तरिक शान्ति नहीं प्राप्त हो सकती। गुरु नानक देव ने कर्मकाण्ड और वेश सम्बन्धी अहंकार का विवेचन इस ढंग से किया है—

बहु भेख कीआ देही दुखु दीआ। सहु वे जीआ अपणा कीआ।।
अनु न खाइआ सादु गवाइआ। बहु दुखु पाइआ दूजा भाइआ।
बसत्र न पहिरे अहनिसि कहरै। मोनि बिगूता, किउ जागै गुर
बिनु सूता।।
पगं उपे ताणा। अवणा किआ कमणा।।
अलु मलु खाई, सिर छाई पाई। मूरखि अंधै पति गवाई।।
विणु नावै किछु थाइ न पाई।।

---

1. छान्दोग्योपनिषद्, अध्याय 7, खण्ड 1, मन्त्र 2 तथा 3
2. श्री गुरुग्रन्थ साहिब, आसा, महला 1, वार सलोका नालि सलोक भी, पृष्ठ 467

रहै बेबाणी मड़ी मसाणी। अंधु न जाणौ फिरि पछुताणी।।
सतिगुरु भेटे सो सुख पाए। हरि का नामु मंनि बसाए।
नानक नदरि करे सो पाए। आस अंदेसे ते निहकेवलु हउमै सबदि जलाए[1]।।

इसी भाँति गुरु नानक देव ने मारू राग में वेशादिक अहंकार की विस्तार के साथ विवेचना की है। योगियों के भगवा वेश, कन्था, झोली, तीर्थ-भ्रमण, विभूति-धारण, धूनी रमाना, संन्यासियों के मूँड़ मुड़ाने तथा कमण्डल धारण करने आदि बाह्य वेशों एवं तद्गत अहंकारों की तीव्र आलोचना की है।

घोली गेरू रंग चड़ाइआ वसत्र भेख भेखारी।।
कापड़ फारि बनाई खिंथा झोली माइआ धारी।।
घरि घरि मागै जगु परबोधै मनि अंधै पति हारी।
भरमि भुलाणा सबदु न चीनै जूऐ बानी हारी।।2।।
अंतरि अगनि न गुर बिनु बूझै बाहरि दूअर तापै।
गुर सेवा बिन भनति न होवी किउकरि चीनसि आपै।।
निन्दा करि करि नरक निवासी अंतरि आतम जापै।
अठसठि तीरथि भरमि बिगूचहि किउ मनु धौपै पापै।।3।।
छाणी खाकु विभूति चड़ाई माइआ का मगु जोहै।
अंतरि बाहरि एकु न जाणौ साचु कहे ते छौहै।।
पाठु पड़ै मुख झूठो बोलै निगुरै की मति ओहै।
नामु न जपई किउ सुख पावै बिनु नावै किउ सोहै।।4।।
मूंडु मूड़ाइ जटा सिख बाधी मोनि रहै अभिमाना।
मनूआ डोलै दह दिसि धावै बिनु रत आतम गिआना।।
अंमृतु छोड़ि महा बिखु पीवै माइआ का देवाना।
किरतु न मिटाई हुकमु न बूझै पसूआ माहि समाना।।5।।
हाथ कमंडलु कापड़ीआ मनि तृसना उपजी भारी।
इसत्री तजि करि कामि बिआपिआ चितु आइआ पर नारी।।6।।

4. जाति-सम्बन्धी अहंकार—जाति-सम्बन्धी अहंकार के कारण साधक, मनुष्य मनुष्य में भेद देखता है। "मैं ब्राह्मण हूँ, मैं क्षत्रीय हूँ, मैं कुलीन हूँ" आदि अहंकार मनुष्यों के बीच में ऐसी खाईं खोद देता है कि वह शताब्दियों तक नहीं पटती। मनुष्य का जातिगत अहंकार उसे संकीर्ण बना देता है। वह अपने ही निकट के लोगों को अपने से पृथक् समझने लगता है। इसीलिए गुरु नानक देव के जातिगत अहंकार के सम्बन्ध में अपने विचार इस भाँति प्रकट किये हैं, "जीव मात्र में परमात्मा की ज्योति समझो। जाति के सम्बन्ध में प्रश्न न करो, क्योंकि आगे किसी भी प्रकार की जाति न थी।[2]

---

1. श्री गुरुग्रन्थ साहिब, आसा की वार, महला 1, पृष्ठ 467-68
2. श्री गुरुग्रन्थ साहिब, मारू, महला 1, असटपदीआ, पृष्ठ 1012-13

जाणहु जोति न है पूछहु जाती आगै जाति न हे।
रागु आसा, महला 1, पृष्ठ 349,
तथा, अगै जाति न जोरु है, अगै जीउ नवे।
आसा की वार, महला 1, पृष्ठ 469।
तथा, जाति महि जोति, महि अकला कला भरपूरि रहिआ।।
आसा की वार, महला 1, पृष्ठ 469

5. धन-सम्पत्ति सम्बन्धी अहंकार—धन-सम्बन्धी अहंकार मनुष्य को एकदम से वैभवान्ध बना देते हैं। उसकी बुद्धि ऐहिक भोगों को छोड़कर पारमार्थिक विषयों में रमती ही रहीं। मनुष्य नाना भाँति के अत्याचार नाना भाँति की क्रूरताएँ इसलिए करता है कि उसके ऐहिक सुख पर तनिक भी आँच न आये। धन-सम्बन्धी अहंकार के वशीभूत होकर मनुष्य राक्षसी कर्म करने में प्रवृत्त होता है। उसके सामने सम्पत्ति के अतिरिक्त कोई आदर्श ही नहीं रहता। उसे सदैव महर, मलूक, सरदार, राजा, बादशाह आदि कहलवाने की वासना सताती रहती है। चौधरी, राउ आदि कहलाने का अभिमान सदैव उसके मन में बना रहता है। इसी अभिमान में वह अपने को जला डालता है। ऐसे मनमुख (अहंकारी) की दशा ठीक वही होती है, जो दशा दावाग्नि में पड़कर तृण-समूह की होती है। इस प्रकार संसार में आनेवाला ऐसा पुरुष हउमै करके विनष्ट हो जाता है।

सुइना रूप सचीऐ मालु जालु जंजालु।।4।।
....
महर मलूक कहाईऐ राजा राउ की खानु।
चउधरी राउ सदाईऐ जलि बलीऐ अभिमान।।
मनमुखि नाम बिसारिआ जिउ डवि दधा कानु।।6।।
हउमै करि कारि जाइसी जो आइआ जग माहि।
सभु जगु काजल कोठड़ी तनु मनु देह सुआहि[1] ।।7।।

पाँचवे गुरु अर्जुन देव ने कहा है कि जो लोग सोने-चाँदी, रुपये-पैसों, हाथी-धोड़ों को अपना समझते हैं, ते सचमुच ही मूर्ख हैं। सारी ऐश्वर्ययुक्त वस्तुएँ परमात्मा द्वारा निमित हैं, इसलिए वे परमात्मा की हैं।

सुइना रूपा फुनि नहि दाम।
हैवर गैवर आपन नहीं काम।
कहु नानक जो गुरि बखसि मिलाइआ।
तिस का सभु किछु जिस का हरि राइआ[2] ।।

6. परिवार-सम्बन्धी अहंकार—संसार में परिवार-सम्बन्धी अहंकार अत्यन्त प्रबल है। बड़े-बड़े साधकगण भी इस अहंकार से मुक्ति नहीं पा सकते।

---

1. श्री गुरुग्रन्थ साहिब, सिरी रागु, महला 2, पृष्ठ 63-64
2. श्री गुरुग्रन्थ साहिब, गउड़ी महला 5, पृष्ठ 187

बाह्य दृष्टि से वे चाहे पारिवारिक बंधन भले ही त्याग दें, किन्तु आन्तरिक दृष्टि से इस वे चाहे पारिवारिक बंधन भले ही त्याग दें, किन्तु आन्तरिक दृष्टि से अहंकार का त्याग बड़ा ही दुरूह है। गुरुओं ने स्थान-स्थान पर यह प्रदर्शित किया है कि सांसारिक मनुष्य किस प्रकार कौटुम्बिक आकर्षणों में आबद्ध रहते हैं। गुरु नानक देव ने कहा है कि जो सांसारिक व्यक्ति, "बहिन, भौजाई, सास, फूफी, नानी तथा मौसी आदि में अहंबुद्धि रखते हैं, वे सचमुच ही मूर्ख हैं। स्मरण रखना चाहिए संसार का कोई भी सम्बन्ध अन्त में हमारी सहायता नहीं कर सकता।

"ना भैणा भरजाईआ ना से ससुड़ीआह।

..

फुफी नानी मासीआ देर जेठानड़ीआह।।
आवनि बञनि ना रहनि पूर भरे पहीआह।।2।।
मामे ते मामाणीआ भाइर बाप ना माउ[1] *।।3।।2।।10।।*

जो अहंवादी माता-पिता, सुत-कन्या, नारी-पुत्र-कलत्र में ही सर्वस्व बुद्धि रखते हैं, उन्हें गुरु नानक देव ने चेतावनी दी है कि वे इस अहंकार से संसार के घनघोर बंधन में पड़े हैं—

बंधन मात पिता संसारि। बंधन सुत कंनिआ अरु नारि।।2।।
बंधन करम धरम हउ कीआ। बंधन पुतु कलुतु मनि बीआ[2] *।।3।।10।।*

गुरु अर्जुन देव ने भी पारिवारिक अहंकार की क्षणभंगुरता प्रदर्शित की है,

मात पिता भाई सुत बंधप तिनका बलु है थोरा।
अनिक रंग माइआ के पेखे किछु साथि न चालै भोरा[3] *।।1।।8।।16।।*

7. रूप-यौवन-सम्बन्धी अहंकार—रूप-यौवन का अहंकार सार्वभौमिक है। यह अहंकार दरिद्र से लेकर धनी तक में समान रूप से व्याप्त है। निर्धन से निर्धन अथवा कुरूप से कुरूप व्यक्ति भी अपने रूप और यौवन पर अभिमान करता है। इस अहंकार के चक्कर में पड़कर भयानक से भयानक कृत्य किये जाते हैं। गुरुओं ने स्थान-स्थान पर इस अहंकार की प्रबलता बतलायी है और यह भी कहा कि ऐसे अहंकार 'दरगह' (परलोक) में काम आनेवाले नहीं हैं।

जो रूप यौवन आदि पर अहंकार करते हैं, ऐसे अभिमानी व्यक्ति जलकर खाक हो जाते हैं—

राज मिलक जोवन गृह सोभा रूपवंतु जोआनी।

..

आगे दरगहि कामि न आवै छोड़ि जलै अभिमानी।।1।।1।।38।।

आसा, महला 5, पृष्ठ 379,

---

1. श्री गुरुग्रन्थ साहिब, मारू, महला 1, पृष्ठ 1015
2. श्री गुरुग्रन्थ साहिब, महला 1, पृष्ठ 416
3. श्री गुरुग्रन्थ साहिब, महला 5, पृष्ठ 499

गुरु नानक देव ने एक स्थल पर बतलाया है कि पाँच ठग संसार में अत्यन्त प्रबल हैं। वे हैं, राज, माल, रूप, जाति और यौवन। इन पाँचों ठगों ने सारे संसार को ठग लिया है। उन्होंने किसी की भी लज्जा छोड़ी नहीं,

राजु मालु रूपु जाति जोबनु पंजे ठग।
एनी ठगीं जगु ठगिआ किनै न रखी लज।।[1]

उन्होंने यह भी बतलाया है कि रूप और काम का अन्योन्याश्रित सम्बन्ध है। इन दोनों में प्रबल मैत्री है,

'रूपै कामै दोसती।[2]

यदि मनोवैज्ञानिक दृष्टि से विचार किया जाय, तो उपर्युक्त कथन सवा सोलह आने सत्य प्रतीत होता है। रूप में यदि यौवन का भी समावेश हो, तो एक तो इन्द्र दूसरे हाथ में वज्र की परिस्थिति हो जाती है।

गुरु नानक देव ने स्पष्ट कर दिया है कि रूप सम्बन्धी अहंकार की क्षुधा कभी शान्त नहीं होती। इसमें दुःख ही दुःख के दर्शन होते हैं। इसी प्रकार शरीर में जितने ही रस (शब्द, स्पर्श, रूप, रस और गन्ध) रहते हैं, उतने दुःख बने रहते हैं,

रूपी भुख न उतरै जां देखा तां भुख।
जेते रस सरीर के तेते लगहि दुख।।[3]

यही कारण है कि भृग, कुंजर, पतंग, मीन और भ्रमर शब्द, स्पर्श, रूप, रस और गन्ध से मारे जाते हैं—

भृंग पतंगु कुंचरु अरु मीना। मिरगु मरै सहि अपुना कीना।[4] *।। 3 ।।11 ।।*

गुरु नानक देव ने यौवन की असारता प्रदर्शित करके रूप और यौवन के अहंकार पर जोरों से कुठाराघात किया है?

जोवनु घटै, जरुआ जिणै बणजारिआ मित्रा आंव घटै दिनु जाइ।
अंतकालि पछुतासी अंधुले जा जमि पकड़ि चलाइआ।।3 ।।2 ।।

सिरी रागु, पहरे, महला 1, पृष्ठ 75-76

उपर्युक्त भेदों के अतिरिक्त अहंकार के अनेक विभेद हो सकते हैं। संक्षेपतः द्वैतवाद की सारी क्रियाएँ और सारी कामनाएँ अहंकार के ही अन्तर्गत रखी जा सकती हैं। आशा, चिन्ता, काम, क्रोध, लोभ, मोह, झूठ, पाखण्ड, मिथ्याचरण आदि 'हउमै' के ही अंग है। श्री गुरुग्रन्थ साहिब में स्थान-स्थान पर इनके सम्बन्ध में पर्याप्त संकेत दिये गये हैं।

---

1. श्री गुरुग्रन्थ साहिब, मलार की वार, महला 1, पृष्ठ 1288
2. श्री गुरुग्रन्थ साहिब, मलार की वार, महला 1, पृष्ठ 1288
3. श्री गुरुग्रन्थ साहिब, मलार की वार, महला 1, पृष्ठ 1287
4. श्री गुरुग्रन्थ साहिब, गउड़ी, महला 1, पृष्ठ 225

हउमै (अहंकार) के परिणाम

अहंकार का परिणाम बंधन, दुःख-प्राप्ति और बार-बार जन्म-धारण करना होता है। गुरु अर्जुन देव के अहंकारियों की दशा का इस भाँति चित्रण किया है, "बड़े-बड़े अहंकारी व्यक्ति गर्व में गल जाते हैं। जिसके अन्तर्गत राज्य का अभिमान है, वह नरकगामी और कुत्ता होता है। जो अपने को यौवन-सम्पन्न समझता है, वह व्यक्ति विष्ठा का कीड़ा होता है। जो कर्म करनेवाला व्यक्ति अहंकार में भरा हैं, वह बारबार जन्मता-मरता है और अनेक योनियों में भ्रमण करता रहता है। धन और भूमि का जो गुमान करता है, वह मूर्ख, अन्धा और अज्ञानी है। धनी बनने का जो अहंकार करता है, वह तृण के समान है और उसके साथ कुछ भी नहीं जाता है। अनेक लश्करों (सेनाओं) तथा मनुष्यों के ऊपर जो विश्वास करता है, उसका नाश पल मात्र में हो जाता है। जो अपने को सबसे अधिक बलवान् समझता है, वह क्षणमात्र में खाक हो जाता है। जो अहंकारी अपने आगे किसी को भी नहीं समझता, धर्मराज उसे नष्ट कर देते हैं।...अहंभाव धारण कर चाहे करोड़ों ही कर्म क्यों न किये जायँ, किन्तु उन सब के सारे कर्म व्यर्थ ही हो जाते हैं। अनेक तपस्वी अहंकार के ही कारण बार-बार नरक, स्वर्ग जाते रहते हैं।... जो अपने को भक्त समझता है, उसके निकट भलाई नहीं फटकती।...जब तक मनुष्य यह जानता है मैं कर्त्ता-धर्त्ता हूँ, तब तक उसे किसी भी प्रकार के सुख की प्राप्ति नहीं होती। जब तक वह अपने को कर्त्ता समझता है, तब तक वह योनि के अन्तर्गत पड़ता रहता है। जब तक वैरी मित्र का अहंभाव बना रहता है, तब तक चित्त में निश्चलावस्था नहीं प्राप्त होती। जब तक माया और मोह में अनुरक्त रहता है, तब तक धर्मराज दण्ड देते रहते हैं।"[1]

अहंबुद्धि के कारण मनुष्य अपना हित तथा परमात्मा की महत्ता को नहीं समझ पाता।

मूलु न बूझै आपु न सूझै भरमि बिआपी अहंमनी[2] ।।1।।3।।21।।

जब तब मन अहंकार और हउमै की लहरों के बीच में स्थित है, तब तक 'सबद' में स्वाद नहीं आता, जिससे परमात्मा का नाम प्यारा नहीं प्रतीत होता। जब तक परमात्मा के नाम में स्वाद नहीं आता, तब तक वह व्यर्थ मारा-मारा फिरा करता है।

जिचरु इहु मन लहरी विचि है हउमै बहुतु अहंकारु।
सबदै सादु न आवई, नामि न लगै पिआरु[1] ।।

---

1. बड़े अहंकारिआ नानक गरीब गले

....

तब लगु धरम राइ देइ सजाइ।। श्री गुरुग्रन्थ साहिब, गउड़ी सुखमनी, महला 5, पृष्ठ 278

2. श्री गुरुग्रन्थ साहिब, वसंतु हिडोल, महला 5, पृष्ठ 1186

हउमै के ही कारण आत्म-जागृति नहीं हो सकती। परमात्मा ही भक्ति का भी पता नहीं चलता। अहंकारी मनमुखों को परलोक में लाभ नहीं प्राप्त होता, क्योंकि उनके सारे ही कर्म द्वैतभाव से ही हुआ करते हैं और उनके फल भी द्वैत ही होते हैं। जिन्हें द्वैत भाव प्यारा है, उनके खाने और पहनने को धिक्कार है। ऐसे मनुष्य विष्ठा के कीड़े के समान हैं और विष्ठा में अनुरक्त हैं। वे बार-बार जन्म-मरण के अनवरत चक्र में पड़कर नष्ट होते हैं—

हउमै विचि जागुणु न होवई हरि भगति न पवई थाइ।
मनमुख दरि ढोइ ना लहहि भाइ दूजे करम कमाइ।।4।।
धृगु खाणा धृगु पैन्हणा जिन्हा तूचे भाइ पिआरु।
बिसटा के कीड़े बिसटा राते मरि जंमहि होहि खुआरु[2] ।।5।।2।।7।।2।।9।।

अहंवादी और द्वैत भाव वाले व्यक्ति अपना सुन्दर मनुष्य जन्म व्यर्थ ही गंवा देते हैं। स्वयं तो डूबते ही हैं अपने समस्त कुल को भी डुबो देते हैं। वे झूठ बोल-बोलकर निरन्तर विष खाते रहते हैं।

दूजै भाइ बिरथा जनमु गवाइ।
आपि डुबे सगले कुल डोबे कूड़ बोलि बिखु खावणिआ[3] ।।6।।23।।24।।

अहंकार-नाश के उपाय

बहिरंग साधन—अहंकार-नाश के निमित्त विविध साधन-प्रणालियाँ हैं। किन्तु उन साधन-प्रणालियों में सूक्ष्म अहंकार बना ही रहता है। सूक्ष्म अहंकार का परिणाम और भी भयानक होता है। अवसर पाते ही यह वृहत् रूप धारण कर लेता है। इसी से उपनिषदों में इस अहंकार की व्यापकता की ओर संकेत किया है,

अन्धं तमः प्रविशन्ति येऽ विद्यामुपासते।
ततो भूप इव ते तमो य उ विद्यायाँ रताः[4] ।।

अर्थात् ''जो अविद्या (कर्म) की उपासना करते हैं वे अविद्या रूप (घोर अन्धकार) में प्रवेश करते हैं और जो कर्म छोड़कर विद्या यानी देव-ज्ञान में ही अनुरक्त हैं, वे उस अन्धकार से भी कहीं अधिक अन्धकार में प्रवेश करते हैं।'' गुरुओं ने ऐसी साधनाओं की लम्बी सूची बतलायी है और यह भी कहा है कि इन साधनाओं से अहंकार का नाश नहीं होता। उदाहरणार्थ—

सलोकु : बहु सासत्र बहु सिमृती, पेखे सरब ढंढोलि।
पूजसि नाही हरि हरे, नानक नाम अमोल।।1।।

---

1. श्री गुरुग्रन्थ साहिब, सारंग की वार, सलोक, महला 3, पृष्ठ 1247
2. श्री गुरुग्रन्थ साहिब, प्रभाती, महला 3, विभास, पृष्ठ 1346-47
3. श्री गुरुग्रन्थ साहिब, माझ, असपटदीआ, महला 3, पृष्ठ 123
4. ईशावास्योपनिषद्, मन्त्र 9,

असटपदी :

जाप ताप गिआन सभि धिआन। खट सासत्र सिमृति बखिआन।।
जोग अभिआस करम ध्रम किरिआ। सगल तिआगि बन मधे फिरिआ।।
अनिक प्रकार कीए बहु जतना। पुंन दान होमे बहु रतना।।
सरीरु कटाइ होमै करि राती। बरत नेम करैं बहु भाती।
नही तुलि राम नाम बीचार। नानक गुरमुखि नामु जपीऐ एक बार।।1।।
नउखंड पृथमी फिरै चिरु जीवै। महा उदास तपीसुर कीवै।।
अगनि माहि होमत परान। कनिक अस्व हैवर भूमिदान।।
निउली करम करै बहु आसन। जैन मारग संजम अति साधन।।
निमख निमख करि सरीरु कटावै। तउ भी हउमै मैलु न जावै।
हरि के नाम समसरि कछु नाहि। नानक गुरमुखि नामु जपत गति पाहि।।
मन कामना तीरथ देह छुटै। गरब गुमान न मन ते हुटै।।
सोच करै दिनसु अरु राति। मन की मैलु न तन ते जाति।।
इसु देही कउ बहु साधना करै। मन ते कबहू न बिखिआ हरै।।
जलि धोवै बहु देह अनीति। सुध कहा होइ काची भीति।।
मन हरि के नाम की महिमा ऊच। नानक नामि उधरे पतित बहुत मूच।।
बहुत सिआणप जम का भउ बिआपै। अनिक जतन करि तृसन नाध्रापै।।
भेख अनिक अगनि नहीं बुझै। कोट उपाय दरगह नहीं सिझै।।4।।3।।

यदि उपर्युक्त वाणी पर विचार किया जाय, तो प्रकट हो जायगा कि निम्नलिखित बहिरंग साधनों द्वारा अहंकार की मैल का नाश नहीं होता—

(1) शास्त्रों एवं स्मृतियों आदि का अध्ययन तथा विवेचन।

(2) जप।

(3) तप (उग्र तप द्वारा शरीर को कष्ट देना, यथा पंचाग्नि आदि तापना, शरीर होमना तथा शरीर काटना आदि।)

(4) ज्ञान (वाचक ज्ञान अथवा चंचु ज्ञान से तात्पर्य है)

(5) योगाभ्यास (आसन, नेवली कर्म अथवा प्राणायाम आदि)

(6) अनेक कर्म-धर्मों का आचरण।

(7) सर्वस्व त्यागकरके वन में भ्रमण करना और तपस्वियों की रहनी रहना।

(8) अनेक प्रकार के पुण्य, दान और यज्ञ आदि।

(9) अनेक प्रकार के व्रत रखना, नियमों का पालन आदि।

(10) जैन मत वालों की-सी अन्य कठिन तपश्चर्याएँ आदि।

(11) तीर्थादिक भ्रमण तथा तीर्थों में ही शरीर-त्याग।

(12) बाह्य शौच।

---

1. श्री गुरुग्रन्थ साहिब, गउड़ी सुखमनी, महला 5, पृष्ठ 265-66

(13) अनेक प्रकार के वेश धारण करना।

(14) अन्य बहुत-सी साधनाओं तथा तपश्चर्याओं तथा यत्नों का अवलम्बन।

सभी उपर्युक्त साधनों में बहिर्मुखता के कारण कुछ-न-कुछ 'हउमै' बना रहता है। यही 'हउमै' सूक्ष्म से सूक्ष्मतर बनकर साधक को ''हउमै' की चहारदीवारी से निकलने नहीं देता। इसीलिए गुरुओं ने अहंकार निवृत्ति के लिए अन्तरंग साधनों की ओर संकेत किया है।

अन्तरंग साधन—अन्तरंग साधन वे हैं, जो अहंकार से विहीन केवल परमात्मा की प्राप्ति के लिए किये जाते हैं। गुरु नानक देव ने बतलाया है कि ''हउमै' ही दीर्घ रोग है और इसी में महान् ओषधि भी है, अर्थात् हउमै बंधन का हेतु तो है, परन्तु इसी में ऐसे साधन भी उपस्थित हैं, जो इसे नष्ट कर देते हैं—

''हउमै दीरघ रोगु है दारु भी इस माहि।।

(आसा की वार, महला 1, पृष्ठ 466)

मरजीया होना—'हउमै' की निवृत्ति के लिए सर्वप्रथम यह आवश्यक है कि अपने 'आपापन' का नष्ट किया जाय। 'आपापन' को नष्ट करने का सर्व श्रेष्ठ उपाय अपने को सबसे तुच्छ समझना है। वही व्यक्ति अपने को तुच्छ समझ सकता है, जो अपने को जीवित ही मृत समझने लगे। जो व्यक्ति अपने को जीवित समझता है, वह निश्चय ही मरता है, परन्तु जो व्यक्ति अपने को मृत समझता है, वह शाश्वत काल के लिए अमर हो जाता है। वही व्यक्ति सच्चे रूप से अपने वास्तविक स्वरूप में जीवित रहता है।

जीवत दीसै तिसु सर पर मरणा।
मुवा होवै तिसु निहचल रहणा।।1।।
जीयत मुए, मुए सो जीवै[1] *।।13।।*

जो व्यक्ति सर्व प्रथम अपने को मृत समझने लगता है, वही जीवन की सारी आशाओं का, सारे अहंकारों का त्यागकर सकता है और वही सब की धूल बन सकता है। ऐसा ही व्यक्ति परमात्मा के दरबार में जाने का सच्चा अधिकारी है,

पहिला मरणु कबूलि, जीवण की छडि आस।
होहु सभना की रेणुका, तउ आउ हमारै पासि[2] *।।*

सद्गुरु-प्राप्ति—अहंकार के नाश में सद्गुरु का सबसे बड़ा हाथ है। सद्गुरु ही साधक को विवेकमयी बुद्धि प्रदान करता है। वही साधक को साधना-पथ में निरन्तर आगे बढ़ाता है। बिना सद्गुरु के ''हउमै'' का नाश नहीं होता। सद्गुरु की प्राप्ति हो जाने पर ''हउमै'' का नाश होता है और सच्चे परमात्मा का हृदय में निवास होता है। जब सत्य स्वरूप परमात्मा का निवास अन्तःकरण में हो

---

1. श्री गुरुग्रन्थ साहिब, आसा, महला 5, पृष्ठ 374
2. श्री गुरुग्रन्थ साहिबा, मारू की वार, महला 5, पृष्ठ 1102

जाता है, तब साधक सत्य का ही आचरण करता है, सत्य की ही रहनी रहता है और अन्त में सत्य-स्वरूप परमात्मा की आराधना से सत्य में ही समाहित हो जाता है।

नानक सतगुरि मिलीऐ हउमै गयी ता सचु बसिआ मन आइ।
सचु कमावै सचि रहे, सचे सेवि समाइ[1]।।

जीवन, शरीर, तन और धन सब-कुछ परमात्मा का है। पर हउमै की मदिरा पीने के कारण 'साकत' लोग यही समझते हैं कि जीव और शरीर आदि सब मेरे हैं। इस प्रकार अहंबुद्धि बड़ी ही बुरी तथा मैली है। बिना गुरु के संसार का आवागमन नित्यप्रति चलता रहता है। अनेक प्रकार के होम, यज्ञादिक, जप-तप, संयम एवं तीर्थादिक करने से अहंबुद्धि का नाश नहीं होता। यदि अहंबुद्धि का किसी प्रकार नाश होता है, तो वह गुरु की शरण लेने से—

जीउ पिंडु तनु धनु सभु प्रभ का साकत कहते मेरा।
अहंबुधि दुरमति है मैली बिनु गुर भवजलि फेरा।।
होम जग जप तए सभि संजम तटि तीरार्थ नहिं पाइआ।
मिटिया आपु पए सरणाई गुरमुखि नानक जगत तराइआ।।[2]

नाम में दृढ़ आस्था—परमात्मा के पवित्र नाम में दृढ़ विश्वास और भक्ति साधक की साधना का सार है। गउड़ी सुखमनी की तीसरी अष्टपदी में गुरु अर्जुन देव ने जहाँ अन्य बहिरंग साधनों को असार्थकता प्रदर्शित की हैं, वहाँ परमात्मा के नाम की अत्यधिक महत्ता बतलायी है। परमात्मा का पवित्र नाम "हउमै निवारण" की सर्वोपरि ओषधि है,

बहु सासत्र बहु सिमृति पेखे सरब ढढोलि।
पूजसि नाहीं हरि हरे, नानक नाम अमोल।।

....

अवर करतूति सगली जमु डानै। गोविंद भजन बिनु तिलु नहीं मानै।।[3]

साधु-संग—हउमै निवृत्ति के लिए साधु पुरुषों की संगति भी श्रेष्ठ साधन है। सत्-संगति हउमै के बंधनों को भली भाँति काट डालती है। अतः जो कोई भी मुमुक्षु जीवन-मरण से डरता है और उसके बंधनों में नहीं आना चाहता, उसका परम कर्त्तव्य है कि वह साधु-संगति की शरण जाये।

गुरु अर्जुन देव के सोरठि राग में 'हउमै-निवृत्ति के निम्नलिखित साधनों की ओर संकेत किया है,

संतहु इहा बतावहु कारी। जितु हउमै गरबु निवारी।।1।। रहाउ।।
सरब भूत पारब्रहमु करि मानिआ होवां सगल रेनारी।।2।।

---

1. श्री गुरुग्रन्थ साहिब, वडहंसु, महला 3, पृष्ठ 360
2. श्री गुरुग्रन्थ साहिब, रागु भैरउ, महला 5, पृष्ठ 1139
3. श्री गुरुग्रन्थ साहिब, गउड़ी सुखमनी, महला 5, पृष्ठ 265-66

पेखिओ प्रभु जीउ अपुने संगे चूकै भीति भ्रमारी।।3।।
अउखधु नाम निरमल जल अंमृतु पाईऐ गुरु दुआरी।।4।।
कहु नानक जिसु मसतकि लिखिआ तिसु गुर मिलि रोग बिदारी।।5।।

सोरठि, महला 5, पृष्ठ 616-17

उपर्युक्त वाणी के आधार पर 'हउमै'-निवृत्ति के लिए निम्नलिखित साधना हैं,

(1) ब्रह्ममयी दृष्टि : अर्थात् सभी जड़-चेतन, चराचर जगत् में ब्रह्म की भावना रखना।

(2) अपने को सब की धूल समझना : अर्थात् अत्यन्त विनीत भाव धारणा करना।

(3) प्रभु (परमात्मा) को अपने निकट समझना : अर्थात् उस पूर्ण परमात्मा की अखण्ड ज्योति जीवमात्र में विद्यमान हैं, मैं भी जीव हूँ, अतएव मैं भी उसकी ज्योति से सदैव युक्त हूँ।

(4) नाम रूपी ओषधि को अमृत के समान समझना : अमृत का धर्म है अमर बना देना, तुष्टि, पुष्टि और क्षुधा-निवृत्ति करना। जो अमृत पीता है, वह अमर धर्मा हो जाता है। इसी प्रकार जो नाम रूपी अमृत पीता है, वह नामी के साथ मिलकर एक हो जाता है।

(5) सद्गुरु द्वारा नाम रूपी ओषधि की प्राप्ति : यह नाम रूपी अमृत अन्यत्र नहीं प्राप्त हो सकता। इसकी प्राप्ति का एकमात्र साधन है गुरु। गुरु-कृपा से ही अक्षय भण्डार की प्राप्ति होती है।

(6) परमात्मा-कृपा : गुरु की कृपा उसी व्यक्ति को होती है, जिस पर परमात्मा की कृपा होती है।

अहंकार-नाश का परिणाम

अहंकार-नाश के साधक को सर्वप्रथम विचार की प्राप्ति होती है। विचार से विवेक-वैराग्य एवं श्रेयस्-प्रेयस् का वास्तविक ज्ञान होता है,

हउमै गरबु गवाईऐ पाईऐ वीचारु।।
साहिब सिउ मनु मानिआ दे साचु अधारु।।

आसा, महला 1, पृष्ठ 421

अहंकार नष्ट होने से तथा वास्तविक विचार की प्राप्ति से साधक को शान्ति प्राप्त होती है। उसकी सारी अशान्ति दूर हो जाती है और उसकी बुद्धि निश्चल हो जाती है—

तिसु जन सांति सदा प्रति निहचल जिसका अभिमानु गवाए[1] ।।

अहंकार का परदा नष्ट हो जाने से जब परमात्मा का साक्षात्कार किया, तो अपना-पराया सब-कुछ विस्मृत हो जाता है,

अचरजु एकु सुनहु रे भाई गुरि ऐसी बूझ बुझाई।
लाहि परदा ठाकुर जउ भेटिऔ तउ बिसरी तात पराई[2] ।।3।।3।।161।।

गुरु अमरदास जी ने अहंकार-निवृत्ति के परिणामों का बहुत संक्षेप में वर्णन किया है। उनका कथन है जो कि कोई अपने अहंभाव को दूर कर देता है, उसे सारी वस्तुओं की प्राप्ति हो जाती है। गुरु के शब्दों द्वारा उसकी सच्ची, लिव सत्य परमात्मा से लग जाती है। ऐसा साधक सत्य ही खरीदता है, सत्य ही संग्रह करता है और सत्य का ही व्यापार करता है,

आपु बजाए ता सभ किछु पाए। गुर सबदी सची लिव लाए।
सचु बणंजहि सचु संधरहि सचु वापारु करावणिआ[3] ।।1।।10।।11।।

जीव और परमात्मा के बीच विभाजन की रेख। हउमै के ही कारण है परन्तु, जिसका अहंकार जल गया है, वह साक्षात् परमात्मा ही हो जाता है,

पुरखै से वहि से पुरख होवहिं जिनी हउमै सबदि जलाई[4] ।।

अहंकार नष्ट हो जाने से जीव आत्म-स्वरूप परमात्मा ही हो जाता है। जिस वस्तु को खोजता था, जब उसकी प्राप्ति हो गयी, तब फिर वह दर-दर ढूँढ़ता क्यों फिरे? वह स्थिर हो जाता है और सुखासन में विश्राम पाता है। गुरु की अपार कृपा से सारे सुखों का पात्र हो जाता है।

आपु गइआ तो आपहि भए। कृपानिधान की सरनी पए।।
जो चाहत सोई जब पाइआ। तब ढूँढ़न कहा को जाइआ।।
असथिर भए बसे सुख आसन। गुर प्रसादि नानक सुख वासन।[5] ।।
4।।110।।

जो व्यक्ति अपने अहंकार को मारकर मर चुका है वही जीता है और निरन्तर अमृत पीता है और उसका मन गुरमत भावों में प्रतिष्ठित हो जाता है। तात्पर्य यह कि उसकी दृष्टि ऊर्ध्व हो जाती है,

जो जनि मरि जीवे तिन अंमृत पीवे।
मनि लागा गुरमति भाउ जीउ।

आसा, महला 4, छन्त पृष्ठ 447

दुबिधा अथवा हउमै के मारने का माहात्मा बहुत बड़ा है। गुरु अर्जुन देव ने इसका वर्णन सीधी सादी और ओजस्वी भाषा में इस प्रकार किया है, "जो इस

1. श्री गुरुग्रन्थ साहिब, गूजरी, महला 3, पृष्ठ 491
2. श्री गुरुग्रन्थ साहिब, गउड़ी, महला 5, पृष्ठ 215
3. श्री गुरुग्रन्थ साहिब, महला 3, असटपदीआ, पृष्ठ 115
4. श्री गुरुग्रन्थ साहिब, महला 3, पृष्ठ 592
5. श्री गुरुग्रन्थ साहिब, गउड़ी, महला 5, पृष्ठ 202

दुबिधा अथवा हउमै को मारता है, वही शूरवीर है, वही पूर्ण है, उसे बड़ाई प्राप्त होती है और उसके दुःखों की निवृत्ति होती है। इसी को मारने से राजयोग की प्राप्ति होती है। जो इसे मारता है, उसे किसी भी प्रकार का भय नहीं रहता। इसे मारनेवाला नाम में समाहित हो जाता है, उसकी तृष्णा शान्त हो जाती है और परमात्मा के दरगाह की प्राप्ति होती है। दुविधा अथवा अहंभाव को मारनेवाला ही सच्चा धनवान है, वही विश्वसनीय है, वही वास्तविक यती है, उसकी गति-मुक्ति होती है। जो इसे मारता है, उसका संसार में जन्म लेना गिनने योग्य है, वही अचल धनी है, वही परम भाग्यशाली है, वही निरन्तर आत्म-स्वरूप में जागता है, उसी की निर्मल युक्ति है, वही जीवन-मुक्त है, वही सुन्दर ज्ञानी है और वही सहज ध्यानी है।''[1]

इस प्रकार अहंकार मारण के परिणाम वर्णनातीत हैं।

---

1. जो इसु मारे सोई सूरा। जो इसु मारे सोई सूरा।।

 ....

 जो इसु मारे सोई सु गिआनी। जो इसु मारे सु सहज धिआनी।।

 श्री गुरुग्रन्थ साहिब, रागु गउड़ी, गुआरेरी, महला 5, पृष्ठ 237-38

माया

सृष्टि के आरम्भकाल में अव्यक्त और निर्गुण परब्रह्म जिस देशकाल आदि नामरूपात्मक सगुण शक्ति से व्यक्त अर्थात् दृश्य सृष्टि रूप सा देख पड़ता है, उसी को वेदान्त शास्त्र में 'माया' कहते हैं।[1] लोकमान्य बाल गंगाधर तिलक के अनुसार नाम, रूप और कर्म ये तीनों मूल में एक स्वरूप ही हैं। हाँ, उसमें विशिष्टार्थक सूक्ष्म भेद किया जा सकता है कि 'माया' एक सामान्य शब्द है और उसके दिखावे को नाम, रूप तथा व्यापार को कर्म कहते हैं।[2]

लोकमान्य बाल गंगाधर तिलक जी ने अपने प्रसिद्ध ग्रन्थ 'गीता रहस्य' अथवा कर्मयोग शास्त्र में माया की विद्वत्तापूर्ण विवेचना की है। उसी का सार नीचे दिया जा रहा है।

"परब्रह्म की एक माया, पर विनाशी माया का यह जो अच्छादन हमारी आँखों को दिखता है, उसी को सांख्यशास्त्र में, त्रिगुणात्मक प्रकृति कहा गया है। सांख्यवादी पुरुष और प्रकृति दोनों तत्त्वों को स्वयंभू, स्वतन्त्र और अनादि मानते हैं। परन्तु माया, नाम रूप अथवा कर्म क्षण-क्षण में बदलते रहते हैं, इसलिए उन्हें नित्य और अविकारी परब्रह्म के समान स्वयंभू और स्वतन्त्र मानना न्याय से अनुचित है, क्योंकि नित्य और अनित्य दोनों कल्पनाएँ परस्पर विरुद्ध हैं। इसीलिए दोनों का अस्तित्व एक ही काल में माना नहीं जाता। इसलिए वेदान्तियों ने यह निश्चय किया है कि विनाशी प्रकृति अथवा कर्मात्मक माया स्वतन्त्र नहीं है। एक, नित्य, सर्वव्यापी और निर्गुण परब्रह्म में ही मनुष्य की दुर्बल इन्द्रियों को सगुण माया का दिखावा दिखायी पड़ता है। परन्तु केवल इतना कह देने से काम नहीं चल जाता कि माया परतन्त्र है और निर्गुण परब्रह्म में ही यह दृश्य दिखायी पड़ता है।"[3]

गुण परिणाम से न सही, तो विवर्त्तवाद से निर्गुण और नित्य ब्रह्म में विनाशी सगुण नाम रूपों का अर्थात् माया का दृश्य दिखाना चाहे सम्भव हो, तथापि यहाँ

---

1. श्रीमद्भगवदगीता अध्याय 7,
   अव्यक्तं व्यक्तिमापन्न मन्यन्ते मामबुद्धयः।
   परं भावमजानन्तो ममाव्ययमनुत्तमम् ।।24।।
   नाहं प्रकाशः सर्वस्य योगमायासमावृतः
   मढ़ोऽयं नाभिजानाति लोको मामजमव्ययम् ।।25।।
2. गीता-रहस्य अथवा कर्मयोगशास्त्रः, बाल गंगाधर तिलक, पृष्ठ 263
3. गीता-रहस्य अथवा कर्मयोगशास्त्रः, बाल गंगाधर तिलक, पृष्ठ 263

एक और प्रश्न उपस्थित होता है कि मनुष्यों की इन्द्रियों को दिखानेवाला यह सगुण दृश्य निर्गुण ब्रह्म में पहले पहल किस क्रम से कब और क्यों दिखने लगा? अथवा व्यावहारिक भाषा में इस प्रकार कहा जा सकता है कि नित्य और चिद्रूपी परमेश्वर ने नाम रूपात्मक, विनाशी और जड़ सृष्टि कब और क्यों उत्पन्न की? परन्तु ऋग्वेद के 'नासदीय सूक्त' के अनुसार यह विषय मनुष्य के लिए ही नहीं, किन्तु देवताओं और वेदों के लिए भी अगम्य है।[1] इसलिए उक्त प्रश्न का इससे अधिक उपयुक्त और कुछ उत्तर नहीं दिया जा सकता कि ज्ञान दृष्टि से निश्चित किये हुए निर्गुण ब्रह्म की ही यह एक अतर्क्य लीला है।[2]

अतएव इतना मानकर ही आगे चलना पड़ता है कि जब से हम देखते आये, तब से निर्गुण ब्रह्म के साथ ही सगुण माया हमें दृष्टिगोचर होती आयी। इसीलिए ब्रह्मसूत्र में कहा गया है कि मायात्मक कर्म अनादि है।[3] श्रीमद्भगवद्गीता में भी श्रीकृष्ण ने पहले यह वर्णन करके कि प्रकृति स्वतन्त्र नहीं है, (मेरी ही माया है)[4], फिर आगे कहा है कि प्रकृति अर्थात् माया और पुरुष दोनों अनादि हैं।[5] इस प्रकार माया का अनादित्व यद्यपि वेदान्ती एक तरह से स्वीकार करते हैं, तथापि उन्हें यह मान्य नहीं कि माया स्वयंभू और स्वतन्त्र है। सांख्यवादियों की भाँति वेदान्तियों का यह मतलब नहीं है कि माया मूल रूप में परमात्मा के समान थी, तथा निरारम्भ, स्वतन्त्र और स्वयंभू है। यहाँ 'अनादि' शब्द का अर्थ विवक्षित है कि यह दुर्ज्ञेयारम्भ है, अर्थात् उसका आदि (आरम्भ) प्रतीत नहीं होता। वेदान्तशास्त्र में माया परमात्मा द्वारा निर्मित और उसके अधीन मानी गयी है।[6] जिस भाँति उष्णता अग्नि के सहारे है, उसी भाँति माया परमात्मा के सहारे हैं। इसका कोई भी स्वतन्त्र अस्तित्व नहीं है[7]। अविनाशी, स्वयंभू, सत्, चित्, आनन्दघन परमात्मा की तुलना में महान्-से-महान् नामरूपात्मक वस्तुएँ— आकाश, वायु, अग्नि, जल, पृथ्वी, नक्षत्र, तारागण, सूर्य चन्द्रमा, ब्रह्मा, विष्णु तथा महेशादि मरणधर्मा हैं। नामरूपात्मक सभी वस्तुओं, पर माया का आधिपत्य है।

माया स्वतन्त्र नहीं; इसकी रचना परमात्मा ने की—वेदान्तियों की भाँति सिक्ख-गुरुओं को माया का स्वतन्त्र अस्तित्व स्वीकार नहीं है। उन्होंने स्थान-स्थान पर इस बात को स्वीकार किया है कि इसकी रचना परमात्मा के 'हुकम' से हुई है।

---

1. ऋग्वेद, मण्डल 10, 129 ऋचा।
2. ब्रह्मसूत्र, अध्याय 2, पाद 1, सूत्र 33
3. ब्रह्मसूत्र, पाद 1, सूत्र 35 से 37 तक।
4. दैवी ह्येषा गुणमयी मम माया दुरत्यया ।। श्रीमद्भगवद्गीता, अध्याय 7, श्लोक 14
5. प्रकृति पुरुषं चैवं विद्ध्यनादी उभावपि।। श्रीमद्भगवद्गीता, अध्याय 13 श्लोक 19
6. गीता-रहस्य अथवा कर्मयोगशास्त्र : बाल गंगाधर तिलक, पृष्ठ 262-65
7. इण्डियन फिलासफ़ी, भाग 2, राधाकृष्णन, पृष्ठ 572

निरंकारि आकारु उपाइआ। माइआ मोहु हुकमि बणाइआ[1] ।।
1।।8।।22।।

अर्थात् निर्गुण परमात्मा ने ही अपने 'हुकम' से दृश्यमान पदार्थों, माया और मोह की रचना की है।

माइआ मोहु मेरे प्रभि कीना आपे भरमि भुलाए।।[2]

अर्थात् माया और मोह की रचना परमात्मा ने स्वयं की है। परमात्मा ही जीवों को भ्रम में भ्रमित करता है।

इसी भाँति गुरु नानक देव ने भी कहा है, "निरंजन परमात्मा ने स्वयं अपने आपको उत्पन्न किया है और समस्त जगत् में वही अपना खेल बरत रहा है। तीनों गुणों एवं उनसे सम्बद्ध माया की रचना उसी परमात्मा ने की। मोह की वृद्धि के साधन भी उसी ने उत्पन्न किये—

आपे आपि निरंजना जिनि आपु उपाइआ।
आपे खेलु रचाइओनु सभु जगतु सबाइआ।।
त्रैगुण आपि सिरजिअनु माइआ मोहु बधाइआ।।[3]

पंचम गुरु अर्जुन देव ने भी स्थान-स्थान पर माया की रचना परमात्मा ही द्वारा मानी है।

धुर की भेजी आयी आमरि।।[4] *2।।4।।*

अर्थात् यह माया परमात्मा की भेजी हुई, उसी के कारिन्दे के समान जगत् पर शासन करने के लिए भेजी गयी है।

ऐसी इसत्री इक रामि उपाई।।[5] *।।1।।रहाउ ।।2।।96।।*

इस प्रकार की स्त्री (माया) की रचना राम (परमात्मा) ने की है।

इसके अन्य नाम शक्ति और कुदरत भी हैं—श्री गुरुग्रन्थ साहिब में एकाध स्थल पर माया के लिए शक्ति नाम का भी प्रयोग मिलता है,

सिवि सकति मिटाईआ चूका अधिआरा
धुरि मसतकि जिन कउ लिखिआ तिन हरिनामु पिआरा।।[6]

अर्थात् शिव (परमात्मा) ने अपनी शक्ति (माया) मिटा दी इससे सारा अज्ञान रूपी अन्धकार समाप्त हो गया। प्रारम्भ से ही जिनके भाग्य में लिखा रहता है, उन्हीं को परमात्मा का नाम प्रिय भी लगता है।

सिव सकति आपि उपाइ कै करता आपै हुकम बरताए।।[1]

---

1. श्री गुरुग्रन्थ साहिब, मारू सोलहे, महला 3, पृष्ठ 1065
2. श्री गुरुग्रन्थ साहिब, सिरी रागु, महला 3, पृष्ठ 67
3. श्री गुरुग्रन्थ साहिब, सारंग की वार, महला 1, पृष्ठ 1237
4. श्री गुरुग्रन्थ साहिब, रागु आसा, महला 5, पृष्ठ 371
5. श्री गुरुग्रन्थ साहिब, रागु आसा, महला 5, पृष्ठ 394
6. श्री गुरुग्रन्थ साहिब, गउड़ी बैरागनि, महला 3, पृष्ठ 163

शंकराचार्य जी ने भी माया को 'शक्ति' तथा 'प्रकृति' की संज्ञा दी है—

माया शक्ति प्रकृतिरिति च[2]

गुरु नानक देव ने माया का 'कुदरत' नाम भी स्वीकार किया है—

कुदरति कवण कहा वीचारू।।[3] *पउड़ी 16।।*

तथा, आपणि कुदरति आपै जाणै।[4]

तथा "कुदरति दिसै कुदरति सुणीऐ।[5] *आदि*

माया परमात्मा की दासी और आज्ञाकारिणी है—सांख्यवादी प्रकृति (माया) परमात्मा के ही समान स्वयंभू, स्वतन्त्र और अनादि सत्ता मानते हैं। परन्तु वेदान्तवादियों ने इसकी स्वतन्त्र सत्ता स्वीकार नहीं की है और इसे परमात्मा के अधीन् माना है। गुरुओं ने भी माया को परमात्मा की दासी माना है—

इक दासी धारी सबल पसारी जीव जंत लै मोहनिआ।[6]

अर्थात् परमात्मा ने एक ऐसी दासी का निर्माण किया है जिसका सर्वत्र प्रसार है और जो समस्त जीव-जन्तुओं को मोहनेवाली है।

दासी तभी तक दासी है, जब तक वह स्वामी की प्रत्येक आज्ञा का 'ननु नचु' किये बिना निरन्तर पालन करती रहे। माया भी परमात्मा की दासी है, इसलिए उसे परमात्मा की आज्ञा के अधीन रहना पड़ता है—

आगिकारी कीनी माइआ।।[7]

माया का स्वरूप—माया का स्वरूप त्रिगुणात्मक है। गुरु अर्जुन देव के एक रूपक द्वारा इसके स्वरूप का बड़ा ही सुन्दर चित्रण किया है— "इसके मत्थे में त्रिकुटी है (त्रिगुण, अर्थात् सत्त्व, रज और तम) है। इसकी दृष्टि बड़ी ही क्रूर है। जिह्वा की फूहड़ि होने के कारण सदैव कड़े बचन बोलती है। यह सदैव भूखी रहती है और प्रियतम को सदैव दूर समझती रहती है। राम (परमात्मा) ने ऐसी विलक्षण स्त्री की रचना की है। उस स्त्री ने सारे जगत् को खा लिया है। किन्तु गुरु ने मेरी रक्षा की है। इसने अपनी 'ठगभूरि' से सारे संसार को अपने वशीभूत कर लिया है। इसके प्रभाव से ब्रह्मा, विष्णु महेश भी मोहित हो गये हैं। जो गुरुमुख नाम में अनुरक्त हैं, वे ही शोभनीय हैं।"—

माथै त्रिकुटी दृसटि करूरि। बोलै कउड़ा जिहवा की फूड़ि।।
सदा भूखी पिरु जानै दूरि।।1।।

---

1. श्री गुरुग्रन्थ साहिब, रामकली, अनन्दु, महला 3
2. ब्रह्मसूत्र, शांकर भाष्य, अध्याय 2, पाद 1, सूत्र 14
3. श्री गुरुग्रन्थ साहिब, जपुजी, महला 1, पृष्ठ 3
4. श्री गुरुग्रन्थ साहिब, सिरी रागु, महला 1, पृष्ठ 53
5. श्री गुरुग्रन्थ साहिब, आसा की वार, महला 1, पृष्ठ 464
6. श्री गुरुग्रन्थ साहिब, रामकली, महला 5, छंत पृष्ठ 924
7. श्री गुरुग्रन्थ साहिब, गउड़ी, सुखमनी, महला 5, पृष्ठ 294

ऐसी इसत्री इक रामि उपाई।
उनि सभु जगु खाइआ हम गुरि राखे मेरे भाई।। रहाउ।।
पाइ ठगउली सभु जगु जोहिआ। ब्रहमा बिसनु महादेउ मोहिआ।।
गुरमुखि नामि लगे से सोहिआ[1] *।।2।।2।।96।।*

माया के त्रिगुणात्मक स्वरूप से ही सृष्टि-लीला का क्रम निरन्तर चलता रहता है। श्री गुरुग्रन्थ साहिब में त्रिगुणात्मक माया की प्रबलता के सम्बन्ध में स्थान-स्थान पर संकेत किये गये हैं,

दूजै भाइ पड़े नही बूझै। त्रिविधि माइआ कारणि लूझै[2] *।।3।।29-30*
तथा, इनि भाइआ त्रैगुण बसि कीने। आपन मोह घटै धरि दीने।[3]
तथा त्रैगुण बखाणै भरम न जाइ[4] *।।1।।6।।*

गुरु अर्जुन देव ने माया की मोहिनी-शक्ति का इस भाँति वर्णन किया है, "यह ऐसी सुन्दरी है कि बलात् मन को मोह लेती है। घाट-बाट और प्रत्येक गृह में बन ठनकर दिखलायी पड़ रही है। यह तन, मन को अत्यन्त मीठी लगती है, जिससे उन्हें आच्छादित कर लेती है। शब्द, स्पर्श, रूप, रस तथा ग्रन्थ का स्वरूप धारण कर तन और मन को बरबस अपनी ओर खींच लेती है। किन्तु गुरु के प्रसाद से मुझे यह बुरी ही दिखायी पड़ती है। इसके मुसाहिब, काम, क्रोध, लोभ, मोहादिक आदि माया के द्वारा बाँधे गये हैं।"

ऐसी सूंदरि मन कउ मोहै। बाटि घाटि गृहि बनि बनि जोहै।।
मनि तनि लागै होइ कै मीठी। गुर प्रसादि मैं खोटी डीठी।।
अगरक उसके बड़े ठगाऊ। छोड़हि नाही बाप न माऊ।।
मेली अपने उनि लै बाँधे।।...[5] *।।3।।36।।87।।*

माया का रूप असीम है। यह अनेक रूपात्मक है। नाना प्रकार के रूप धारण कर जगत् को मोहित करती रहती है। सुत, भाई, घर, स्त्री, धन, यौवन, लालच और लोभ का स्वरूप धारण कर जगत् को ठगती रहती है—

तृसना भाइआ मोहिणी सुत बंधप घर नारि।
धनि जोबन जगु ठगिइआ लबि लोभी अहंकारी।।[6]

इस त्रिगुणात्मक माया में सत्त्व, रज और तम गुणों की पृथक्-पृथक् अभिवृद्धि के कारण पृथक्-पृथक् फल की प्राप्ति होती है। सत्त्वगुण की अधिकता

1. श्री गुरुग्रन्थ साहिब, आसा, महला 5, पृष्ठ 394
2. श्री गुरुग्रन्थ साहिब, माझ, महला 3, असटपदीआ, पृष्ठ 127
3. श्री गुरुग्रन्थ साहिब, गउड़ी, बावन अक्खरी, महला 5, पृष्ठ 251
4. श्री गुरुग्रन्थ साहिब, गउड़ी गुआरेरी, महला 3, पृष्ठ 231
5. श्री गुरुग्रन्थ साहिब, आसा, महला 5, पृष्ठ 392
6. श्री गुरुग्रन्थ साहिब, सिरी रागु, महला 1, पृष्ठ 61

से उत्तम फल की, रजोगुण की अधिकता के कारण मध्यम फल की तथा तमोगुण की अभिवृद्धि के कारण अधम फल की प्राप्ति होती है,

त्रितीआ त्रैगुण बिखै फल कब ऊतमु कब नीचु।।
नरक सुरग भ्रमतउ घणो सदा संघारै मीचु।।[1]

गुरु नानक देव के अनुसार माया अथवा कुदरत अनन्त है। माया की अनन्तता ही इसके स्वरूप की सबसे बड़ी विशेषता है। गुरु नानक देव ने कुदरत की अनन्तता का बड़ा ही हृदयग्राही वर्णन किया हैं; देखिये,

"हे प्रभु जो कुछ दिखायी पड़ रहा है, जो कुछ सुनायी पड़ रहा है, वह सब तेरी ही कुदरत है। यह संसार जो सुखों का मूल है, तेरी ही कुदरत का परिणाम है। आकाश और पाताल के बीच भी तेरी कुदरत विराजमान है। सारा दृश्यमान् जगत् तेरी ही कुदरत है। वेद, पुराण और कतेब तथा अन्य सारे विचार तेरी ही कुदरत के अन्तर्गत हैं। जीवों का खाना, पीना, पहनना और संसार के सारे प्यार तेरी ही कुदरत के परिणाम हैं। जातियों में, जिनसी में, रंगों में तथा जगत् के सारे जीवों में तेरी ही कुदरत बरत रही है। संसार की अच्छाइयों, बुराइयों, मान तथा अभिमान में तुम्हारी ही कुदरत का बोलबाला है। पवन, पानी, अग्नि तथा धरती आदि पंच भूत तुम्हारी ही कुदरत बोलबाला है। पवन, पानी, अग्नि, धरती आदि पंचभूत तुम्हारी कुदरत की रचना है। हे प्रभु, जहाँ भी दृष्टि जाती है, वहाँ तेरी ही कुदरत के दर्शन होते हैं। तू ही कुदरत का स्वामी और रचयिता है। तेरी महिमा पवित्र-से-पवित्र है। तू अत्यन्त पवित्र है। नानक कहता है कि प्रभु सारी कुदरत को अपने 'हुकम' के अन्तर्गत रखकर सबकी सँभाल कर रहा है। वह प्रभु सर्वत्र अकेला ही विराजमान हैं।"[2]

गुरु नानक देव जी ने परमात्मा की कुदरत की अनन्तता के सम्बन्ध में जपुजी में इस प्रकार कहा है,

कुदरति कवण कहा वीचारु।
वारिया न जावा एक बार।।16।।—जपुजी

अर्थात् हे प्रभु, मैं तेरी कुदरत, ताकत, शक्ति, प्रकृति अथवा माया का विचार करूँ, क्या वर्णन करूँ? यह ऐसी आश्चर्यजनक, विस्मयजनक है कि मेरा जी करता है कि तेरे ऊपर, तेरी बड़ाई के ऊपर एक बार नहीं, अनेक बार बलि जाऊँ।[3]

---

1. श्री गुरुग्रन्थ साहिब, गउड़ी, महला 5, पृष्ठ 297
2. कुदरति दिसै कुदरति सुणीऐ कुदरति भउ सुख सारु।

   ....

   नानक हुकमै अंदरि वेखै वरतै ताको काकु।।

   श्री गुरुग्रन्थ साहिब, आसा की वार, महला 1, पृष्ठ 464
3. पंजाबी भाखा विगिआन अते गुरमति गिआन : मोहनसिंह, पृष्ठ 5

सारांश यह है कि परमात्मा की कुदरत की अनन्तता परमात्मा ही जान सकता है—

आपणी कुदरति आपे जाणै आपे करणु करेइ[1] ।।4।।

माया के सबसे बड़े आकर्षण कामिनी और कांचन। ये दोनों माया के सबसे मीठे मोह हैं। इनसे कोई बिरला ही बच सकता है—

कंचनु नारी महि जीव लुभतु है, मोहु मीठा माइआ।[2]

माया की प्रबलता और व्यापकता—परमात्मा की माया अत्यन्त व्यापक और प्रबल है। यह अपने अनेकात्मक रूप के ही कारण समस्त रूपों में व्याप रही है। ''कहीं तो यह हर्ष-शोक के विस्तार के रूप में व्याप्त हो रही है और कहीं स्वर्ग, नरक और अवतारों के बीच यही रम रही है। लोभ में तो यह मूल व्याधि का रूप धारण कर व्याप्त हो रही है। इस प्रकार वह अनेक रूपों में दिखायी पड़ रही है। किन्तु सन्तों पर भगवान् की ओट रहती है, जिससे उसका कोई भी प्रभाव नहीं पड़ता। अहंबुद्धि के मतवालेपन में माया ही रम रही है। पुत्र कलत्र के मोह रूप में वही राज्य कर रही है। हाथी, घोड़े और सुन्दर वस्तुओं में उसी का साम्राज्य है। रूप यौवन के मतवालेपन में उसी का निवास है। भूमि, रंकों और अनेक राग-रंगों में वही रम रही है। सुन्दर गीतों की स्वर-लहरी में वही मोहक तान का रूप धारण कर विराज रही है। सुन्दर सेजों, महलों तथा अनेक प्रकार के शृङ्गारों में माया का ही रूप दृष्टिगोचर हो रहा है। पाँचों दूतों का (काम, क्रोध, मद, लोभ और मोह) रूप बनाकर अज्ञान के बीच माया ही रमण कर रही है। अहंकारयुक्त कर्मों में यही बंधन का हेतु बन रही है। गृहस्थियों और उदासियों में माया ही समान रूप से व्याप्त है। आचारों, व्यवहारों और जातियों के बीच यही व्याप्त दिखायी दे रही है। कहने का तात्पर्य यह है कि परमात्मा की प्रेमाभक्ति को छोड़कर बाकी सभी वस्तुओं में यह व्याप्त है।''[3]

इसी भाँति गुरु अर्जुन देव ने धनासरी राग में इसकी प्रबलता का संकेत इस भाँति किया है—

''माया के अपने तीनों गुणों (सत्त्व, रज और तम) से समस्त, भुवन, चारों दिशाएँ और सारा संसार अपने वशीभूत किये है। यज्ञ, स्नान तथा तप करनेवाले समस्त स्थान इसके वशीभूत हैं। भला बताओ, इस बेचारे जीव की क्या हस्ती है''[4]—

---

1. श्री गुरुग्रन्थ साहिब, सिरी रागु, महला 1, पृष्ठ 53
2. श्री गुरुग्रन्थ साहिब, गउड़ी, वैरागिणी, महला 4, पृष्ठ 167
3. बिआपत हरख सोग बिसथार।

   ....

   सभु किछु बिआपत बिन हरि रंग रात। श्री गुरुग्रन्थ साहिब, गउड़ी गुआरेरी, महला 5, पृष्ठ 181-82
4. श्री गुरुग्रन्थ साहिब, धनासरी, महला 5, पृष्ठ 673

जिनि कीने बसि अपने त्रैगुण भवन चतुर संसारा।
जग, इसनान, ताप, धान, खंड, किआ इहु जंतु विचारा।।1।।1।।

माया की मोहिनी शक्ति के कारण ही इसका प्रभुत्व सारे संसार में व्याप्त है। गुरओं ने स्थान-स्थान इसकी प्रबलता का आभास दिया है, यथा—

माइआ मोहि सगलु जगु छाइआ।
कामणि देखि कामि लोभाइआ।।
सुत कंचन सिउ हेतु बधाइआ[1] ।।1।।2।।
तथा, त्रैगुण बिखिआ अंधु है माइआ मोह गुबार[2]
तथा, त्रैगुण माइआ मोहु पसारा सभ बरते आकारी[3] ।।2।।9।।
तथा, तिही गुणी त्रिभुवणु बिआपिआ[4] ।।1।।9।।

इतना ही नहीं, नरक, स्वर्ग अवतार सुर देवाधिदेव भी इसी माया के अधीन हैं,

त्रिहु गुण महि वरते संसारा।
नरक सुरग फिरि फिरि अवतारा।[5] ।।3।।24।।75।।

बड़े-बड़े पण्डित, ज्योतिषी, माया के व्यापार भूले रहते हैं। पण्डित लोग चाहे चारों युगों पर्यन्त वेद पढ़ते रहें, किन्तु उनके आन्तरिक मल की निवृत्ति नहीं होती। त्रिगुणात्मक माया के मूल में अहंकार के वशीभूत वे नाम को भूलकर नाना प्रकार के कष्ट पाते हैं—

पंडितु मैलु न चुकई जे वेद पड़े जुग चारि।
त्रैगुण माइआ मूलु हैं विचि हउमै नामु विसारि[6] ।।

इतना ही नहीं त्रिदेव, ब्रह्मा, विष्णु, महेश भी माया के वशीभूत हैं। उनकी उत्पत्ति भी माया से ही हुई।

एका माई जुगति बिआई तिनि चेले परवाणु।
इकु संसारी इकु भंडारी, इकु लाए दीवाणु।।30।।

—जपुजी, महला 1, पृष्ठ 7

अर्थात् एक माता (माया) ने युक्ति से तीन पुत्रों को उत्पन्न किया। वे तीन पुत्र (ब्रह्मा, विष्णु, महेश) हैं। उन तीनों में से एक तो सृष्टि के रचयिता हैं (ब्रह्मा), दूसरे सृष्टि के पालनकर्त्ता हैं (विष्णु) और तीसरे दीवान लगाकर बैठनेवाले हैं, अर्थात् प्रलयकर्त्ता हैं (महेश)

---

1. श्री गुरुग्रन्थ साहिब, प्रभाती, असटपदीआ, मलार 1, विभास, पृष्ठ 1342
2. श्री गुरुग्रन्थ साहिब, सिरी रागु, महला 3, पृष्ठ 30
3. श्री गुरुग्रन्थ साहिब, मलार, महला 3, पृष्ठ 1260
4. श्री गुरुग्रन्थ साहिब, सोरठि, महला 3, पृष्ठ 603
5. श्री गुरुग्रन्थ साहिब, आसा, महला 5, पृष्ठ 389
6. श्री गुरुग्रन्थ साहिब, सोरठि की वार, महला 3, पृष्ठ 647

श्री गुरुग्रन्थ साहिब में स्थान-स्थान पर इस बात का संकेत मिलता है कि ब्रह्मा, विष्णु, महेश माया के तीनों गुणों में बँधे हैं। मुक्ति उनसे दूर है—

ब्रह्मा, विसनु महेसु वीचारी। त्रैगुण बधक मुकति निरारी[1] ।।

तथा, ब्रह्मा विसनु महेसु उपाए माइआ मोहु बधाइदा[2] ।।14।।3।।15।।

अर्थात् ब्रह्मा, विष्णु और महेश की रचना उसी प्रभु ने की और उनके अन्तर्गत माया और मोह की वृद्धि भी उसी ने की। सारांश यह कि ब्रह्मादिक भी माया के अधीन हैं—

एक स्थल पर गुर अमरदास जी ने माया के प्रभुत्व का संकेत इस प्रकार किया है—

ब्रहमे बेद बाणी परगासी माइआ मोह पसारा।

महादेउ गिआनी बरते धरि तामसु बहुतु अहंकारा।।2।।

किसनु सदा अवतारी रुधा कितु लगि तरै संसारा[3] ।।3।।5।।

अर्थात् माया ही के प्रभुत्व के कारण ब्रह्मा ने यद्यपि चारों वेदों की वाणी का प्रकाशन किया, तथापि माया मोह के प्रसार से पृथक् न हो सके। महादेव यद्यपि ज्ञानी हैं, अपने में मस्त रहते हैं, पर उनमें भी माया का तमोगुण और अहंकार बहुत अधिक है। कृष्ण अर्थात् विष्णु सदैव अवतार ही धारण करने में फँसे रहते हैं। भला बताओ, किसका सहारा पकड़कर संसार-सागर से तरा जाय?

जब त्रिदेवों (ब्रह्मा, विष्णु, महेश) का यही हाल है, तब अन्य देवी-देवताओं का कहना ही क्या है?

माइआ मोहे देवी सभि देवा[4] ।।2।।14।।

इस प्रकार माया का प्रभुत्व सामान्य जीवों से लेकर ब्रह्मा, विष्णु और महेश तक पर समान रूप से व्याप्त है।

रूपकों द्वारा माया की प्रबलता का प्रदर्शन—गुरुओं ने माया की प्रबलता स्थान-स्थान पर रूपकों द्वारा प्रदर्शित की है। ये रूपक सीधे-सादे होने पर भी माया की प्रबलता का साक्षात् चित्रण हमारे सामने उपस्थित कर देते हैं।

माया रूपी सास—गुरु नानक देव ने एक स्थल पर माया को सास के रूपक द्वारा चित्रित किया है। यह ऐसी बुरी सास है कि जीव रूपी वधू को अपने ही घर में अर्थात् आत्म-सुख में रहने नहीं देती। यह जीव रूपी वधू को परमात्मा रूपी प्रियतम से मिलने नहीं देती—

सासु बुरी घरि वासु न देवे पिर सिउ मिलण न देइ बुरी[5] ।।2।।22।।

---

1. श्री गुरुग्रन्थ साहिब, मारू, महला 1, पृष्ठ 1049
2. श्री गुरुग्रन्थ साहिब, मारू, महला 1, पृष्ठ 1036
3. श्री गुरुग्रन्थ साहिब, बडहंसु, महला 3, पृष्ठ 559
4. श्री गुरुग्रन्थ साहिब, रागु गउड़ी, असटपदीआ, महला 1, पृष्ठ 227
5. श्री गुरुग्रन्थ साहिब, आसा, महला 1, पृष्ठ 355

माया रूपी जाल—पंचम गुरु अर्जुन देव ने माया का रूपक जाल के रूप में चित्रित किया है। "पशु पक्षी जाल में पड़कर भी क्रीड़ा करते हैं और यह नहीं समझते कि सिर पर काल नाच रहा है। उसी प्रकार मनुष्य की दशा है। मनुष्य रूपी पशु-पक्षी माया रूपी जाल में पड़े हैं। वे माया के जाल में पड़कर भी निकलने की चेष्टा नहीं करते। वे यह नहीं जानते कि उनके सिर पर काल मँडरा रहा है, बल्कि उल्टे वे माया रूपी जाल में क्रीड़ाएँ करते हैं—

कुदमु करे पसु पंखीआ दिसै नाही कालु।
औतै साथि मनुखु है फाथा माइआ जालि[1] ।।2।।3।।73।।

गुरु अर्जुन देव ने ही एक स्थल पर इस भाँति वर्णन किया है—

माइआ जालु पसारिआ भीतरि चोग बणाइ।
तृसना पंखी फासिआ निकसु पाए न माइ[2] ।।3।।21।।91।।

अर्थात् माया रूपी जाल फैला हुआ है। उसके भीतर विषय-सुख रूपी चारा रखा गया है। तृष्णा के वशीभूत जीव रूपी पक्षी उस माया रूपी जाल में विषय सुख रूपी चारे के लोभ से फँस जाता है। इससे वह इस जाल से मुक्त नहीं हो पाता—

माया भ्रम की दीवाल और अज्ञान का जंगल है—पंचम गुरु ने माया को भ्रम की दीवाल और अज्ञान का जंगल माना है। "कमला अर्थात् माया भ्रम की दीवाल है। इसका मद अत्यन्त तीक्ष्ण और मादक है और साथ ही परमात्मा के विपरीत है। इसी भ्रम की दीवाल में सारी आयु व्यर्थ ही गुजर जाती है। माया अत्यन्त सघन वन है। गृह में ही (काम, क्रोध, मद, लोभ, मोह रूपी) चोर मन को बलात् लूटते हैं। सूर्य अर्थात् प्रत्येक दिन आयु को खाता जाता है—

कमला भ्रम भीति कमला भ्रम भीति हे,
तीखण मद विपरीत हे, अवध अकारथ खात।
गहवर बन घोर, गहवर बन घोर हे,
गृह भूसत मन चोर हे दिनकरो अनदिनु खात[3] ।।1।।1।।14।।

माया रूपी सरोवर—गुरु अमरदास जी ने माया को सरोवर माना है। यह सरोवर अत्यन्त सबल है। इस दुस्तर सरोवर से भला कैसे तरा जाय?

मइआ सरु सबल वरतै जिउ किउ करि दुतरु तरा जाइ।।

माया रूपी सर्पिणी—सर्पिणी का विष लोक-प्रसिद्ध है। उसका विष अत्यन्त प्रबल है। गुरु नानक देव ने माया को ऐसी सर्पिणी माना है, जिसके विष के वशीभूत सारे जीव हैं—

---

1. श्री गुरुग्रन्थ साहिब, सिरी रागु, महला 5, पृष्ठ 43
2. श्री गुरुग्रन्थ साहिब, सिरी रागु, महला 5, पृष्ठ 50
3. श्री गुरुग्रन्थ साहिब, आसा, छंत, महला 5, पृष्ठ 461

इउ सरपनि कै बसि जीअड़ा[1] *।।7।।15।।*

तीसरे गुरु अमरदास जी ने माया रूपी सर्पिणी की प्रबलता इस भाँति व्यंजित की है, "माया नागिनी का स्वरूप धारण कर सारे जगत् में लिपटी हुई है। बड़े आश्चर्य की बात है कि जो इसकी सेवा करते हैं, उन्हीं को पकड़कर यह खा जाती है—

माइआ होई नागिनी जगति रही लपटाई।
इसकी सेवा जो करे तिसहू कउ फिरि खाइ[2] *।।*

मायाजनित परिणाम

माया में अनुरक्त होने के कारण जीव को अनेक कष्ट भोगने पड़ते हैं, पग-पग पर कष्टों का सामना करना पड़ता है। फिर भी जीव इसके आकर्षक रूप से निकलना नहीं चाहते और उन्हीं में भ्रमित होते रहते हैं।

गुरुओं ने मायाजनित विविध प्रकार के दुःखों के निरूपण किये हैं। माया ऐसी प्रबल है कि बिना दाँतों ही सारे जगत् को खाती है। भावार्थ यह कि जीव को नाना भाँति के कष्ट देती है—

माइआ ममता मोहणी जिनि विणु देता जगु खाइआ[3] *।।*

मनुष्य महा मोह के अन्धकूप में पड़कर, माया के परदे के कारण परब्रह्म परमात्मा को विस्मृत कर देता है। परब्रह्म परमात्मा के विस्मरण से जीव अनेक कष्ट भोगता है—

महा मोह अंध कूप परिआ।
पार ब्रहम माइआ पटलि विसरिआ[4] *।।3।।11।।16।।*

माया के व्यापार में रमने के कारण जीव को जगत् अत्यन्त प्रिय लगता है और वह आवागमन का चक्कर लगाता रहता है।

इस आवागमन के चक्कर में उसे महान् दुःखों की प्राप्ति होती है। विष के कीड़े का विष ही में मन लगता है। माया-लिप्त जीव विष्ठा के कीड़े के तुल्य हैं। वे विष्ठा ही में रहते हैं और अन्तकाल में भी विष्ठा ही में समा जाते हैं—

माइआ मोहु अंतरि मलु लागै माइआ के बापारा राम।
माइआ के वापारा जगति पिआरा आवणि जाणि दुखु पाई।
विखु का कीड़ा विखु सिउ लागा विस्टा माहि समाई[5] *।।3।।5।।*

---

1. श्री गुरुग्रन्थ साहिब, सिरी रागु महला 1, पृष्ठ 63
2. श्री गुरुग्रन्थ साहिब, गूजरी की वार, महला 3, पृष्ठ 580
3. श्री गुरुग्रन्थ साहिब, सोरठि की वार, महला 3, पृष्ठ 643
4. श्री गुरुग्रन्थ साहिब, विलावलु महला 5, पृष्ठ 805
5. श्री गुरुग्रन्थ साहिब, वडहंसु, महला 3, छंत, पृष्ठ 571

इस प्रकार मायाजनित परिणाम अत्यन्त दुःखमय हैं। जब मायाजनित दुःखों को भोगना पड़ता है, तो जीव अत्यन्त दुःखित होकर बिललाते हैं। उन्हें शान्ति नहीं प्राप्ति होती—

माइआ झूठु रुदनु केते बिललाहीं राम।।[1] *2।।6।।9।।*

माया से तरने के उपाय

इस दुस्तर, अन्धी और विषम माया से पार पाना दुष्कर है[2]। परन्तु दुष्कर वस्तुओं से पार पाने के भी साधन होते हैं। उन साधनों के आचरण से माया की दुरूहता दूर हो जाती है। सिक्ख गुरुओं ने माया से तरने के अनेक उपाय बताये हैं। उनका संक्षेप में उल्लेख किया जा रहा है—

माया तथा मायिक पदार्थों में

अनित्य एवं मिथ्या भाव का आरोप—पंचम गुरु अर्जुन देव ने कहा है, "यदि माया को गहकर पकड़ा जाय, तो हाथ में नहीं आती। इससे हम कितनी ही प्रीति क्यों न करें, पर यह अन्त में हमारे साथ नहीं चलती। यदि हम इसे त्याग दें, तो यह आकर हमारे चरणों में पड़ जाती है—

गहु करि पकरी न आई हाथि।
प्रीति करि चाली नहीं साथि।।
कहु नानक जउ तिआगि दई।
तब ओह चरणी आइ पई।।[3] *।।1।।18।।29।।*

इसलिए माया-निवृत्ति के लिए उसका त्याग आवश्यक है। यह बड़ी ही मोहिनी है। किन्तु गुरुओं ने जहाँ एक ओर इसकी मोहिनी शक्ति की प्रबलता प्रदर्शित की है, वहाँ दूसरी ओर इसके राग-रंगों को क्षणभंगुर और अनित्य कहा है। माया की चमक-दमक बादल की छाया के समान नश्वर है—

माइआ रंग बिरंग खिनै महि जिउ बादर की छाइआ[4] *।।3।।7।।16।।*

तथा

माइआ का रंगु सभु फिका जातो बिनसि निदान।।[5] *2।।8।।78।।*

यह माया स्वाँगी के समान मन को रिझाने वाली है। किन्तु जब स्वामी अपने खेल समाप्त कर लेता है, तब दर्शकगण पछताते हैं। उसी प्रकार माया भी है। यह मेघ की छाया के समान क्षणभंगुर हैं—

---

1. श्री गुरुग्रन्थ साहिब, विहागड़ा, महला 5, पृष्ठ 548
2. दुतर अंध विखम इह माइआ।।3।26।।
   आसा, महला 5, पृष्ठ 377
3. श्री गुरुग्रन्थ साहिब, रामकली, महला 5, पृष्ठ 891
4. श्री गुरुग्रन्थ साहिब, मारू, महला 5, पृष्ठ 1003
5. श्री गुरुग्रन्थ साहिब, सिरी रागु, महला 5, पृष्ठ 45

त्रिविध माइआ रही बिआपि। जो लपटानो तिसु दूख संताप

...

स्वांगी सिउ जो मनु, रीझावै। स्वांगि उतारिऐ फिरि पछुतावै।।[1] *1।। रहाउ।।*

गुरु नानक देव ने कहा है कि माया की सारी रचना धोखा है। इसमें कुछ सार नहीं है—

बाबा माइआ की रचना धोहु।[2] *।।रहाउ।।*

माया के शब्द, स्पर्श, रूप, रस, गन्ध आदि नश्वर हैं। माया के सारे प्रपंच, कनक, कामिनी सब छलपूर्ण हैं। भाण्डार, द्रव्य, अरबों-खरबों की सम्पत्ति देखकर मन को चाहे भले ही प्रबोधित कर लिया जाय, पर इन सबमें एक भी साथ देनेवाले नहीं हैं। यही दशा, पुत्र, कलत्र, भाई और मित्र की भी है। जो व्यक्ति इन्हीं को सर्वस्व समझकर, इन्हीं में लिपटा रहता है, वह सचमुच ही भ्रम में मोहित है, क्योंकि उपर्युक्त वस्तुएँ वृक्ष की छाया के समान क्षणभंगुर हैं—

रूप रंग सुगंध भोग तिआगि चले, माइआ छले कनिक कामिनी।।
रहाउ।।

भंडार दरब अरब खरब पेखि लीला मनु सधारै, नह संग गामिनी।।
सुत कलत्र भ्रात मीत उरझि परिओ भरमि मोहिओ, इह विरख छामिनी।।[3] *2।।2।।60।।*

पंचम गुरु अर्जुन देव ने बतलाया है कि त्रिगुणात्मक माया की सारी नाम रूपात्मक वस्तुएँ, चाहे इंद्रपुरी हो, चाहे ब्रह्मपुरी हो, चाहे शिवपुरी हो, सब विनष्ट हो जायँगी। इसी प्रकार पर्वत, वृक्ष, धरणी, आकाश, तारागण, रवि, शशि, पवन, पावक, जल, दिन-रात, व्रत, व्रतों के अनेक भेद, शास्त्र, स्मृति, वेद, तीर्थ, देव मन्दिर, धार्मिक ग्रन्थ, माला, तिलक, पवित्र रसोईघर, होता अर्थात् अग्नि-आराधक, धोती आदि क्रियाएँ, दण्डवत्, प्रसादों के भोग, सारे मनुष्य, जाति, वर्ण, हिन्दू-मुसलमान, पशु-पक्षी, अनेक योनियाँ, जिन्द आदि, यहाँ तक कि समस्त दृश्यमान् जगत् के सारे प्रसार विनष्ट हो जायँगे।[4]

भायिक पदार्थों की क्षणभंगुरता का अनुमान किये बिना साधक साधना-पथ में आगे नहीं बढ़ सकता। इसीलिए गुरुओं ने मनुष्यों को सचेत किया है कि माया के पदार्थ अनित्य एवं क्षणभंगुर हैं। ताकि साधक इनके आकर्षणों की प्रीति का

---

1. श्री गुरुग्रन्थ साहिब, भैरउ, महला 5, पृष्ठ 1145
2. श्री गुरुग्रन्थ साहिब, सिरी रागु, महला 1, पृष्ठ 15
3. श्री गुरुग्रन्थ साहिब, रागु रामकली, महला 5, पृष्ठ 901
4. इंद्रपुरी महिसर पर रमणा। ब्रह्मपुरी निहचलु नहीं रहणा।
   सगल पासारु दीसै पासारा। बिनसि जाइगो सगल आकारा।।
   श्री गुरुग्रन्थ साहिब, रागु गउड़ी-गुआरेरी, महला 5, पृष्ठ 237

त्यागकरें, तभी वह माया से मुक्त हो सकता है अन्यथा इससे मुक्ति पाना अत्यन्त कठिन है।

सत्संगति और भगवत्कृपा—माया-निवृत्ति में भगत्कृपा का बहुत भारी हाथ है। भगवत्कृपा से सत्संगति प्राप्त होती है। सत्संगति से मनुष्य को सत्-असत् वस्तुओं का ज्ञान होता है। गुरुओं ने इसीलिए माया-निवृत्ति में सत्संगति की बड़ी महत्ता बतायी है। गुरु अर्जुन देव कहते हैं, "माया सर्वव्यापिनी है यह अनेक रूपों में मोहती है। पुत्र, कलत्र, हाथी-घोड़े, रूप-यौवन, काम, क्रोध, लोभ और मोह आदि का रूप धारण कर तथा नाना आचारों, व्यवहारों के रूपों में मनुष्यों को मोहित करती है। पर यह सन्तों के निकट आती ही नहीं, क्योंकि उनका बंधन तो परमात्मा पहले ही काट देते हैं—

संतन से बंधन काटे हरि राइ। ता कउ कहा बिआपै माइ।।
कहु नानक जिनि धूरि संत पाई। ताकै निकटि न आवै माई[1] ।।

यही कारण है कि जो लोग श्रद्धा भाव से सन्तों की धूरि पा जाते हैं, उनके निकट माया फटक नहीं सकती।

यह माया ब्रह्मलोक, शिवलोक तथा इन्द्रलोक पर अपना प्रभुत्व जमाये हुए हैं। किन्तु साधु पुरुषों की संगति की ओर यह देख भी नहीं सकती साधुओं के पैरों को तो यह मल-मलकर धोती है—

ब्रहम लोक अरु रुद्र लोक आई इन्द्र लोक ते धाई।
साध संगति कउ जोहि न साकै मलि मलि धौवै पाई[2] ।।1।।13।।21।।

परन्तु यह सत्संग भगवान् की कृपा से प्राप्त होता है। गउड़ी बावन अखरी में एक स्थान पर गुरु अर्जुन देव ने माया-निवृत्ति के सम्बन्ध में यह प्रश्न किया है, "हे साजन, कुछ ऐसा उपाय बतलाओ, जिससे इस विषम माया से तरा जाय?"—

ऐ साजन कछु कहहु उपाइआ। जाते तरउ विखम इह माइआ[3]

उस स्थल पर यह उत्तर दिया गया है कि यदि परमात्मा किसी पर कृपा करके सत्संगति मिला दें, तो उस व्यक्ति के निकट माया नहीं जा सकती,

करि किरपा सतसंगि मिलाए। नानक ताके निकट न माए[4] ।।

कृपालु परमात्मा अपनी कृपा से सत्संगति का मेल कराता है और उस सत्संगति से माया से मुक्ति मिलती है—

भए कृपाल दइआल प्रभ मेरे साध-संगति मिलि छूटे[5] ।।1।।रहाउ।।1।।9।।

---

1. श्री गुरुग्रन्थ साहिब, रागु गउड़ी, गुआरेरी, महला 5, पृष्ठ 182
2. श्री गुरुग्रन्थ साहिब, गूजरी, महला 5, पृष्ठ 500
3. श्री गुरुग्रन्थ साहिब, गउड़ी बावन अक्खरी, महला 5, पृष्ठ 251
4. श्री गुरुग्रन्थ साहिब, गउड़ी बावन अक्खरी, महला 5, पृष्ठ 251
5. श्री गुरुग्रन्थ साहिब, गूजरी, महला 5, पृष्ठ 497

माया भक्तों की दासी बनकर उनका कार्य करती है। इसीलिए भक्तों अथवा सन्तों का संग आवश्यक है—

माइआ दासी भगता की कार कयावै[1]

सद्गुरु-प्राप्ति तथा उनका उपदेश-श्रवण—त्रिगुणात्मक माया में अनेक उपदेश-प्रवचन चाहे भले ही किये जायँ, किन्तु भ्रम-निवृत्ति नहीं होती। इससे न तो त्रिगुणात्मक माया के बंधन टूटते हैं और न मुक्ति ही प्राप्ति होती है। इसलिए युग-युगान्तरों में यदि कोई मुक्ति प्रदान करनेवाला है, तो वह सद्गुरु ही है—

त्रै गुण बखाणै भरमु न जाइ।
बंधन न तूटहि मुकति न पाइ।।
मुकति दाता सतिगुरु जुग माहि[2] ।।

माया ने नवखण्ड और सभी स्थानों पर अपना प्रभुत्व जमा लिया है। तटों-तीर्थों, योग-संन्यास किसी को भी इसने नहीं छोड़ा। पर उपदेश सुनकर गुरु के पास आया। गुरु ने हरि-नाम का अबोध मन्त्र दृढ़ कर दिया। गुरु के अनन्त गुणों को गाकर अपने वास्तविक घर (आत्म-स्वरूप) में स्थान पाया। इस प्रकार मुझे प्रभु की प्राप्ति हो गयी और माया के सारे बंधन कट गये। इसलिए परम निश्चिन्तावस्था प्राप्त हो गयी।

सुणि उपदेसु सतिगुर पहि आइआ। गुरि हरि हरि नामु मोहि दृढ़ाइआ।।
निज घरि वसिआ गुण गाइ अनन्ता। प्रभु मिलिओ नानक भए अचिंता[3] ।।4।।4।।

गुरु अमरदास जी ने एक रूपक के द्वारा गुरुमुख की महत्ता बड़े ही सुन्दर ढंग से व्यक्त की है, ''माया नागिन के समान सारे जगत् में लिपटी हुई है। जो इसकी सेवा करते हैं उन्हीं को यह खा जाती है। पर गुरुमुखगारुड़ सर्प का विष झाड़नेवाले के समान है। गुरुमुख रूपी गारुड़ (साँप का मन्त्रवेत्ता) माया रूपी सर्पिणी को ध्वस्त कर पैरों में ला बिठा देता है—

माइआ होई नागनी जगति रही लपटाइ।
इसकी सेवा जो करे तिसहू कउ फिरि खाइ।।
गुरमुखि कोई गारुडू तिनि मलि दलि लाई पाइ[4] ।।

प्रेमाभक्ति—माया-निवृत्ति के लिए परमात्मा की प्रेमा-भक्ति सबसे बड़ा साधन है। इस प्रेमा-भक्ति में नाम अमोघ ओषधि है। नाम जप से त्रिगुणात्मक माया का कठोर बंधन सदैव के लिए समाप्त हो जाता है—

हरि जपि माहआ बंधन टूटे।[5]

---

1. श्री गुरुग्रन्थ साहिब, गउड़ी-गुआरेरी, महला 3, पृष्ठ 231
2. श्री गुरुग्रन्थ साहिब, गउड़ी-गुआरेरी, महला 3, पृष्ठ 231
3. श्री गुरुग्रन्थ साहिब, आसा, महला 5, पृष्ठ 371
4. श्री गुरुग्रन्थ साहिब, गूजरी की वार, महला 3, पृष्ठ 510
5. श्री गुरुग्रन्थ साहिब, गूजरी, गहला 5, पृष्ठ 497

माया के तीनों गुणों में सारा संसार बरत रहा है। नरक, स्वर्ग तथा बार-बार जन्म-धारण का प्रश्न चलता ही रहता है। किन्तु जो व्यक्ति परमात्मा के पवित्र नाम में प्रेम रखने लगते हैं, उनका जन्म सफल हो जाता है और वही जन्म श्रेष्ठ समझना चाहिए—

त्रिहु गुण महि बरते संसारा। नरक सुरग फिरि फिरि अउतारा।।

कहु नानक जो लाइआ नाम। सफल जनमु ताका परवान।।

प्रभु की ओट से अर्थात् प्रभु के शरणागत भाव से माया सहज ही तरी जा सकती है—

प्रभ की ओट गही तब छूटो[1]।

1. श्री गुरुग्रन्थ साहिब, धनासरी, महला 5, पृष्ठ 603

जीव, मनुष्य और आत्मा

जीव परमात्मा की सृष्टि की सबसे चेतनशील शक्ति है, इसमें सुख-दुःख अनुभव करने की शक्ति तथा चेतना है।

हुकम से जीव की उत्पत्ति—जीव परमात्मा के 'हुकम' से उत्पन्न होते हैं। गुरु नानक देव जी ने जपुजी में कहा है, परमात्मा के 'हुकम' से सारी दृश्यमान् और नामरूपात्मक वस्तुओं की उत्पत्ति होती है। उसके 'हुकम' के 'क्यों'[1] के सम्बन्ध में कोई कुछ भी नहीं कह सकता। 'हुकम' से ही जीवों की उत्पत्ति होती है और 'हुकम' से ही बड़ाई प्राप्त होती है—

"हुकमी होवनि आकार हुकमु न कहिआ जाई।
हुकमी होवनि जीव हुकमि मिलै बडिआई[2]"

गउड़ी राग में भी यही बात स्वीकार की गयी है कि जीव परमात्मा के 'हुकम' से ही अस्तित्व में आते हैं और 'हुकम' से ही फिर परमात्मा में समा जाते हैं। इस प्रकार के जीव के आगे और पीछे हुकम ही है—

'हुकमै आवै हुकमै जाइ। आगै पीछै हुकमि समाइ।।2।।2।।

जीव, जातियों और अनेक रंगों के नामों पर परमात्मा का हुकम है।

जीअ जाति रंगा के नाव। सभना लिखिआ वुड़ी कलाम[3]।

जीव की अमरता—जीव, परमात्मा से उत्पन्न होता है और उसके अन्तर्गत परमात्मा का निवास रहता है। परमात्मा, एक, ओंकार, सत्यस्वरूप, कर्त्ता पुरुष, निर्भय, निर्वैर, अकाल मूर्ति, अजोनी, स्वयंभू का जब जीव के अन्तर्गत निवास हैं, तब जीव क्यों न अमर हो? इसलिए स्थान-स्थान पर इस बात का संकेत मिलता है कि जीव अमर है—

देहि अंदरि नामु निवासी। आपै करता है अविनासी।।
ना जिउ मरै न मारिआ जाई करि देखे सबदि रजाई है।।4।।13।।6।।

परमात्मा की अमरता के कारण ही जीव न मरता है, न डूबता है।

न जीउ परै न डूबै तरै1 ।।2।।2।।

---

1. श्री गुरुग्रन्थ साहिब, जपुजी, पौड़ी 2, महला 1, पृष्ठ 1
2. श्री गुरुग्रन्थ साहिब, गउड़ी, महला 1, पृष्ठ 151
3. श्री गुरुग्रन्थ साहिब, जपुजी, पौड़ी 16, पृष्ठ 3
4. श्री गुरुग्रन्थ साहिब, मारू सोलहे, महला 1, पृष्ठ 1026

जीव अनन्त हैं—जीव अनन्त हैं।

तिसु विचि जीअ जुगति के रंग।
तिनके नाम अनेक अनन्त[2] ।।

यद्यपि जीव अनन्त है, पर वे सब एक ही सूत्र में उसी भाँति पिरोये गये हैं, जिस भाँति माले की अनेक गुरिआँ एक ही सूत्र में पिरोयी जाती हैं, किन्तु उनकी गाँठें भिन्न-भिन्न होती हैं, उसी भाँति जीव भी अनेक हैं, पर वे सब एक ही सूत्रात्मा में पिरोए हुए हैं—

एकै सूति परोए मणीए
गाठी भिनि भिनि भिनि भिनि तणीए।[3]

गुरु अमरदास जी ने इन अनन्त जीवों को नारि के समान माना है। उन सबका स्वामी एक परमात्मा ही है। वही पुरुष है—

इसु जग महि पुरखु एकु है होर सगली नारि सबाई[4]।

गुरुओं ने स्थान-स्थान पर यह बतलाया है कि सभी जीवों का स्वामी परमात्मा है; यथा—

जीअ उपाइ जुगति वसि कीनी[5] ।।3।।2।।
जीअ उपाइ जुगति हाथि कीनी[6] ।।2।।7।।
तू अंतरिजामी जीअ सभि तेरे[7] ।।6।।1।।18।।
जीउ पिंडु सभु तेरै दासि[8] ।।3।।31।।
जीअ जंत सभि तिसदे सभना का सोई[9] ।।4।।5।।27।।
जीअ अन्त सभ तेरे कीते धटि धटि तुही धिआईऐ[10] ।।3।।6।।53।।

परमात्मा जीवों की उत्पत्ति करके, वही उनके भोजन आदि का प्रबन्ध करता है। जीव की कुछ भी सामर्थ्य नहीं है—

जीअ उपाइ रिजकु दे आपै सिरि सिरि हुकमु चलाइआ[11] ।।1।।5।।22।।
जीउ उपाइ पिंडु जिनि साजिआ दिता पैनणु खाणु[12] ।।2।।16।।44।।

---

1. श्री गुरुग्रन्थ साहिब, गउड़ी, महला 1, पृष्ठ 151
2. श्री गुरुग्रन्थ साहिब, जपुजी, पौड़ी 34, पृष्ठ 7
3. श्री गुरुग्रन्थ साहिब, रामकली, महला 5, पृष्ठ 886
4. श्री गुरुग्रन्थ साहिब, वडहंसु की वार, महला 3, पृष्ठ 591
5. श्री गुरुग्रन्थ साहिब, मलार, महला 1, पृष्ठ 1274
6. श्री गुरुग्रन्थ साहिब, आसा, महला 1, पृष्ठ 350
7. श्री गुरुग्रन्थ साहिब, मारू सोलहे, महला 1, पृष्ठ 1038
8. श्री गुरुग्रन्थ साहिब, सिरी रागु, महला 1, पृष्ठ 25
9. श्री गुरुग्रन्थ साहिब, रागु आसा, महला 3, पृष्ठ 425
10. श्री गुरुग्रन्थ साहिब, सूही, महला 5, पृष्ठ 748
11. श्री गुरुग्रन्थ साहिब, मारू, महला 1, पृष्ठ 1042
12. श्री गुरुग्रन्थ साहिब, सोरठि, महला 5, पृष्ठ 620

जीव की अल्पज्ञता—जीव का समस्त अस्तित्व परमात्मा ही पर निर्भर है। जिस समय जीव परमात्मा के महान् स्वरूप से अहंकार और मायावश पृथक् होता है, उस समय वह अल्पज्ञ हो जाता है। जीव की दशा वैसी ही होती है, जैसे अनन्त सागर से पृथक् होने से एक बूँद की होती है अथवा जैसे अग्नि के अनन्त पुंज से पृथक् होने से चिनगारी की होती है। गुरु नानक देव कहते हैं कि जिधर भी दृष्टि जाती है, उधर परमात्मा ही दृष्टिगोचर होता है। परन्तु जीव जब अपने को पृथक् समझने लगते हैं, तो उनकी बड़ी दुर्गति होती है—

जह जह देखा तह तह तू है। तुझते निकसी फूटि मरा[1] ।।

गुरु अर्जुन देव ने जीव की अल्पज्ञता और शक्तिहीनता का इस भाँति परिचय दिया है, "कठपुतली (जीव) बेचारी कर क्या सकती है? उस कठपुतली का सूत्रधार (परमात्मा) ही उसकी सारी गतिविधि को जान सकता है। उसका सूत्रधार जैसा-जैसा उससे वेश धारण करायेगा, उस बेचारी को वैसा-वैसा वेश धारण करना पड़ेगा। परमात्मा ने अनेक कोठरियों (जीवों) का भिन्न-भिन्न रूपों में निर्माण किया है। वही उन कोठरियों (जीवों) का रक्षक है। जिस प्रकार परमात्मा महल रखना चाहता है, वैसे ही रहना चाहिए।

काठ की पुतरी कहा करै बपुरी खिलावन हारो जानै।
जैसा भेखु करावै बाजीगरु ओहु तैसो साजु आनै।।
अनिक कोठरी बहुतु भाति करीआ आपि होवा रखवारा।।
जैसे महलि राखै तैसे रहना किआ इहु करै विचा विचारा[2] ।।4।।
।।5।।126।।

जीवों का प्रेरक परमात्मा है—जीव की पृथक् शक्ति कुछ भी नहीं है। उसकी सारी शक्तियों का मूल स्रोत परमात्मा है। गुरुओं ने परमात्मा को ही जीवों का प्रेरक माना है। इस सम्बन्ध में गुरु अर्जुन देव का कथन युक्ति-युक्त प्रतीत होता है—

जीव का बल अपने हाथ में कुछ भी नहीं। करने-करानेवाला सभी जीवों का स्वामी परमात्मा है। अर्थात् परमात्मा अपनी प्रेरक-शक्ति से जीवों का कार्य-शक्ति में नियुक्त करता है। जीव बेचारा तो आज्ञाकारी मात्र है। जो उस परमात्मा को भाता है, वही होता है। परमात्मा ही के इच्छानुसार जीव कभी ऊँच योनियों में वास करता है, तो कभी नीच योनियों में। कभी वह विपत्तियों के कारण शोक उद्विग्न होता है, तो कहीं रागरंग में क्रीड़ा करता है। कभी दूसरी की निन्दा करने के व्यवहार में रत रहता है। कभी हर्ष के कारण आकाश में ऊँचा उठता है और

---

1. श्री गुरुग्रन्थ साहिब, सिरि रागु, महला 1, पृष्ठ 25
2. श्री गुरुग्रन्थ साहिब, गउड़ी, महला 5, पृष्ठ 206

कभी चिन्ता के कारण पाताल में पड़ा रहता है। कभी ब्रह्मवेत्ता बनकर ब्रह्मचिन्तन करता है। परमात्मा ही जीवों को अपने में मिलानेवाला है। कभी जीव नाना भाँति से नाच करते हैं और कभी-कभी (तमोगुणी वृत्ति—निद्रा, आलस्य और प्रमाद के कारण) सोता रहता है। कभी जीव भयानक क्रोध के वशीभूत हो जाते हैं। कभी विनम्रता के कारण सभी के पैरों की धूल बन जाते हैं। कभी जीव उसकी आशा का अनुसार बड़ा राजा बन बैठता है और कभी-कभी नीच भिखारी का साज बनाता है। कभी बुरे कर्म करके अपकीर्त्ति का भागी बनता है और कभी भले कर्म करके भला कहलाता है। यह उसी प्रकार जीवन व्यतीत कराता है, जिस प्रकार प्रभु उससे जीवन व्यतीत कराता है। हे नानक, कोई विरला पुरुष गुरु की कृपा से प्रभु को स्मरण करता है। जीव कभी पण्डित की स्थिति में आकर अन्य लोगों को उपदेश देता है और कभी मौनी बनकर ध्यान लगाने की चेष्टा करता है। कभी तट-तीर्थों में स्नान करता है, तो कभी सिद्ध और साधक बनकर मुख से ज्ञान की बातें करता है। जीव कभी कीट, हस्ति पतंगादि बनता है। इस प्रकार वह अनेक योनियों में भ्रमण करता है। वह परमात्मा के आज्ञानुसार स्वाँगी की भाँति अनेक रूपों को धारण करता है। जैसे प्रभु को अच्छा लगता है वैसे ही जीवों को नचाता है।''[1]

माया-ग्रस्त होने के कारण जीवों का अनेक योनियों में भ्रमण—जीव स्वप्न तुल्य मायिक पदार्थों में ध्यान लगता है, इससे वह अपने अमरत्व स्वभाव को भूलकर बद्ध हो जाता है। राज और रस इत्यादि के भोग में वह परमात्मा को भूल जाता है। कार्यों-धन्धों में दौड़ते-दौड़ते उसकी सारी आयु व्यतीत हो जाती है। इस प्रकार माया में ग्रस्त होने के कारण बेचारे जीव के एक भी कार्य पूरे नहीं होते—

सुपने सेती चितु मूरखि लाइआ।
बिसरे राज रस भोग जानत भखलाइआ।।
आरजे गई बिहाइ धधै धाइआ।।
पूरन भए न काम मोहिआ माइआ।।[2]

माया के वशीभूत होने के कारण जीव अनेक पापों को करता है। इससे उसे महा वज्रवत् और विष तुल्य व्याधियों की पोटली सिर पर उठानी पड़ती है। किन्तु कुछ ही क्षणों में उसके पापों का भण्डाफोड़ हो जाता है और यमराज के दूत बाल पकड़कर कष्ट देते हैं। पापों की वृद्धि के कारण अनेक

---

1. इसका बलु नाही इसु हाथ। करन करावन सरब को नाथ।।
   ....
   जो तिसु भावै सोई होइ। नानक दूजा अवरु न कोई।।
   श्री गुरुग्रन्थ साहिब, गउड़ी, सुखमनी, महला 5, पृष्ठ 277-78
2. श्री गुरुग्रन्थ साहिब, जैतसरी, महला 5, पृष्ठ 707

तमोगुणी योनियों में (उदाहरणार्थ पशु, प्रेत, ऊँट और गधे इत्यादि की) पड़ना पड़ता है—

महा बजर विख विआधी सिर उठाई ओट।
उधरि गइआ खिनहि भीतरि जमहि ग्रसे झ़ोट।
पसु परेत उसट गरधभु अनेक जोनी लेट[1] ।।2।।81।140।।

माया मोह के कारण ही जीवों को अनेक योनियों में भ्रमण करना पड़ता है। कभी रूख, वृक्ष की योनि धारण करनी पड़ती है, तो कभी पक्षियों की योनि में पड़ना पड़ता है। कभी सर्प योनि धारण करना पड़ता है, तो कभी पक्षियों की—

केते रुख विरख हम चीने, केते पसू उपाए।
केते नाग कुली महि आए, केते पंख उड़ाए[2] ।।2।।5।।70।।

सारांश यह है कि जिस भाँति जाल में मछली पकड़ी जाती है, उसी भाँति मनुष्य भी माया के जाल में जकड़ा रहता है—

जिउ मछी तिउ माणसा पवै अचिन्ता जाकु[3] ।।1।।रहाउ।।4।।

जीव का परमात्मा में लय होना—जीवों के अन्तर्गत परमात्मा का निवास है। साधनों द्वारा इसी परमात्म-तत्व की अनुभूति जीव को हो जाती है, और वह अपने सारे अहंभाव को भूल जाता है, तो वह परमात्मा से मिलकर एक हो जाता है। इस प्रकार जीव परमात्मा से ही उत्पन्न होते हैं और उसी में मिलकर एक भी हो जाते हैं—

तुझते उपजहिं तुझ माहि समावहिं[4] ।।16।।2।।14।।

परन्तु इस अभेद भाव के लिए भ्रम-निवृत्ति आवश्यक है। भ्रम गुरु द्वारा नष्ट होता है। इसके लिए अपना समस्त अहंभाव नष्ट कर देना पड़ता है। अहंभाव नष्ट हो जाने पर एक ही परमात्मा आगे पीछे दिखायी देने लगता है और जीव परमात्मा में विलीन होकर उससे अभिन्न हो जाता है—

हम किछु नाहीं एकै ओही। आगै पीछै एको सोई।।
नानक गुरि खोए भ्रम भंगा। हम ओह मिलि होवें इक रंगा[5]
।।4।।32।।83।।

जीवों के नाना रूप परमात्मा के ही हैं और वे उसी में समाहित हो जाते हैं—

नाना रूप सदा हहि तेरे तुझ ही माहि समाहीं[6] ।।

---

1. श्री गुरुग्रन्थ साहिब, सारंग, महला 5, पृष्ठ 1224
2. श्री गुरुग्रन्थ साहिब, गउड़ी, चेती महला, 1, पृष्ठ 156
3. श्री गुरुग्रन्थ साहिब, सिरी रागु, महला 1, पृष्ठ 55
4. श्री गुरुग्रन्थ साहिब, मारू सोलहे, महला 1, पष्ठ 1035
5. श्री गुरुग्रन्थ साहिब, आसा, महला 5, पृष्ठ 391
6. श्री गुरुग्रन्थ साहिब, गउड़ी-वैरागिणी, महला 3, पृष्ठ 162

कहने का तात्पर्य यह है कि जिस भाँति जल की तरंगें और फेन जल के साथ मिलकर जब एक हो जाते हैं, उसी भाँति जीवात्मा अहंकार और भ्रम के त्यागने से परमात्मा के साथ मिलकर एक हो जाता है और अपने नाम तथा रूप को त्यागकर परब्रह्म बन जाता है—

जिउ जल तरंग फेनु जल होई है सेवक ठाकुर भए एका।
जह ते उठिओ तह ही आइओ सभ एकै एका[1] ।।2।।4।।27।।

गुरु अर्जुन देव ने बतलाया है, "जिस भाँति जल में जल आकर मिल जाता है, उसी भाँति जीवों में स्थित परमात्मा की ज्योति, परमात्मा की अखण्ड ज्योति से मिलकर एक हो जाती है", तो जीव का सारा आवागमन समाप्त हो जाता है और उसे महान् शान्ति प्राप्ति होती है—

जिउ जल महि जलु आइ खटाना।
तिउ जोती संग जोति समाना।।
मिटे गये गवन पाए विस्राम[2] ।।8।।11।।

ठीक यही विचारधारा कठोपनिषद् में भी पायी जाती है—

यथोदकं शुद्धे शुद्धमासिक्तं तादृगेव भवति।
एवं मुनेर्विजानत आत्मा भवति गौतम[3] ।।

अर्थात् जिस प्रकार शुद्ध जल में डाला हुआ शुद्ध जल वैसा ही हो जाता है, उसी प्रकार हे गौतम, विज्ञानी मुनि की आत्मा भी हो जाती है।

मनुष्य

परमात्मा की सृष्टि में अनन्त जीव हैं। इसमें मूढ़ योनियों के जीवों से लेकर मनुष्य योनि के जीव हमारी आँखों के सामने दृष्टिगोचर होते हैं। कीट, कृमादिक जीवों से जैसे-जैसे हम अन्य उच्च योनि के जीवों की ओर दृष्टिपात करते हैं, वैसे-वैसे हमें अधिक चेतनता के दर्शन होते हैं। परमात्मा की सामान्य चेतना विभिन्न शरीरों में प्रविष्ट होकर विभिन्न विशिष्ट चेतनता का स्वरूप धारण कर लेती है। तभी तो पंचदशीकार ने कहा है—

विष्णवाद्युत्तमदेहेषु प्रविष्टो देवता भवेत् ।
मर्त्याद्यधमदेहेषु स्थितो भजति मर्त्यताम्[4] ।।

अर्थात् विष्णु आदि उत्तम देहों में प्रविष्ट हुआ परमात्मा देवता हो जाता है और मनुष्य आदि के अधम देहों में स्थित हुआ मर्त्यभाव को प्राप्त होता है।

---

1. श्री गुरुग्रन्थ साहिब, सारंग, महला 5, पृष्ठ 1209
2. श्री गुरुग्रन्थ साहिब, गउड़ी, महला 5, पृष्ठ 278
3. कठोपनिषद्, अध्याय 2, वल्ली 1, मन्त्र 15,
4. पंचदशी, श्री विद्यारण्य स्वामी, नाटक दीप प्रकरणम्, श्लोक 2

तात्पर्य यह है कि उत्तम अधम भाव, स्वाभाविक नहीं है, किन्तु शरीर रूप उपाधि भेद से है।

मनुष्य योनि की श्रेष्ठता—मनुष्य इस लोक की जीव-सृष्टि का सबसे अधिक चेतनशील प्राणी है। परमात्मा की विशिष्ट चेतनता उसमें उत्कृष्ट रूप में पायी जाती है। गुरुओं की दृष्टि में मनुष्य-योनि सर्वोत्कृष्ट योनि है। यह योनि अत्यन्त दुर्लभ है—

माणसु जनमु गुरमुखि पाइआ[1] ।।1।।1।।3।।

मनुष्य योनि की प्राप्ति बड़े भाग्य का फल है। अनेक जन्मों के पुण्यों के फलस्वरूप मानव-तन की प्राप्ति होती है।

बडै भाग इहु सरीर पाईआ[2] ।।5।।7।।21।।

अनेक जन्मों में भ्रमण करते-करते, तब कहीं मनुष्य का चोला प्राप्त होता है—

फिरत फिरत बहु जुग हारिओ मानस देह लही[3] ।।2।।222।।

मानव-योनि बार-बार नहीं प्राप्त होती है। इसलिए गुरुओं ने स्थान-स्थान पर कहा है कि मानव-शरीर को प्राप्ति होने पर मनुष्य को मुक्ति प्राप्ति का प्रयास अवश्य करना चाहिए—

मानस देह बहुरि नहि पावहि कछु उपाउ मुकति का करुरे[4]।
भई परापति मानुख देहुरिआ।
गोविन्द मिलण की इह तेरी बरीआ।।
अवरि काज तेरै वितै न काम।
मिलु साध संगति भजु केवल नाम।।[5] 1।।29।।

चौरासी लाख योनियों में मनुष्य योनि का इसलिए सर्वोपरि महत्त्व है कि यह योनि मुक्ति-प्राप्त की सीढ़ी है। जो अभागा इस सीढ़ी से फिसल जाता है, वह फिर आवागमन के चक्कर में पड़कर निरन्तर दुःख भोगता है।

लख चउरासीह जोनि सबाई। माणस कउ प्रभु दई वड़िआई।।
इस पउड़ी ते जो नस चूकै सो आइ जाइ दुखु पाइदा।।[6]

मनुष्य योनि की सर्वोत्कृष्टता को ध्यान में रखते हुए भी गुरु अर्जुन देव ने कहा है, "अन्य योनियाँ, मनुष्य योनि की पनिहारिने हैं। इस भूमण्डल पर मनुष्य योनि का ही प्रभुत्व है।

---

1. श्री गुरुग्रन्थ साहिब, सूही, महला 1, काफ़ी, पृष्ठ 751
2. श्री गुरुग्रन्थ साहिब, मारू सोलहे, महला 3, पृष्ठ 1065
3. श्री गुरुग्रन्थ साहिब, सोरठि, महला 9, पृष्ठ 631
4. श्री गुरुग्रन्थ साहिब, गउड़ी, महला 9, पृष्ठ 220
5. श्री गुरुग्रन्थ साहिब, आसा, महला 5, पृष्ठ 378
6. श्री गुरुग्रन्थ साहिब, मारू सोलहे, महला 5, पृष्ठ 1075

अवर जोनि तेरी पनिहारी।
इसु धरती महि तेरी सिकदारी।।[1] 4।।12।।

मनुष्य जीवन की विविध अवस्थाएँ—गुरु नानक देव ने मानव-जीवन को विभिन्न अवस्थाओं में विभाजित करके यह बतलाया है कि किस प्रकार उसकी सारी आयु व्यर्थ ही बीत जाती है। इस विभाजन को निम्नलिखित ढंग से रखा जा सकता है—

(1) गर्भावस्था।
(2) बाल्यावस्था।
(3) यौवनावस्था।
(4) वृद्धावस्था का प्रारम्भ।
(5) अत्यन्त वृद्धावस्था।
(6) मरणावस्था।

1. गर्भावस्था—मनुष्य परमात्मा के हुकम से गर्भ में आता है। गर्भावस्था के कष्टों का अनुभव करके, वह अनेक प्रकार के उर्द्ध तप करता है और परमात्मा से प्रार्थना करता है कि उसे गर्भ के कष्टों से मुक्त करें।

पहिलै पहरे रैणि के वणजारिआ पिया हुकमि पइआ गरभासि।
उरध तपु अंतरि करै मित्रा खसम सेती अरदासि[2] ।।1।।1।।

2. बाल्यावस्था—मनुष्य अपनी बाल्यावस्था में गर्भ के तपों को विस्मृत हो जाता है। लोग उसे हाथों हाथ इस प्रकार नचाते रहते हैं, जैसे यशोदा के घर में कृष्ण नचाये जाते थे। माता बड़े प्रेम भाव से कहती है "यह मेरा पुत्र है।" परन्तु ऐ मूर्ख, चेतो, तुम्हारा कोई नहीं है और अन्त में तुम्हारा कोई भी साथ नहीं देगा—

दूजै पहरै रैणि के वणजारिआ मित्रा बिसरि गइआ धिआनु।
हथो हथि नचाईऐ वणजारिआ मित्रा जिउ जसुधा धरि कानु।।
हथो हथि नचाइऐ प्राणी मात कहै, सुत मेरा।
चेति अचेत मूढ़ मन मेरे अंति नहीं कछु तेरा[3] ।।2।।1।।

3. यौवनावस्था—यौवनावस्था में मनुष्य कामिनी और काञ्चन का शिकार होता है और परमात्मा को एकदम भूल जाता है। ऐसी अवस्था में भला बंधन-निवृत्ति कैसे हो सकती है? वह माया में अनुरक्त परमात्मा के नाम का स्मरण नहीं करता। धन में अनुरक्त और यौवन में मत्त होकर जन्म व्यर्थ ही गँवा देता है। न तो वह कोई धार्मिक आचरण करता है और न शुभ कर्म ही—

तीजै पहरै रैणि के वणजारिआ मित्रा धन जोबन सिउ चितु।
हरि का नामु न चेतही वणजारिआ मित्रा बंधा छुटहि जितु।।
हरि का नामु न चेतै प्राणी बिकलु भइआ संगि माइआ।
धन सिउ रता जोबनि मता अहिला जनमु गवाइआ।

---

1. श्री गुरुग्रन्थ साहिब, आसा महला 5, पृष्ठ 374
2. श्री गुरुग्रन्थ साहिब, सिरी रागु, महला 1, पृष्ठ 74
3. श्री गुरुग्रन्थ साहिब, सिरी रागु, महला 1, पृष्ठ 75

धरम सेती वापारु न कीतो करम न कीतो मितु।
कहु नानक तीजै पहरै प्राणी धन जोबन सिउ चितु[1] ।।3।।1।।

4. वृद्धावस्था का प्रारम्भ—वृद्धावस्था के प्रारम्भ में बाल हंसों के समान श्वेत होने लगते हैं। जवानी दिनों-दिन कम होती जाती है। वृद्धावस्था बढ़ती जाती है और आयु क्षीण होने लगती है।... बुद्धि नष्ट हो जाती है, चतुराई भी चली जाती है और अपने किये गये अवगुणों के प्रति पछतावा होने लगता है—

तीजै पहरै रैणि के वणजारिआ मित्रा सरि हंस उलथड़े आइ।
जोबनु घटै जरूआ जिणै वणजारिआ मित्रा आंव घटै दिनु जाइ।

....

बुद्धि बिसरजी गई सिआणप करि अवगत पछुताइ[2] ।।3।।2।।

5. अत्यन्त वृद्धावस्था—अत्यन्त वृद्धावस्था में शरीर एकदम से क्षीण हो जाता है। आँखों से अन्धा हो जाता है और कुछ भी दिखायी नहीं पड़ता। कानों से कोई वचन भी नहीं सुनता। जिह्वा में भी रस-ग्रहण करने की शक्ति क्षीण हो जाती है। सारे पराक्रम और बल की समाप्ति हो जाती है। अन्तःकरण में कोई सात्त्विक गुण नहीं रह जाता है। अतएव सुख की प्राप्ति भला कैसे हो सकती है? इस प्रकार मनमुख का आना-जाना निरन्तर बना रहता है—

चउथै पहरै रैणि कै वणजारिअ मित्रा बिरधि भइया तनु खीणु।
अखी अंधु न दीसई वणजारिआ मित्रा कंनी सुणै न वैण।।
अखी अंधु, जीभ रस नाहीं, रहे पराकउ ताणा।
गण अंतरि नाहीं किउ सुख पावै, मनमुख आवण जाणा[3] ।।4।।2।।

6. मरणावस्था—अन्त में अत्यन्त वृद्धावस्था का शरीर पके हुए तृण के समान कड़ककर टूट जाता है और सारे मान समाप्त हो जाते हैं।

खड़ू पकी कुड़ि भंजे बिनसै आइ चलै किआ माणु[4]।।4।।2।।

अन्तिम अवस्था में मृत्यु उसी भाँति आकर शरीर को कष्ट देती है, जिस भाँति खेती काटनेवाले, पकी हुई कृषि को काटकर समाप्त कर देते हैं। जब यमदूत पकड़कर चल देते हैं, तो कोई भी संगी-साथी साथ नहीं देता। झूठा रुदन उसके चारों ओर होता है और क्षण मात्र में वह शरीर पराया हो जाता है। (जिससे घर से बाहर निकाल दिया जाता है)

चउथै पहरै रैणि के वणिजारिआ मित्रा, लावी आइआ खेतु।
जा जमि पकड़ि चलाइआ मित्रा, किसै न मिलिआ भेतु।।

---

1. श्री गुरुग्रन्थ साहिब, सिरी रागु, महला 1, पृष्ठ 75
2. श्री गुरुग्रन्थ साहिब, सिरी रागु, महला 1, पृष्ठ 75-76
3. श्री गुरुग्रन्थ साहिब, सिरी रागु पहरे, महला 1, पृष्ठ 76
4. श्री गुरुग्रन्थ साहिब, सिरी रागु पहरे, महला 1, पृष्ठ 76

भेतु चेतु हरि किसै न मिलिओ जा जमि पकड़ि चलाइआ।
झूठा रुदन होआ दोआले खिन महि भइआ पराइआ[1] ।।4।।1।।

गुरु नानक देव ने एक स्थल पर सारी आयु का निचोड़ निम्नलिखित ढंग से रखा है—

"मनुष्य की दस वर्ष तक तो बाल्यावस्था रहती है। बीस वर्ष तक पहुँचते-पहुँचते रमण की अवस्था आ पहुँचती है। तीस वर्ष तक सौन्दर्य अपनी चरम-सीमा को पहुँच जाता है। चालीस वर्ष तक प्रौढ़ावस्था आ जाती है और पचास वर्ष तक पहुँचते-पहुँचते पैर खिसकने लगते हैं। तात्पर्य यह कि शक्ति कम होने लगती है और साठ वर्ष पहुँचते-पहुँचते वृद्धावस्था आ जाती है। सत्तर वर्ष तक मतिहीन अथवा जड़ हो जाता है। अस्सी वर्ष में व्यवहार के योग्य नहीं रह जाता। नब्बे वर्ष में वह मसनद का सहारा ले लेता है और सर्वथा शक्तिहीन हो जाने के कारण, कोई वस्तु जानता नहीं। नानक का विचार है कि मैंने खोजा, ढूँढ़ा और देखा, तब इस निष्कर्ष पर पहुँचा कि जगत् धुएँ के समान नश्वर है—

दस बालतणि, बीस रवणि, तीसा का सुन्दर कहावै।

....

ढंढोलिमु ढूँढ़िमु डिठु, मैं नानक जग धूए का धवलहरु[2] ।।

मनुष्य की प्रकृति में परमात्मा के वियोग और मिलन के उपादान—मनुष्य में जड़ और चेतन तत्त्वों का अपूर्व मिश्रण है। जड़तत्त्व वे हैं, जो उसे अज्ञानान्धकार में बाँधे रहते हैं और चेतन तत्त्व वे हैं जो उसके मोक्ष के कारण होते हैं। गुरु नानक देव ने एक रूपक द्वारा इन दोनों वृत्तियों की तुलनात्मक विवेचना की है—एक तो कमल की वृत्ति है और दूसरी है मेंढक की। कमल और मेंढक दोनों निर्मल जल में निवास करते हैं। उस निर्मल जल में सिवार भी है। सिवार और कमल का अहर्निश साथ रहता है, पर कमल सेवार के संगदोष से कभी प्रभावित नहीं होता। वह अपने निर्लिप्त भाव में ही रहता है। पर इसके विपरीत मेंढक सेवार का ही भक्षण करता है। उसकी तमोगुणी वृत्ति है, इससे तमोगुण का आश्रय लेता है—

विमल मझारि बससि निरमल जल पदमनि जावल रे।
पदमन जावल जल रस संगति, संग दोख नहीं रे।।1।।
दादर तू कबहि न जानसि रे।
भखसि सिबालु बससि निरमल जल अंमृतु न लखसि रे।।[3]1 रहाउ।।4।।

मनुष्य का परमात्मा से वियोग और उसके कारण—गुरुओं ने मनमुखों और शाक्तों की दशा के निरूपण में आसुरी वृत्ति का उल्लेख किया है। उनका

---

1. श्री गुरुग्रन्थ साहिब, सिरी रागु पहरे, महला 1, पृष्ठ 75
2. श्री गुरुग्रन्थ साहिब, माझ की वार, महला 1, पृष्ठ 138
3. श्री गुरुग्रन्थ साहिब, मारू, महला 1, पृष्ठ 990

यह निरूपण अनुभूतियों पर अवलम्बित है। उसमें तत्कालीन पाखण्डपूर्ण तथा आडम्बरयुक्त धार्मिक परम्पराओं का भी संकेत मिलता है। 'मनमुख' और 'साकत' के अहंभाववाले कर्म ही परमात्मा के वियोग के कारण हैं।

मनमुख और साकत—मनमुख व्यक्ति वे हैं जो अहंकारयुक्त तथा मायासक्त मन के सहारे कर्म करने में प्रवृत्त रहते हैं। वास्तव में मन के दो रूप हैं—एक तो अहंकारयुक्त मन और दूसरा जोतिर्मय मन। जो व्यक्ति जोतिर्मय मन का सहारा लेकर कर्म करता है, वह मनमुख कदापि नहीं हैं। मनमुख व्यक्ति सांसारिक सुखों को ही सर्वस्व समझता है। उसे स्वप्न में भी पारमार्थिक आनन्द के प्रति आकर्षण नहीं होता। उसे मायिक पदार्थों से वैराग्य भी नहीं उत्पन्न होता। उसे गुरु के शब्दों में न तो प्रेम होता है, न आकर्षण। जब प्रेम ही नहीं होता, तो समझ की कौन कहे? मनमुख की अवस्था का गुरु नानक देव ने इस प्रकार चित्रण किया है, "मनमुख व्यक्ति जगत् के मायिक पदार्थों के झूठे प्रेम में मन अनुरक्त रखते हैं वे हरि-भक्तों से वाद-विवाद में रत रहते हैं। माया में रत रहते हैं और मायिक पदार्थों की प्राप्ति का बाट देखते रहते हैं। वे नाम नहीं लेते हैं और विष खाकर अर्थात् मायिक पदार्थों को भोगकर मरते हैं। वे गन्दी बातों में अनुरक्त रहते हैं। परम हितकारी गुरु के 'सबद' में उनकी 'सुरति' नहीं लगती। ऐसे मनमुख व्यक्ति न तो परमात्मा के रंग में रँगते हैं और न उसके अलौकिक आनन्द का रसास्वादन करते हैं। परिणाम यह होता है कि वे अपनी प्रतिष्ठा नष्ट कर देते हैं। वे लोग साधु संगति में प्राप्त होनेवाले सहजानन्द का सुख नहीं भोगते। उनकी जिह्वा रत्तीमात्र रस परिप्लावित नहीं होती। मनमुख व्यक्ति अपना ही तन समझते हैं, अपना ही मन समझते हैं और अपना ही धन समझते हैं। उन्हें यह ज्ञान स्वप्न में भी नहीं होता कि तन, मन, धन सब परमात्मा के हैं। उन्हें परमात्म के दर की बिल्कुल भी खबर नहीं रहती। इस प्रकार वे लोग अन्धकार (अज्ञान) में आँख मूँदकर चल देते हैं। उन्हें अपना वास्तविक घर (आत्मस्वरूप घर) दिखायी नहीं पड़ता। अन्त में वे यमराज के घर बाँधे जाते हैं। उन्हें और नहीं प्राप्त होता और वे लोग अपने किये हुए कर्मों का फल भोगते हैं।"[1]

गुरु अमरदास जी ने मनमुख की तुलना दुहागिनी स्त्री से की है। मनमुख के किये हुए कर्म इस प्रकार व्यर्थ और झूठे हैं, जैसे पतित्यक्ता दुहागनी स्त्री के सारे बनाव और शृङ्गार व्यर्थ हैं, उसके सारे बनाव और शृङ्गार व्यर्थ हैं, क्योंकि वह पति से रहित हैं। इसी प्रकार मनमुख व्यक्ति भी हैं। वह 'निगुरा।' होने से 'निखसमा' हैं। उसके सारे अहंकारयुक्त धर्म व्यर्थ हैं। जिस प्रकार दुहागनी स्त्री,

---

1. श्री गुरुग्रन्थ साहिब
   जग सिउ झूठ प्रीति मनु बेधिआ जन सिउ वादु रचाई
   ....
   जम दरि बाधा ठउर न पावै अपुना कीआ कमाई।।3।।3 सोरठि, महला 1, पृष्ठ 596

चाहे जितना बनाव शृंगार क्यों न करे, उसे परमात्मा की प्राप्ति नहीं होती परमात्मा के न प्राप्त होने पर उसे दुःख-ही-दुःख प्राप्त होते रहते हैं—

मनमुखि करम कमावणे जिउ दोहागणि तनि सोगारु।
सेजै कंत न आवई नित-नित होइ खुआरु।।
पिर का महलु पावई ना दीसै घरु बारु[1] *।।1।।13।।46।।*

गुरु रामदास जी ने मनमुखों की रहनी इस प्रकार बतलायी है, "मनमुख प्राणी माया के मोह में सदैव सोता रहता है। अतः उसकी परमात्मा के नाम में न तो प्रतीति होती है, न रुचि, नाम के बिना जितने भी व्यवहार और धर्म हैं, वे सब झूठे हैं। इस प्रकार मनमुख व्यक्ति सदैव झूठे व्यवहारों से धन प्राप्ति करते हैं। ऐसे व्यक्ति झूठा ही संग्रह करते हैं और झूठा ही उनका अहार होता है। नाम के बिना जितने भी कार-व्यवहार हैं सब झूठे हैं। विष रूप माया के कामों में मनमुख नष्ट होता है। जितने ही मायिक पदार्थ हैं, सब मिथ्या हैं और नष्ट हो जानेवाले हैं। मनमुख व्यक्ति के सारे कर्म, धर्म, शुचि, संयम, शुद्ध अन्तःकरण से नहीं होते। कारण यह है कि उसके मन में निष्काम बुद्धि तो है नहीं। वह तो लोभ-विकार से ग्रस्त हैं। इस प्रकार मनमुख के सारे किये हुए कर्म लेखे में नहीं आते हैं। इसी मनमुखी वृत्ति के कारण परमात्मा के स्थान पर जाकर उसे नष्ट होना पड़ता है—

मनमुखि माइआ मोहु है नाम न लगै पिआस।
कूडु कमावे कूडु संधरै कूड़ि कथै आहारु।
विखु माइआ धन संचि मरहि अंति होइ सभु छारु।।
करम धरम सुचि सजमु करहि अंतरि लोभु विकारु।
नानक मन मुखि जि कमावै सु थाइ न पवै दरगह होइ खुवारु[2] *।।*

गुरुओं के अनुसार 'मनमुख' और 'साकत' एक ही प्रतीत होते हैं। 'साकत' और 'मनमुख' की रहनी और आचरण समान होते हैं। 'मनमुख' और 'साकत' नामकरण की दृष्टि से पृथक्-पृथक् अवश्य प्रतीत होते हैं, पर उनमें कोई अन्तर नहीं हैं। साकत पुरुष भी अहंकारयुक्त और मायासक्त मन से कर्म करते हैं। इसीलिए वे भी मनमुख हैं। अतः दोनों नामों में केवल नाम का भेद है, अर्थ का नहीं।

साकत भी 'हउ' 'हउ' में ही समाप्त हो जाता है। वह मूर्ख और अज्ञानी हैं। वह तृषावन्त के समान अहंभाववाले कर्मों में तड़प-तड़पकर मर जाता है—

हउ हउ करन बिहानीआ साकत मुगध अजान।
व ड़कि मुए जिउ तृखावंत नानक किरति कमान।।[3]

---

1. श्री गुरुग्रन्थ साहिब, सिरी रागु, महला 3, पृष्ठ 31
2. श्री गुरुग्रन्थ साहिब, महला 5, पृष्ठ 1423
3. श्री गुरुग्रन्थ साहिब, बावन अखरी, महला 5, पृष्ठ 260

गुरु अर्जुन देव ने साकत का चित्रण निम्नलिखित ढंग से किया है—"जो मनुष्य परमात्मा से खाने और पहनने को पाता है और उसकी कृतज्ञता को स्वीकार न करके मुकर जाता है, धर्मराज के दूत उसकी अवश्य प्रतीक्षा करते हैं। जिस परमात्मा ने जीव और शरीर प्रदान किये हैं, उसी से कृतघ्नी व्यक्ति विमुख हो जाते हैं। ऐसे कृतघ्नी व्यक्ति करोड़ों जन्म (चौरासी लाख योनियों) में भ्रमण करते रहते हैं। 'साकतों' की सारी रीति इसी प्रकार की होती है। उनके सारे आचरण गुरुमुखता के विपरीत होते हैं। जिसने जीवन, प्राण, तन, मन की रचना की है, उसी परमात्मा को 'साकत' भुला देते हैं। साकत, काम, क्रोध, लोभ, मोह के विकारों में ग्रस्त बहुत-सा कागज लिखकर अपना पाण्डित्य प्रदर्शित करना चाहते हैं, पर यह सब व्यर्थ है। इससे भवसागर से मुक्ति नहीं होती। भवसागर से मुक्ति तो आनन्द-सागर परमात्मा की महान् कृपा से ही मिल सकती है।[1]

इस प्रकार 'मनुमुख' अथवा साकत 'हउमै' और माया की आसक्ति के कारण परमात्मा से बिछुड़ जाते हैं। परमात्मा के वियोग का मुख्य कारण मनुष्य की मनमुखता ही है। वह मछली और बन्दर की भाँति माया के कुसुम्भी रंग में उलझा रहता है—

फाकिओ मीन कपिक की निआई तू उरझि रहिओ कुसंभाइले।[2]

मनुष्य अपनी सारी आयु माया और मोह में उलझकर नष्ट कर देता है। गुरु अर्जुन देव ने एक स्थल पर कहा है—

रे मूड़े तू होछै रसि लपटाइओ।
अंमृतु सगि बसतु है तेरै विखिआ सिउ उरझाइओ[3] *।।1।।रहाउ।।1।।*

अर्थात् "अरे मूढ़, तू माया के तुच्छ रसों में लिपटा रह जाता है। तेरे साथ अमृत (परमात्मा) का निरन्तर वास है। किन्तु तू ऐसा मूढ़ है कि विषयों से उलझा रहता है। विषयों में ही उलझे रह जाने के कारण प्रेम रूपी अमृत का पान नहीं कर पाता, इससे सदैव दीन और मलीन बना रहता है।

मनुष्य में पाप-पुण्य दोनों ही रहते हैं। सृष्टि में पाप-पुण्य दोनों ही हैं। किन्तु द्वैत भाव के कारण अन्धकार रहता है। अहंबुद्धि के त्याग से ही ज्ञान का प्रकाश होता है—

काइआ अंदरि पाप पुंनु दुइ भाई
दुही मिलि के सृसटि उपाई।।4।।

---

1. खादा पैनदा मूकरि जाइ।
   ....
   नानक उधरु कृपा सुख-सागर
   श्री गुरुग्रन्थ साहिब, महला 5, पृष्ठ 260
2. श्री गुरुग्रन्थ साहिब, रागु गोंड, महला 5, पृष्ठ 862
3. श्री गुरुग्रन्थ साहिब, माझ, महला 5, पृष्ठ 1017

....

घर ही माहि दूजै भाइ अनेरा।
चानणु होवै छोड़ै हउमै मेरा[1] *॥5॥27॥24॥*

मनुष्य में परमात्मा के मिलन के उपादान—मनुष्य यद्यपि प्रकाश और अन्धकार वृत्ति का अपूर्व सम्मिश्रण है, पर सिक्ख गुरुओं ने मनुष्य की आध्यात्मिक शक्ति जगाने के लिए स्थान-स्थान पर बड़े जोरदार शब्दों में कहा है कि यह शरीर अत्यन्त पवित्र है, क्योंकि इसमें परमात्मा का निवास-स्थान है। जब साधक को भली भाँति यह बोध हो जाता है कि जोतिर्मय घट-घटव्यापी परमात्मा मेरे अत्यन्त निकट है, तो उसकी सारी पाप-वृत्तियाँ और अहंभाव दब जाते हैं। उसके अन्तर्गत अपूर्व सत्त्वगुण का प्रकाश जागृत होता है। गुरुओं ने मनुष्य की इस वृत्ति को जगाने का स्तुत्य प्रयास किया है। इस दिशा में गुरुओं में अपूर्व आशावादिता लक्षित होती है।

मनुष्य का शरीर परमात्मा का मन्दिर है—गुरुओं ने मनुष्य के शरीर को परमात्मा का मन्दिर माना है। वह शरीर परमात्मा का मन्दिर है और इसमें ज्ञान रूपी रत्न प्रकट होता है—

हरि मन्दरु एहु सरीरु है गिआनि रतनि परगटु होइ[2] *1॥2॥1॥*
तथा,
काइआ नगरु नगर गड़ अन्दरि।
साचा बासा पुरि गगनंदरि[3] *॥1॥1॥13॥*

गुरु तेगबहादुर जी मनुष्य-शरीर के अन्तर्गत परमात्मा का निवास-स्थान मानते हुए कहते हैं, "अरे साधक, बन में प्रभु की खोज करने क्यों जाते हो? घट-घटव्यापी निर्लिप्त परमात्मा सदैव तुम्हारे ही साथ रहता है। जिस प्रकार पुष्प की सुगन्ध पुष्प के साथ रहती हुई भी देखी नहीं जा सकती, किन्तु नासिका द्वारा उसकी अनुभूति प्राप्त की जा सकती है और जिस प्रकार दर्पण में परछाईं अन्तर्हित रहती है, उसी भाँति परमात्मा भी निरन्तर जीवों के साथ रहता है। अतः शरीर ही खोजों और उसी में परमात्मा की समीपता का अनुभव करो।[4]

शरीर में अमृत का निवास है—अमृत तत्त्व वह है, जो कभी नष्ट नहीं होता। परमात्मा तत्त्व ही अमरणधर्मा है, बाकी सारी वस्तुएँ नश्वर हैं। परमात्मा रूपी अमृत का पान करने से मरणशील मनुष्य अमर हो जाता है—

---

1. श्री गुरुग्रन्थ साहिब, माझ, महला 3, पृष्ठ 126
2. श्री गुरुग्रन्थ साहिब, प्रभाती, महला 3, पृष्ठ 1346
3. श्री गुरुग्रन्थ साहिब, मारू सोलहे, महला 1, पृष्ठ 1033
4. श्री गुरुग्रन्थ साहिब—काहे रे बनि खोजन जाई।

   ....
   तैसे ही हरि बसै निरन्तरि घट ही खोजहु भाई।।
   धनासरी, महला 9, पृष्ठ 684

मन रे थिरु रहु मतु कत जाही जीउ।
बाहरि ढूँढ़त बहुतु दुखु पावहि, घरि अमृत घट माही जीउ[1] *।। रहाउ।।9।।*

तथा,

घट ही महि अंमृत भरपूरा है मनमुखा सादु न पाइआ।
जिउ कसतूरी मिरग न जाणै, भ्रमदा भरमि भुलाइआ[2] *।।*

इस शरीर में ही परमात्मा की ज्योति है—परमात्मा की ज्योति एकदेशीय नहीं है। वह जड़-चेतन दोनों तत्वों में समान रूप से व्याप्त है। जो इस परमात्म-ज्योति की अनुभूति कर लेता है, वह उससे मिलकर एकाकार हो जाता है, जिस प्रकार दीपक भी ज्योति सूर्य की ज्योति में विलीन हो जाती है, उसी प्रकार जीव के भीतर भी परमात्मा की रखी हुई ज्योति, परमात्मा से मिलकर एक हो जाती है,

काइआ महलु मंदरु घरु हरि का तिसु महि राखी जोति अपार[3] ।।4।।5।।

शरीर के अन्तर्गत सब-कुछ है—सारे विवेचन का तात्पर्य यह है कि शरीर के ही अन्तर्गत सारी वस्तुएँ हैं। गुरु अमरदास जी ने एक पद में इसका वर्णन इस प्रकार किया है, "इस काया के अन्तर्गत खण्ड, मण्डल, पाताल आदि सभी वस्तुएँ हैं। यहाँ तक कि इसी शरीर के अन्तर्गत सारी सृष्टि का जीवनदाता अर्थात् परमात्मा निवास करता है। वह परमात्मा इस शरीर के अन्तर्गत रहता है, जो सृष्टि के समस्त प्राणियों की रक्षा करता है। काया गुरु द्वारा दिये गये नाम का जप करती है, वह अत्यन्त सुखी और सौभाग्यशालिनी है। इस काया के अन्तर्गत उस परमात्मा का वास है, जो दिखायी पड़ता है। किन्तु गँवार मनमुख इस गहन रहस्य को न समझकर बाहर ढूँढ़ने जाता है। सद्‌गुरु की सेवा से सदैव सुख की प्राप्ति होती है। सद्‌गुरु ही अलख परमात्मा का साक्षात्कार कराता है। इस शरीर के भीतर ज्ञान-रूपी रत्न है और भक्ति रूपी भाण्डार है। नव खण्ड, पृथ्वी, हाट पट्‌टण, बाजार आदि सृष्टि की दृश्यमान वस्तुएँ इसी शरीर के भीतर हैं। गुरु के शब्द पर विचार करने से इसी शरीर के अन्तर्गत नाम रूपी नवनिधियों की प्राप्ति होती है।...काया के भीतर ब्रह्मा, विष्णु, महेश हैं, जो अकाल पुरुष की प्रथम सृष्टि हैं और जिनसे संसार उत्पन्न होता है।[4]

परन्तु कहीं इस नश्वर शरीर को ही सत्य मानकर विरोचन की स्थिति न प्राप्त हो जाय, इससे नवम गुरु ने चेतावनी दी है—

---

1. श्री गुरुग्रन्थ साहिब, सोरठि, महला 1, पृष्ठ 598
2. श्री गुरुग्रन्थ साहिब, सोरठि, महला 3, पृष्ठ 644
3. श्री गुरुग्रन्थ साहिब, मलार, महला 1, पृष्ठ 1256
4. श्री गुरुग्रन्थ साहिब, काइआ सभु किछु बसै खण्ड मण्डल पाताला

   ....

   काइआ अंदरि ब्रहमा विसनु महेसा सभ
   ओपति जितु संसारा।।
   सूही, महला 3, पृष्ठ 754

साधो इह तनु मिथिआ जानउ।
या भीतरि जो रामु बसतु है साचो ताहि पछानो।[1] ।।1।।रहाउ।।1।।

अर्थात्, "ऐ साधो, इस पंचभौतिक शरीर को शाश्वत मत समझो।

यह तो नश्वर और अनित्य है, इससे मिथ्या है। इस शरीर में अहंभाव मत रखो। बल्कि इसके भीतर जो घट-घट में रमण करनेवाले राम हैं, उन्हें ही सत्य समझो।"

अतः शरीर के सम्बन्ध में गुरु अमरदास जी की वाणी का पूरा भाव लेना चाहिए। एकांगी अर्थ-ग्रहण से चार्वाक मत की पुष्टि हो सकती है, जिससे अर्थ का अनर्थ हो सकता है।

मनुष्य और परमात्मा में अभिन्नता—मनुष्य अल्पज्ञ, शक्तिहीन और गुणहीन है। परन्तु जिस समय वह परमात्मा के भजन, चिन्तन में इतना निमग्न हो जाता है कि त्रिपुटी (ज्ञाता, ज्ञेय, ज्ञान) अथवा (ध्याता, ध्येय तथा ध्यान) अथवा (आराधक, आराधना तथा आराध्यदेव) का भाव मिट जाता है, उस समय वह साक्षात् परमात्मा का ही स्वरूप हो जाता है। ऐसे पुरुष और परमात्मा में कोई अन्तर नहीं रह जाता—

जिह घट सिमरनु राम को, सो नरु मुकता जानु।
तिहि नरु हरि अंतरु नहीं, नानक सची मानु[2] ।।43।।

गुरु अंगद देव का कथन है कि ईश्वर का साक्षात्कार करनेवाला पुरुष अपने कुल को तार देता है। उसकी माता धन्य है कि उसने ऐसे पुत्र-रत्न को जन्म दिया है—

कुलु उधारे आपणा धंनु जठोदी माइआ।।[3]

अतः ब्रह्मवेत्ता की दृष्टि में सारा जगत् सच्चिदानन्द स्वरूप परमात्मा हो जाता है। असत्, जड़ और दुःख उसे प्रतीत नहीं होते। उसकी दृष्टि में हो त्रिपुटी मिट जाती है। उसकी दृष्टि में न तो कोई कर्म है, न कर्त्ता है। सारे कार्य, कारण और क्रियाएँ उसकी दृष्टि में परमात्म-स्वरूप हैं। अतः ऐसे पुरुष और परमात्मा में कोई अन्तर नहीं है।

आत्मा

श्री गुरुग्रन्थ साहिब में आत्मा की अमरता का प्रतिपादन वेदान्त-ग्रन्थों के समान किया गया है। गुरु अर्जुन देव कहते हैं—

"शरीर के नष्ट होने पर, भला आत्मा कैसे नष्ट हो सकती है। शरीर पंचभूतों से निर्मित है। शरीर के नष्ट हो जाने पर, उसके तत्त्व अपने तत्त्वों में मिल जाते हैं। उदाहरणार्थ शरीर के नष्ट होने पर उसका पवन तत्त्व अपने पवन तत्त्व में,

---

1. श्री गुरुग्रन्थ साहिब, रागु वसंतु, हिडोलु, महला 9, पृष्ठ 1186
2. श्री गुरुग्रन्थ साहिब, सलोक, महला 9, पृष्ठ 1428
3. श्री गुरुग्रन्थ साहिब, सलोक महला 2, पृष्ठ 139

अग्नि तत्त्व अपने अग्नि तत्त्व में तथा अग्नि तत्त्व अग्नि से मिलकर एक हो जाता है। भला रोनेवाले की क्या टेक है? वह किसके मरने पर रोता है?... इस शरीर में स्थित जो आत्मा है, वह न तो मरा है, न मरने योग्य है। वह अविनाशी होने के कारण नष्ट भी नहीं होता। इसलिए जो व्यक्ति शरीर को ही आत्मा जानते हैं, वे भ्रम में हैं। शरीर नश्वर है, अतः वह आत्मा नहीं हो सकती। जो शरीर से पृथक् आत्मा को जानता है, वह धन्य है। गुरु के भ्रम चुकाने पर ही वास्तविक आत्म-तत्त्व की प्रतीत्त होती है। वास्तव में शरीर में स्थित आत्मा तो न कभी मरती है और न कभी आती-जाती है।''[1]

सिक्ख गुरुओं ने शरीर के मिथ्यात्व को स्थान-स्थान पर बतलाकर आत्मा की पृथक्ता और अमरता सिद्ध करने की चेष्टा की है। गुरु अर्जुन देव ने शरीर की नश्वरता के सम्बन्ध में अपने विचार निम्नलिखित ढंग से व्यक्त किये हैं—''परमात्मा ने तुम्हारे शरीर का निर्माण किया है। इसे सत्य जानो कि यह अवश्य मिट्टी में मिल जायगी। ऐ गँवार, ऐ अचेत, शरीर के मूल को अर्थात् उसमें स्थित जो आत्मा है, उसे पहचानो। शरीर पर अभिमान करना व्यर्थ है। तुम इस संसार में केवल तीन सेर अन्न के मेहमान हो। अन्य वस्तुएँ तुम्हारे पास परमात्मा की ओर से अमानत के रूप में रखी गयी हैं। यह शरीर विष्ठा, अस्थि तथा रक्त का सम्मिश्रण है। उन पर चमड़ा लपेटा हुआ है। इस अस्थि, रक्त और चमड़े की ढेरी पर तेरा अभिमान व्यर्थ है। इस शरीर में स्थित आत्मा अथवा परमात्मा को तू जानने का प्रयास करो। इसी के जानने से पवित्र हो सकते हो, नहीं तो सदैव अपवित्र बने रहोगे''[2]

गुरु अर्जुन देव ने आत्म-स्वरूप को पूर्ण माना है। उसमें किसी भी प्रकार की न्यूनता नहीं है। आत्मा का ठीक-ठीक बोध हो जाने पर सारी खोज, दौड़-धूप, चंचलता समाप्त हो जाती है, क्योंकि सारी वस्तुएँ उसी में स्थित हैं, उससे पृथक् कुछ भी नहीं हैं—

आपु गइआ ता आपहि। कृपा निधान की सरनी पए।।
जो चाहत सोई जब पाइआ। तब ढूँढन कहा को जाइआ।।
असथिर भए बसे सुख आसन। गुरि प्रसादि नानक सुख वासन[3] ।।

4।।100।।

---

1. श्री गुरुग्रन्थ साहिब—पवनै महि पवनु समाइआ।
... ...
ना कोई मरै न आवै जाइआ।। रामकली, महला 5, पृष्ठ 885
2. श्री गुरुग्रन्थ साहिब—पुतरी तेरी बिधि करि थाटी...
बिनु बूझे तू सदा नापाक।।4।।14।।
आसा, महला 5, पृष्ठ 374
3. श्री गुरुग्रन्थ साहिब, गउड़ी, महला 5, पृष्ठ 202

आत्मोपलब्धि के साधन–ज्ञान की प्राप्ति कथनी मात्र से नहीं हो सकती। ज्ञान का कथन लोहे के समान कठिन है। भगवत्कृपा से ही आत्मोपलब्धि हो सकती है। अन्य सारी हिकमतें (युक्तियाँ) व्यर्थ हैं। गुरु अर्जुन देव ने एक स्थल पर आत्मोपलब्धि के साधनों का इस प्रकार उल्लेख किया है—

गुर सबद रिद अंतरि धारै। पंचजना सिउ संग निवारै।।
दस इंद्री करि राखै वासि। ता कै आतमै होइ परगासु।।
ऐसी दृढ़ता ता कै होइ। जा कउ दइआ मइआ प्रभ सोइ।।1।।रहाउ।।
साजनु दुसटु जा के एकै समानै। जेता बोलणु तेता गिआनै।
जेता सुनणा तेता नासु। जेता पेखन तेता धिआनु।।2।।
सहजे जागणु सहजे सोइ। सहजे होता जाइ सु होइ।।
सहजि वैरागु सहजै ही हसना। सहज चूप सहजे ही जपना।।3।।3।।

उपर्युक्त वाणी को ध्यान में रखते हुए आत्म-साक्षात्कार के क्रम निम्नलिखित कहे जा सकते हैं—

(1) गुरु के शब्द अथवा उपदेश को हृदय में धारण करना।

(2) काम, क्रोध, लोभ, मोहादि को वश में करना।

(3) पंच कर्मेन्द्रियों तथा ज्ञानेन्द्रियों को वश में करना।

(4) परमात्मा की कृपा में पूर्ण विश्वास, आस्था और निष्ठा रखना।

(5) सज्जनों और दुष्टों के अन्तर्गत एक ही आत्मा का दर्शन करके उन्हें समान समझना।

(6) विराट् परमात्मा की उपासना में लीन होना—

उदाहरणार्थ—

(अ) जितना बोलना, उसमें ज्ञानबुद्धि रखना।

(आ) जो कुछ भी सुनना, उसे नाम समझना।

(इ) जो कुछ देखना, उसे ध्यान समझना।

(7) सहजावस्था में रहना—अर्थात् सहज भाव से सोना, जगना, और जीवन-निर्वाह सम्बन्धी क्रियाओं के करने में तथा उनकी सफलता और असफलता की प्राप्ति में सहज वृत्ति रखना। इसी प्रकार सहज भाव का वैराग्य, सहज भाव का हँसना, सहज भाव का मौन और सहज भाव का जप आदि होना चाहिए।

उपर्युक्त साधनों से आत्मोपलब्धि हो सकती है।

आत्मोपलब्धि का आनन्द—'जो पिण्ड में है, वही ब्रह्माण्ड में है।'—जब इस प्रकार ब्रह्मात्मैक्य का अनुभव हो जाय, तब सारा भेद-भाव नष्ट हो जाता है। सारी त्रिपुटी—ज्ञाता, ज्ञेय, ज्ञान—की वृत्ति समाप्त हो जाती है। इसी स्थिति में साधनों का अहंभाव भी नष्ट होकर आराध्य देव का स्वरूप हो जाता है उसका सारा 'मैंपन' भी आराध्य देव हो जाता है। इस स्थिति में अहंभाव का रोग तथा उसके उपचार की ओषधियाँ (साधनाएँ) मिटकर एक हो जाती हैं—

नानक परखे आप कउ, ता पारख जाण।
रोगु दारू दोवै बुझै, ता बैदु सुजाणु[1]।।

गुरु ऐसा सुजान वैद्य है कि 'हउमै' रोग और उसकी ओषधियाँ एक साथ मेट देता है।

श्री गुरुग्रन्थ साहिब, में आत्मा की प्राप्ति करनेवाले पुरुष की दशा का उत्कृष्ट चित्रण किया गया है। इस पर विचार करने से सहजानन्द अथवा आत्मानन्द की प्रबल हिलोरें हृदय में उठने लगती हैं—

भइओ प्रगासु सरब उजीआरा गुर गिआनु मनपि प्रगटाइओ।
अंमृत नाम पिओ मन तृपतिआ अनभै ठहराइओ।

....

ना किछु आवत, ना किछु जावत सभु खेलु कीओ हरिराइओ[2]।।
4।।15।।116।।

अर्थात् जब सद्‌गुरु ने मन में आत्मज्ञान जागृत कर दिया, तो बाहर-भीतर सभी जगह प्रकाश हो गया, सारे चराचर प्रकाशमय दिखायी पड़ने लगे। परमात्मा के अमृत नाम पीने से मन तृप्त हो गया। दूसरे भय समाप्त हो गये। आत्म-स्वरूप में विश्राम प्राप्त होने से न कुछ आता हुआ दिखायी पड़ता है और न कुछ जाता हुआ। सारी वस्तुएँ आत्मा में स्थित हैं। यह सब परमात्मा की लीला है।

एक दूसरे स्थल पर भी वर्णन प्राप्त होता है—

अमावसि आतम सुखी भए संतोखु दीआ गुरदेव।
मनु तनु सीतलु सांति सहज लागा प्रभ की सेव।।
टूटे बंधन बहु विकार सफल पूरन ताके काम।
दुरमति मिटी हउमै छुटी सिमरत हरि को नाम।।
सरनि गही पारब्रहम की मिटिआ आवागमन।
आपि तरिआ कुटुंब सिउ गुण गुबिन्द प्रभ रवन।।
हरि की टहल कमावणी जपीऐ प्रभ का नामु।
गुरु पूरे ते पाइआ नानक दुख विस्रामु[3]।।

सारांश यह है कि आत्मोपलब्धि का आनन्द वर्णनातीत है।

---

1. श्री गुरुग्रन्थ साहिब, माझ की वार, महला 2, पृष्ठ 148
2. श्री गुरुग्रन्थ साहिब, गउड़ी, महला 5, पृष्ठ 209
3. श्री गुरुग्रन्थ साहिब, थिती गउड़ी, महला 5, पृष्ठ 300

मन

'मन्यते अनेन इति मनः'—अर्थात् जिसके द्वारा मनन करने का कार्य सम्पादित हो, वह मन है। भारतीय धार्मिक ग्रन्थों में मन के ऊपर बहुत-कुछ कहा गया है। यह मानव शरीर का अत्यन्त सूक्ष्म अंश है। यह वह अदृश्य शक्ति है जिसके द्वारा संकल्प-विकल्प होता है। मन के आठ गुण हैं संख्या, परिणाम, पृथकत्व, संयोग, वियोग, परत्व, अपरत्व एवं संस्कार। मन में ज्ञान और कर्म दोनों ही अंशों का समावेश है। वेदान्तशास्त्र में यह अन्तःकरण चतुष्टय (मन, बुद्धि, चित्त एवं अहंकार) का एक अंग माना गया है। योगशास्त्र में मन ही को चित्त की उपाधि प्रदान की गयी है। बौद्ध एवं जैन धर्मों के अन्तर्गत मन को षष्ठ इन्द्रिय की उपाधि प्राप्त है। मन मानव शरीरस्थ महान् शक्ति है। मन में अनन्त सर्जना शक्ति है। पुराणों के अनुसार ब्रह्मा की उत्पत्ति मन से और ब्रह्मा के मन से संसार की रचना हुई। इस प्रकार सृष्टि का मूल कारण मन है।''[1]

तैत्तिरीयोपनिषद् में भृगु वल्ली के द्वितीय अनुवाक से लेकर षष्ठ अनुवाक तक, अन्न-ब्रह्म, प्राण-ब्रह्म, मन-ब्रह्म, विज्ञान-ब्रह्म और आनन्द-ब्रह्म का कथन किया गया है। इन्हीं के आधार पर वेदान्त-ग्रन्थों में अन्नमय कोश, प्राणमय कोश, मनोमय कोश, विज्ञानमय कोश तथा आनन्दमय कोश की कल्पना की गयी है। वास्तव में मनोमय कोश सबसे व्यापक, दृढ़ और बंधन का हेतु है।

कठोपनिषद् में भी मन की प्रबलता की ओर संकेत किया गया है—

आत्मन् रथिनं विद्धि शरीरं रथमेव तु।
बुद्धिं तु सारथिं विद्धि मनः प्रग्रहमेव च[2] ।।

इसका तात्पर्य यह कि उस आत्मा को (कर्मफल भोगनेवाले संसार को रथी) रथ का स्वामी, जान और शरीर को तो एक ही समझ, क्योंकि शरीर रूपी के रथ में बँधे हुए अश्वरूप इन्द्रियगण से खींचा जाता है। निश्चय करना जिसका लक्षण है, उस बुद्धि को सारथी जान। संकल्प-विकल्पादि रूप मन को प्रग्रह (लगाम) समझ, क्योंकि जिस प्रकार घोड़े लगाम से नियन्त्रित होकर चलते हैं, उसी प्रकार श्रोत्रादि इन्दियाँ मन से नियन्त्रित होकर ही अपने विषयों में प्रवृत्त होती हैं।

---

1. सुन्दर-दर्शन : त्रिलोकीनारायण दीक्षित, पृष्ठ 216
2. कठोपनिषद् अध्याय 1, वल्ली 3, मन्त्र 3

श्री मद्‌भगवद्‌गीता के छठे अध्याय के 34 वें श्लोक में अर्जुन द्वारा मन की चंचलता का स्वरूप इस प्रकार बताया गया है। अर्जुन भगवान् श्रीकृष्ण से कहते हैं—

चञ्चलं हि मनः कृण प्रमाथि बलवद् दृढ़म् ।
तस्याहं निग्रहं मन्ये वायोरिव सुदुष्करम्[1] ।।

अर्थात् हे श्रीकृष्ण जी, यह मन बड़े चंचल और प्रमथन स्वभाववाला है तथा बड़ा दृढ़ और बलवान् है। अतएव उसको वश में करना वायु की भाँति अति दुष्कर मानता हूँ।

योगवाशिष्ठ में भी मन का स्वरूप अत्यन्त व्यापक माना गया है। बुद्धि, मन, चित्त, अहंकार, कर्म, कल्पना, स्मृति, वासना, अविद्या, मल, माया, प्रकृति, जीव, प्रर्यष्टक (अर्थात् मन, बुद्धि, अहंकार तथा पंच ज्ञानेन्द्रियाँ) आतिवाहिक शरीर, अर्थात् सूक्ष्म शरीर का जो अत्यन्त दूर तक आसानी से चला जाता है। इन्द्रिय, देह, ब्रह्मा, विराट्, सनातन, नारायण ईश, प्रजापति आदि सब मन के स्वरूप माने गये हैं।[2]

भक्तिकाल के सभी प्रसिद्ध कवियों ने मन को डाँटने, फटकारने तथा फुसलाने और पुचकारने की चेष्टा की है। कबीरदास, दादू, तुलसीदास तथा सूरदास सभी में यह प्रवृत्ति अच्छी मात्रा में पायी जाती है।

गुरु नानक देव ने भी मन की विशद विवेचना की है। उनकी परम्परा एवं विचारधारा का अनुसरण अन्य गुरुओं ने भी किया है। श्री गुरुग्रन्थ साहिब में मन के ऊपर अनेक पद पाये जाते हैं। इससे यह सिद्ध होता है कि सिक्ख-गुरुओं ने मन के स्वरूप, इसकी प्रबलता, मनोमारण की विधि आदि को भली भाँति समझा था। अब सिक्ख-गुरुओं के अनुसार वर्णित मन पर विचार किया जायगा।

मन का स्वरूप

मन की उत्पत्ति और इसके रूप—आदि गुरु नानक देव ने मन की उत्पत्ति पंच तत्त्वों—आकाश, पवन, अग्नि, जल तथा पृथ्वी से मानी है। इसकी उपमा शाक्तों से दी गयी है। यह बड़ा ही लोभी और मूढ़ है—

इहु मनु करमा इहु मन धरमा।
इहु मनु पंच ततु से जनमा।
साकत लोभी इहु मनु मूड़ा[3] ।।3।।8।।

गुरुओं के अनुसार मन के दो रूप हैं—

(1) इसका जोतिर्मय, प्रकाशमय अथवा शुद्ध-स्वरूप।

---

1. श्री मद्‌भगवद्‌गीता, अध्याय 6, श्लोक 34
2. दि फिलासफी ऑफ़, द योगनाशिष्ठ : भीखनलाल आत्रेय, पृष्ठ 201-204 तक
3. श्री गुरुग्रन्थ साहिब, आसा, महला 1, असटपदीआ, पृष्ठ 415

(2) अहंकारमय स्वरूप—माया से आच्छादित मन।

ज्योतिर्मय मन—ज्योतिर्मय वह मन है, जिसके द्वारा अपना मूल, आदि उत्पत्ति स्थान पहचाना जाता है। इस मन को सदैव यह बोध रहता है कि परब्रह्म परमात्मा मेरे साथ है। इस मन के द्वारा अपना सच्चा उत्पत्ति-स्थान, अर्थात् परमात्म-स्वरूप पहचानने से परमात्मा रूपी पति जाना जाता है और जीवन-मरण का वास्तविक रहस्य ज्ञात होता है। गुरु कृपा से एक परमात्मा का बोध होता है और द्वैत भाव का नाश हो जाता है अर्थात् सब-कुछ परमात्मा मात्र रह जाता है। इसी ज्योतिर्मय मन अथवा विशुद्ध मन से अहंकारी मन का अहंकार मिटता है, जिससे उसे शान्ति प्राप्त होती है। इससे आनन्द की बधाई बजने लगती है और पुरुष मान्य हो जाता है''[1]

गुरु नानक देव का कथन है कि इसी ज्योतिर्मय मन में आध्यात्मिक धन निहित है। इसमें परमात्मा के नाम के माणिक, रत्न, हीरा आदि अन्तर्हित हैं—

मन महि माणकु लालु नामु रतनु पदारथु हीरु[2] ।।4।।21।।

गुरु अमरदास जी का कथन है कि ऐ ज्योतिर्मय मन, तेरे अन्तर्गत परमात्मा के धन का अद्भुत खजाना अन्तर्हित है। उस खजाने को तू बाहर मत ढूँढ़, वह तुम्हीं से प्राप्त होगा।

मन मेरिआ अंतरि तेरै निधानु है
बाहरि बसतु न भालि[3] ।।2।।3।।

गुरु अर्जुन देव ने ज्योतिर्मय अथवा विशुद्ध मन की महत्ता निम्नलिखित ढंग से व्यंजित की है, ''अगम परमात्मा के स्वरूप का ज्योतिर्मय मन में ही स्थान है। गुरु की महती अनुकम्पा से कोई विरला ही इस तत्त्व को जान सकता है। उस ज्योतिर्मय मन में सहजावस्था के परम आनन्द के अमृत-कुण्ड भरे पड़े हैं। जिसे इन अमृत-कुण्डों की प्राप्ति होती है, वही इनका रसास्वादन कर सकता है—

अगम रूप का मन महि थाना। गुर प्रसादि किनै बिरलै जाना।।1।।
सहज कथा के अंमृत कुंटा। जिसहि परापति तिसु लै भुंचा[4] ।।रहाउ।।
।।35।।104।।

गुरु अर्जुन देव ने एक आध्यात्मिक रूपक द्वारा ज्योतिर्मय मन की विशद विवेचना की है—

---

1. श्री गुरुग्रन्थ साहिब, मन तूं जोति सरूपु है आपणा मूलु पछाणु।
   ....
   मनि सांति आई वजी वधाई तां होआ
   परवाणु ।।2।।7।।5।।2।।7।।
   आसा, महला 3, पृष्ठ 441
2. श्री गुरुग्रन्थ साहिब, सिरी रागु, महला 1, पृष्ठ 22
3. श्री गुरुग्रन्थ साहिब, वडहंसु, महला 3, पृष्ठ 569,
4. श्री गुरुग्रन्थ साहिब, गउड़ी, महला 5, पृष्ठ 186

मन मंदरु तनु, साजी बारि। इस ही मधे वसतु अपार।।
इसहि भीतरि सुनिअत साहु। कवनु वापारी जा का ऊहा विसाहु।।1।।
नाम रतन को को बिउहारी। अंमृत मोचन करै आहारी[1] ।।1।। रहाउ।।16।।85

अर्थात् ज्योतिर्मय मन रूपी महल के चारों ओर शरीर की चहारदीवारी बनी हुई है। इस महल में परमात्मा रूपी धन की अगणित वस्तुएँ संगृहीत हैं। उसी महल के भीतर उन वस्तुओं का साहु (परमात्मा) बैठा हुआ है। ऐसा कौन-सा व्यापारी है, जिसका वह साहु (परमात्मा) विश्वास कर सकेगा? नाम रूपी रत्न का जो व्यापार करनेवाला है, वही शरीर की विषय रूपी चहारदीवारी को लाँघकर, ज्योतिर्मय मन रूपी महल में प्रविष्ट होकर परमात्मा रूपी साहु का साक्षात्कार कर सकेगा। वहाँ पहुँचने पर उसे अमृतरूपी भोजन खाने को मिलेगा, जिससे उसकी तुष्टि, पुष्टि और क्षुधा-निवृत्ति होगी। वह उस साहु के साथ सदैव के लिए हो जायगा।

अहंकारयुक्त मन—मन का दूसरा स्वरूप मोहिनी माया से मोहित तथा अहंकार से भरा हुआ है। इससे वह बार-बार अनेक योनियों में भ्रमण करता फिरता है। अन्त में ऐसे अहंकारयुक्त मन को पछताना पड़ता है। यह मन अहंकार और तृष्णा के भयानक रोग में फँसकर (मनुष्य के अमूल्य) जन्म को व्यर्थ ही नष्ट कर देता है[2]—

मायासक्त मन अथवा विषयासक्त मन अत्यन्त प्रबल है। अनेक उपाय करने पर भी यह अपने स्वभाव को नहीं त्यागता। ऐसा मन द्वैत भाव से अनेक दुःखों को लाता है और जीव को नाना भाँति के कष्ट देता है—

इहु मनुआ अति सबल है, छड़ै न कितै उपाइ।।
दूजै भाइ दुखु लाइया, बहुती देइ सजाइ[3] ।।4।।18।।51।।

इसका स्वभाव अत्यन्त चंचल है। यह बहुरंगी है और दशों दिशाओं में घूम-घूमकर टक्कर मारता फिरता है। सदैव अनेक आशाओं का ही चिन्तन करता है। इसमें सदैव तृष्णा बनी रहती है।

मनु दह दिसि चलि चलि भरमिआ मनमुखु भरमि भुलाइआ।
नित आसा मनि चितवै मन तृसना भुख लगाइआ[4] ।।3।।1।।5।।

---

1. श्री गुरुग्रन्थ साहिब, गउड़ीगुआरेरी, महला 5, पृष्ठ 180-81
2. श्री गुरुग्रन्थ साहिब,—मन तूं गारबि अटिआ गारवि लदिआ जाहि।
   ....
   इहु कहै नानक मन तूं गारबि अटि आ
   गारवि लदिआ जावहे। ।।6।।2।।7।।5।।2।।7।।
   आसा, महला, 3 पृष्ठ 441
3. श्री गुरुग्रन्थ साहिब, सिरी रागु, महला 3, पृष्ठ 33
4. श्री गुरुग्रन्थ साहिब, सूही, महला 4, पृष्ठ 776

दसों दिशाओं में दौड़ने के कारण वह सदैव चंचल बना रहता है। एक क्षण भर के लिए स्थिर नहीं होता। तब, भला ऐसा चंचल मन परमात्मा के गुणगान में कैसे अनुरक्त हो सकता है?

मनूआ दह दिसि धावदा ओहु कैसे हरि गुण गावै[1] ।।1।।2।।

यह अपनी चंचलता के ही कारण कभी आकाश की सैर करता है, तो कभी पाताल की—

इहु मनूआ खिनु उभ पइआली भरमदा[2] ।।5।।2।।9।।

गुरु ने निम्नलिखित रूपक द्वारा मन की चंचलता इस भाँति व्यक्त की है, "शरीर रूपी नगर में एक बालक बसता है। यह बालक मन को छोड़कर और कोई दूसरा नहीं है। जिस प्रकार बालक का स्वभाव अत्यन्त चंचल है, उसी प्रकार मन का स्वभाव भी है। वे दोनों ही एक क्षण के लिए भी शान्त नहीं रह सकते। इस बालक को वश में करने के लिए अनेक उपायों का आसरा लिया गया है, किन्तु सब व्यर्थ सिद्ध हुए। मन रूपी बालक शरीर रूपी नगर के आकर्षण पर मुग्ध होकर बार-बार इसी में भ्रमण करता है अर्थात् मन शरीर के भोगों में रमता है। यह भोगों से विमुक्त कदापि नहीं होता—

काइआ नगरि इकु बालकु बसिआ खिनु पलु थिरु न रहाई।
अनिक उपाय जतन करि थाके बारंबार भरमाई[3] ।।1।।1।।9।।

यह मन हाथी, शाक्त और अत्यन्त दीवाना है। माया के वनखण्ड में मोहित तथा हैरान होकर फिरता रहता है और काल के द्वारा इधर-उधर प्रेरित किया जाता रहा है—

मनु मैगलु साकतु देवाना।
वनखंडि माइआ मोहि हैराना।
इत उत जाहि काल के चापे[4] ।।1।।8।।

गुरु नानक देव ने इसकी चंचलता की समानता वायु की चंचलता से इस प्रकार की है—

मनूआ पउण विंद सुखवासी नामि वसै सुख भाई[5] ।।3।।1।।

अर्थात् वायु की भाँति चंचल मन थोड़ी देर भी टिक सके, तो नाम में सुखी होकर बैठ सकता है।

गुरु अर्जुन देव ने मन की उपमा तेली के बैल से दी है—

धाइओ रे मन दह दिसि धाइओ।

---

1. श्री गुरुग्रन्थ साहिब, वडहंसु, महला 3, पृष्ठ 565
2. श्री गुरुग्रन्थ साहिब, आसा, महला 4, पृष्ठ 443
3. श्री गुरुग्रन्थ साहिब, वसंत हिंडोलु, महला 4, पृष्ठ 1191
4. श्री गुरुग्रन्थ साहिब, रागु आसा, महला 1, पृष्ठ 415
5. श्री गुरुग्रन्थ साहिब, सोरठि, महला 1, पृष्ठ 634

माइआ मगन सुआदि लोभि मोहिओ तिनि प्रभि आ भुलाइओ।।
रहाउ।।

..
धावत कउ धावहि बहु भाती जिउ तेली बलदु भ्रमाइओ[1] *।।2।।1।।3।।*

अर्थात्, अरे यह मन माया के स्वाद में लुब्ध होकर दसों दिशाओं में दौड़ता रहता है। इसी कारण उसने प्रभु को भुला दिया है। यह मायिक पदार्थों के पीछे उसी भाँति चक्कर लगाता रहता है, जैसे तेली का बैल कोल्हू के इर्द-गिर्द घूमता रहता है।

गुरु अर्जुन देव ने एक स्थल पर कहा है, "यह मन अनेक प्रकार के विषयों के भोगने से भी तृप्त नहीं होता। मन अत्यन्त भोग भोगने पर भी कभी तृप्त नहीं होता। माया के अनेक प्रकार के रंगों को देखकर भी यह शान्त नहीं होता। महर, मलूक और खान होकर अनेक भोग भोगता है; किन्तु फिर भी तृप्त नहीं होता। हे सन्त, हमें उस सुख का मार्ग बताओ जिससे तृष्णा बुझ जाय और मन तृप्त हो जाय। यद्यपि मन ने वायु के समान तीव्रगामी घोड़ों की सवारी की, चोवा-चन्दन लगाया, सेज पर सुन्दरियों के साथ रमण किया, नाट्यशाला की रंग स्थली के नटों के गानों को सुना, फिर भी उसे तृप्ति नहीं प्राप्त हुई, यह मन सभा के गलीचों से सजे हुए तख्त पर बैठा, सुन्दर उद्यानों के सभी प्रकार के मेवों का रसास्वादन किया, आखेट में रुचि दिखलायी तथा अन्य राजाओं की लीलाओं, अनेक प्रपंचों और उद्यमों में प्रवृत्त हुआ, फिर भी उसे सुख नहीं प्राप्त हुआ।"[2]

गुरु तेगबहादुर जी ने एक स्थल पर मन के स्वभाव और प्रबलता का इस प्रकार वर्णन किया है, "यह मन ऐसे हठीले स्वभाव का है कि इसे कितना ही समझाया जाय, पर यह एक भी सीख नहीं सुनता। चाहे इसे कितनी भी शिक्षाएँ क्यों न दी जायँ, पर यह अपनी बुरी मति को नहीं छोड़ता। माया के मद में बावरा होकर यह परमात्मा का गुणगान भी नहीं करता। अनेक प्रकार के प्रपंच रचकर जगत् को छलता है और अपना ही पेट भरता है। इसका स्वभाव श्वान की पूँछ के सदृश है। श्वान की पूँछ चाहे जितनी ही सीधी क्यों न की जाय, पर वह टेढ़ी ही रहती है। इसी प्रकार मन को कितनी ही शिक्षा क्यों न दी जाय, पर वह करता अपने स्वभाव का ही है।"[3]

---

1. श्री गुरुग्रन्थ साहिब, टोडी, महला 5, पृष्ठ 712
2. श्री गुरुग्रन्थ साहिब—बहुरंग माइआ बहु विधि पेखी।
   ....
   मनु न सुहेला परपंचु हीला।।3।।12।।81।।
   गउड़ी-गुआरेरी, महला 5, पृष्ठ 179
3. श्री गुरुग्रन्थ साहिब—यह मनु नैकु न कहिओ करै।
   ....
   सुआन पूछ जिउ होइ न सूधो कहिओ न कान धरै।।2।।
   रागु देव गांधारी, महला 9, पृष्ठ 536

सारांश यह कि मन माया के आश्चर्यों में सोता रहता है—

मनु सोइआ माइआ विसमादि।[1]

मनोमारण

मनोमारण का महत्त्व—यह बताया जा चुका है कि सिक्ख-गुरुओं ने मन की चंचलता और प्रबलता का विस्तार के साथ विवेचना किया है। नश्वर, अनित्य मायिक पदार्थों में जो सत्य शाश्वत भाव की कल्पना होती है, वह मन ही के कारण है। यह मन अत्यन्त प्रबल है, बिना इसके मारे आध्यात्मिक पथ में तनिक भी उन्नति नहीं होती। मन काम, क्रोध, लोभ, अहंकार, खोटी बुद्धि तथा द्वैतभाव के वशीभूत है। अतएव वह जब तक इनके वशीभूत है, तब तक आध्यात्मिक विकास में मनुष्य आगे नहीं बढ़ सकता—

ना मनु मरै न कारज होइ।
मनु बसि दूता दुरमति दोइ।
मनु मानै गुरते इकु होइ[2] *।।1।।3।।*

वास्तव में 'लिव' और 'धातु' अर्थात् 'श्रेयस' और 'प्रेयस्' दो पृथक्-पृथक् मार्ग हैं। लिव (श्रेयस्) का तात्पर्य भगवद्भक्ति और 'परमात्मा-प्रेम' से है और धातु (प्रेयस्) का तात्पर्य ऐहिक सुख-प्राप्ति है। साधारण मनुष्य का मन ऐहिक विषयों के इर्द-गिर्द चक्कर लगाता रहता है और कामिनी कांचन के प्रबल आकर्षण को त्याग नहीं सकता। श्रेष्ठ साधक 'लिव' और 'धातु' में से, 'धातु' का त्यागकर 'लिव' का वरण करता है। लिव-प्राप्ति की उत्कट इच्छा से वह परमात्मा के 'हुकम' के अनुसार कर्मों में प्रवृत्त होता है। सच्चा साधक 'सबद' में कसौटी लगाकर मन को मारता है। यदि सूक्ष्म दृष्टि से देखा जाय, तो विदित होगा कि सारा झगड़ा मन ही में है। मन ही बंधन और दुःख का हेतु है। पर जोतिर्मय मन से ही अहंकारयुक्त की निवृत्ति होती है। अन्त में सारे झगड़ों की निवृत्ति होने पर अहंकारमुक्त मन ज्योतिर्मय मन में विलीन होकर परमात्मा के प्रेम का अमृत पीता है। उस अमृतपान से जो भी इच्छा होती है, वह पूरी होती है। मन को छोड़कर जो अन्य के साथ संघर्ष करते हैं, वह सब व्यर्थ है। इससे सारा जीवन नष्ट हो जाता है।[3]

आदि गुरु नानक देव ने इसी से मनोमारण का संकेत अपने सिक्खों को दिया है—

---

1. श्री गुरुग्रन्थ साहिब—गउड़ी-गुआरे री, महला 5, पृष्ठ 182
2. श्री गुरुग्रन्थ साहिब—गउड़ी गुआरे री, महला 1, पृष्ठ 222
3. श्री गुरुग्रन्थ साहिब—लिव, धातु हुई राह है हुकमी कार कमाइ।
विणु मन, जि होरी नालि लुझणा जासी जनमु गवाइ।।
सिरी रागु की वार, सलोक, महला 3, पृष्ठ 87

"इस मन को मार कर परमात्मा से मिलो। उनके मिलने से फिर कभी दुःख न होगा।"

नानक इहु मनु मारि मिलु भी, फिरि दुखु न होइ[1] ।।5।।18।।

अतः जब तक मन नहीं मरता, माया नहीं मरती। मन के मरने से वह बूढ़ी हो जाती है और उसका सारा आकर्षण समाप्त हो जाता है।

ना मनु मरै न माइआ मरै[2] ।।1।।1।।

मनोमारण की विधियाँ—मनोमारण इससे कदापि नहीं होता। हठ से कोई मन को उच्छृङ्खलताओं से नहीं छुड़ा सकता। इस सिद्धान्त को यदि हम आधुनिक मनोविज्ञान की कसौटी पर कसें, तो गुरुओं की विचारधारा अक्षरशः सत्य प्रतीत होगी। आधुनिक मनोवैज्ञानिकों का विचार है कि प्राकृतिक प्रवृत्तियों को दबाकर मन को वशीभूत नहीं किया जा सकता। उन्हें अन्य दिशा में लगा देना ही, उनके शमन का सर्वश्रेष्ठ उपाय है। श्रीमद्भगवद्गीता के छठे अध्याय के पैंतीसवें श्लोक में मन को अभ्यास और वैराग्य से शनैः-शनैः वश में करने के लिए कहा गया है। तीसरे गुरु अमरदास जी ने कहा है—

मन हठि कितै उपाइ त छूटीऐ सिमृति सासत्र सोधहु जाइ[3] ।।6।।2।।19।।

अनेक स्मृतियों, शास्त्रों को खोज डालो, किन्तु मन का हठ किन्हीं उपायों से नहीं छूटता। ऐसे प्रबल मन को वश में करने के लिए जो उपाय गुरुओं द्वारा बताये गये हैं, उनका विवेचन नीचे किया जा रहा है—

1. अहंकारयुक्त मन को ज्योतिर्मय मन का स्वरूप समझना : गुरुओं ने मन को समझाने के लिए उसके ज्योतिर्मय स्वरूप को समझाने की चेष्टा की है। ज्योतिर्मय मन के स्वरूप का विवेचन इसी अध्याय में विस्तार के साथ पीछे किया जा चुका है।

पाँचवें गुरु श्री अर्जुन देव ने ज्योतिर्मय मन की "अगम रूप" का निवास-स्थान बतलाया है। इसी में 'अमृत-कुण्ड' का निवास है। जिसे इसकी प्राप्ति होती है, वही इसके वास्तविक सुख को समझ सकता है। यह सात्त्विक अथवा ज्योतिमय मन 'अनहत वाणी' का 'निराला थान' है। इसकी ध्वनि 'गोपाल को मोहनेवाली' है। वहाँ 'सहज' के 'अनन्त अखाड़ों की जमघट है' जिसमें 'परब्रह्म के संगी-साथी बिहार कर रहे हैं। वहाँ 'अनन्त हर्ष' है और शोक का नाम भी नहीं है। उसी सच्चे घर को सद्गुरु ने नानक (पाँचवें गुरु, अर्जुन देव) को दिया।[4]

---

1. श्री गुरुग्रन्थ साहिब, सिरी रागु, महला 1, पृष्ठ 21
2. श्री गुरुग्रन्थ साहिब, प्रभाती, महला 1, पृष्ठ 1342
3. श्री गुरुग्रन्थ साहिब, सिरी रागु, महला 3, पृष्ठ 65
4. श्री गुरुग्रन्थ साहिब, अगम रूप का मन महि थाना।
   ...सो घरु गुरु नानक कउ दीआ।।
   4।।35।।104।। गउड़ी, महला 5, पृष्ठ 186

अहंकारयुक्त मन को ज्योतिर्मय मन के स्वरूप का साक्षात्कार करने का यही तात्पर्य है कि ऐबी मन को अपनी संकीर्णता, दुःखों दोषों आदि का पूर्ण रूप से बोध हो जाय। इस वस्तु के बोध होने पर ही, वह अपनी बुराइयों को त्यागकर सद्‌गुणों की प्राप्ति के लिए अग्रसर हो सकता है, अन्यथा नहीं।

2. मन से मन मानता है : गुरुओं ने ज्योतिर्मय मन की शक्ति को पूर्ण रूप से पहचाना है। इसी ज्योतिर्मय मन से अहंकारयुक्त मन वशीभूत होता है। वशीभूत होने पर अहंकारयुक्त मन ज्योतिर्मय मन के रूप में परिणत हो जाता है। गुरुओं ने स्थान-स्थान पर संकेत किया है कि मन से ही मन मानता है और अहंकारयुक्त मन सात्त्विक अथवा ज्योतिर्मय मन में समाहित हो जाता है। यथा—

सुभर भरे नाहि चितु डोलै मन ही ते मनु मानिआ[1] ।।7।।2।।

अर्थात् मन परमात्मा के आनन्द से भली भाँति पूर्ण हो गया। चित्त की चंचलता एकदम शान्त हो गयी और वह तनिक भी इधर-उधर नहीं डोलता। इस प्रकार मन मन ही से मान गया।

एक स्थल पर गुरु नानक देव कहते हैं, "मन राजा है। जिस प्रकार एक राजा दूसरे राजा के वशीभूत होता है, साधारण व्यक्ति के अधीन नहीं होता, इसी भाँति अहंकारयुक्त मन रूपी, राजा अपने से शक्तिशाली राजा ज्योतिर्मय मन के अधीन हो जाता है। इसी भाँति मन मन ही में समा जाता है"—

मनु राजा मनु ते मानिआ मनसा मनहि समाइ[2] ।।3।।2।।

एक स्थान पर आदि गुरु नानक देव ने कहा है कि मन मन द्वारा गया।

सबदि मुए मनु मन से मारिआ[3] ।।4।।3।।

गुरु अमरदास जी ने एक स्थल पर कहा है, "बहुत-से लोग मन को मारने के लिजए मरुस्थल आदि में गये, पर वे गँवार मार न सके। यह गुरु के शब्दों पर विचार करने से ही मर सकता है। चाहे जो कोई भी चाहे, पर यह मन मर नहीं सकता। सद्‌गुरु के मिलने पर मन ही मन को मार सकता है—

मारु मारण जो गये मारि न सकहि गवारि।
नानक जे इहु मारिऐ गुर सबदी वीचारि।।
एहु मनु मारिआ ना मरै जे लोचै सभु कोइ।
नानक मन ही कउ मनु मारसी जे सतिगुर भेटै सोइ[4] ।।

सारांश यह है कि ज्योतिर्मय मन अहंकारयुक्त मन मिल गया और परिणाम यह हुआ कि वह (अहंकारयुक्त मन) उसमें (सात्त्विक मन में) अन्तर्हित हो गया—

---

1. श्री गुरुग्रन्थ साहिब, रागु सारंग, महला 1, पृष्ठ 1233
2. श्री गुरुग्रन्थ साहिब, रागु भैरउ, महला 1, पृष्ठ 1125
3. श्री गुरुग्रन्थ साहिब, रागु विलावलु, महला 1, पृष्ठ 796
4. श्री गुरुग्रन्थ साहिब, मारू की वार, महला 3, पृष्ठ 1086

मन ही ते मनु मिलिआ सुआमी मन ही मंनु समाइआ[1] ।।4।।4।।

3. सांसारिक विषयों में वैराग्य-भावना : मन के सबसे प्रबल आकर्षण सांसारिक भोग ही हैं। इन्हीं में वह अपने को उलझाये रहता है। इन विषयों का इतना दृढ़ विस्तृत पाश है कि वह मन को चारों ओर से जकड़े रहता है। अतएव वह भोगों में उलझा रहता है। वैराग्य-भावना मन को वशीभूत करने के लिए महान् साधन है। श्रीमद्भगवद्गीता में भी कहा गया है कि मन वैराग्य से वशीभूत होता है—''वैराग्येण गृह्यते[2]।'' गुरुओं ने भी वैराग्य पर पर्याप्त बल दिया है। गुरु तेगबहादुर जी मन को वैराग्य-भावना का निम्नलिखित ढंग से उपदेश देते हैं—

''ऐ मन, तू परमात्मा का नाम क्यों भूल गया? जिस समय यमराज से पाला पड़ेगा, तेरा यह शरीर नष्ट हो जायगा, जिनसे तू विषयों को भोगता है। यह सारा जगत् और उसके मायिक आकर्षण धुएँ के पर्वत के समान क्षणभंगुर हैं। तूने, फिर उसे किस विचार से सच्चा मान लिया है? ऐ मन, तू अपने मन में भली भाँति समझ ले कि धन, सम्पत्ति, गृह और दारा आदि तेरे साथ जानेवाले नहीं हैं। ये सब नश्वर हैं। ये यहीं रह जायेंगे। तेरे साथ भक्ति ही जायगी। अतएव तू तन्मय होकर परमात्मा का स्मरण कर।''[3]

पाँचवें गुरु, अर्जुन देव ने शरीर में वैराग्य-भावना इस प्रकार आरोपित करने की चेष्टा की है—

मन कह अहंकारि अफारा।
दुरगंध अपवित्र अपावन भीतरि जो दीसै सो छारा[4] ।।

अर्थात् ''ऐ मन, महान् शारीरिक अहंकार में क्यों फँसे हो? यह समझ लो कि यह शरीर दुर्गन्धयुक्त और अपवित्र है। इसमें जो भी वस्तुएँ दिखायी पड़ती हैं, सब खाक हो जानेवाली हैं।''

4. दुष्टों जनों की संगति का त्याग : मनोमारण का चौथा उपाय ''साकत'' अथवा दुष्ट-जनों की संगति का त्याग। मनुष्य के निर्माण में वातावरण का बहुत बड़ा महत्त्व है। 'जैसी संगति, वैसी बुद्धि', अक्षरशः सत्य है, क्योंकि 'काजर की कोठरी में कैसे हू सयानो जाय, एक लीक काजर की लागि है पै लागि है।' गुरुओं ने साकत की संगति के त्याग पर बहुत अधिक बल दिया है। गुरु अर्जुन देव कहते हैं—

---

1. श्री गुरुग्रन्थ साहिब, मलार 3, पृष्ठ 1259
2. श्रीमद्भगवद्गीता, अध्याय 6, श्लोक 35
3. श्री गुरुग्रन्थ साहिब, मन कहा विसारिओ राम नामु।
   ....
   कहु नानक भजु तिह एक रांगि
   रागु वसंतु हिंडोलु, महला 9, पृष्ठ 1186-87
4. श्री गुरुग्रन्थ साहिब, देव गांधारी, महला 5, पृष्ठ 530

"हे मन, साकत जनों से उलटे हो जाओ अर्थात् विमुख हो जाओ। 'साकत' झूठे हैं। झूठे की प्रीति के त्याग से ही छुटकारा प्राप्त हो सकता है। 'साकत' के संग से मन कभी मुक्त नहीं हो सकता। जिस प्रकार काजल से भरे हुए घर में, जो कोई भी प्रविष्ट होता है, उसी के कालिख लग जाती है, उसी प्रकार जो भी कुसंग में पड़ता है, उसी पर उसका प्रभाव पड़ जाता है। (परमात्मा की अनुकम्पा से) मैं साकत लोगों के संग से दूर हो गया हूँ। परिणाम यह हुआ कि सद्‌गुरु का दर्शन प्राप्त हुआ। सद्‌गुरु की प्राप्ति से तथा उनके उपदेश से माया से त्रिगुणात्मक गुणों की ग्रन्थि छूट गयी। हे कृपालु, हे कृपानिधि, मैं आपसे यही दान माँग रहा हूँ कि मेरा मुख साकत के मुख से कभी न जुटे, तात्पर्य यह है कि मेरा और 'साकत' व्यक्ति का साक्षात्कार न हो। अन्त में करुणानिधि, मेरी यह प्रार्थना है कि मुझे अपने दास का दास बना लीजिये। मेरा सिर साधु-पुरुषों के चरणों पर झुके।"[1]

5. साधु-संगति : मन जब तक माया के साथ बना रहता है, तब तक उसमें अनेक संघर्ष रहते हैं। जब हरि की कृपा से साधु-संगति प्राप्त होती है, तब परमात्मा से मेल होता है और माया के बंधन कट जाते हैं। गुरु अर्जुन देव ने एक स्थल पर कहा है, "मन के सारे विषय, मोह, तृष्णा, क्रोध, अज्ञान, अन्धकार, भ्रम, आशा, अंदेशा तथा सारी व्याधियाँ साधु-संग से मिट जाती है[2]" इसलिए मन को साधु-संग करने के लिए प्रोत्साहित किया गया है।

गुरु अमरदास जी ने कहा है कि अनेक स्मृतियाँ, शस्त्रों को ढूँढ़ लो, पर मन का हठ किसी भी उपाय से नहीं छूटता। साधुओं की संगति से उसका उद्धार हो जाता है और गुरु के 'सबद' की 'कमाई' की उत्कृष्ट कामना होती है—

मन हठि कितै उपाइ न छूटीऐ सिमृति सासत्र सोधहु जाइ।।
मिलि संगति साधू उबरै गुर का सबदु कमाहि[3] ।।6।।2।।19।।

6. सत्याचरण : मन को समझाने की छठी विधि है—सत्याचरण की महत्ता बतलाना। 'सति नामु' परमात्मा का नाम ही है।[4] असत्य आचरणों से परमात्मा की प्राप्ति स्वप्न में भी नहीं हो सकती, क्योंकि दोनों एक-दूसरे के

---

1. श्री गुरुग्रन्थ साहिब, उलटी रे मन उलटी रे।
   ....
   जन नानक दास दास को करीअहु मेरा मूडु साधु पगा हेठि रुलसी रे।।2।।4।।37।।
   रागु देव गांधारी, महला 5, पृष्ठ 535-36
2. श्री गुरुग्रन्थ साहिब, उरझि रहिओ विखिआ कै संगा।
   ....
   नानक तृपते पूरा पाइआ।।
   रागु सूही, महला 5, पृष्ठ 759
3. श्री गुरुग्रन्थ साहिब, सिरी रागु, महला 3, पृष्ठ 65
4. श्री गुरुग्रन्थ साहिब, मूल मन्त्र, पृष्ठ 1

विरोधी हैं। यही कारण है कि उपनिषदों में सत्य हो बहुत महत्ता दी गयी। ईशावास्योपनिषद् के 15वें मन्त्र से विदित होता है कि आदित्य मण्डल में सत्य और ब्रह्म का दर्शन कोई सत्यधर्मा ही कर सकता है। तैत्तिरीयोपनिषद् में भी कहा गया है ''सत्यान्न प्रमदितव्यम्'' अर्थात् सत्याचरण से प्रमाद नहीं करना चाहिए।

गुरु नानक देव ने सत्य की महत्ता पूर्ण रूप से समझी थी, तभी तो मूलमन्त्र में उसे महत्त्वपूर्ण स्थान दिया है।

गुरु अमरदास जी ने मन को सत्याचरण करने के लिए इस भाँति उपदेश दिया है।

मन मेरिआ तू सदा सचु समालि जीउ।।
आपणे घर तू सुखि वसहि पोहि न सके जम कालु जीउ[1] *।।1।।2।।*

अर्थात्, ऐ मन, सदैव सत्य को ही सँभाल इसका परिणाम यह होगा कि तू ज्योतिर्मय मन में सुखपूर्वक बसेगा और यमराज अथवा काल तुझे अपने में गूँथ न सकेंगे।

7. सतगुरु की महत्ता : बिना सद्गुरु के मन नहीं टिकता। वह जहाँ तहाँ दौड़ता ही रहता है। इसका परिणाम यह होता है कि उसे बार-बर योनि के अन्तर्गत आकर नाना दुःखों और क्लेशों को भोगना पड़ता है—

बिनु गुर मनुआ न टिकै फिरि जूनी पाइ[2] *।।*

इसीलिए मन को उपदेश दिया गया है कि ऐ मन, गुरु के आज्ञानुसार उनके सामने नाचों। गुरु के आज्ञानुसार कर्त्तव्यों को पूरा करने से परमानन्द की प्राप्ति होगी। अन्त में यमराज का भय भी नहीं रहेगा—

नाचु रे मन गुर कै आगै।
गुर कै भाणै नाचै ता सुख पावहि अन्तै जम भउ भागै[3] *।।*

गुरु अर्जुन देव ने बतलाया है कि ऐ मन, तू निरन्तर 'गुरु गुरु' का जप कर। मनुष्य-जन्म रूपी रत्न गुरु ने ही सफल किया है। अतएव उसके दर्शन पर न्यौछावर हो जा—

मेरे मन गुरु गुरु सद करीऐ।
रतन जनमु सफलु गुरि कीआ दासन कउ बलिहारीऐ[4] *।।1।।रहाउ।।*
।।15।।153।।

8. परमात्मा की शरण लेना : गुरु नानक देव ने बतलाया है कि मन नाम के बिना मछली, भ्रमर, हाथी, दादुर के समान भटकता फिरता है। पर उसे

---

1. श्री गुरुग्रन्थ साहिब, वडहंसु, महला 3, पृष्ठ 569
2. श्री गुरुग्रन्थ साहिब, गउड़ी की वार, महला 4, पृष्ठ 313
3. श्री गुरुग्रन्थ साहिब, गूजरी, महला 3, पृष्ठ 506
4. श्री गुरुग्रन्थ साहिब, गउड़ी-पूरवी, महला 5, पृष्ठ 213

शान्ति नहीं प्राप्त होती। यदि उसे शान्ति प्राप्ति होती है, तो प्रभु की शरण ग्रहण करने से[1]।

प्रभु की शरण लेने के लिए गुरु अर्जुन ने बहुत अधिक बल दिया है—

पारब्रहम पूरन परमेसुर मन ताकी ओट गहीजै रे।
जिनि धारे ब्रह्मण्ड खंड हरि ताको नामु जपीजै रे[2] ।।1।।
रहाउ ।।16।।137।।

अर्थात्, हे मन, तू उस पूर्ण ब्रह्म परमेश्वर की शरण ले जो सारे ब्रह्माण्डों को धारण किये हुए है। तू उसी का निरन्तर जप कर।

गुरु तेगबहादुर जी ने गणिका, अजामिल, ध्रुव, गजराज आदि का उदाहरण देकर समझाया है कि हे मन, तू ऐसे चिन्तामणि प्रभु की शरण ले, जिससे पार हो जा—

मन रे प्रभ की सरनि विचारो।

....

नानक कहतु चेति चिन्तामनि तै भी उतरहि पारा[3] ।।3।।4।।

गुरु अमरदास जी मन की भीरुता समाप्त करने के लिए कहते हैं—

"ऐ मन तू अपने को 'भूखा भूखा' कहकर क्यों चिल्लाता है? जो परमात्मा सृष्टि की चौरासी लाख योनियों के जीवों की रचना करके उन्हें आहार देता है, क्या ऐसा प्रभु तुझे कभी भूखा रखेगा?"—

मन भुखा भुखा मत करहि, मत तू करहि पूकारु।
लख चौरासीह जिनि सिरी, सभसै देइ अधारु[4] ।।5।।3।।36।।

मन-निरोध का परिणाम

अब यह कहकर इस प्रसंग को समाप्त किया जाता है कि मन-निरोध से किस प्रकार के अनिर्वचनीय सुख तथा विलक्षण आनन्द की अनुभूति होती है। इस आनन्द को गुरुओं ने कई नामों से सम्बोधित किया है—'चतुर्थ पद' 'तुरीयावस्था', 'तुरीय पद', 'सहजावस्था' का सुख अथवा ब्रह्म सुख आदि। गुरु नानक देव ने इसका वर्णन इस प्रकार किया है—

"हरि के बिना मेरा मन कैसे धैर्य धारण कर सकता है? करोड़ों कल्पों के दुःखों का नाश हो गया। (परमात्मा ने) सत्य को दृढ़ कर दिया और हमारी रक्षा कर ली। क्रोध समाप्त हो गया। अहंकार और ममत्व जलकर भस्म हो गये। शाश्वत और सदैव रहनेवाले प्रेम की प्राप्ति हो गयी। अन्य भय दूर हो गये।

---

1. श्री गुरुग्रन्थ साहिब, बसंतु महला 1, पृष्ठ 1187-88
2. श्री गुरुग्रन्थ साहिब, गउड़ी, महला 5, पृष्ठ 209
3. श्री गुरुग्रन्थ साहिब, सोरठि महला 9, पृष्ठ 632
4. श्री गुरुग्रन्थ साहिब, सिरी रागु, महला 3, पृष्ठ 27

चंचल मति को त्यागकर भव-भंजन (परमात्मा) को पा लिया। गुरु के 'सबद' में लिव लग गयी। हरि-रस का पान कर निवृत्ति प्राप्त कर ली। मैं अत्यन्त भाग्यशाली हूँ और मैंने परमात्मा को पा लिया। जो सरोवर रिक्त था, (प्रेम रूपी) रस से सींचा जाकर परिपूर्ण हो गया। गुरु की आज्ञा से सत्य पाकर निहाल हो गया। मन निह केवल नाम में अनुरक्त होकर रँग गया। प्रभु (परमात्मा) 'आदि जुगादी' से दयालु हैं। मोहन ने मेरे मन को मोह लिया। बड़े भाग्य से उनमें 'लिव' लग गयी। सत्य परमात्मा को जानकर पापी और दुःखों को काट दिया। मन अत्यन्त अनुरागी और निर्मल हो गया। मन को मारकर निर्मल पद को पहचाना और हरि-रस में सराबोर हो गया। मैंने परमात्मा को छोड़कर दूसरे को जाना नहीं। ऐसी बुद्धि हमें सद्‌गुरु ने प्रदान की। इस प्रकार "अगम, अगोचर, अनाथु (जिसका कोई स्वामी न हो और जो सबका स्वामी हो), अजोनी" एक परमात्मा को जान लिया। इस प्रकार चित्त हरि-रस से परिपूर्ण हो गया, और मन से मन मान गया, जिससे वह शान्त और निश्चल हो गया, उसकी सारी दौड़ समाप्त हो गयी।"[1]

गुरु अमरदास जी ने मनोनिरोध के परिणामों का वर्णन इस भाँति किया है—

मनु सबदि मरै ता मुकतो होवे हरि चरणी चितु लाई।
हरि सरु सागरु सदा जलु निरमलु नावै सहज सुभाई।।
सबदु विचारि सदा रंगि राते हउमै तृसना मारी।
अंतरि निहकेवलु हरि रविआ सभु आतम रामु मुरारी[2] *।।6।।1।।*

इसी भाँति पाँचवै गुरु ने मन के आन्तरिक प्रकाश की विशद व्याख्या की है—

"ज्ञान रूपी अंजन से मन का अज्ञान रूपी अन्धकार नष्ट हो जाता है। हर्ष, शोक का सर्वथा नाश हो जाता है। विराट्-स्वरूप परमात्मा का बोध हो जाता है। उस विराट् स्वरूप का न आदि है, न अन्त। उसकी शोभा अपरम्पार है। उसके इतने रंग हैं, जिनकी गणना की ही नहीं की जा सकती। उस विराट्-स्वरूप की स्तुति अनेक ब्रह्मा वेदों से करते हैं और अनन्त शिव बैठकर उसका ध्यान किया करते हैं। अनेक अंशावतार उसी की कला में हुआ करते हैं। उसी में अनेक इन्द्र भी (ऊँचे स्वर्गलोक) स्थित हैं। अनन्त पावक, पवन और नीर भी उसी में विश्राम पा रहे हैं। अनेक रत्नों, दही और दूध के सागर भी उसी में स्थित हैं। अनन्त

1. श्री गुरुग्रन्थ साहिब, सिरी हरि बिनु किउ जीवा मेरा माई।
।।1।। रहाउ।।
सुभर भरे नाही कितु डोलै मन ही तेमनु मानिआ।।7।।2।।
रागु सारंग, महला 1, पृष्ठ 1232-33
2. श्री गुरुग्रन्थ साहिब, सारंग, महला 3, पृष्ठ 1233

सूर्य, चन्द्रमा और नक्षत्रगण उसी में प्रकाशित हो रहे हैं। अनन्त देवी और देवता भी उसी में पूजा पा रहे हैं। अनन्त पृथ्वियाँ, अनन्त कामधेनु, अनन्त मुखों के स्वर, उस विराट् पुरुष की शोभा बढ़ा रहे हैं। अनन्त आकाश, अनन्त पाताल, अनेक मुखों से भगवान् का जप, अनेक शास्त्र, स्मृति, पुराण, अनन्त प्रकार के प्रवचन, अनन्त श्रोतागण, सब जीवों से परिपूर्ण भगवान् ही में विहार कर रहे हैं। अनन्त धर्मराज, अनन्त कुबेर, अनन्त वर्ण, अनन्त सुमेरु पर्वत, उस विराट्-पुरुष के ही अंग हैं। अनन्त शेषनाग (अपनी सहसा जिह्वाओं से) उसी नव तन का नाम ले रहे हैं। फिर भी परब्रह्म का अन्त नहीं पाते। अनन्त पुरियाँ और अनन्त खण्ड, अनन्त रूप के ब्रह्माण्ड, अनन्त वन, अनन्त फल और (अनन्त वनस्पतियों के) मूल उस अनन्त विराट् पुरुष में ही स्थित हैं। वह पुरुष स्थूल और सूक्ष्म दोनों रूपों में बना है। अनन्त युग-गुगान्तर, दिन और रात, उत्पत्ति और प्रलय उसी के अभिन्न अंग हैं। अनन्त जीव उसी परमात्मा के गृह में विश्राम पा रहे हैं। वही राम रूपी सभी स्थानों में रमण कर रहा है। उसकी अनन्त माया देखी नहीं जा सकती। हमारा 'हरि राई' अनेक कलाओं में क्रीड़ा कर रहा है। अनन्त ललित संगीत उसी में ध्वनित हो रहे हैं। वहीं अनेक शक्तियाँ चित्रगुप्त की भाँति उपस्थित हैं।"[1]

उपर्युक्त ब्रह्म की अनन्तता का प्रकाश निरोधित-मन में ही होता है। अतएव जो मन शान्त हो जाता है, उसमें परमात्मा की अनन्तता का साक्षात् प्रतिबिम्ब पड़ता है, प्रत्युत वह परमात्म-स्वरूप ही हो जाता है। जैसे अग्नि में लोहे का गोला रखने से साक्षात् अग्नि-स्वरूप हो जाता है, उसी भाँति मन परमात्म-चिन्तन से परमात्म-स्वरूप ही हो जाता है और उसकी सारी दौड़-धूप समाप्त हो जाती है। वह तृप्त हो जाता है और कहीं भी इधर-उधर नहीं भटकता। पाँचवें गुरु ने तभी तो कहा है—

नाम रंगि इहु मनु तृपताना बहुरि न कतहु धावहु रे[2] ।।1।।2।।131।।

1. श्री गुरुग्रन्थ साहिब—गिआन अंजनु अगिआनु विनासु।।1।।

...

अनिक गुपत प्रगट तह चीत।।10।।1।।2।।
सारंग, महला, 5, पृष्ठ 1235-36

2. श्री गुरुग्रन्थ साहिब, आसा, महला 5, पृष्ठ 404

हरि-प्राप्ति-पथ

अ. कम-मार्ग

मनुष्य-जीवन का परम पुरुषार्थ और चरम लक्ष्य आत्मोपलब्धि है। जो दिव्य-ज्योति परमात्मा ने हमारे अन्तर्गत रखी है, उसी का साक्षात्कार करना, उसी के साथ मिल-जुलकर एक हो जाना, मानव-जीवन का सर्वोपरि उद्देश्य है। कहने का तात्पर्य यह कि जिस निरंकार से हम उपजे हैं और जो सदैव हमारे साथ रमण कर रहा है, उसके साथ मिलकर एक हो जाना ही हरि-प्राप्ति है। मनुष्य की मानसिक अवस्था, संस्कार, योग्यता तथा क्षमता आदि को ध्यान में रखते हुए परमात्म-साक्षात्कार के भिन्न-भिन्न मार्ग निकाले गये। यद्यपि उन मार्गों की संख्या निर्धारित करना टेढ़ी खीर है, किन्तु मोटे रूप से हरि-प्राप्ति के चार मार्ग प्रधान माने गये हैं—

(अ) कर्म-मार्ग। (आ) योग-मार्ग।
(इ) ज्ञान-मार्ग। (ई) भक्ति-मार्ग।

श्री गुरुग्रन्थ साहिब जी के आधार पर प्रत्येक मार्ग का पृथक्-पृथक् विचार किया जायगा।

कर्म 'कृ' धातु से बना है, जिसका अर्थ 'करना' होता है। मोटे रूप से व्यष्टि एवं समष्टि के समस्त क्रिया-कलाप इसके अन्तर्गत रखे जा सकते हैं। व्यष्टि कर्म के अन्तर्गत मनुष्य के व्यक्तिगत कर्म रखे जा सकते हैं। व्यक्तिपरक कर्म को हम तीन भागों में विभक्त कर सकते हैं—शारीरिक कर्म, मानसिक कर्म और आध्यात्मिक कर्म। मनुष्य का हँसना, बोलना, उठना-बैठना, स्पर्श करना, गमन करना, देखना और सुनना आदि शारीरिक कर्म के अन्तर्गत रखे जा सकते हैं। मानसिक कर्म शारीरिक कर्म की अपेक्षा अधिक सूक्ष्म हैं। मनुष्य का स्मरण करना, सोचना, तर्क-वितर्क करना, कल्पना करना आदि मानसिक कर्म के अन्तर्गत रखे जा सकते हैं। आध्यात्मिक कर्म मानसिक कर्म की अपेक्षा भी सूक्ष्म हैं। साधना द्वारा सूक्ष्म की हुई साक्षित्व बुद्धि द्वारा ही इस कर्म का प्रतिपादन हो सकता है। यह कर्म परिभाषा की सीमा में नहीं बाँधा जा सकता। सांकेतिक रूप से इसकी परिभाषा निम्नलिखित ढंग से की जा सकती है; ''समस्त जड़-चेतन के अन्तर्गत एक ही अविनाशी सत्ता अथवा, सत्, चित्, आनन्द की अनुभूति के निमित्त किये हुए कर्म आध्यात्मिक कर्म हैं।'' यह कर्म अत्यन्त व्यापक है। समस्त

मानव-जाति के महान् पुरुषों की आध्यात्मिक साधनाएँ इसी कर्म के अन्तर्गत रखी जा सकती हैं। ज्ञानयोग, भक्तियोग, हठयोग, राजयोग, प्रेमयोग, लययोग तथा कर्मयोग सभी इसी के अन्तर्गत रखे जा सकते हैं। हाँ, यह बात अवश्य है कि उसमें अहंभाव का निरोध हो इसके अतिरिक्त वे साधनाएँ भी इसकी परिधि में रखी जा सकती हैं, जिनका नामकरण भी नहीं हुआ है।

समष्टि कर्म का तात्पर्य सृष्टि के सामूहिक कर्म से है। ग्रह-नक्षत्रों, चन्द्रमा-सूर्यादिकों का बनना-बिगड़ना, ब्रह्मा, विष्णु, महेश आदि का उत्पन्न, स्थित एवं लय होना, वायु का चलना, अग्नि का जलना, सूर्य का तपना, भयंकर उल्कापातों का होना आदि समष्टि कर्म हैं।

कर्म का स्वरूप

कर्म की उत्पत्ति—सिक्ख-गुरुओं के विचारानुसार पहले निर्गुण ब्रह्म के अतिरिक्त कुछ भी नहीं था। महान् अन्धकार ही था। उस समय धरणी, गगन, दिन-रात, चन्द्रमा-सूर्य, उत्पत्ति-प्रलय, जन्म-मरण, खण्ड-ब्रह्माण्ड, पाताल, सप्त-सागर, नदी, जल, स्वर्गलोक, मर्त्यलोक, ब्रह्मा, विष्णु, महेश, नारि-पुरुष, यती, सत्यवादी, वनवासी, सिद्ध-साधक, जप, तप, संयम व्रत, पूजा, शुचि, गोपी, ग्वाल, कृष्ण, कर्म धर्म आदि कुछ भी न थे।[1] किन्तु जैसे शून्य से परमात्मा के 'हुकम' से दस अवतारों, समस्त सृष्टि के विस्तार, देवों, दानवों, गन्धर्वों की रचना हुई, वैसे ही कर्म की भी रचना हुई—

सुनहुँ उपजे दस अवतारा। सृसटि उपाइ कीआ पासारा।।
देव दानव गण गंधरब साजे सभि लिखिआ करम कमाइदा[2] ।।12।।15।।17।।

श्रीमद्‌भगवद्‌गीता में भी कर्मों की उत्पत्ति इसी प्रकार मानी गयी है—

कर्म ब्रह्मोद्‌भवं विद्धि[3]

इस प्रकार कर्म का चक्र परमात्मा से उद्‌भूत होकर चल पड़ा। सभी के ऊपर कर्म का लेखा लिखा गया। कर्म से कोई मुक्त नहीं है। पवन कर्म से ही चलता है, सूर्य-चक्रादिक कर्म से ही घूमा करते हैं और ब्रह्मा, विष्णु, महेश आदि सगुण देवता भी कर्मों में ही बँधे हैं।

समष्टि कर्म—जहाँ तक समष्टि कर्म का सम्बन्ध है, यह बात स्पष्ट है कि सारे समष्टि कर्म परमात्मा के ही भय से होते हैं। पाँचवें गुरु ने इस बात को बहुत स्पष्ट कर दिया है कि परमात्मा का अपार 'हुकम' पृथ्वी आकाश, नक्षत्र, पवन, जल, अग्नि और इन्द्र सभी के ऊपर है। सभी उसकी अपार आज्ञा से भयभीत होकर अपने-अपने कर्म में प्रवृत्त होते हैं—

---

1. श्री गुरुग्रन्थ साहिब, अरबद नरबद...आदि, मारू सोलहे, महला 1, पृष्ठ 1035-36
2. श्री गुरुग्रन्थ साहिब, मारू सोलहे, महला 1, पृष्ठ 1038
3. श्रीमद्‌भगवद्‌गीता, अध्याय 3, श्लोक 15

डरपै धरति अकासु नख्यत्रा सिर ऊपरि अमरु करारा।
पउणु पाणी बैसन्तरु डरपै, डरपै इन्दु विचारा[1] ।।1।।1।।

यह विचारावली कठोपनिषद् की निम्नलिखित श्रुति से कितनी समानता रखती है—

भयादस्याग्निस्तपति भयात्तपति सूर्यः।
भयादिन्द्रश्च वायुश्च मृत्युर्धावति पंचमः।।[2]

अर्थात् इस परमेश्वर के भय से अग्नि तपता है, इसी के भय से सूर्य तप रहा है, तथा इसी के भय से इन्द्र, वायु और पाँचवाँ मृत्यु दौड़ता है।

इसी प्रसंग में यह बात भी स्पष्ट कर दी जाती है कि मनुष्य द्वारा व्यक्ति-परक ही कर्म हो सकते हैं। वह समष्टि कर्म नहीं कर सकता। समष्टिगत कर्म तो परमात्मा की विराट् प्रकृति द्वारा ही होते हैं।

व्यष्टि-कर्म—मनुष्य व्यक्तिपरक कर्म ही कर सकता है। वे कर्म पूर्व जन्म के संस्कारों के परिणाम हैं। सिक्ख-गुरु पूर्वजन्म के संस्कारों को स्वीकार करते हैं। यथा—

मनमुखि किछू न सूझै अंधुले पूरबि लिखिआ कमाइ।।[3]

अथवा, पूरबि लिखिआ सु करम कमाइआ। सतिगुरु सेवि सदा सुख पाइआ[4] ।।2।।14।।15।।

अथवा, पूरबि करम अंकुर जब प्रगटे भेटिओ पुरखु रसिक वैरागी।।[5] ।।2।।2।।119।।

अथवा, नानक तिसु मिलै जिमु लिखिआ धुरि करमि[6] ।।5।।9।।

उपर्युक्त उदाहरणों से यह स्पष्ट हो जाता है कि मनुष्य अपने पूर्व जन्म के संस्कारों के वशीभूत शुभ अथवा अशुभ कर्मों के सम्पादन में प्रवृत्त होता है।

भारतीय विचारक आवागमन के सिद्धान्त को मानते हैं। इसीलिए किसी व्यक्ति-विशेष की स्वाभाविक क्रियाएँ पूर्व जन्म के संस्कारों का परिणाम मानते हैं। संस्कार क्या है? यह विवादास्पद विषय है। किन्तु इसे हम इस भाँति स्पष्ट करने की चेष्टा करेंगे, "जिस भाँति रेतीली पृथ्वी पर चलने से, हमारे पैरों के चिह्न, उस पृथ्वी पर पड़ जाते हैं, उसी भाँति मन में उठे हुए संकल्प, मन पर कुछ प्रभाव छोड़ जाते हैं। यदि बार-बार वे ही संकल्प मन में उठते हैं, तो वे उत्तरोत्तर आदत का स्वरूप धारण कर लेते हैं। हमारे जितने भी कर्म हैं, वे सब संकल्पों के परिणाम हैं। इसलिए यदि हम बार-बार उसी कर्म को करते हैं, तो

---

1. श्री गुरुग्रन्थ साहिब मारू, महला 5, पृष्ठ 998
2. कठोपनिषद्, अध्याय 3, वल्ली 3, मन्त्र 3
3. श्री गुरुग्रन्थ साहिब, सिरी रागु की वार, महला 3, पृष्ठ 85
4. श्री गुरुग्रन्थ साहिब, माझ, महला 3, पृष्ठ 118
5. श्री गुरुग्रन्थ साहिब गउड़ी, महला 5, पृष्ठ 204
6. श्री गुरुग्रन्थ साहिब गउड़ी-सुखमनी, महला 5, पृष्ठ 274

इसका तात्पर्य यह है कि बार-बार वही संकल्प हमारे मन में आता है। परिणाम यह होता है कि उस कर्म को करने की हमारी आदत पड़ जाती है। यही आदतें क्रमशः धीरे-धीरे पुष्ट होकर स्वभाव का स्वरूप धारण कर लेती हैं। हमारा स्वभाव ही दुःख-सुख का कारण बन जाता है। अधिकांशतः हम अपने स्वभाववश ही अच्छी अथवा बुरी क्रियाओं में प्रवृत्त होते हैं। हमारा स्वभाव हमारे पूर्व जन्मों के किये हुए कर्मों का परिणाम है। इसके वृहत् जाल से मनुष्य का निकलना बहुत कठिन है।''[1]

सारांश यह कि मनुष्य पूर्व जन्म के संस्कारों वश व्यक्तिपरक कर्मों के सम्पादन में प्रवृत्त होता हैं।

कर्म के दो रूप भले और बुरे—श्री गुरुग्रन्थ साहिब के आधार पर कर्म का विभाजन गोटे तौर पर दो रूपों में किया जा सकता है—मन्द कर्म और शुभ कर्म। गुरु नानक देव ने एक शब्द में उन्हें इस भाँति स्पष्ट किया है—''कर्म कागज है और मन दवात है'' इनके संयोग से बुरी और भली, दो प्रकार की लिखावटें लिखी गयी हैं। अपने-अपने पूर्व जन्मों के किये हुए स्वभाव के द्वारा (बुरे अथवा भले कर्म) चलाये जाते हैं। परमात्मा तुम्हारे गुणों का अन्त नहीं है। अरे बावरे, तू क्यों नहीं चेतता कि प्रभु के भूलने से तेरे सारे गुणों का नाश हो जायगा। रात जाली (छोटा जाल) और दिन बड़ा जाल है। जितनी घड़िया हैं, वे मुझे निरन्त-फँसाती रहती हैं। तू रस ले-लेकर जाल के भीतर रखे हुए चारे को चुगता रहता है और नित्य फँसता जाता है। अरे मूढ़ तू अपने को किन गुणों द्वारा इस जाल से मुक्त करेगा? शरीर भट्ठी है। मन इस भट्ठी का लोहा है। पाँच अग्नियों (काम, क्रोध, मद, लोभ तथा मोह) निरन्तर इस शरीर रूपी भट्ठी में जलकर मन रूपी लोहे को तपाती रहती है। तेरे (बुरे कर्म के) पास रूपी कोयले उस अग्नि के ऊपर पड़कर, उसे और भी प्रज्वलित करते रहते हैं। मन रूपी लोहा चिन्ता रूपी सणसी के द्वारा पकड़ा जाकर निरन्तर जलता रहता है।''[2]

उपर्युक्त वाणी के विवेचन से भली भाँति सिद्ध हो जाता है कि कर्म दो हैं—भले और बुरे।

मनुष्य कर्म करने में स्वतन्त्र है, किन्तु फल भोगने में परतन्त्र है—पीछे बताया जा चुका है कि मनुष्य जड़ और चेतन तत्त्वों का मिश्रण है। स्वतन्त्र परमात्मा का अंशरूप जीवात्मा उपाधि के बंधन में पड़ जाता है। मनुष्य में चेतन सत्ता विद्यमान है। यद्यपि साधारणतया देखा जाता है कि मनुष्य कर्म-सृष्टि के

---

1. गुरमति निरणय : जोधसिंह, पृष्ठ 231
2. श्री गुरुग्रन्थ साहिब, करणी कागदु मनु मसवाणी, बुरा भला दुइ लेख पए।।
   ....
   कोइले पाप पड़े तिसु ऊपरि, मनु जलिआ संनी चित भई।।3।।3।।
   मारू, महला 1, पृष्ठ 990

अभेद्य नियमों में जकड़कर बँधा हुआ है, तथापि स्वभावतः उसे ऐसा मालूम होता है कि मैं किसी कार्य को स्वतन्त्र रीति से कर सकूँगा। प्रत्येक मनुष्य के भीतर यह प्रवृत्ति परमात्मा द्वारा प्रदान की गयी है इसी प्रवृत्ति के द्वारा यह कर्म करने में स्वाधीन हैं। गुरुओं ने स्थान-स्थान पर इस बात का उल्लेख किया है कि मनुष्य करने में स्वाधीन है। गुरु नानक देव ने इसे स्पष्ट दिया है कि मनुष्य यदि अपने किये शुभ कार्यों का सुख भोगता है, अथवा अशुभ कर्म का दुःख भोगता है, तो उसे किसी को दोष नहीं देना चाहिए, क्योंकि वह स्वयं कर्मों का करनेवाला है। अतः यदि उसे अच्छे कर्मों का सुख मिलता है अथवा बुरे कर्मों का दुःख मिलता है, तो उसे 'काल-कर्म' पर मिथ्या दोष नहीं लादना चाहिए, बल्कि उसे कर्मों के फल को भोगना चाहिए—

सुखु दुखु पुरब जनम के कीए।
सो जाणै जिनि दाते दीए।।
किस कउ दोसु देहि तू प्राणी सहु अपना कीआ करारा है।।[1]
14।।4।।10।।

इसी प्रकार गुरु अमरदास जी भी कर्म करने में मनुष्य को स्वाधीन मानते हैं, तभी तो उन्होंने कहा है—

खेति सरीरि जो बीजीऐ, सो अंति खलोआ जाइ।[2]

अर्थात् शरीर रूपी खेत में जो पाप अथवा पुण्य रूपी बीज बोये जाते हैं, वे अन्त में अवश्य प्रकट होते हैं।

परन्तु साथ ही यह भी जान लेना चाहिए कि कर्म अपने आप फल देने में असमर्थ हैं। कारण और कार्य का अन्योन्याश्रय सम्बन्ध है। चेतन सत्ता ही कार्य और कारण को पृथक्-पृथक् समझ सकती है। घड़ा कार्य है, कुम्हार है निमित्त कारण और मिट्टी उपादान कारण। यदि निमित्त कारण कुम्हार घड़े का निर्माण न करे, तो घड़ा 'नाम रूप' के अन्तर्गत नहीं जा सकता हालाँकि संसार में उपादान कारण मिट्टी तो बहुत पड़ी हुई है। कुम्हार भी यदि मिट्टी के पास बैठा रहे, तो उसके बैठने मात्र से घड़ा नहीं बन सकेगा। वह घड़ा बनाने को सोचेगा, उसके बनाने की क्रिया करेगा, तब कहीं घड़ा बन सकेगा, अन्यथा नहीं। अतएव कारण और कार्य का सम्बन्ध चेतन सत्ता ही के द्वारा स्थापित होता है। बिना चेतन सत्ता के कारण से कार्य की उत्पत्ति हो ही नहीं सकती। कर्मों की फल-प्राप्ति का सिद्धान्त कारण और कार्य के सिद्धान्तों का ही रूप है। मनुष्य के कर्मों की फलदायिनी शक्ति चेतन सत्ता ही है। यही चेतन सत्ता सर्वव्यापिनी और सर्वान्तर्यामिनी है। अतएव यह भावना कि कर्म बिना किसी चेतन शक्ति के सहयोग से स्वतः फल देते हैं, नितान्त भ्रामक और त्रुटिपूर्ण है। सारे कर्म, धर्म

1. श्री गुरुग्रन्थ साहिब, मारू, महला 1, पृष्ठ 1030-31
2. श्री गुरुग्रन्थ साहिब, सलोक, वारां ते वधीक, महला 3, पृष्ठ 1417

परमात्मा के हाथ में हैं। वह परमात्मा अत्यन्त निश्चिन्त है और उसका भण्डार अनन्त है। वह अत्यन्त कृपालु और दयालु है और स्वयं अपने आप मिलाता है—

करमु धरमु सचु हाथि तुमारै।
बेपरवाह अखुट भंडारै।।
तू दइआलु किरपालु सदा प्रभु आप मेलि मिलइदा।।[1] *।।14।।1।।53।।*

सारे कर्म, धर्म का लेखा-जोखा परमात्मा के हाथ में रहता है। वही सबका फल देनेवाला है। अखिल विश्व के समस्त प्राणियों के भले और बुरे कर्मों का लेखा सर्व-नियामक परमात्मा के 'हुकम' से होता है—

'हुकमी उतमु नीचु हुकमि लिखि दुख सुख पाईअहि।।[2]

पर परमात्मा के 'हुकम' की कलम हमारे कर्मों के अनुसार ही चलती है। वह हमारे कर्मों के अनुसार ही कलम चलाता है।

हुकम चलाए आपणै करमी वहै कलाम।।[3]

कर्म का स्वरूप निर्धारित हो आने पर हमारे सामने स्वाभाविक प्रश्न उठता है कि हम किन कर्मों से बँधते हैं और किन कर्मों से मुक्त होते हैं? विवेचन की सुविधा के लिए इनका नामकरण इस भाँति किया जा सकता है—

1. बंधनप्रद कर्म और
2. मोक्षप्रद कर्म।

1. बंधन प्रद-कर्म और उसके भेद

बंधन में पड़ने के कारण आत्मा के द्वारा इन्द्रियों को मिलनेवाली स्वतन्त्र प्रेरणा में और बाह्य सृष्टि के पदार्थों के संयोग से इन्द्रियों में उत्पन्न होनेवाली प्रेरणा में बहुत भिन्नता है। खाना, पीना, चैन करना—यह सब इन्द्रियों की प्रेरणा बाह्य सृष्टि की है[4]।

इस प्रेरणा के द्वारा किये गये सारे कर्म बंधन के हेतु हैं। बाह्यविषयों में वृत्तियों का रमना अत्यन्त स्वाभाविक हैं। ऐसी वृत्तियों के अनुसार कर्म सम्पादन ही प्रायः आधिकाश मनुष्यों द्वारा किये जाते हैं। पर ऐसे कर्म तो उल्टे मनुष्य को और भी जकड़कर बाँधे रहते हैं। श्री गुरुग्रन्थ साहिब में ऐसे कर्मों की तीव्र भर्त्सना की गयी है। श्री गुरुग्रन्थ साहिब के अनुसार ऐसे कर्मों को तीन भागों में विभाजित किया जा सकता है[5]—

---

1. श्री गुरुग्रन्थ साहिब, महला 1, दखणी, पृष्ठ 1034
2. श्री गुरुग्रन्थ साहिब—जपुजी पौड़ी 2, महला 1, पृष्ठ 1
3. श्री गुरुग्रन्थ साहिब—सारंग की वार, महला 1, पृष्ठ 1241
4. गीता रहस्य अथवा कर्मयोगशास्त्र : बाल गंगाधर तिलक, पृष्ठ 279
5. गुरमति अधिआतम करम फिलासफ़ी : रणधीरसिंह, मुखबंध (त्रिलोचनसिंह द्वारा लिखित, भाग 3)

1. कर्मकाण्डयुक्त कर्म।

2. अहंकारयुक्त कर्म।

3. त्रैगुणी त्रिविध कर्म।

1. कर्मकाण्डयुक्त कर्म–इस कर्म के अन्तर्गत वे कर्म रखे जा सकते हैं, जो आडम्बरयुक्त और पाखण्डपूर्ण हैं। बिना परमात्मा के प्रेम के ऐसे सारे कर्म व्यर्थ हैं। गुरु नानक देव ने ऐसे कर्मों का विस्तृत ब्यौरा दिया है—

''वेद और पुराण की पुस्तकें पढ़ते हैं तथा अन्य लोगों को सुनाते हैं। बहुत-से मनुष्य बैठकर कानों से सुनते हैं। परन्तु उनके भीतर का अजगर कपाट बन्द ही रहता है। असली बात तो यह है कि बिना सद्‌गुरु के उनका हृदय कपाट बन्द रहता है। बहुत-से ऐसे हैं, जो विभूति और भस्म लगाते हैं। परन्तु उनका यह बाह्य वेश मात्र है। उनके अन्तःकरण में अहंकार के साथ ही क्रोध रूपी चाण्डाल का निवास है। ऐसे पाखण्डपूर्ण कर्मों से सच्चे योग की प्राप्ति नहीं होती अर्थात् परमात्मा की प्राप्ति नहीं होती। बिना सच्चे गुरु के अलख परमात्मा की प्राप्ति नहीं होती। इसी प्रकार बहुत-से ऐसे लोग हैं, जो तीर्थ-पर्यटन करते तथा वनों में रहकर व्रत और नियम साधते हैं, अनेक प्रकार के 'जत, सन्त संयम' करते हैं तथा वाचक ज्ञान की वार्त्ता करते हैं; परन्तु इन सभी बाह्य कर्मों से मल-निवृत्ति नहीं होती। वास्तव में बिना राय (परमात्मा) के और बिना सदगुरु के आनन्द की प्राप्ति नहीं हो सकती। बहुत-से ऐसे लोग हैं, जो नेवली कर्म करते हैं और कई कुण्डलिनी के उत्थान द्वारा श्वास चढ़ाकर दशम द्वार में पवन रोककर भुजंगमी योग साधते हैं। बहुत-से लोग रेचक, कुम्भक तथा पूरक आदि प्राणायाम आदि हठ-क्रियाएँ करते हैं। परन्तु उपर्युक्त क्रियाएँ बिना परमात्मा के प्रेम के पाखण्डपूर्ण हैं। गुरु के 'सबद' द्वारा परमात्मा के महान् आनन्द की प्राप्ति हो सकती है।[1]

बाह्य वेशादिकों से आन्तरिक अग्नि नहीं बुझती, क्योंकि मन में दारुण चिन्ता प्रज्वलित हो रही है। भला कहीं बिल पीटने से साँप मारा जाता है। इसी प्रकार 'नगुरे' के सारे बाह्य कर्म हुआ करते हैं—

भेखी अगनि न बुझई चिंता है मन माहि।
वरमी मारी सापु ना मरै तिउ निगुरे कमाहि।।[2]

अतः गुरुओं के अनुसार चाहे जितने भी कर्मकाण्ड-युक्त कर्म क्यों न हों, उनमें आन्तरिकता का अभाव रहता है। बिना अन्तर्मुख हुए, केवल बाह्य साधनों

---

1. श्री गुरुग्रन्थ साहिब,—वाचहिं पुस्तक वेद पुराना...गुर सबद महा रसु पाइआ।।15।।5।।22
मारू, महला 1, पृष्ठ 1043
2. श्री गुरुग्रन्थ साहिब, वडहंस की वार, महला 3, पृष्ठ 588

के बल पर परमात्मा की प्राप्ति असम्भव है। इसीलिए गुरुओं ने बाह्य कर्मों की इतनी तीव्र आलोचना की है। ऐसे कर्म मोक्ष के हेतु नहीं, उल्टे बंधन के हेतु हैं।

2. अहंकारयुक्त कर्म–परमार्थ से विमुख व्यक्ति सदैव अहंकार के वशीभूत होकर कर्म करते हैं। परमात्मा से विमुख ऐसे मनुष्यों में माया के आकर्षण अत्यन्त प्रबल होते हैं। ऐसे व्यक्तियों की नाम में रुचि रंच-मात्र के लिए नहीं उत्पन्न होती। उनके अन्तःकरण में काम, क्रोध, मद, लोभ और मोह की पंचाग्नि बड़े वेग से धधकती रहती है। ऐसे अहंकारवादियों की विवेक-बुद्धि भ्रष्ट हो जाती है और उन्हें शुभ और अशुभ कर्मों का बोध नहीं रहता। वे लोग परमार्थी कर्मों का अहंकार ही अंहकार करते हैं। उनके भीतर अहंकार ही अहंकार भरा रहता है। वे तत्त्व से कोसों दूर रहते हैं।

ऐसे मूर्खों के सारे कर्म आशा पाश में बँधे रहते हैं। उसका प्रेम काम, क्रोध ही में रहता है। उसके सारे कार्य अहंभाव से प्रेरित होकर सम्पादित हुआ करते हैं। वह अपने को ही कर्त्ता-धर्ता मानता है। वह यही सोचता है, "मैं लोगों को बाँधता हूँ। मैं वैर करता हूँ। यह हमारी भूमि है। इस पर कौन पैर रख सकता है? मैं पण्डित हूँ, चतुर और सज्ञान हूँ।"[1] बात यह है कि विषय-भोगों में सदैव लिप्त होने से वह ज्ञानान्ध हो जाता हैं। अतएव उसकी विवेक बुद्धि नष्ट हो जाती है। वह अपने शरीर में केन्द्रित होकर यही समझता है, "मैं यौवन-सम्पन्न हूँ, मैं आचारवान् हूँ, मैं कुलीन हूँ।" इस प्रकार की बुद्धि विस्मृत नहीं होती। अपने भाइयों, मित्रों, सम्बन्धियों को अपनी सारी सम्पत्ति, सारी वस्तुएँ सौंप कर चल जाता है। जिस वासना में उसने समस्त जीवन व्यतीत किया है, वही अन्त में साकार रूप धारण कर उसके सामने प्रकट होता है।[2]

श्रीमद्भगवद्गीता में इस अहंबुद्धि वाली बुद्धि की संज्ञा "आसुरी सम्पदा" दी गयी है। सोलहवें अध्याय में दैवी और आसुरी सम्पदाओं का विस्तृत विवेचन हुआ है। दैवी सम्पदा तो मुक्ति का कारण मानी गयी है और आसुरी सम्पदा बंधन में डालनेवाली।[3] श्रीगुरुग्रन्थ साहिब में वर्णित अहंभाव की प्रवृत्तियों तथा श्रीमद्भगवद्गीता की आसुरी प्रवृत्तियों में अत्यधिक साम्य है।

---

1. श्री गुरुग्रन्थ साहिब, हउ बंधउ हउ साधउ वैरु। हमरी भूमि,
कउणु घालै पैरु।।
हउ पंडित हउ चतुर सिआणा।...।। आदि।।
गउड़ी, गुआरेरी, महला 5, पृष्ठ 178
2. श्री गुरुग्रन्थ साहिब, रंगि संगि विखिआ के भोगा इन संगि अंध न जानी।।
....
जितु लागो मनु वासना अंति सोई प्रगटारी।।6।।3।।15।।44।।
गउड़ी, महला 5, पृष्ठ 242
3. श्रीमद्भगवद्गीता, अध्याय 16

श्री गुरुग्रन्थ साहिब में स्पष्ट रूप से दिखलाया गया है कि आशा (फल-प्राप्ति की आशा) में किये हुए सारे कर्म और धर्म बंधन के हेतु हैं। पुरुष पूर्व जन्म के पापों और पुण्यों के संस्कारों को लेकर जन्म धारण करता है। और नाम को भूलकर विनष्ट हो जाता है। यह माया जगत् में अत्यन्त मोहिनी है। इसी में मोहित लोग जितने भी कर्म करते हैं, वे सारे-के-सारे व्यर्थ हो जाते हैं। कर्मकाण्डी और अहंकारी पण्डितों को चेतावनी दी गयी है, ''जिस कर्म से वास्तविक सुख की प्राप्ति होती है, वह आत्मिक तत्त्व विचार है। कर्मकाण्डी पण्डित अहंभावना से प्रेरित होकर शास्त्रों और वेदों को बकते हैं अवश्य, किन्तु उनके सारे कर्म सांसारिक हुआ करते हैं अर्थात् आसुरी भाव से युक्त होते हैं। उनके सारे कर्म पाखण्डयुक्त होते हैं। परिणाम यह होता है कि आन्तरिक मल की निवृत्ति उन अहंकारयुक्त कर्मों से नहीं होती। उनके आन्तरिक मल की तो निरन्तर वृद्धि होती रहती है। जिस भाँति मकड़ी उल्टा सिर करके अपने आप द्वारा बनाये गये जाले में फँसकर नष्ट हो जाती है, उसी भाँति सांसारिक कर्म करनेवाले व्यक्ति अहंकार युक्त कर्मों को करके, अपने लिये फँसाने का जाल बनाते हैं और उसी में फँस कर नष्ट हो जाते हैं।[1]

मनमुख अज्ञानी और अहंकारी है। उसके भीतर महान् क्रोध और अहंकार है। इसी से वह जीवन रूपी द्यूत-क्रीड़ा में अपनी बुद्धि रूपी बाजी हार जाता है।[2] उसके अन्तर्गत अत्यधिक अहंकार और अत्यधिक चतुराई रहती है। अतएव वह जो कुछ भी कर्म करता है, उसका अन्त नहीं होता। वह इसीलिए जन्मता और मरता है, उसके लिए कोई स्थान नहीं रहता। मनमुख अत्यन्त अहंकार की भावना से कर्म करता है, वह बकुले की भाँति नित्य ध्यान में बैठता है। परन्तु जब उसके अहंकार युक्त कर्मों के लिए नित्य ध्यान में बैठता है। परन्तु जब उसके अहंकार युक्त कर्मों के लिए यमराज पकड़तें हैं, तो वह पछताता है[3]

इसी भाँति मनमुख जगत् की झूठी प्रीति में अपना मन लगाता है। हरि-भक्तों से वह सदैव झगड़ा किया करता है। माया में मग्न वह निरन्तर सांसारिक पक्ष की

---

1. श्री गुरुग्रन्थ साहिब, आसा मनसा बंधनी भाई, करम धरम बंधकारी।।
   ....
   इन बिधि डूबि माकुरी भाई ऊंडी। सिर कै भारी।।2।।2।।
   सोरठि, महला 1, पृष्ठ 635
2. श्री गुरुग्रन्थ साहिब, मनमुखु अगुआनु दुरमति अहंकारी।
   अंतरि क्रोध जूए मति हारी।।
   गउड़ी की वार, महला 3, पृष्ठ 314
3. श्री गुरुग्रन्थ साहिब, मनमुखि उफुं बहुतु चतुराई।
   ... .
   जब पकड़िआ तब ही पछुताना।।6।।2।।
   गउड़ी गुआरेरी, महला 3, पृष्ठ 230

प्रतीक्षा करता है। वह परमात्मा का नाम भूलकर भी नहीं लेता है तथा सांसारिक विषय रूपी विष खाकर मरता है। वह सदैव गंदी बातों में अनुरक्त रहता है। गुरु के सबद पर भूलकर भी नहीं ध्यान देता। इस प्रकार मनमुख परमात्मा के प्रेम में अनुरक्त नहीं होता और उसके रस को नहीं जानता। वह अपनी मर्यादा गँवा देता है। वह साधु-संगति के सहज सुख का रसास्वादन नहीं करता। उसकी जिह्वा में तिल मात्र परमात्मा के नाम का रस नहीं रहता। आसुरी प्रवृत्ति से प्रेरित होकर वह अपना तन, मन तथा धन समझता है। परमात्मा के वास्तविक द्वार की उसे स्वप्न में भी खबर नहीं रहती। वह इस संसार से आँखें बन्द कर अन्धकार में कूच करता है। उसे अपने वास्तविक दरवाजे (परमात्मा की प्राप्ति) की चिन्ता नहीं रहती। इस प्रकार वह अपनी आसुरी प्रवृत्तियों के कारण यमराज के दरवाजे पर बाँधा जाता है। उसे (परमात्मा का) स्थान नहीं मिलता और अपने किये हुए कर्मों का फल पाता है।[1]

सारांश यह कि अहंवादियों के सारे कार्य 'हउमै' में ही होते हैं। अतः अहंकार ही उनका बंधन है और इसी कारण बार-बार योनियों में पड़ते हैं—

हउमै एहा जाति है, हउमै करम कमाहि।
हउमै एई बधना, फिर फिरि जोनी पाहि।।[2]

त्रैगुणी त्रिविध कर्म : सारा जगत् माया-मोह के वशीभूत है। अतएव सारे सांसारिक प्राणी माया, मोह के वशीभूत हुए त्रिगुणी कर्म ही करते हैं। त्रिगुणात्मक गुणों के अन्तर्गत कर्म करनेवाले माया के वशीभूत है। तम, रज और सत्त्व—ये तीन गुण हैं। मनुष्यमात्र इन्ही तीनों गुणों के वशीभूत हैं। सत्त्वगुण तो निर्मल होने के कारण सुख की आसक्ति से और ज्ञान की आसक्ति से अर्थात् ज्ञान के अभिमान से बाँधता है। राग रूप रजोगुण की उत्पत्ति कामना और आसक्ति से हुई है। वह जीवात्मा को कर्मों और उनके फल की आसक्ति से बाँधता है। तमोगुण की उत्पत्ति अज्ञान से हुई है और जीवात्मा को प्रमाद, आलस्य और निद्रा के द्वारा बाँधता है।[3] जिस काल में इस देह में तथा अन्तःकरण और इन्द्रियों में चेतनता और बोध-शक्ति उत्पन्न होती है, उस काल में ऐसा जानना चाहिए कि सत्त्वगुण बढ़ा है, रजोगुण के बढ़ने पर लोभ और प्रवृत्ति अर्थात् सांसारिक चेष्टा तथा सब प्रकार के कर्मों का स्वार्थ बुद्धि से आरम्भ एवं अशान्ति, मन की चंचलता और विषय-भोगों की लालसा यह सब होते हैं। तमोगुण के बढ़ने पर

---

1. श्री गुरुग्रन्थ साहिब, जग सिउ झूठु प्रीति मनु बेधिआ, जन सिउ वादु रचाई।।
   ....
   जमु दरि बाधा ठउर न पावै अपुना कीआ कमाई।।
   सोरठि, महला 1, पृष्ठ 596
2. श्री गुरुग्रन्थ साहिब, आसा की वार, महला 1, पृष्ठ 466
3. श्रीमद्भगवद्गीता, अध्याय 14, श्लोक 6-7-8

अन्तःकरण और इन्द्रियों में अप्रकाश एवं कर्त्तव्य कर्मों में अप्रवृत्ति, प्रमाद मोह इत्यादि उत्पन्न होते हैं।[1] संसार के समस्त प्राणी न्यून या अधिक इन्हीं तीनों गुणों में बरत रहें हैं। उनके सारे कर्म इन्हीं तीनों गुणों के वशीभूत हैं। परिणाम यह होता है कि ऐसे पुरुष आवागमन का चक्कर लगाते रहते हैं। सत्त्वगुण में स्थित हुए पुरुष उच्च लोकों में, रजोगुणी मध्य लोकों में और तमोगुणी अधोगति को प्राप्त होते हैं। त्रिगुणात्मक गुणोंवाले सारे कर्म बंधन के हेतु हैं।

गुरु अमरदास जी कहते हैं त्रिगुणात्मक गुणोंवाले सारे कर्म बंधन के हेतु हैं। उन्होंने त्रिगुणात्मक कर्मों की इस भाँति समीक्षा की है, "अध्ययन करनेवाले द्वैत भावना से युक्त होकर ही अध्ययन करते हैं। ऐसे लोग त्रिगुणात्मक माया के निमित्त ही झगड़ेवाले कर्म करते हैं। ऐसा करने में उनका सत्त्व, रज और तम का दृढ़ पाश कभी नहीं टूटता। गुरु के सबद से ही त्रिगुणात्मक माया का पाश छिन्न-भिन्न होता है। वे ही गुरु के 'सबद' मुक्ति देने में समर्थ होते हैं। त्रिगुणात्मक माया के गुणों में रमने के कारण मन चंचल हो जाता है और वह किसी प्रकार वश में नहीं आता। दुबिधा में पड़कर वह दसों दिशाओं में चक्कर मारता फिरता है। इस प्रकार विष का कीड़ा विष ही में अनुरक्त रहता है और विष ही में मरकर नष्ट हो जाता है।"[2]

गुरु नानक ने एक स्थल पर कहा है, "तीनों गुणों से प्रेम करनेवाला बार-बार जन्मता और मरता है। चारों वेद त्रिगुणात्मक माया के दृश्यमान आकार का ही वर्णन करते हैं। वे जाग्रत, स्वप्न, सुसुप्ति अथवा सत्त्व, रज, तम ही की अवस्था का ही वर्णन करते हैं। तुरीय अवस्था केवल सद्‌गुरु से ही जानी जा सकती है।"[3]

श्रीमद्‌भगवद्‌गीता में भी वेदों को 'त्रैगुण्य' कहा गया है।[4]

त्रिगुणात्मक स्वरूप में कर्म करने से, उनकी बुद्धि आसक्तियुक्त रहती है। इससे वे आसक्ति बुद्धि का त्याग नहीं कर सकते। बिना इसका त्याग किये हरि-

---

1. श्रीमद्‌भगवद्‌गीता, अध्याय 14, श्लोक, 11-12 तथा 13
2. श्री गुरुग्रन्थ साहिब, दूजै भाइ पड़ै नहीं बूझै।
   त्रिविध माइआ कारण लूझै।।
   ....
   बिखु का कीड़ा बिखु महि राता बिखु ही माहि
   पचावणिआ ।।4।।29।।30।।
   माझ, महला 3, पृष्ठ 127
3. श्री गुरुग्रन्थ साहिब, जनमि मरै त्रैगुण हितकास।
   ....
   तुरी आवसथा सतिगुर तै हरि जसु।।
   गउड़ी, महला 1, पृष्ठ 154
4. श्री मद्‌भगवद्‌गीता—अध्याय 2, श्लोक 45

रस का स्वाद् नहीं आता। इस प्रकार संध्या, तर्पण, गायत्री, इत्यादि कर्म, बिना परमात्मा के ज्ञान के दुःख स्वरूप ही हैं, क्योंकि ये सब त्रिगुण पर ही बल देते हैं।

त्रैगुण धातु बहु करम कमावहि हरि रस सादु न आइआ।
सधिआ तरपणु करहि गाइत्री बिनु बूझे दुखु पाइआ।।2।।10।।
सोरठि, महला 3, पृष्ठ 603,

श्री गुरुग्रन्थ साहिब का यह निश्चित सिद्धान्त है कि तीनों गुण माया के ही अन्तर्गत हैं। जो तीनों गुणों का सहारा लेकर कर्म करता है, उसकी गति-मुक्ति कभी नहीं होती और न परमात्मा की भक्ति ही प्राप्त होती है।

त्रैगुण सभा धातु है, ना हरि भगति न भाइ।
गति मुकते करे न होवई, हउमै करम कमाहि।।2।।2।।
मलार, महला 3, पृष्ठ 1258

मोक्षप्रद कर्म और उसके भेद

जब परमात्मा का ही अंशभूत जीव अनादि-पूर्व कर्मार्जित जड़ देह तथा इन्द्रियों के बंधनों से बद्ध हो जाता है, तब इस वृद्धावस्था से उसे मुक्त करने के लिए मोक्षानुकूल कर्म करने की प्रवृत्ति देहेन्द्रियों में होने लगती है और इसी को व्यावहारिक दृष्टि से "आत्मा की स्वतन्त्र प्रवृत्ति" कहते हैं। यह प्रेरणा आत्मा की है और यह मोक्षानुकूल कर्म के लिए होती है[1]।

सिक्ख गुरुओं द्वारा निरूपित बंधनप्रद कर्मों के उदाहरणों से इस भ्रम में नहीं पड़ना चाहिए कि गुरु लोग शुभ कर्म के त्याग पर जोर देते हैं। गुरुओं ने शुभ कर्मों के आचरण पर बहुत अधिक बल दिया है। हाँ उन्होंने उस शुभ कर्म की निन्दा की है, जो अहंभाव से प्रेरित होकर आशा, मनसा के बंधन में किये जाते हैं। अहंभाव से किये हुए शुभ से शुभ धर्म भी बंधन के हेतु हैं। जंजीर चाहे लोहे की हो, अथवा सोने की दोनों ही बाँधने में स्वतन्त्र हैं।

सिक्ख गुरु शुभ कर्मों की महत्ता पूर्ण रूप से स्वीकार करते हैं, वे शुभ कर्मों को पार उतारने का साधन मानते हैं। यथा—

विणु करमा कैसे उतरसि पारे[2] ।।5।।2।।
अथवा करणी बाझहु तरै न कोइ।।[3]
अथवा करणी बाझहु भिसति न पाइ।।[4]

---

1. गीता-रहस्य अथवा कर्मयोगशास्त्र : बाल गंगाधर तिलक, पृष्ठ 279
2. श्री गुरुग्रन्थ साहिब, रामकली, महला 1, पृष्ठ 903
3. श्री गुरुग्रन्थ साहिब, रामकली की वार, महला 1, पृष्ठ 952
4. श्री गुरुग्रन्थ साहिब, रामकली की वार, महला 1, पृष्ठ 952

सिक्ख-गुरुओं के अनुसार मोक्ष-प्रद कर्मों का विभाजन तीन भागों में किया जा सकता है—

1. हरि-कीरत कर्म।
2. अध्यात्म कर्म।
3. हुकम-रजाई कर्म।

1. हरि कीरत कर्म : हरि कीरत कर्म के पहले "किरत" कर्म को समझ लेना चाहिए। किरत कर्म वे अच्छे अथवा बुरे कर्म हैं, जो जीव ने पिछले जन्मों में किये हैं। बारम्बार उन्हीं कर्मों के कारण आदत पड़ जाती है। उसी आदत के वशीभूत होकर, जो पुरुष कर्म करता है, वह किरत कर्म कहलाता है। किरत कर्म भोगने ही पड़ते हैं, मिटते नहीं। कर्मों के योग लिए कर्मों की किरत भाग्य में लिख दी जाती है[1]—

आवै जाइ भवाईऐ पइऐ किरति कमाइ।
पूरबि लिखिआ किउ मेटीऐ लिखिआ लेखु रजाइ।।
बिनु हरि नाम न छुटीऐ गुरमति मिलै मिलाइ[2] ।।7।।10।।

इस प्रकार पूर्व जन्मों का खेल किसी के मिटाये नहीं मिटता, क्योंकि वह परमात्मा के रजा के अनुसार लिखा जाता है। उस कर्म से यदि कोई मुक्ति दिला सकता है, तो वह है गुरु।

किरत कर्म महान् प्रबल होते हैं—

इकि आवहि जावहि घरि वासु न पावहि
किरत के बाधे पाप कमावहि।।
अंधुले सोझी बुझ न कोई लोभु बुरा अहंकारा है[3] ।।4।।3।।9।।

अथवा—

किरत पइआ नह मेटै कोइ। किआ जाणा किआ आगै होइ[4] ।।1।।10।।

किरत-कर्म की दुरूहता मेटने में यदि कोई समर्थ है, तो वह है "हरि-कीरत-कर्म"। यह कर्म सभी कर्मों में श्रेष्ठ है। परमात्मा के नाम का गुणगान ही 'किरत कर्म' के सारे मलों को धो सकता है। गुरुओं के अनुसार परम-गति-प्राप्ति का यह अनुपम सोपान है। समस्त श्री गुरुग्रन्थ साहिब में स्थान-स्थान पर इसकी चर्चा की गयी है।

गुरमुखि करणी हरि कीरति सारु। गुरमुखि पाए मोख दुआरु।।
अनदिनु रंगि रता गुण गावै अंदरि महलि बुलावणिआ।।7।।

---

1. गुरमति अधिआतम करम फिलासफ्री : रणधीरसिंह, पृष्ठ 295
2. श्री गुरुग्रन्थ साहिब 1, सिरी रागु, महला 1, पृष्ठ 59
3. श्री गुरुग्रन्थ साहिब, मारू, सोलहे, महला 1, पृष्ठ 1029
4. श्री गुरुग्रन्थ साहिब, गउड़ी, महला 1, पृष्ठ 153-54

सतिगुर दाता मिलै मिलाइआ। पूरै भागि मनि सबहु वसाइआ।।
नानक नामु मिलै वडिआई हरि सचे के गुण गावणिआ[1] ।।8।।9।।10

अर्थात् परमात्मा का गुणगान ही गुरुमुखों का श्रेष्ठ कर्म है। इसी के द्वारा उन्हें मोक्ष का द्वार प्राप्त होता है। जो साधक निरन्तर परमात्मा के प्रेम में सराबोर होकर उनका गुणगान करता है, वह परमात्मा के ''सच्च खण्ड'' के महल के भीतर बुलाया जाता है। परन्तु दाता सद्‌गुरु के द्वारा ही श्रेष्ठ कर्म प्राप्त हो सकता है। परम भाग्य हो, तभी सद्‌गुरु का सबद मन में बसता है। इस प्रकार सच्चे परमात्मा के गुणगान से उन्हें अलौकिक महिमा प्राप्त होती है।

गुरु नानक देव हरि-कीरत कर्म की प्रशंसा करते हुए एक स्थल पर इस भाँति कहते हैं, ''सद्‌गुरु जिसके अन्तर्गत सच्चे परमात्मा को बसा देता है, उसी को सच्चे योग की युक्ति के मूल्य का वास्तविक ज्ञान होता है। उसके लिए गृह और वन समान हो जाते हैं। चन्द्रमा की शीतलता एवं सूर्य की उष्णता में भी ऐसे व्यक्ति की बुद्धि समान हो जाती है। कीरत रूपी करणी उसका नित्य का अभ्यास हो जाता है''—

जिसके अंतरि साचु बसावै।। जोग जुगति की कीमति पावै।।2।।
रवि ससि एको गृह उदिआनै। करणी कीरति करम समानै।।3।6।।

सारांश यह कि कलियुग के सभी साधनों में ''हरि कीरत कर्म'' सर्वश्रेष्ठ है।

हरि कीरति उतमु नामु है विधि कलजुग करणी सारु[2] ।।

2. अधिआतम (अध्यात्म) कर्म : श्री गुरुग्रन्थ साहिब में आध्यात्मिक कर्म उन कर्मों को कहा गया है, जो जीवात्मा और परमात्मा के बोध और उनसे एकता का सम्बन्ध स्थापित करते हैं। तात्पर्य यह है कि जिन अहंभाव-विहीन साधनों के बल पर जीवात्मा अध्यात्म पथ पर उत्तरोत्तर आगे बढ़ता है, वे अध्यात्म कर्म हैं। इसी प्रसंग में यह बतला देना समीचीन प्रतीत होता है कि सिक्ख-गुरुओं ने उन वैयक्तिक और सामाजिक कर्मों के सम्पादन पर बल दिया है, जिनसे व्यक्ति अथवा समाज के नित्य के जीवन का उत्थान होता है, भले ही उनकी गणना आध्यात्मिक कर्मों के अन्तर्गत न की गयी हो—उदाहरणार्थ, स्नान, दान, परोपकार आदि कर्म, स्नान से शारीरिक शुद्धि होती है। शारीरिक शुद्धता का मन की शुद्धता पर बहुत अधिक प्रभाव पड़ता है। हाँ, उस स्नान, उस दान, उस परोपकार आदि की भर्त्सना अवश्य की गयी है, जो अहंभाव से प्रेरित होकर किये जाते हैं। सदाचार सम्बन्धी सामान्य नियम, जो आडम्बर और पाखण्ड का रूप नहीं धारण करते, सिक्ख गुरुओं को मान्य हैं—

यथा, स्नान की महत्ता श्री गुरुग्रन्थ साहिब में स्थान-स्थान पर वर्णित है,

नामु दानु इसनानु न कीओ इक निमिख न कीरत गाइओ[1] ।।3।।1।।3।।

---

1. श्री गुरुग्रन्थ साहिब, माझ महला 3, 115
2. श्री गुरुग्रन्थ साहिब, कानड़े की वार, महला 4, पृष्ठ 1314

अथवा,

उठि इसनानु करहु परभाते सोए हरि आराधे[2] ।।

इसी प्रकार नाम, दान और स्नान पर सामूहिक रूप से बल दिया गया है,

दुआदसी दानु नामु इसनानु। हरि की भगति करहु तजि मानु[3] ।।

अथवा,

नामु दानु इसनानु दृढ़ सदा करहु गुर कथा[4] ।।

सदाचार सम्बन्धी अन्य नियमों के ऊपर भी श्री गुरुग्रन्थ साहिब में स्थान-स्थान पर बहुत बल दिया गया है। गुरु नानक देव ने तो यहाँ तक कहा है कि बिना सत्य, संयम, शील के यह शरीर प्रेत के शरीर की भाँति है तथा काठ की भाँति निष्प्राण, शुष्क और नीरस है। पुण्य, दान, स्नान, संयम, साधु-संगति के बिना जन्म-धारण निरर्थक है—

जतु सतु संजमु सीलु न राखिआ प्रेत पिंजर महि कासटु भइआ।
पुंनु दानु इसनानु न संजमु साध संगति बिनु बादि गइआ[5] ।।3।।7।।

गुरु नानक देव ने आध्यात्मिक कर्मों को सच्चा माना है। इन्हीं कर्मों के द्वारा परमात्मा का साक्षात्कार होता है। उन्होंने गउड़ी राग में आध्यात्मिक कर्म के अन्तर्गत निम्नलिखित बातें बतायी हैं[6] ?

(क) पंच कामादिकों को मारना।

(ख) सच्चाई धारण करना।

(ग) एक परमात्मा की ज्योति सर्वत्र देखने का प्रयास करना।

(घ) गुरु के शब्द (शिक्षा) पर आचरण करना।

(ङ) परमात्मा का भय मानना, अर्थात् उसके भय से पाप-कर्मों में प्रवृत्त न होना।

(च) आत्म-चिन्तन में निमग्न रहना।

(छ) गुरु की कृपा में दृढ़ विश्वास रखना।

(ज) गुरु की सेवा सर्व भाव से करना।

(झ) अहंकार को मारना।

---

1. श्री गुरुग्रन्थ साहिब, टोडी, महला 5, पृष्ठ 712
2. श्री गुरुग्रन्थ साहिब, वसंतु महला 5, पृष्ठ 1185
3. श्री गुरुग्रन्थ साहिब, थिती गउड़ी, महला 5, पृष्ठ 299
4. श्री गुरुग्रन्थ साहिब, मारू की वार, महला 5, पृष्ठ 1101
5. श्री गुरुग्रन्थ साहिब, रामकली, महला 1, पृष्ठ 906
6. श्री गुरुग्रन्थ साहिब,—अधिआतम करमे करे ता साचा।
   ....
   कहु नानक अपरंपर मानु।।8।।6।।
   गउड़ी, महला 1, पृष्ठ 223

(ञ) एकमात्र परमात्मा को जप, तप, संयम समझना और पुराणों का पाठ मानना।

गुरु नानक देव ने एक स्थल पर कहा है कि सत्य का निवास उस व्यक्ति में समझना चाहिए, जिसमें निम्नलिखित आचरण घटित होते हों[1]—

(क) जिसके हृदय में परमात्मा का निवास हो, जो परमात्मा से प्रेम करता हो, जो नाम के श्रवणमात्र से प्रफुल्लित होता हो।

(ख) शरीर का शोधन करके नाम रूपी बीज बो दे।

(ग) जो गुरु द्वारा सच्ची शिक्षा ग्रहण किये हो और उस पर आचरण करता हो।

(घ) जीव मात्र के प्रति दया भाव रखता हो।

(ङ) दान-पुण्य करता हो।

(च) आत्मा रूपी तीर्थ का निवासी हो, अर्थात् निरन्तर आत्मिक वृत्ति में रमण करता हो।

(छ) जिसकी वृत्ति सद्गुरु की शिक्षा द्वारा शान्त हो गयी हो।

(ज) जो सत्याचरण में रत हो।

पाँचवें गुरु ने आत्म-साक्षात्कार के निम्नलिखित साधन बतलाये हैं।[2]

(क) गुरु का शब्द (शिक्षा) हृदय में धारण करना।

(ख) काम, क्रोध, लोभ, मोहादि से बचना।

(ग) पंच ज्ञानेन्द्रियों और पंच कर्मेन्द्रियों को वश में करना।

(घ) परमात्मा की कृपा में पूर्ण विश्वास रखना।

(ङ) दुष्टों और सज्जनों में परमात्मा की एक ज्योति देखकर उन्हें समान भाव से देखना।

(च) विराट्-परमात्मा की साधना निम्नलिखित साधनों से करना—

(1) जो कुछ बोलना, उसे ज्ञान समझना।

(2) जो कुछ भी श्रवण करना, उसे नाम समझना।

(3) जो कुछ भी देखना, उसे ध्यान समझना।

(छ) सहजावस्था में रहना।

---

1. श्री गुरुग्रन्थ साहिब,—साचु ता परु जाणीऐ
   ....
   नानकु बखाणै बेनती जिनु सचु पलै होइ।।
   आसा की वार, महला 1, पृष्ठ 468
2. श्री गुरुग्रन्थ साहिब, गुर का सबदु रिद अंतरि धारै।
   ....
   सहजे जागण सहजे सोइ।। रागु गउड़ी
   गुआरेरी, महला 5, पृष्ठ 236

आध्यात्मिक कर्मों का एकत्रीकरण—यदि आध्यात्मिक कर्म संकलित किये जायें, तो उनका क्रम इस प्रकार हो सकता है—

(क) पंच कामादिकों को मारना।

(ख) शरीर का शोधन करने, पंच ज्ञानेन्द्रियों और पंच कर्मेन्द्रियों को वशीभूत रखना।

(ग) एक परमात्मा की ज्योति, सर्वत्र देखने का प्रयास करना,—दुष्ट में भी और सज्जन में भी।

(घ) सत्याचरण में रत होना।

(ङ) गुरु की कृपा में अपूर्व विश्वास रखकर, उनके सबद को हृदय में धारण करना तथा उन पर आचरण करना, साथ ही गुरु की सेवा में रत रहना।

(च) परमात्मा को सभी कर्मकाण्डों से बढ़कर मानना तथा उन्हें अपने हृदय में बैठाना। उनके नाममात्र से गद्‌गद हो आना और पाप कर्मों के करने में परमात्मा का भय मानना।

(छ) आत्म-स्वरूप में स्थित होकर शान्त होना।

(ज) जीव मात्र के प्रति दया-भाव रखना।

(झ) असहायों की दान पुण्य द्वारा सेवा करना।

(ञ) परमात्मा की कृपा में पूर्ण विश्वास रखना।

(ट) श्रवण, वाणी, दृष्टि और मन द्वारा विराट्-पुरुष की उपासना करना।

(ठ) सहजवृत्ति धारण करना।

इस प्रकार उपर्युक्त कर्म आध्यात्मिक कर्म हैं। पर उनकी सीमा बनानी और एक सीमा निर्धारित करनी बहुत कठिन है। अतः हमारी राय में आत्म-साक्षात्कार सम्बन्धी वे सभी कर्म, सभी उपासनाएँ और सभी आचार-व्यवहार जो अहंभावना से रहित होकर परमात्मा-साक्षात्कार के निमित्त किये जाते हैं, आध्यात्मिक कर्म हैं।

3. हुकम-रजाई कर्म—अन्त में श्री गुरुग्रन्थ साहिब में 'हुकम रजाई' कर्मों की चर्चा की गयी है। 'हुकम रजाई' कर्म वे हैं, जो परमात्मा की प्रेरणा, आज्ञा, मर्ज़ी अथवा इच्छा से होते हैं। मेरी ऐसी धारणा है कि यह कर्म सिद्धावस्था का कर्म है। विशुद्ध अन्तःकरण में ही परमात्मा की अन्तर्ध्वनि सुनायी पड़ती है। मलिन अन्तःकरण में यह नहीं सुनायी पड़ती। आध्यात्मिक कर्मों द्वारा जिसका अन्तःकरण नितान्त पवित्र हो गया है, वही परमात्मा की प्रेरणा के वास्तविक रहस्य को समझ सकता है। 'हुकम-रजाई' कर्म अपने से नहीं होते, बल्कि गुरु की महान् कृपा और परमात्मा की अनुकम्पा से होते हैं।

गुरु अर्जुन ने एक पद में बतलाया है, कि "हुकम रजाई कर्म वही कर सकता है, जिसे प्रभु स्वयं प्रेरित करके कराता है। वही सज्ञान और विश्वसनीय है, जिसे परमात्मा का हुकम मीठा लगता है। सृष्टि के सारे जीव परमात्मा के एक

सूत्र में पिरोये गये हैं। जिसे परमात्मा प्रेरित करता है, वही उसके चरणों में लगता है। जिस प्रकार बन्द कमल सूर्य के प्रकाश से प्रस्फुटित होता है, इसी प्रकार वह पुरुष भी प्रफुल्लित होता है, जो सारे घण्टों के भीतर एक परमात्मा का दर्शन करता है।"[1]

कर्म स्वभावतः अन्धा, अचेतन तथा मृत होता है। वह न तो किसी को स्वयं पकड़ता है और न किसी को छोड़ता है। ममत्वयुक्त आसक्ति के छूटने पर कर्म के बंधन आप ही टूट जाते हैं, फिर चाहे वे कर्म बने रहें या चले जायँ[2]। इस प्रकार कर्मों का दग्ध होना मन की निर्विषयता और ब्रह्मात्मैक्य के अनुभव पर ही अवलम्बित है[3] भूना हुआ बीज जैसे उग नहीं सकता, वैसे ही 'हुकम रजाई' कर्म बंधनों में बाँध नहीं सकते।

प्रभु का सच्चा भक्त और सेवक कर्म से विमुख नहीं होता। उसके अन्तः-करण में प्रभु की आज्ञा की स्पष्ट ध्वनि सुनायी पड़ती है। वह उसी के अनुसार जगत् के सारे व्यवहारों में प्रवृत्त होता है। प्रभु की आज्ञा होती है, तो वह ध्यान करता है और प्रभु की आज्ञा के अनुसार ही वह ध्यान छोड़कर लोगों में भगवद्भक्ति का प्रचार करके पाखण्डों को छोड़ने की शिक्षा देता है[4]। यदि प्रभु की आज्ञा हुई, तो धर्म-रक्षा के निमित्त, लोगों को निर्भीक बनाने के लिए अथवा उनका संकट दूर करने के लिए हँसते-हँसते अपने प्राणों का उत्सर्ग कर देता है[5] और यदि प्रभु की आज्ञा हुई, तो स्वयं हाथ में कृपाण लेकर 'सवा लाख' से एक को लड़ाता है[6]।

प्रभु की 'रजा' अपनी इच्छाशक्ति और क्रियाशक्ति को मिला देना 'हुकम रजाई' कर्म का वास्तविक रहस्य है। यह कर्म बंधन का हेतु नहीं, अपितु मोक्ष के साक्षात् द्वार को खोलने वाला है। ऐसे ही कर्मों के हाथ में मुक्ति की कुञ्जी है। तभी तो गुरु अर्जुन देव ने कहा है,

"जैसी आगिआ कीनी ठाकुरि तिसने मुखु नहीं मोरिओ[7]।।

अथवा

---

1. श्री गुरुग्रन्थ साहिब, सोई कारण जि आपि कराए।

   ....

   ऊंध कवलु जिसु होइ प्रगासा तिनि सरब निरंजन डीठा जीउ।।

   ।।2।।42।।49।। माझ, महला 5, पृष्ठ 108
2. गीता रहस्य अथवा कर्मयोगशास्त्र : बाल गंगाधर तिलक, पृष्ठ 285
3. गीता-रहस्य अथवा कर्मयोगशास्त्र : बाल गंगाधर तिलक, पृष्ठ 287
4. इस वाक्य का तात्पर्य गुरु नानक देव जी की जीवनी से है।
5. इस वाक्य का तात्पर्य गुरु अर्जुन देव तथा गुरु तेग बहादुर की शहादत से है।
6. इस वाक्य का तात्पर्य गुरु गोविन्द सिंह जी के सिक्ख-संघटन तथा उनकी लड़ाइयों से है।
7. श्री गुरुग्रन्थ साहिब, मारू, महला 5, पृष्ठ 1000

"जो जो हुकमु भइओ साहिब का सो माथै लै मानिओ[1] *।।*

गुरु नानक देव ने कहा है कि जिनकी वृत्ति 'तैलधारावत' ब्रह्म में रमी हुई है, उनके सारे सांसारिक कर्म व्यर्थ हैं, अर्थात् उनके सारे सांसारिक कर्म दग्ध हो जाते हैं—

जे जाणसि ब्रहमं करमं। सभि फोटक निसचउ करमं[2] *।।*

मुण्डकोपनिषद् में भी कहा गया है "क्षीयन्ते चास्य कर्माणि तस्मिन दृष्टे परावरे[3]" श्रीमद्भगवद्गीता भी इसी प्रकार कहती है—

"ज्ञानाग्नि : सर्वकर्माणि भस्मसात कुरुतथाऽर्जुन।"[4]

अर्थात् 'हे अर्जुन, ज्ञान रूपी अग्नि से सारे कर्म भस्म हो जाते हैं।" किन्तु स्मरण रहे कि यह ज्ञान शाब्दिक ज्ञान मात्र नहीं है, बल्कि ब्रह्मीभूत होने की अवस्था अथवा ब्राह्मी स्थिति है।

निष्कर्ष—उपर्युक्त विवेचन से हम इस निष्कर्ष पर पहुँचते हैं कि सिक्ख गुरुओं ने कर्म त्याग करने को नहीं कहा, बल्कि कर्मों के विधिवत् सम्पादन पर बल दिया है। दसों गुरुओं की जीवन ही इस बात की सिद्धि का सबसे पुष्ट प्रमाण है। हाँ उनका कथन, यह अवश्य है कि 'मन से राम, हाथ से काम।'

मन महि चितवउ चितवनी उदय करहु उठि नीत।।[5]

गुरु अर्जुन देव ने एक स्थान पर कर्मों के सम्पादन पर इस भाँति बल दिया है—

उदय करेदिआ जीउ तूं कमावदिआ सुख भुंचु।
धिआइदिआ तू प्रभु मिलु नानक उतरी चिंत[6] *।।*

अर्थात् "ऐ प्राणी, तू उद्यम करके कमाओ और जीवन में सुख भोगो। परन्तु साथ ही प्रभु का ध्यान करो और उनका साक्षात्कार करने का भी प्रयत्न करो। नानक कहते हैं कि इस प्रकार कर्म और प्रभु चिन्तन के सम्मिश्रण से तुम्हारी सारी चिन्ताएँ मिट जायँगी।"

वास्तव में कर्म, ज्ञान और भक्ति एक दूसरे के पूरक हैं। गुरुओं ने इन तीनों के बीच अद्भुत समन्वय स्थापित किया है। गुरुओं द्वारा निरूपित सारे कर्म भक्ति-भावना से ओत-प्रोत हैं। बिना भक्ति के कर्म "आध्यात्मिक" अथवा 'हुकम रजाई' कर्म नहीं हो सकता। उनकी दृष्टि में बिना भक्ति के कर्म शुष्क, अहंकारयुक्त, पाखण्डपूर्ण और बंधन का हेतु है।

---

1. श्री गुरुग्रन्थ साहिब, मारू, महला 5, पृष्ठ 1000
2. श्री गुरुग्रन्थ साहिब, आसा की वार, महला 1, पृष्ठ 470
3. मुण्डकोपनिषद्, मुण्डक 2, खण्ड 2, मन्त्र 8
4. श्रीमद्भगवद्गीता, अध्याय 4, श्लोक 37
5. श्री गुरुग्रन्थ साहिब, गूजरी की वार, महला 5, पृष्ठ 519
6. श्री गुरुग्रन्थ साहिब गूजरी की वार, महला 5, पृष्ठ 522

हरि-प्राप्ति-पथ

(आ) योगमार्ग

योग की प्राचीनता–योग भारतवर्ष का सबसे प्राचीन एवं महत्त्वपूर्ण साधन है। शुक्ल यजुर्वेद के 33वें एवं 40वें अध्यायों में योग-सम्बन्धी विशिष्ट विषयों का उल्लेख किया गया है। वेदों के अतिरिक्त उपनिषद् (कल्याण, योगांक, पृष्ठ 92) श्रीमद्भागवत (कल्याण, योगांक, पृष्ठ 109), श्रीमद्भगवद्गीता (कल्याण, योगांक, पृष्ठ 122) योगवाशिष्ठ (कल्याण, योगांक, पृष्ठ 117)। तथा तन्त्र आदि ग्रन्थों में (कल्याण, योगांक, पृष्ठ 105) योग का स्पष्ट उल्लेख मिलता है। भारतवर्ष के सभी प्राचीन धर्म—बौद्ध, जैन आदि—योग की महत्ता के समर्थक हैं। महावीर एवं जैन धर्म के अन्य साधकों ने योगाभ्यास किया और उस पर अपने विवेचनात्मक मत प्रकट किये। तान्त्रिकों ने अपनी साधना के हेतु योग को ही आधार बनाया। नाथ सम्प्रदाय की साधना के भी योग की प्रक्रियाओं को विशिष्ट स्थान प्राप्त हुआ और अन्ततोगत्वा वह योगी-सम्प्रदाय के नाम से ही प्रख्यात हुआ। नाथ-पन्थियों के पश्चात् हिन्दी के निर्गुणवादी कवियों में भी योग का वर्णन उपलब्ध होता है। इस प्रकार योग भारतीय दर्शन और धर्म का गौरवपूर्ण अंग तथा भारत की सर्वाधिक प्राचीन एवं समीचीन साथ ही अति प्रसिद्ध थाती है।[1] महर्षि पतञ्जलि योग-सूत्रों के सर्वप्रथम रचयिता हैं।

योग-शब्द के विभिन्न अर्थ–योग शब्द का प्रयोग विभिन्न अर्थों में होता है। आत्मा और ब्रह्म की एकात्मकता योग है। देहात्म बुद्धि त्यागकर आत्म भावापन्न होना भी योग है। चित्तवृत्ति का नियोग भी योग है। सुख-दुःख आदि पर विजय प्राप्त करना भी योग कहा जाता है। (गीतासमत्वं योग उच्यते)। आराधना के लिए भी योग का प्रयोग होता है। कर्म-बंधन से उदासीन होना भी योग है। भली प्रकार कृत-कर्म भी योग ही है (योगः कर्मसु कौशलम-श्रीमद्भगवद्गीता) से विभिन्न पदार्थों का निज स्वरूपों को खोकर एक ही रूप में परिणत हो जाना भी योग है। योगफल जोड़ तथा गणितशास्त्र का जोड़ भी योग ही कहा जाता है। वैद्यक के नुसखे को भी योग कहते हैं। मारण, मोहन तथा उच्चाटन आदि को भी योग की संज्ञा दी जाती है। पुराणकाल में युद्ध के लिए सैनिकों को सन्नद्ध हो जाने के लिए भी ''योगोयोगः'' शब्दों में आज्ञा दी जाती थी। किसी विशिष्ट उपाय को भी योग कहा जाता है। इस प्रकार कोशकारों ने

1. सुन्दर-दर्शन : त्रिलोकीनारायण दीक्षित, द्वितीय अध्याय, पृष्ठ 22-23

योग शब्द के तीन-चार दर्शन अर्थ किये हैं। पर जब हम योग शब्द का प्रयोग दर्शनशास्त्र में करते हैं, तो इसका अभिप्राय होता है, वह विशिष्टप्रणाली जिसके द्वारा आत्मा और परब्रह्म में एकात्मकता स्थापित की जा सके। इस दृष्टि से महर्षि पतञ्जलि के योग-सूत्रों का द्वितीय सूत्र विशेष रूप से पठनीय एवं विचारणीय है।[1]

योग शब्द 'युज्' धातु से बना है जिसका अर्थ जोड़, मेल, मिलाप, एकता, एकत्र अवस्थिति इत्यादि होता है। ऐसी स्थिति की प्राप्ति के उपाय-साधन युक्ति अथवा धर्म को भी योग कहते हैं।[2]

'युज्' धातु का अर्थ समाधि भी होता है। अतएव योग शब्द को हृदयङ्गम करने के लिए समाधि शब्द की जानकारी भी अपेक्षित है। समाधि का अर्थ है, त्रिपुटी—ध्याता, ध्येय, ध्यान—का विलीन हो जाना। परब्रह्म से युक्त होने के सहज स्वाभाविक उपाय को भी समाधि की संज्ञा दी जाती है। योग शब्द के अन्तर्गत यही दोनों तत्त्व निहित हैं। जिस अवस्था में परब्रह्म की सत्ता चैतन्य और आनन्द अपने आप ही हमारी वाणी, भाव और कार्य के द्वारा पूर्ण रूप से प्रस्फुटित होकर प्रकट हो जाय, उसी का नाम योग है।[3] मेरी राय में चित्तवृत्तियों का नाम रूप आदि उपाधियों को त्यागकर सच्चिदानन्द पूर्ण ब्रह्म में निर्वाण दीप के समान प्रतिष्ठित हो जाना ही योग है। इस अवस्था की प्राप्ति के केवल एक साधन को बतलाना योग की व्यापक महत्ता को कम करना है। यह स्थिति अनेक प्रकार के साधनों से हो सकती है—प्रेमयोग, सांख्ययोग, कर्मयोग, हठयोग, राजयोग, मन्त्रयोग तथा हठयोग लय योग।

उपर्युक्त योगों में से हठयोग तो शारीरिक साधना पर निर्भर है, और शेष मन पर। हठयोग के लिए यम, नियम, आसन, प्राणायाम, प्रत्याहार धारधा, ध्यान समाधि आदि आवश्यक हैं। समाधि उसका अन्तिम फल है। अहिंसा, सत्य, अस्तेय, ब्रह्मचर्य और अपरिग्रह यम के अंग हैं—

"अहिंसा सत्यास्तेय ब्रह्मचर्यापरिग्रहा यमाः।"[4]

पातंजल-योग-दर्शन के अनुसार नियम के पाँच भेद हैं—

'शौच सन्तोष तपः स्वाध्यायेश्वर प्राणिधानानि नियमाः"[5]

पातंजल-योग-दर्शन के अनुसार "स्थिर सुखमासनम्"[6] ही आसन है—अर्थात् निश्चल होकर एक ही स्थिति में चिरकाल तक बैठने का अभ्यास ही

---

1. सुन्दर-दर्शन : त्रिलोकीनारायण दीक्षित, द्वितीय अध्याय, पृष्ठ 23
2. गीता-रहस्य अथवा कर्मयोगशास्त्र : बाल गंगाधर तिलक, पृष्ठ 55
3. सुन्दर-दर्शन : त्रिलोकीनारायण दीक्षित, अध्याय 2, पृष्ठ 23
4. पातञ्जल योग-दर्शनम्, साधनपाद 2, सूत्र 30,
5. पातञ्जल-योग दर्शनम्, साधनपाद 2, सूत्र 32,
6. पातञ्जल-योग दर्शनम्, साधनपाद 2, सूत्र 46,

आसन है। परन्तु शिव-संहिता के अनुसार साधनों की संख्या 84 मानी गयी है।[1] महर्षि पतञ्जलि के अनुसार आसन की सिद्धि हो जाने के पश्चात् श्वास-प्रश्वास की गति का स्थगित हो जाना ही प्राणायाम है।[2] श्वास-प्रश्वास की गति के अनुसार प्राणायाम के तीन अंग होते हैं—पूरक, कुंभक और रेचक।

प्रत्याहार में साधक की इन्द्रियाँ अपने कार्य से विलग होकर मन के अनुकूल हो जाती हैं।[3] धारणा में मन को किसी स्थान या वस्तु-विशेष पर केन्द्रीभूत करना पड़ता है। ध्येय के आश्रयभूत स्थान पर चित्त को एकाग्र करके नियोजित करना ही धारणा है।[4]

धारणा के पश्चात् ध्यान आता है। चित्तवृत्ति को निरन्तर ध्येयवस्तु में नियोजित करना ध्यान है।[5] समाधि योग की चरमावधि है। वह परम गति है। इसमें पाँचों ज्ञानेन्द्रियाँ मन तथा बुद्धि के साथ निश्चल हो जाती हैं, यही ब्राह्मी स्थिति है। महर्षि पतञ्जलि ने इसका आभास इस भाँति दिया है—"ध्यान करते-करते जब चित्त ध्येय के ही आकार में परिणत हो जाय और त्रिपुटी का सर्वथा अभाव हो जाय, वही समाधि है[6]।

सारांश यह कि यम और नियम आचारात्मक प्रवृत्ति से सम्बद्ध है। आसन और प्राणायाम शारीरिक शुद्धि के निमित्त हैं। इन्द्रियाँ अपने-अपने विषयों को त्यागकर अन्तर्मुख होकर चित्त में समाहित हो जायँ, यही प्रत्याहार है। विशिष्ट-स्थान पर चित्त को केन्द्रीभूत कर देना धारणा है। चित्त का अपने लक्ष्य से चलायमान न होना ही ध्यान है। ध्याता, ध्येय और ध्यान तीनों का एक हो जाना "असम्प्रज्ञात समाधि" है। असम्प्रज्ञात समाधि में स्थित होकर साधक अपने आत्म-स्वरूप में स्थित हो जाता है और प्रकृति के बंधनों से मुक्त हो जाता है।

गुरुओं द्वारा निरूपित योग

(क) हठयोग

गुरु नानक देव अनुपम गुणग्राही और साथ ही अपूर्व उदार थे, उन्होंने किसी भी साधन प्रणाली की निन्दा नहीं की। हाँ उसके पाखण्डों, बाह्याचारों, रूढ़ियों की तीव्र आलोचना अवश्य की। वे सार्वभौम सिद्धान्त के महान् प्रतिपादक थे। उनका अनुसरण अन्य गुरुओं ने भी किया। समस्त श्री गुरुग्रन्थ साहिब जी में हठयोग की शब्दावलियाँ प्रचुर मात्रा में मिलती हैं। उदाहरणार्थ—

---

1. शिव-संहिता, तृतीय पटल, श्लोक 100, पृष्ठ 87
2. पातञ्जल-योग-दर्शनम्, साधनपाद 2, सूत्र 49,
3. पातञ्जल-योग-दर्शनम्, साधनपाद 2, सूत्र 54
4. पातञ्जल-योग-दर्शनम्, विभूतिपाद 3, सूत्र 1
5. पातञ्जल-योग-दर्शनम्, विभूतिपाद 3, सूत्र 2
6. पातञ्जल-योग-दर्शनम्, विभूतिपाद 3, सूत्र 3

उलटिओ कमलु ब्रहमु वीचारि।
अंमृत धार गगनि दस दुआरि।
त्रिभवणु वेधिआ आपि मुरारि।।1।।
रे मन मेरे भरमु न कीजै।
मनि मानिऐ अंमृत रस पीजै।।1।। रहाउ[1] ।।8।।
अनदिनु जागि रहै लिव लाई।
जीवनि मुकति गति अंतरि पाई।।4।।
अलिपत गुफा महि रहहि निरारे।
तसकर पंच सबदि संघारे।।
पर घर जाइ न मनु डोलाए।।
सहजि निरंतरि रहउ समाए।।5।।
गुरमुखि जागि रहे अउधूता।
सद वैरागी ततु परोता।।
जगु सूता मरि आवै जाइ।
बिनु गुरु सबदि न सोझी पाय।।6।।
अनहद सबदु बजै दिनु राती।
अविगत की गति गुरमुखि जाती।।
तउ जानी जा सबदि पछानी।
एको रवि रहिआ निरबानी।।7।।
सुंन समाधि सहज मनु राता।
तजि हउ लोभा एको जाता।।
गुर चेले अपना मनु मानिआ।
नानक दूजा मेटि समानिआ।।8।।3।।2

रामकली, महला 1, पृष्ठ 904

अनहदो अनहदु बाजे रुणझुणकारे राम।
मेरा मनो मेरा मनु राता लाल पिआरे राम।।
अनदिनु राता मनु वैरागी सुंन मंडलि घर पाइआ।
आदि पुरखु अपरंपरु पिआरा सतिगुर अलखु लखाइआ।।
आसणि बैसणि थिरु नाराइणु तितु राता वीचारे।
नानक नामि रते वैरागी अनहद रुणझुणकारे।।1।।2।।

आसा, महला छन्त, पृष्ठ 436

सुंन निरंतर दीजै बंधु। उड़ै न हंसा, पड़ै, न कंधु।
सहज गुफा घरु जाणै साचा। नानक साचै भावै साचा।।16।।
रामकली, सिध गोसटि, महला 1, पृष्ठ 939

---

1. श्री गुरुग्रन्थ साहिब, गउड़ी, महला 1, पृष्ठ 153

वीणा सबदु बजावै जोगी दरसनि रूपि अपारा।
सबदि अनाहदि सो सहु राता नानकु कहै विचारा।।4।।8।।
आसा, महला 1, पृष्ठ 351
नउ दरवाजै काइआ कोटु है दसवै गुपतु रखीजै।
बजर कपाट न खुलनी, गुर सबदि खुलीजै।।
अनहद बाजे धुनि बजदे कुर सबदि सुणीजै।
तितु घटि अंतरि चानणा करि भगति मिलीजै।।
(रामकली, महला 2, पृष्ठ 954)
धावतु थंम्हिआ सतिगुरि मिलिऐ दसवा दुआरु पाइआ।
तिथै अंमृतु भोजन सहज धुनि उपजै सबदि जगतु थंम्हि रहाइआ।।
तह अनेक बाजे सदा अनहदु है सचै रहिआ समाए।
इउ कहै नानक सतिगुरि मिलिऐ धावतु थंम्हिआ निज घरि।
वसिआ आए।।4।।2।।7।।5।।2।।7।।
आसा, महला 3, पृष्ठ 441
जिना बात को बहुत अंदेसरो ते मिटै सभि गइआ।।
सहज सैन अरु सुखमन नारी उध कमल विगसइआ।।1।।3।।14।।
सोरठि, महला 5, पृष्ठ 612
अनहद वाणी पूंजी। सन्तन हथि राखी कूंजी।
सुंनि समाधि गुफा तह आसनु। केवल ब्रह्म पूरन तह वासनु।।
।।2।।24।।25।। रामकली, महला 5, पृष्ठ 893-94
अंमृत रस सतिगुरु चुआइआ। दसवै दुआरि प्रगटु होइ आइआ।।
तह अनहद सबद बजहि धुनि वाणी सहजे सहजि समाई है।।
6।।1।। मारू सोलहे, महला 4, पृष्ठ 1069

इस प्रकार के अनेक उदाहरण प्रस्तुत किये जा सकते हैं। इन उदाहरणों में प्रयुक्त होनेवाले अनेक शब्द आये हैं। 'उलटिओ कमलु', 'अंमृत धार', 'गगनि', 'दसम दुआरि', 'अंमृत रस', 'लिव', 'अलिपत गुफा' 'सहजि', 'अनहद सबदु', 'सुंनि समाधि', 'सुंन मंडलि', 'सुंन', 'सहज गुफा', 'वीणा सबदु', 'अंमृत भोजन', 'सहज सैन', 'उध कमल', 'अनहद वाणी' आदि शब्द यों ही नहीं प्रयुक्त हुए हैं। इन शब्दों के प्रयोग जान बूझकर किये गये हैं। इससे स्पष्ट ज्ञात होता है कि सिक्ख गुरुओं की योग के प्रति अपूर्व श्रद्धा थी। इसीलिए उन्होंने योग की शब्दावलियों के सार्थक प्रयोग अपनी रचनाओं में किये हैं। अतएव जिन सिक्ख-आचार्यों ने यह धारणा बनायी है कि सिक्ख गुरुओं में योग की भावना भी पायी जाती, हमारे समय में वह समीचीन नहीं प्रतीत होती।

हठयोग की सारी प्रक्रियाएँ गुरुओं को मान्य नहीं : इस स्थल पर यह स्पष्ट कर देना बहुत आवश्यक प्रतीत होता है कि योग के प्रति गुरुओं की अपार श्रद्धा है अवश्य पर उन्हें हठयोग की सारी प्रक्रियाएँ मान्य नहीं हैं। बिना भक्ति

के हठयोग त्याज्य है। गुरुओं की दृष्टि में प्राणायाम, नेवली आदि कर्म बिना भक्ति के शारीरिक व्यायाम मात्र हैं। भक्तिहीन योग निष्प्राण और तत्वहीन है। बिना भक्ति के योग अहंकारयुक्त, पाखण्ड पूर्ण और नीरस है। शरीर-भाव की प्रधानता के कारण इसमें परमात्मा की प्राप्ति का विलक्षण आनन्द नहीं प्राप्त हो सकता। गुरु नानक देव ने योग की असार्थकता इस प्रकार सिद्ध की है—

चाड़सि पवनु सिंघासनु भीजै।
निउली करम खटु करम करीजै।
राम नाम बिनु बिरथा सासु लीजै।।3।।
अंतरि पंच अगनि किउ धीरजु धीजै।
अतरि चोरु किउ सादु लहीजै।
गुरमुखि होइ काइआ गढ़ लीजै[1] ।।4।।5।।

अर्थात् "पवन को दशम द्वार (सिंहासन) पर चढ़ाते हो और उनका रसास्वादन करते हो, हठयोग के षट् कर्म—(धोती, नेती, नेवली, वसती, त्राटक, कपाल-भाति) करते हो। परन्तु यह समझ लो कि बिना परमात्मा की भक्ति के कपाल-भाति आदि क्रियाएँ तथा पूरक, कुम्भक तथा रेचक आदि प्राणायाम करने सभी व्यर्थ हैं। बिना भक्ति के श्वास लेना, लुहार की भट्ठी की धौंकनी के श्वास लेने के तुल्य है। जब तक अन्तःकरण में काम, क्रोध, लोभ, मोह, अहंकार की पाँच प्रचण्ड अग्नियाँ जल रही हैं, तब तक केवल हठयोग की क्रियाओं मात्र से कुछ भी नहीं हो सकता, धैर्य और शान्ति की प्राप्ति नहीं हो सकती। जब तक अन्तःकरण में चोर बैठा हुआ है, तब तक वास्तविक परमात्म-रस रूपी अमृत का स्वाद नहीं प्राप्त हो सकता। गुरु द्वारा दीक्षित होने पर ही शरीर रूपी गढ़ के ऊपर विजय प्राप्त की जा सकती है।"

गुरु नानक देव ने इस बात को भली भाँति स्पष्ट कर दिया है कि हठपूर्वक निग्रह करने से अनेक व्रत, संयम कठोर तप करने से शरीर अवश्य क्षीण होगा। किन्तु मन में रस अथवा आनन्द नहीं प्राप्त होगा। परमात्मा के नाम से बढ़कर कोई भी साधन नहीं है—

हठ निग्रह करि काइआ छीजै।
वरतु तपनु करि मनु नही दीजै।
राम नाम सरि अवरु न पूजै[2] ।।1।5।।

हठयोग की सिद्धियों के प्रति विरोधी-भाव : हठयोग की साधना प्रणाली में परमात्मा की प्राप्ति के पूर्व अनेक सिद्धियाँ प्राप्त हो जाती हैं। उस समय यदि साधक विवेकशील और वैराग्यवान् नहीं है और उसमें शारीरिक भाव अहंभाव तथा लोकेषणा, वित्तेषणा की प्रधानता है, तो वह उन्हीं सिद्धियों के

---

1. गुरुग्रन्थ साहिब, रामकली, महला 1, पृष्ठ 905
2. गुरुग्रन्थ साहिब, रामकली, महला 1, पृष्ठ 905

चक्कर में पड़कर अपने वास्तविक लक्ष्य को भूल जाता है और उससे विमुख हो जाता है। सिद्धियों का सुख अन्य है। अल्प में सुख नहीं। सुख तो भूमा ही है, क्योंकि "यो वै भूमा तत्सुखं नाल्पे सुखमस्ति।"[1]

गुरु रामदास जी योग की इस प्रकार की सिद्धियों को चेटक की सिद्धि समझते थे—

आसण सिध सिखहि बहुतेरे मनि मागहि रिधि सिधि चेटक चेट कईआ।
तृपति संतोखु मनि सांति न आवै मिलि साधू तृपित हरिनामि। सिधि पईआ[2] ।।5।।4।।

व्यवसायपूर्ण और पाखण्डयुक्त योग के प्रति विरोधीभाव : गोरखनाथ जी के योग का इतना अधिक प्रभाव था कि कुछ लोगों ने योग को जीविका का साधन बना लिया था। ऐसे योगियों का एक दल देश में तैयार हो गया था जो योग के प्रदर्शन तथा झूठी सिद्धियों की प्रवंचना द्वारा साधारण जनता को गुमराह कर रहे थे। गुरु नानक देव के समय में तो 'जोगियों' का आतंक और भी अधिक था। गुरु नानक देव ऐसे युग-पुरुष इस पाखण्ड को कैसे सहन करते? इसी से उन्होंने ऐसे 'जोगियों' की तीव्र भर्त्सना की है—

"ऐसे योगी जगत् को त्याग का उपदेश देते हैं, पर स्वयं धन-संग्रह करके मठों का निर्माण करते हैं। ऐसे लोग स्थैर्य के आसन को छोड़कर बैठे हैं। भला वे सत्य परमात्मा को (अपने झूठे आचरणों से) कैसे पा सकते हैं? ऐसे भोगी ममता में मोहित होकर स्त्रियों के प्रेमी बने हुए हैं। वे गृहस्थी को तो अवश्य त्याग बैठे हैं, पर उनकी वृत्ति संसार में रमी हुई है। परिणाम यह होता है कि न तो वे अवधूत ही हैं, न सांसारिक ही—'दुबिधा में दोनों गये, माया मिली न राम।' ऐ जोगी, अपने आत्मस्वरूप में टिक जाओ, तो तुम्हारी सारी दुविधाएँ नष्ट हो जायँगी। तुम्हें घर-घर भिक्षाटन करते हुए लज्जा नहीं आती? वे योग के तो गीत गाते हैं, पर स्वयं अपने को नहीं पहचानते। तुम्हारा आन्तरिक परिताप कैसे नष्ट हो? गुरु के 'सबद' को अपने मन में प्रेमपूर्वक स्थान दो और ज्ञान रूपी भिक्षा को खाओ। ऐ जोगियों, तुम लोग तो अंगों में विभूति मलकर पाखण्ड करते हो। माया और मोह में पड़कर बार-बार यमराज के डण्डे सहते हो। तुम्हारा हृदय रूपी खप्पर तो फटा हुआ है, भला उसमें प्रेम रूपी भिक्षा किस प्रकार आ सकती है? माया के बंधनों में बँधे हुए बार-बार मरते हो और जन्म लेते हो। यती कहलाने का दम्भ तो अवश्य करते हो, पर वीर्य-रक्षा नहीं करते हो। माया के त्रिगुणात्मक गुणों पर लुब्ध होकर माया की ही याचना करते हो। तुम निर्दयी हो, अतएव तुम्हारे अन्तःकरण में परमात्मा की ज्योति का प्रकाश नहीं होता। तुम नाना प्रकार के सांसारिक जंजालों में पड़कर नष्ट हो रहे हो। वेश बनाते हो,

---

1. छान्दोग्यपनिषद्, अध्याय 7, खण्ड 23, मन्त्र 1
2. श्री गुरुग्रन्थ साहिब, विलावलु, महला 4, पृष्ठ 835

कन्था को साजते हो, परन्तु तुम्हारा वेश प्रदर्शनमात्र के लिए है। यह वेश वैसा ही है, जैसे बाजीगर अनेक प्रकार के वेश बनाकर झूठे खेल दिखलाकर, संसार से पैसे ऐंठता है। तुम्हारे अन्तःकरण में चिन्ता की अग्नि प्रज्वलित हो रही है। भला बताओ बिना शुभ कर्मों का आचरण किये निरे वेश मात्र से कैसे भवसागर से पार हो सकते हो? काँच की मुद्रा कानों में धारण किये हो। विद्या और कोरे विज्ञान से मुक्ति नहीं प्राप्त हो सकती। (तुम योगी तो बनते हो), पर तुम्हारी जिह्वा इन्द्रिय तो नाना प्रकार के रसों के स्वाद लेने में मुग्ध हुई है। इस प्रकार तुम इन्द्रिय-सुखों के चक्कर में पड़कर साक्षात् पशु बन गये हो, और उस पशुत्व के निशान (संस्कार) अब भी नहीं मिट रहे हैं। जोगी कहलाकर सांसारिकों की भाँति तुम भी त्रिगुणात्मक माया के चक्कर में पड़े हुए हो। सद्गुरु के 'सबद' पर विचार करने से ही शोक से निवृत्ति हो सकती है, क्योंकि सद्गुरु के 'सबद' ही पवित्र और सच्चे होते हैं। ऐ जोगी, उसी युक्ति पर विचार करो।''[1]

उपर्युक्त कथन पर ही कुछ विद्वान् यह धारणा बनाते हैं कि गुरु नानक देव योग के विरोधी थे। वे वास्तविक योग के विरोधी नहीं हैं। हाँ, योग की रूढ़ियों, बाह्याडम्बरों और प्रदर्शनों के अवश्य विरोधी हैं।

वास्तविक योग क्या है? : गुरु नानक देव के एक 'सबद' में योग के बाह्य प्रदर्शनों के प्रति क्रान्तिकारी विचार परिलक्षित होते हैं। किन्तु उसी स्थल पर यह भी बताया है कि वास्तविक योग क्या है? उस पद के निम्नलिखित भाव हैं—

''योग न तो कन्थे में है, न दण्ड में, न भस्म रमाने में, न कानों में मुद्रा धारण करने में और न शृङ्गी बजाने में। वास्तविक योग तो यह है कि माया के बीच रहते हुए, निर्लेप हरि में समाया रहे। बातों में योग नहीं है। जिसकी दृष्टि समान हो गयी है, वही वास्तविक योगी है। योग न तो बाहर मढ़ी और श्मशान में है और न ध्यान लगाने में। देश-देशान्तरों के भ्रमण तथा तीर्थादिकों में स्नान करने में योग नहीं है। माया के बीच रहता हुआ भी जो निर्लेप हरि के साथ सदैव रमण करता रहे, वही योगी है। सद्गुरु की प्राप्ति पर ही संशय और भ्रम की निवृत्ति हो सकती है और विषयों में दौड़ता हुआ मन रुक सकता है। ऐसी अवस्था में परमात्मा के प्रेम का निर्झर निरन्तर झरने लगता है। सहज ही उसमें ध्यान लग जाता है। उसके ध्यान के लिए किसी कष्ट-विशेष की आवश्यकता नहीं पड़ती। इसी शरीर में प्रभु का परिचय प्राप्त हो जाता है। जो साधक अपनी वासनाओं का दमन कर लेता है और जीवित अवस्था में ही मृतक की भाँति

---

1. श्री गुरुग्रन्थ साहिब,—जुग परबोधहि मड़ी बधावहि।
   ....
   जोगी जुगति वीचारे सोई।।
   रामकली, महला 1, पृष्ठ 903

वासनाशून्य हो जाता है, वही वास्तविक योगी है और वही योग साधने योग्य है। बिना किसी बाजे के भी शृंगी निरन्तर बजती रहती है और यही निर्भयावस्था की प्राप्ति है।''[1]

कुछ आध्यात्मिक रूपकों में योग के प्रति गुरुओं के उदात्त विचार प्रकट होते हैं। गुरु अमरदास जी के विचार योग के सम्बन्ध में निम्नलिखित हैं, ''श्रम अथवा लज्जा की मुद्रा कानों में धारण करो और दया का कन्था बनाओ। जन्म-मरण को खेल समझना, इसी का भस्म धारण करो। जो इसे जीवन में आचरण करता है, वही वास्तविक योगी है। ऐ योगी, ऐसी किंगरी बजाओ, जिससे अहर्निश अनाहत ध्वनि प्रतिध्वनित होती रहे और परमात्मा में निरन्तर प्रेम बना रहे। सत्य और सन्तोष को अपना कन्था और झोली बनाओ और नाम रूपी अमृत का ही निरन्तर पान करते रहो। परमात्मा के ध्यान को डण्डा बनाओ और परमात्मा की 'सुरति' की शृंगी बनाओ। बुद्धि की दृढ़ता ही तुम्हारा आसन है। इसी से तुम्हारी द्वैत कल्पनाएँ नष्ट हो जायँगी। शरीर रूपी नगर में नाम रूपी भिक्षा माँगो, तभी (योग) प्राप्त हो सकता है। जो किंगरी बजाता फिरता है, उससे सत्य परमात्मा की प्राप्ति नहीं हो सकती। किंगरी से न तो शान्ति ही प्राप्त हो सकती है, न अहंकार ही नष्ट हो सकता है। परमात्मा के भय और प्रेम इन्हीं दोनों वस्तुओं को किंगरी के दो तुम्बे बनाओ और इस शरीर को उस शरीर का डण्डा बनाओ। गुरु द्वारा शिक्षा लेने पर ही तुम्हारी किंगरी का तार बज सकता है और इसी से तृष्णा-निवृत्ति हो सकती है। जो परमात्मा के हुकम को समझता है और उसके अनुसार कार्य करता है, वही वास्तविक योगी है। योग की उपर्युक्त कही हुई विधियों से संशय-निवृत्ति हो जाता है, अन्तःकरण निर्मल हो जाता है।''[2]

गुरु नानक देव जी ने जपुजी में कहा है—

मुंद्रा संतोष सरमु पतु झोली धिआन की करहि विभूति।
खिंथा कालु कुआरी काइआ जुगति डण्डा परतीति।।[3]

अर्थात् ''मेख के योगी न बनो। आत्म-योगी बनो। आध्यात्मि कर्म करो। मुद्रा पहनने की अपेक्षा सन्तोष धारण करो। झोली पहनने की अपेक्षा अपनी इज्जत और लाज (शरम और प्रतिष्ठा) को सँभालकर रखो। उन पर लीक न

---

1. श्री गुरुग्रन्थ साहिब, जोगु न खिंथा जोगु न डंड जोगु न भसम चढ़ाईऐ।
   ....
   अंजन माहि निरंजनि रहीऐ जोग जुगति तउ पाईऐ।।4।।1।।8।।
   सूही, महला 1, पृष्ठ 730
2. श्री गुरुग्रन्थ साहिब, सरमै दीआ मुंद्रा कंनी पाइ जोगी खिंथा करि तू दइआ।
   ....
   सहसा तूटै निरमलु होवै जोग जुगति इव पाए।।6।।
   रामकली, महला 3, पृष्ठ 908
3. श्री गुरुग्रन्थ साहिब, जपुजी, पौड़ी 28, महला 1, पृष्ठ 6

लगने दो। शरीर पर भस्म मलने की अपेक्षा ध्यान जमाओ। यह काल के वशीभूत होनेवाला शरीर पर्याप्त है, (यही कन्था है) अन्य कन्था धारण करने की कोई आवश्यकता नहीं है। इस अपनी काया को कुमारी रखो अर्थात् कामलिप्त न होने दो। प्रतीति और पूरे विश्वास के साथ परमात्मा के नाम के साथ जुड़ना ही तुम्हारा डण्डा हो। तुम्हें अन्य डण्डे की क्या आवश्यकता है? प्रतीति की युक्ति का डण्डा ही तुम्हें पूरा सहारा देगा। वह तुम्हें अडोल रखेगा, डिगने न देगा।''[1]

सारांश यह कि योग में सिक्ख गुरुओं की अपूर्व श्रद्धा थी। हाँ, वे लोग उसके बाह्याचारों, रूढ़ियों और पाखण्डों के विरोधी अवश्य थे।

शून्य : गुरु नानक देव के अनुसार 'शून्य' वह शब्द है, जो सब की उत्पत्ति का मूल का कारण है। इसी से सबकी उत्पत्ति है।[2] इसी शून्य में नियोजित करना गुरुओं के अनुसार सर्वोपरि योग है। 'सिद्ध-गोष्ठी' में इसकी महत्त्वपूर्ण विवेचना की गयी है। गुरु नानक देव ने शून्य की मीमांसा इस प्रकार की है—

अंतरि सुनं बाहरि सुंन त्रिभवण सुनंम सुनं।
चउथे सुंनै जौ नरु जाणै ताको पाप न पुनं।।
घटि घटि सुंन का जाणै भेउ। आदि पुरखु निरंजन देउ।।
जो जनु नाम निरंजन राता। नानक सोई पुरखु विधाता।।51।।
सुंनो सुंनं कहे सभु कोई। अनहत सुंनु कहां ते होई।
अनहंत सुनि रते से कैसे। जिसते उपजे तिसही जैसे।।
ओइ जनमि न मरहि आवहि जाहि। नानक गुरमुखि मन समझाहि।।52।।
नउ सर सुधा दसवैं पूरै। तह अनहत सुंनु बजावहि तूरै।।
साचैं राचै देखि हजूरे। घटि घटि साचु रहिआ भरपूरे।।
गुपती वाणी परगटु होइ। नानक परखि लए सचु सोइ[3] ।।53।।

मोहन सिंह जी ने अपनी पुस्तक ''पंजाबी भाषा विगिआन अते गुरमति विगिआन'' इसकी निम्नलिखित ढंग से विवेचना की है—

''वह अटल, निश्चल पदवी कैसी है? उसमें कोई फुरना नहीं फुरती। स्फुरण के कारण ही सारे कथन, भय, वैर तथा द्वैत भाव होते हैं। उस अफुर अवस्था में जिसमें आशा, मनसा, तृष्णा, वैर तथा मोह नहीं होता शून्यावस्था कहते हैं। शून्यावस्था का तात्पर्य यही नहीं कि कुछ सुनायी न दे अथवा कोई खास शब्द ही सुनायी दे। शून्यावस्था तीनों गुणों की प्रवृत्तियों से परे अवस्था है। इसे चौथी अवस्था भी कहते हैं। यह गुणातीत अवस्था है, निर्लिप्तावस्था है, निष्कामावस्था है, निश्चलावस्था है। इसी को तुरीयावस्था भी कहते हैं। तीनों

---

1. पंजाबी भाखा विगिआ अते गुरमति गिआन : मोहनसिंह, पृष्ठ 73-74
2. श्री गुरुग्रन्थ साहिब,—पउणु पाणीसु नै ते साजे।।2।।5।।17
   मारू, सोलहे, महला 1, पृष्ठ 1037
3. श्री गुरुग्रन्थ साहिब, रामकली, सिध गोसटि महला 1, पृष्ठ 943-44

गुणों की शून्यावस्था में मनुष्य अनुभव करता है कि यह शून्यावस्था तीन प्रकार की, तीन गुणवाली नीची अवस्था है।...पर असली शून्य चौथी अवस्था, जो निजानन्द, आत्मानन्द, सत्य में तन्मयता की अवस्था है। यह अवस्था नाम निरंजन की तदाकारिता, आध्यात्मिक अवस्था, अथवा वह अतीव शून्य की अवस्था। इस अवस्था में पहुँचकर साधक पाप-पुण्य दोनों से परे हो जाता है। इस अवस्था में किसी प्रकार के द्वन्द्व अथवा द्वैत भाव के लिए स्थान नहीं रहता। वास्तव में यह शून्यता घट-घट में व्याप्त है। इसका दूसरा नाम भी आत्मा, अद्वैत, निर्लेप तथा निरंजन आदि है। आदि पुरुष निरंजन देव ही शून्यावस्था के रूप में घट-घट में व्याप्त हो रहा है। जो आत्माराम, नाम-निरंजन को श्रवण कर, मनन कर उसी बीच निमग्न हो गया है, मानो वह व्यक्ति साक्षात् विधाता हो गया है। अहंकार की निवृत्ति हुई, नाम की प्राप्ति हुई, तो ब्रह्मज्ञानी आप परमेश्वर हो जाता है।''

''जिन योगियों की यह धारणा है कि हमने अपने मन के संकल्प-विकल्प को रोक लिया है, अतएव, बस, हमारे अन्तर्गत शून्य (Emptiness) की अवस्था उत्पन्न हो गयी है और हम परमात्मा के बीच में लीन हो गये हैं, वे भ्रम में हैं। वास्तव में यह शून्य तो निर्माण किया हुआ शून्य है। हमारा लक्ष्य, हमारा ध्येय तो अनाहत शून्य है, नाम शून्य है, जो स्वयं गुरु कृपा से हमें प्राप्त होता है। इसे प्राप्त कर साधक कृतकृत्य हो जाता है। जिस गृहस्थ अथवा उदासी को यह अवस्था प्राप्त होती है वह परमात्मा की भाँति निर्लिप्त हो जाता है, वह अद्वैत-स्वरूप हो जाता है और अपने कर्त्ता पुरुष के साथ 'सच्चा खण्ड' में निरंकारी अवस्था को प्राप्त कर लेता है। उसके लिए फिर जीवन-मरण कैसा? वह कहीं आता-जाता नहीं। इसके बिना मन अतीत शून्य रूप गुफा के रहस्य को नहीं जान सकता।''

''नव तालों नाम से भरकर अथवा नवों को अहंकार मल, विक्षेप द्वैत से खाली करके दसवें ताल को भरे, माया की सुरति रंचमात्र के लिए भी न रहे, केवल नाम की सुरति रहे। नाम-निरंजन को ही सुने, स्पर्श करे, देखे, स्वाद ले और मनन करे और फिर दसवें ताल को (शुद्ध सुरति) को नाम 'सबद' से भरे। तब उसे अनाहत शून्य के तूरे बजते हुए प्रतीत होंगे। अर्थात् उसका वास एकंकार (एक ओंकार) के मण्डल में हो जाता है। वह जो एकंकार सबद ब्रह्म हैं, जो केवल वाणी द्वारा रच सकता है उसकी अनाहत ध्वनि अन्य ध्वनियों से विलक्षण, अद्वितीय आनन्द देनेवाली है। वह अनाहत शब्द, शब्द नहीं है। नाम-निरंजन के साथ एकाकार की 'सुरति' अथवा 'चेतनता' है। यह विलक्षण लवलीनता और पूर्णता है। वह ध्वनि कानों से नहीं सुनी जाती, क्योंकि वह श्रवण-शक्ति से परे है। वहाँ तो केवल सत्य और सत्य पुरुष के अतिरिक्त कुछ भी नहीं है। वहाँ आत्मा और परमात्मा एक हो जाते हैं। एकमात्र सत्ता रह जाती है। उस साधक को यह अनुभव होने लगता है कि घट-घट में, जीव-जन्तुओं में, आकाश-पाताल में,

जड़-चेतन में वही शब्द ब्रह्म, वही नाम फैला हुआ है। उसकी दृष्टि ब्रह्ममयी हो जाती है, जो कुछ देखता है 'ब्रह्म'। ब्रह्म के अतिरिक्त कोई दूसरी सत्ता उसे दिखायी नहीं देती। ऐसी अवस्था में गुप्त वाणी एवं अनाहत शब्द प्रकट होता है। सन्त ब्रह्मज्ञानियों के अन्तर्गत यह भाव सदा के लिए हो जाता है। गुरु नानक देव का कथन है कि जो पुरुष इस बात का अनुभव कर ले कि अब मैं सचमुच ऐसे स्थान—स्थिति—में आ गया हूँ, तो सत्यस्वरूप परमात्मा ही हो जाता है। यह गुप्त वाणी, यह दिव्य मन्त्र ही अद्वैत-सिद्धि का अचूक प्रमाण है। यही अनाहत शब्द का सुनना है।''[1]

इस प्रकार गुरु नानक देव का शून्य वह शून्य है जो सर्वभूतान्तरात्मा है, घट-घटव्यापी है, निरंकार ज्योति के रूप में सभी के भीतर व्याप्त है। वह निरंकार ज्योति, वह शून्य ब्रह्म जड़-चेतन सभी में रमा हुआ है। प्रत्येक मनुष्य की आत्मिक वृत्ति उसका निवास है। इसी का साक्षात्कार मनुष्य जीवन की चरम सिद्धि और परम पुरुषार्थ है। यह विलक्षण योग है।

दशम द्वार और अनाहत शब्द : दशम द्वार और अनाहत शब्द योगमार्ग के बहुत ही प्रचलित शब्द है। गुरुओं ने अपनी रचनाओं में इन शब्दों के प्रयोग बहुत अधिक किये हैं। सर्वप्रथम दशम द्वार के ऊपर विचार किया जायगा। दशम द्वार गुरुओं के अनुसार वह है, जो अनेक रूपों और निरंकार के नाम का खजाना है। तात्पर्य यह है कि हमारे अन्तःकरण में जहाँ निरंकारी ज्योति का निवास है, वही दशम द्वार है।[2]

गुरुओं ने दशम द्वार का स्थल-स्थल पर वर्णन किया है। गुरु अमरदास के अनुसार यह दशम द्वार अमृत का स्रोत है। यहाँ निरन्तर अमृत भोजन प्राप्त होता रहता है। वहाँ ऐसी सहज ध्वनि निरन्तर होती रहती है, जिससे सारा जगत् टिका हुआ है। वहाँ अनेक बाजे अनाहत गति से बजते रहते हैं—

धावतु थांम्हिआ सतिगुरि मिलिऐ दसवा दुआरु पाइआ।
तिथै अंमृत भोजन सहज धुनि उपजै जितु सबदि जगतु थंम्हि रहाइआ।।
तहं अनेक बाजे सदा अनहदु है सगे रहिआ समाए[3]*।*

इसी दशम द्वार में अखुट भण्डार भरा हुआ है। इसी में अलख परमात्मा का निवास है—

इसु गुफा महि अखुट भंडारा।
तिसु विचि वसै हरि अलख अपारा[4] *।।1।।24।।25।।*

1. पंजाबी भाखा विगिआन अते गुरमति गिआन : मोहनसिंह, पृष्ठ 173-77
2. गुरमति : जोध सिंह, पृष्ठ 214
3. श्री गुरुग्रन्थ साहिब, आसा, महला 3, पृष्ठ 441
4. श्री गुरुग्रन्थ साहिब, माझ, महला 3, पृष्ठ 124

''दशम द्वार में पहुँचने से ही अपने वास्तविक गृह की प्राप्ति होती है, अर्थात् आत्मस्वरूप में स्थिति होती है। वहाँ अहर्निश अनाहत शब्द बजता रहता है। परन्तु उस अनाहत शब्द का श्रवण गुरु के 'सबद' से ही किया जा सकता है। बिना गुरु के शब्द के अन्तःकरण में सदैव अन्धकार बना रहता है। बिना उसके न परमात्मा की प्राप्ति होती है, न आवागमन का चक्र मिटता है। इस दशम दरवाजे की कुंजी अन्यत्र नहीं है, उसकी कुंजी सद्‌गुरु के ही हाथ में है औरों से वह दरवाजा नहीं खुल सकता। पूर्ण भाग्य से ही गुरु की प्राप्ति होती है।''[1]

गुरु अर्जुन देव के अनुसार इसी दशम द्वार में अदृष्ट, अगोचर, परब्रह्म परमात्मा का निवास है। इसी में अनाहत शब्द है और इसी में अमृत नाम का निवास है, जिसका रस सदैव टपकता रहता है। जो कोई उस अमृत का स्वाद लेता है, वह भी अमृत ही हो जाता है—

अदिसटु अगोचर पारब्रहमु मिलि साधू अकथ कथाइआ था।
अनहद सबदु दसम दुआरि बजिओ तह अमृत नाम चुआइआ था।[2] *।।2।।3।।12।।*

इस दशम द्वार के सिलसिले में दो बातें उल्लेखनीय हैं। पहली तो यह कि हठयोग के अनुसार तो योगी दशम द्वार में पहुँचने के पूर्व ही अनाहत शब्द सुनता है, पर सिक्ख गुरुओं के अनुसार अनाहत शब्द का रस दशम द्वार में पहुँचने से प्राप्त होता है।[3]

दूसरी बात यह है कि सिक्ख गुरुओं के अनुसार दशम द्वार 'नाम जप' से खुलता है। नाम साक्षात्कार से दशम द्वार अपने आप खुल जाता है, तभी अनेक नादों का रस प्राप्त होता है।

अव अनाहत शब्द पर आइये। ''योगक्रिया के अनुसार जब कुण्डलिनी उद्‌बुद्ध होकर ऊपर को उठती है, तो उससे स्फोट होता है, जिसे 'नाद' कहते हैं। 'नाद' से प्रकाश होता है और प्रकाश का व्यक्त रूप है—''महाबिन्दु''। यह 'विन्दु' तीन प्रकार का होता है—'ज्ञान' और 'क्रिया'। पारिभाषिक तौर पर योगी लोग इन्हीं को कभी सूर्य, चन्द्र और अग्नि कहते हैं और कभी ब्रह्मा, विष्णु और शिव भी कहते हैं। परवर्ती सन्त लोग भी कभी-कभी अपने रूपकों में इन पारिभाषिक शब्दों का प्रयोग करते हैं। यह 'नाद' और 'बिन्दु' है। वह असल में आलिख ब्रह्माण्ड व्याप्त 'अनाहत नाद' या 'अनहत नाद' का व्यष्टि में व्यक्त रूप

---

1. श्री गुरुग्रन्थ साहिब, नउ दरवाजे धावतु रहाए।
   ....
   सति गुर हथि कुंजी होर तु दर खुल्है नाहीं गुर पूरै भागि मिलावणिआ।।
   माझ, महला 3, पृष्ठ 124
2. श्री गुरुग्रन्थ साहिब, मारू, महला 5, पृष्ठ 1002
3. गुरमति निरणय : जोधसिंह, पृष्ठ 215

है। अर्थात् जो नाद अनाहत भाव से सारे विश्व में व्याप्त है, उसी का प्रकाश जब व्यक्ति में होता है, तो उसे 'नाद' और 'बिन्दु' कहते हैं। बद्ध जीव श्वास-प्रश्वास के अधीन होकर निरन्तर इड़ा और पिंगला मार्ग में चल रहा है। सुषुम्ना का पन्थ प्रायः बन्द है। इसीलिए बद्ध जीव की इन्द्रियाँ और चित्त बहिर्मुख है। जो अखण्ड नाद जगत् के अन्तस्थल में और निखिल ब्रह्माण्ड में निरन्तर ध्वनित हो रहा है, उसे वह नहीं सुन पाता। परन्तु जब क्रिया-विशेष से सुषुम्ना पन्थ उन्मुक्त हो जाता है और कुण्डलिनी शक्ति जाग उठती है, तो प्राण स्थिर होकर उस शून्य पथ से निरन्तर उस अनाहत ध्वनि या अनाहत नाद को सुनने लगता है। ऐसा करने से मन विशुद्ध और स्थिर होता है और उसकी स्थिरता के साथ-ही-साथ, यह ध्वनि अधिक नहीं सुनायी देती, क्योंकि, चिदात्मक आत्मा उस समय अपने स्वरूप में स्थिर हो जाता है और फिर बाह्य प्रकृति से उसका कोई सरोकार नहीं होता।"[1]

सिक्ख गुरु स्थान-स्थान पर अनाहत शब्द के प्रति अपनी श्रद्धा प्रकट करते हैं। परन्तु गुरुओं के अनाहत का स्वरूप योगियों के अनाहत स्वरूप से भिन्न प्रतीत होता है। योगी तो दशम द्वार की प्राप्ति के पहले ही अनाहत शब्द सुनता है। सिक्ख गुरुओं के अनुसार अनाहत शब्द के आनन्द की अनुभूति दशम द्वार में ही होती है। उसकी सच्ची कसौटी तो यह है कि जब अनाहत शब्द प्रकट होता है, तब सारे पापों और दुःखों का नाश हो जाता है और मन में अलौकिक शान्ति प्राप्त होती है। नीचे दिये गये उदाहरणों से यह बात भली भाँति सिद्ध हो जायगी।

सतिगुरु सेवि जिनि तामु पछाता सफल जनमु जगि आइआ।
हरि रसु चाखि सदा मन तृपतिआ गुण गावै गुणी अघाइआ।।
कमलु प्रगासि सदा रंगि राता अनहदु सबदु बजाइआ।
तनु मनु निरमलु निरमलु वाणी सचै सचि समाइआ।।3।।7।।

सोरठि, महला 3, पृष्ठ 602

सांति सांति सहज आनन्द नाम जपि बाजे अनहद तूरा।।1।।8।।36

सोरठि, महला 5, पृष्ठ 618

प्रभ कै सिमरनि अनहद झुनकार।।7।।1।।

गउड़ी सुखमनी, महला 5, पृष्ठ 263

गुरमति राम जपे जनु पूरा।
तितु घटि अनहत बाजै तूरा।।2।।16।।

गउड़ी गुआरेरी, महला 1, पृष्ठ 288

हठयोग के अनुसार नवीन 'सुरत अभ्यासी' तो पहले दिन से ही अनाहत शब्द सुनने लगता है, पर गुरुओं के अनुसार अनाहत शब्द का साक्षात्कार तब

1. हिन्दी साहित्य की भूमिका (योगमार्ग और सन्तमत) : हजारीप्रसाद द्विवेदी, पृष्ठ 64

होता है, जब जीवात्मा का परमात्मा के साथ मेल होता है। निम्नलिखित प्रमाणों से यह बात स्पष्ट हो जायगी—

मेरे मनु अनंदु भइआ जीउ बजी बधाई

..

अनहत बाजे बजहि घर महि पिर संगि सेज बिछाई।
बिनवंति नानक सहजि रहे हरि मिलिआ कंतु सुखदाई।।1।।4।।

गउड़ी, महला 5, पृष्ठ 247

हम घरि साजन आए। साचै मेलि मिलाए।।

... .

पंच सबद धुनि अनहद बाजे हम घरि साजन आए।।1।।1।।2।।

सूही, महला 1, पृष्ठ 764

सिक्ख गुरुओं ने दशम द्वार और अनाहत शब्द की प्राप्ति का साधन साधना-बहुल और क्रिया-क्लिष्ट योग की प्रक्रियाओं को नहीं माना है। हठयोगियों की क्लिष्ट साधनाओं को गुरुओं ने बिल्कुल महत्ता नहीं दी है। उन्होंने अपने सहजयोग से इसे साध्य बताया है। गुरुओं की दृष्टि में नाना प्रकार के प्राणायाम, आसन और मुद्राएँ परमात्मा की प्राप्ति के लिए बिल्कुल ही आवश्यक नहीं हैं। गुरु नानक देव ने स्पष्ट घोषणा की है कि बिना नाम के योग कभी सिद्ध नहीं होता। उनकी दृष्टि में 'नाम-जप' योग-प्राप्ति का सर्वोपरि साधन है—

नानक बिनु नावै जोगु कदे न होवै देखहु रिदै वीचारे।[1]

सिक्ख-गुरुओं की यह दृढ़ धारणा है कि नाम के बल पर ऊँची-से-ऊँची आध्यात्मिक अवस्था प्राप्त हो सकती है। शून्य-समाधि योग-साधना की चरम सिद्धि है। इसे असम्प्रज्ञात समाधि भी कहते हैं। इस अवस्था में सारी त्रिपुटी-ध्याता, ध्यान, ध्येय—एक हो जाती है। यह ब्राह्मी स्थिति है। यही परम धाम है। सिक्ख गुरुओं के अनुसार इस अवस्था की प्राप्ति नाम के द्वारा होती है।

नउ निधि अंमृतु प्रभ का नामु। देही महि इसका बिस्रामु।।
सुंन समाधि अनहत तह नाद। कहनु न जाई अचरज बिसमाद[2] *।।*

कहना न होगा कि मध्ययुग के सभी भक्तों का नाम में अपूर्व विश्वास था। उनके अनुसार योग की बड़ी-से-बड़ी सिद्धियाँ नाम के द्वारा प्राप्त हो सकती हैं।

सिक्ख गुरुओं के अनुसार यह नाम मन्त्र गुरु द्वारा ही प्राप्त है, साधारण व्यक्ति से नहीं। सदगुरु का मन्त्र ही अनाहत प्राप्ति की कुंजी है—

नाम मन्तु गुरि दीनो जाकहु
निधि निधान हरि अमृत पूरे।

---

1. श्री गुरुग्रन्थ साहिब, सिरी गोसटि, महला 1, पृष्ठ 946
2. श्री गुरुग्रन्थ साहिब, गउड़ी सुखमनी, महला 5, पृष्ठ 293

तज बाजे नानक अनहद तूरे।।36

गउड़ी, बावन अक्खरी, महला 5, पृष्ठ 257-58

प्रभु की रागात्मिका भक्ति अनाहत-प्राप्ति के लिए सबसे उपयुक्त साधन है—

प्रभु कै सिमरन अनहद झुणकार।।7।।1।।

गउड़ी, सुखमनी, महला 5, पृष्ठ 263

में पूर्ण गुरु की अराधना से ही सारे कार्यों की सिद्धि होती हैं, सारे मनोरथों की प्राप्ति होती है और दशम द्वार तथा अनाहत सबद की प्राप्ति होती है—

गुरु पूरा आराधे। कारज सगले साधे।
सगल मनोरथ पूरे। बाजे अनहद तूरे।।1।।18।।82।।

सोरठि, महला 5, पृष्ठ 629

अब सद्गुरु नाम रूपी अमृत रस से शिष्य के हृदय को परिप्लावित करता है, तभी दशम द्वार प्रकट होता, तभी अनाहत शब्द अहर्निश बजने लगता है और तभी सहजावस्था की प्राप्ति होती है। जिनके भाग्य में परमात्मा लिख देता है, वे ही उच्च साधकगण निरन्तर गुरु की आराधना में अपना समय व्यतीत करते हैं। बिना गुरु के लक्ष्य-सिद्धि नहीं होती। अतएव गुरु के पवित्र चरणों में चित्त लगाना चाहिए।[1]

इस प्रकार अनाहत और दशम द्वार के सम्बन्ध में गुरुओं की निजी अनुभूति हैं और इनकी प्राप्ति का साधन सद्गुरु-प्राप्ति, परमात्म-भक्ति और नाम-जप है।

(ख) सहज-योग

सहज ज्ञान : 'सहज' शब्द की व्युत्पत्ति 'सह जायते इति सहजः' के आधार पर की जाती है। जो जन्म के साथ उत्पन्न होता है, और नैसर्गिक रूप में रहता है, उसी को 'सहज' कहते हैं। इसके सम्बन्ध में कहा गया है कि 'सहज' की न तो कोई व्याख्या की जा सकती है और न इसे शब्दों द्वारा व्यक्त ही किया जा सकता है। यह स्वसंवेद्य अथवा केवल अपने आप ही अनुभवगम्य है। यद्यपि इसके लिए गुरु-चरणों की सेवा भी अपेक्षित है।[2]

जब स्थूल बुद्धि से ऊपर उठकर अपरोक्षानुभूति के राज्य में हमारा प्रवेश हो, तभी हमें स्वानुभव से मालूम हो सकता है कि वस्तुतः हमारे भी भीतर ब्रह्म की

---

1. श्री गुरुग्रन्थ साहिब, अंमृत रसु सतिगुरु चुआइआ।

   ....

   बिनु सतिगुर को सीझै नाही गुर चरणी
   चितु लाई हे।।7।।11।।

   मारू, सोलहे, महला 4, पृष्ठ 1069

2. मध्यकालीन प्रेम साधना : परशुराम चतुर्वेदी, पृष्ठ 23

सत्ता है। इसी को निर्गुणी सन्त सहज ज्ञान कहते हैं।[1]

धर्म की साधना में सहज का महत्त्वपूर्ण स्थान है, क्योंकि साधना के सहज (स्वाभाविक) होने की अपेक्षा और कौन-सा बड़ा लक्ष्य हो सकता है? सहज कहने से कोई इन्द्रिय-उपभोग की धारा में अपने को अबाध गति से छोड़ देना समझते हैं अथवा निश्चेष्ट भाव से अपने को किसी एक धारा में बहा देना समझते हैं। यह घोर तामसिकता है।[2]

सिक्ख गुरुओं के अनुसार सहजावस्था, मोक्षपद, जीवन्मुक्ति अवस्था, चतुर्थ पद, तुरीय पर, तुरीयावस्था, निर्वाण पद, तत्त्वज्ञान, ब्रह्मज्ञान, राजयोग सब लगभग एक ही हैं। इनके नामों में विभेद है। पर इन सबके भीतर की अनुभूति अथवा आन्तरिक स्थिति एक है। सहजावस्था दशम द्वार की वस्तु है। इस अवस्था में पहुँचकर साधक त्रिगुणातीत हो जाता है। तीनों गुणों के प्रपंचों में जब तक साधक रहेगा, तब तक यह अवस्था नहीं प्राप्त हो सकती। इस अवस्था में न तो नींद है, न भूख। यहाँ नाम-अमृत का निरन्तर वास रहता है। आनन्द का ही निवास रहता है। यह वह अवस्था है, जहाँ न सुख है, न दुःख। आत्मानन्द अथवा निजानन्द की यह अवस्था स्वयं अपने ही में प्रतिष्ठित है। यह स्वसवेद्य है। यह मन, वाणी, बुद्धि, चित्त, अहंकार के परे की वस्तु है। यह वर्णनातीत है—

गुरमुखि अंतरि सहजु है मनु चड़िआ दसवै आकासि।
तिथै ऊँध न भुख है हरि अमृत नामु सुख वासु।
नानक दुखु सुखु विआपति नहीं जिथै आतमराय प्रगासु[3] *।।16।।*

जब यह अवस्था प्राप्त होती है, तो अपने स्वरूप में ही सारी पृथ्वियाँ, अनन्त आकाश और अनन्त पाताल स्थित हुए जान पड़ते हैं। नित्य नूतन परमात्मा भी अपने घट में स्थित हुआ जान पड़ता है और शाश्वत आनन्द विद्यमान रहता है।

घर महि धरती धउल पाताला। घर ही महि प्रीतम सदा है बाला।
सदा अनन्दि रहे सुखदाता गुरगति सहज समाविणआ[4] *।।2।।27।।28।।*

दैनिक गति के साथ शाश्वत गति का योग हो जाता है। नदी के भीतर इन दोनों जीवनों का पूर्ण सामंजस्य है। नदी प्रतिक्षण, प्रतिपल, अपने दोनों किनारों पर अगणित कार्य करती चलती है और साथ-ही-साथ अपने को असीम समुद्र में

---

1. श्री गुरुग्रन्थ साहिब, हिन्दी काव्य में निर्गुण सम्प्रदाय : पीताम्बर दत्त बड़थ्वाल, पृष्ठ 149
2. संस्कृति संगम : क्षितिमोहन सेन (सहज और शून्य), पृष्ठ 127
3. श्री गुरुग्रन्थ साहिब, सलोक वारां ते वधीक, महला 3, पृष्ठ 1414
4. श्री गुरुग्रन्थ साहिब, माझ, महला 3, पृष्ठ 126

निरन्तर निमज्जित कर रही है। उसका दण्ड-पल गत जीवन उसके शाश्वत जीवन के सहज योग से युक्त है[1]।

गुरुओं ने इसी सहज योग में अपनी रागात्मिका भक्ति, अपने हृदय का प्यार, अपना निर्मल वैराग्य, अपनी दिव्य शान्ति, अपनी सारी स्तुतियाँ, अपना ध्यान तथा अपनी धारणा और समाधि निमज्जित कर दी है। इसी सहज योग में वे परमात्मा का गुणगान करते हैं और इसी में भक्ति करते हैं और इसी के लिव में लवलीन रहते हैं। इसी में वे परमात्मा के नाम रूपी अमृत का पान करते हैं। इसी सत्य सहज योग में लवलीन होकर उन्होंने काल को भी अपनी मुट्ठी में कर लिया। इसी सहज योग तथा परमात्मा के नाम संयोग से वे सदैव सत्य कर्म में निरत रहे—

सहजे ही भगति ऊपजै सहजि पिआरि वैरागि।
सहजे ही ते सुख सांति होइ बिनु सहजे जीवणु वादि।।2।।
सहज सालाही सदा सदा सहजि समाधि लगाइ।
सहजे ही गुण ऊचरै भगति करे लिव लाइ।।
सहजे ही हरि मनि बसै रसना हरि रसु खाइ।।3।।
सहजे कालु विडारिआ सच सरणाई पाइ।
सहजे हरि नामु मन बसिआ सची कार कमाइ।।
से वडभागी जिनी पाइआ सहजे रहे समाइ[2] ।।4।।

गुरु अर्जुन देव ने सहज योग के सम्बन्ध में अपनी अनुभूति इस भाँति व्यक्त की है, सोना, जगना, सहज ही भाव में होना चाहिए। सहज भाव से जो कुछ भी होता जाय, उसे होने दो, इसमें तनिक भी वृत्ति, इधर-उधर न करनी चाहिए। सहज भाव का वैराग्य, सहज भाव का हँसना, सहज भाव का मौन, सहज भाव का जप होना चाहिए। इसी प्रकार जीवन के सारे व्यवहार, सारे कर्म, सारी साधनाएँ, सारे आचार-विचार सहज भाव में होना चाहिए।''[3]

माया अहंकार तथा बाह्य साधनों से सहज की प्राप्ति नहीं होती: सहज-पद की प्राप्ति 'क्षुरस्य धारा' की भाँति 'दुर्गम' है। जो लोग त्रिगुणात्मक माया के वशीभूत होकर द्वैत भाव में रहते हैं, भला उन्हें सहजावस्था की प्राप्ति कैसे हो सकती है? वह तो त्रिगुणातीत अवस्था, अद्वैत अवस्था है। त्रिगुणातीत के लिए माया के तीनों गुणों का छोड़ना आवश्यक है। अद्वैत अवस्था बिना द्वैत भाव

---

1. संस्कृति संगम : क्षितिमोहन सेन, पृष्ठ 121
2. गुरुग्रन्थ साहिब, सिरी रागु, महला 3, पृष्ठ 68
3. गुरुग्रन्थ साहिब, सहजे जागणु सहजे सोइ
   ....
   नानक दास ताकै कुरवाणै।।8।।3।।
   गउड़ी गुआरेरी, महला 5, पृष्ठ 236-37

को छोड़े कैसे प्राप्त हो सकती है? एक म्यान में दो तलवारें नहीं रहतीं। मनमुखों के सारे कर्म द्वैत भाव में, अहंकार में होते हैं, इससे वे सहजावस्था से कोसों दूर रहते हैं। तीनों गुणों में लिप्त होने के कारण यह सहजावस्था नहीं प्राप्त हो सकती—

माइआ विचि सहजु न ऊपजै माइआ दूजै भाइ।
मनमुख करम कमावणे हउमै जलै जलाइ।।
जंमणु मरणु न चूकई फिरि फिरि आवै जाइ।।5।।
त्रिहु गुणा विचि सहजु न पाईऐ त्रैगुण भरम भुलाइ।।

सहज की प्राप्ति बिना गुरु के नहीं हो सकती। बड़े-बड़े पण्डित, बड़े-बड़े ज्योतिषी अपने पाण्डित्य और ज्योतिष के बल पर इस त्रिगुणातीत अवस्था को नहीं प्राप्त कर सके। उनके पण्डित्य, उनके ज्योतिष की गम वहाँ तक नहीं है। "कुछ लोग नाना प्रकार के कृत्रिम वेश बनाकर अपनी तपस्या के बल पर उसे प्राप्त करना चाहते हैं। पर स्मरण रखना चाहिए कि उन वेशों में दीनता, वैराग्य और तपस्या प्रकट करने का भाव है। यह साधारण विलासिता से कहीं अधिक प्रचण्ड है, क्योंकि लोग समझते हैं कि इसमें सचमुच की दीनता और वैराग्य साधना प्रकट हो रही है। किन्तु असल में उसमें दीनता, वैराग्य और तपस्या का प्राणहीन मोहपूर्ण आडम्बर ही प्रकट करता है। किन्तु असल में उसमें दीनता, वैराग्य और तपस्या का प्राणहीन मोहपूर्ण आडम्बर ही प्रकट होता है। विलासिता के आनन्द से वह साधक को व्यर्थ के आडम्बर से भर देता है। साधक को वह दिन-प्रति-दिन बंधन में जकड़ता जाता है। इसीलिए यह और भी भयंकर है।"[1] उनका यह आडम्बरयुक्त वेश तथा उग्र तामसी तपस्या उलटे उनके भ्रम का कारण ही बन जाती है। इसी कारण वे आवागमन के चक्कर में निरन्तर पड़ते रहते हैं। गुरु अमरदास जी ने इसे इस रूप में चित्रित किया है—

सहजै नो सभ लोचदी बिनु गुर पाइआ न जाइ।
पड़ि पड़ि पंडित जोतिकी थके भेखी भरम भुलाइ[2]।।

जो लोग कोरे कर्मकाण्ड और आचार के बल पर सहज की प्राप्ति की कामना करते हैं, वे लोग अन्धकार में रहते हैं। वे लोग चाहे अपने को भले ही यह समझ लें कि हमने सहजावस्था की प्राप्ति की है। पर उनके कहने से क्या होता है? उनके मन में तो संशय और भ्रम ज्यों-के-त्यों बने रहते हैं—

करमी सहजु न ऊपजै विणु सहजे सहसा न जाइ[3]।।18।।

सहजावस्था की प्राप्ति के साधन–सहजावस्था की प्राप्ति के लिए भी गुरुओं की निश्चित साधन-प्रणाली है। इसमें भक्ति भावना की प्रधानता है।

---

1. संस्कृति संगम : क्षितिमोहन सेन, पृष्ठ 122
2. गुरुग्रन्थ साहिब, सिरी रागु, महला 3, पृष्ठ 68
3. गुरुग्रन्थ साहिब, रामकली, महला 3, पृष्ठ 919

परमात्मा की रागात्मिका भक्ति तथा सद्‌गुरु की अनुकम्पा से सहजावस्था प्राप्त हो सकती है। किन्तु अपने पौरुष पर भी खड़े रहने के लिए साधक को बल दिया गया है। अपना पौरुष यह है कि सद्‌गुरु की खोज करे और दुर्मति का त्याग करे।

गुर परसादी सहजु को पाए[1] ।।2।।16।।17।।
गुर की साखी सहजे चाखी तृसना अगनि बुझाए[2] ।।6।।1।।

सहज समाधि के लिए परमात्मा की भक्ति और नाम परमावश्यक साधन है—

अनुदिनु सहजि समाधि हरि लागी हरि जपिआ गहिर गभीरा[3] ।।3।।4।।

गुरु अमरदास जी ने सहज-प्राप्ति के साधनों का संकेत इस प्रकार किया है—

नामै ही ते सभु किछु होआ बिनु सतिगुर नाम न जापै।
गुर का सबदु महारसु मीठा बिनु चाखै सादु न जापै।।
कउड़ी बदले जनम गवाइआ चीनसि नाही आपै।
गुरमुखि होवै ता एको जाणै हउमै न सन्तापै।।1।।
बलिहारी गुर आपणे विटहु जिमि साचै सिउ लिव लाई।
सबहु चीन्हि आतम परगासिआ सहजे रहिआ समाई[4] ।।1।।
रहाउ।।

उपर्युक्त वाणी पर ध्यान देने से प्रतीत होता है कि सहज-प्राप्ति के निम्नलिखित साधन हैं—

1. परमात्मा के नाम में दृढ़ आस्था और उसका जप।
2. सद्‌गुरु की प्राप्ति।
3. सद्‌गुरु के 'सबद' पर आचरण करना।
4. सांसारिक विषयों को कौड़ी-तुल्य त्यागना।
5. गुरु में अपूर्व श्रद्धा और विश्वास।

इस प्रकार सहजावस्था की प्राप्ति के साधन आत्म-कृपा, गुरु-कृपा, और परमात्म-कृपा तीनों ही आवश्यक साधन हैं।

सहजावस्था का आनन्द : पहले ही बताया जा चुका है कि सहजावस्था, मोक्ष-पद, निर्वाण-पद, तुरीय पद, चौथा पद, तत्त्व ज्ञान तथा ब्रह्म ज्ञान आदि एक ही हैं। अतः सहजावस्था का वही आनन्द है, जो तुरीयावस्था अथवा मोक्ष

---

1. गुरुग्रन्थ साहिब, माझ, महला 3, पृष्ठ 119
2. गुरुग्रन्थ साहिब, सूही, महला 3, पृष्ठ 753
3. गुरुग्रन्थ साहिब, वडहंसु, महला 4, पृष्ठ 574
4. गुरुग्रन्थ साहिब, सूही, महला 1, पृष्ठ 753

पद का है। गुरुओं ने स्थान-स्थान पर उस आनन्द का संकेत किया है। यहाँ पर एक उदाहरण दिया जाता है—

मिलि जलु जलहि खटाना राम।
संगि जोती जोति मिलाना राम।।
संमाइ पूरन पुरख करते आपहि जाणीऐ।
तह सुंन सहजि समाधि लागी एकु एकु वखणीऐ।।
आपि गुपता आपि मुकता आपि आपु बखाना।
नानक भ्रम भै गुण विनासै जलु जलहि खटाना[1] ।।4।।2।।

सहजावस्था का आनन्द वर्णनातीत है। जिस प्रकार जल से मिलकर जल तदाकार हो जाता है, उसी प्रकार जीवात्मा के अन्तर्गत परमात्मा की ही रखी हुई यह ज्योति परमात्मा के साथ मिलकर तदाकार हो जाती है। नमक की डली समुद्र का थाह लेने के लिए जाती है, परन्तु वह समुद्र में मिलकर अपना नाम और रूप खो बैठती है और समुद्र रूप हो जाती है। भला बताइये, वह समुद्र की बात किससे कहे? ठीक इसी भाँति साधक भी पूर्ण, कर्त्ता पुरुष के साथ मिलकर अपना नाम रूप खो बैठता है। जब वह स्वयं परमात्मा का ही स्वरूप हो जाता है, तो स्वयं ही अपने को जान सकता है। परमात्मा के इस अपूर्ण मिलन की दशा को चाहे 'शून्य' के नाम से पुकारिये अथवा 'सहज समाधि' के नाम से वास्तव में हैं दोनों एक ही। वह आप ही गुप्त है और आप ही मुक्त है। उसका वर्णन कोई दूसरा व्यक्ति नहीं कर सकता है। वह स्वयं ही अपने को बतला सकता है। जिस प्रकार जल के साथ जल मिलकर उसी का रूप हो जाता है, उसी प्रकार साधक जब परमात्मा के साथ मिलकर एक हो जाता है, तो उसके सारे संशय, भ्रम तथा भय निवृत्त हो जाते हैं और तीनों गुण भी इसी पार रह जाते हैं। वह उनसे परे हो जाता है।

---

1. गुरुग्रन्थ साहिब, वडहंसु, महला 5, पृष्ठ 578

हरि प्राप्ति-पथ

(3)–ज्ञानमार्ग

साधक की साधना का जिस क्रिया से सम्बन्ध होगा, उसी के अनुसार उसकी साधना का नामकरण होगा। यदि साधक की साधना कर्म से सम्बद्ध है, तो 'कर्मयोग' कहा जायगा, यदि भक्ति से सम्बद्ध है, तो भक्तियोग होगा। यदि वह इन्द्रियों की साधना और श्वास के नियन्त्रण से सम्बद्ध है तो उसे हठयोग कहेंगे। इसी प्रकार ज्ञान से सम्बद्ध साधना को ज्ञानयोग कहा जायगा।[1] ''मैं पन'' रूपी शारीरिक अहंभाव को नष्ट कर 'सच्चिदानन्द' रूपी परमात्मा में स्थित होकर उसी की एकता की अनुभूति करना ज्ञान है। अनेकत्व में निरन्तर एकत्व का दर्शन ही ज्ञान है। इसी ब्रह्मात्मैक्य स्थिति की पूर्णरूपेण निमग्नता ही ज्ञान की पूर्णावस्था है। स्मरण रहे कि यहाँ ज्ञान का अर्थ केवल शाब्दिक ज्ञान या केवल मानसिक क्रिया नहीं है। किन्तु हर समय और प्रत्येक स्थान में इसका अर्थ पहले मानसिक ज्ञान प्राप्त होने पर और फिर इन्द्रियों पर जय प्राप्त कर लेने पर ब्रह्मीभूत होने की अवस्था या ब्राह्मी स्थिति ही है। यह बात वेदान्त-सूत्र के शांकर भाष्य के प्रारम्भ में कही गयी है। महाभारत में जनक ने सुलभा से कहा है ''ज्ञानेन कुरुते यत्नं यत्नेन प्राप्यते महत्''[2] अर्थात् मानसिक क्रिया रूपी ज्ञान हो जाने पर मनुष्य यत्न करता है और यत्न के इस मार्ग से ही अन्त में उसे महत् तत्त्व (परमेश्वर) प्राप्त होता है[3]। अतः सभी प्राणियों में एक ही आत्मा व्याप्त है—इसी भाव को सदैव जागृत रखना ज्ञान है और किंचित् क्षण के लिए उसे न भूलना ज्ञान की चरम सीमा है।

सिक्ख-गुरुओं द्वारा प्रतिपादित ज्ञान

ज्ञान के दो रूप

सिक्ख गुरुओं ने 'ज्ञान' शब्द का प्रयोग दो अर्थों में किया है : वाचक ज्ञान और ब्रह्म ज्ञान। (1) एक तो 'चंचु-ज्ञान', 'वाचक ज्ञान', 'सांसारिक ज्ञान' अथवा 'मौखिक ज्ञान' है।

---

1. सुन्दर-दर्शन : त्रिलोकीनारायण दीक्षित, पृष्ठ 116
2. महाभारत, शान्तिपर्व, अध्याय 320, श्लोक 30
3. गीता-रहस्य अथवा कर्मयोगशास्त्र : बाल गंगाधर तिलक, पृष्ठ 277

(2) और दूसरा 'परमात्मा का ज्ञान', 'आत्मज्ञान', 'ब्रह्मज्ञान' अथवा 'तत्त्व ज्ञान' है।

वाचक ज्ञान : सिक्ख-गुरुओं ने स्थान-स्थान पर 'ज्ञान' की निन्दा की है। इससे इस भ्रम में नहीं पड़ जाना चाहिए कि ज्ञान उन्हें अभीष्ट नहीं था और वे ज्ञान के विरोधी थे। सिक्ख-गुरुओं ने जिस ज्ञान की निन्दा की है, वह 'चंचु ज्ञान' अथवा 'मौखिक ज्ञान' है। बहुत-से लोग शास्त्रादिक का अध्ययन कर उन्हें रटकर महान् ज्ञान प्राप्त कर लेते हैं। पर उनके आचरण अथवा नित्य के प्रयोग में वह ज्ञान नहीं आता। गुरुओं ने इस ज्ञान को 'चंचु ज्ञान' की संज्ञा दी है। जिस प्रकार कौवा 'काँव-काँव' करता है, उसी प्रकार ऐसे चंचु ज्ञानी ज्ञान की लम्बी-चौड़ी बातें तो करते हैं, पर उनके आचरण नितान्त सांसारिक होते हैं। उनके भीतर काम, क्रोध की प्रचण्डाग्नि प्रज्वलित होती रहती है। भला ऐसे 'वाचक ज्ञानी' को 'चंचु ज्ञानी' को कहीं आन्तरिक शान्ति प्राप्त हो सकती है?

जगु कऊआ, मुखि चंचु गिआनु।
अंतरि लोभु झूठु अभिमानु[1] *।।1।।1।।3।।*

मौखिक ज्ञानी चाहे अति सुन्दर हो, महान् कुलीन हो, बहुत धनी हो, परन्तु यदि उसके अन्तर्गत परमात्मा की प्रीति नहीं है, तो वह मृतक तुल्य है।

अति सुन्दर कुलीन चतुर मुखि डि. आनी धनवंत।
मिरतक कहीअहि नानका जिह प्रीति नहीं भगवंत[2] *।।*

केवल वाचक ज्ञानी को परमात्मा के 'हुकम' का बोध नहीं होता। यही कारण है कि उसके सारे कार्य अहंबुद्धि से ही हुआ करते हैं। वास्तविक भक्त, वास्तविक ज्ञानी वही है, 'जो परमात्मा की आज्ञा मानता है। यदि परमात्मा की आज्ञा नहीं मानता, तो वह कच्चों में कच्चा है, अर्थात् अधमों में अधम है—

कथनी बदनी करता फिरै हुकमु न बूझै सचु।
नानक हरि का भाणा मंने सो भगतु होइ विणु मंने कचु निकचु[3] *।।*

ब्रह्मज्ञान : ब्रह्मज्ञान, अथवा तत्त्वज्ञान अथवा सच्चे ज्ञान की महत्ता गुरुओं ने स्थान-स्थान पर स्वीकार की है। गुरु नानक देव जी का कथन है कि बिना ज्ञान के सारे प्राणी अनेक योनियों में भ्रमित होते रहते हैं, जिसके फलस्वरूप उन्हें नाना प्रकार के कष्ट उठाने पड़ते हैं। सत्य परमात्मा में निरन्तर रमण करना ही ज्ञान है। ज्ञान हो जाने पर साधक परमात्मा से मिलकर, उसी प्रकार एक हो जाता है, जैसे ज्योति से ज्योति मिलकर एकाकार हो जाती है—

गिआन बिहूणी भवै सबाई।
साचा रवि रहिआ लिव लाई।।

---

1. श्री गुरुग्रन्थ साहिब, विलावलु, महला 3, पृष्ठ 832
2. श्री गुरुग्रन्थ साहिब, गउड़ी, बावन अक्खरी, महला 5, पृष्ठ 253
3. श्री गुरुग्रन्थ साहिब, रामकली की वार, महला 3, पृष्ठ 950

निरभउ सबदु गुरु सचु जाता जोती जोति मिलाइदा[1] ।।8।।2।।14।।

सारे धर्मों में पवित्र आचरण, स्नानादिक अवश्य पवित्र हैं, परन्तु ज्ञान सबका सिरताज है, क्योंकि सारे शुभ कर्मों, सारी निष्काम साधनाओं की समाप्ति ज्ञान ही में होती है—

सगल धरम पवित्र इसनानु।
सभ महि ऊच विसेस गिआनु[2] ।।

गुरु नानक देव ने इसीलिए स्पष्ट शब्दों में घोषणा की है कि जो ब्रह्म को जानते हैं, अर्थात् जिन्हें ब्रह्मज्ञान है, उनके सारे कर्म व्यर्थ हो जाते हैं, क्योंकि ज्ञानी के कर्म देखने मात्र को होते हैं—

जे जाणसि ब्रहमं करमं। सबि फोकट निसचउ करमं।।[3]

ज्ञानियों के कर्म उसी प्रकार फल देने में असमर्थ हैं, जिस प्रकार भुना बीज जमने में असमर्थ है।

ब्रह्मज्ञान और अद्वैतभाव

ब्रह्मज्ञान में अद्वैतभाव आवश्यक है। दूसरे शब्दों में इस प्रकार कह सकते हैं कि अद्वैतज्ञान की घनीभूतता ही ब्रह्मज्ञान है। ब्रह्मज्ञानी वही है, जो सर्वत्र ब्रह्म का दर्शन कर रहा हो। सिक्ख-गुरुओं की दृष्टि ब्रह्ममयी है। उन्हें सर्वत्र परमात्मा के दर्शन होते हैं। सृष्टि का कोई ऐसा स्थल नहीं, जहाँ परमात्मा न दिखायी देता हो।

आपै पटी कलम आपि उपरि लेख भी तू।
एको कहिऐ नानक दूजा काहे कू।।[4]

अर्थात् तुम्हीं पट्टी हो, तुम्हीं कलम हो और उस पट्टी पर की लिखावट भी तुम्हीं हो। कहने का तात्पर्य यह है कि सृष्टि में जो कुछ भी दृश्य अथवा अदृश्य पदार्थ दिखायी पड़ रहा है, सब परमात्मा ही है। इस प्रकार एकमात्र परमात्मा ही परम तत्त्व है, दूसरा कुछ भी नहीं है।

एक परमात्मा की सत्ता सर्वत्र, सब काल में देखना अद्वैतज्ञान है। वह स्थिति सभी साधकों को प्राप्त हो सकती है। भक्त की भी यह स्थिति हो सकती है और योगी और निष्काम कर्मयोगी तथा ज्ञानी की भी हो सकती है।

अतएव जो कोई यह कहते हैं कि अद्वैत प्रतीति ज्ञान की वस्तु है, अन्य साधकों की नहीं, वे भ्रम में हैं। आम का एक फल है। पक्षी आकाशमार्ग में उड़कर उसका स्वाद ले सकता है और पिपीलिका धीरे-धीरे पृथ्वी से रेंगकर पेड़ पर चढ़ती हुई आम तक पहुँचकर उसका रसास्वादन कर सकती है। यद्यपि पक्षी

---

1. श्री गुरुग्रन्थ साहिब, मारू सोलहे, महला 1, पृष्ठ 1034
2. श्री गुरुग्रन्थ साहिब, थिती गउड़ी, महला 5, पृष्ठ 298
3. श्री गुरुग्रन्थ साहिब, आसा की वार, महला 5, पृष्ठ 298
4. श्री गुरुग्रन्थ साहिब, मलार की वार, महला 1, पृष्ठ 1291

और पिपीलिका आम तक भिन्न-भिन्न साधनों से पहुँचते हैं, पर रसास्वादन एक सा है। उसी प्रकार साधनाएँ भिन्न-भिन्न होती हुई भी, उसके फल में एकता है। क्या भक्त की यह प्रतीति 'सीय राम मय सब जग जानी' किसी अद्वैत ज्ञानी की प्रतीति से किसी प्रकार कम कही जा सकती है?

सिक्ख गुरुओं में अद्वैतभाव पर्याप्त मात्रा में पाया जाता है। उनकी वाणी में इतनी तन्मयता है कि साधारण-से-साधारण पाठक यदि विशुद्ध भावना से पढ़ता है, तो उसे प्रतीत होता है कि परमात्मा ही सब-कुछ है। जब वह सब-कुछ है, तो मैं भी उसी का स्वरूप हूँ, क्योंकि मैं सब-कुछ से पृथक् तो हूँ नहीं। गुरु अर्जुन देव की यह वाणी किसके हृदय में अद्वैतभाव का संचार नहीं कर देगी?

एक रूप सगलो पासारा। आपे बनजु आपि बिडहारा।।1।।
ऐसो गिआनु बिरलोई पाए। जत जत जाईए तत तत दृसटाए।।1।।रहाउ।।
अनिक रंग निरगुन इक रंगा। आपे जलु आप ही तरंगा।।2।।
आपि ही मंदरु आपहि सेवा। आप ही पुजारी आप ही देवा।।3।।
आपहि जोग आपहि जुगता। नानक के प्रभु सदा ही मुकता[1] ।।4।।1।।6।।

भावार्थ यह है कि एक ही परमात्मा के सारे विस्तार हैं। आप ही वणिक बना हुआ है और आप ही उसके व्यवहार का रूप धारण किये हुए है। जहाँ-जहाँ मन जाय, चित्त जाय, बुद्धि जाय, वहाँ-वहाँ परमात्मा के दर्शन हो, इस प्रकार का ज्ञान इस संसार में विरले ही पुरुष को प्राप्त होता है। वास्तव में निर्गुण सत्ता, परमात्म सत्ता तो एक ही है, परन्तु वह अनेक रंग रूप धारण किये हुए है। वही सत्ता कहीं जड़ बनी हुई है, तो कहीं चेतन। कहीं कृमि आदि का रूप धारण कर तमोगुण में पड़ी हुई है, तो कहीं ब्रह्मादिक का रूप धारणकर सृष्टि का संचालन कर रही है। परन्तु ये रूप परमात्मा के निर्गुण रूप से उसी प्रकार भिन्न नहीं है, जिस प्रकार जल से उसकी तरंगें भिन्न नहीं हैं। तरंगों में भी वही जल व्याप्त है। परमात्मा आप ही मन्दिर बना हुआ है और आप ही उस मन्दिर की सेवा का रूप धारण किये है। वह स्वयं देव है और स्वयं ही उस देव का पुजारी। वही योग है और वही योग की युक्ति भी है। नानक कहते हैं कि जिसे इस प्रकार का ज्ञान है, वह नित्य मुक्त है। नित्य मुक्त इसलिए कि उसने नित्य मुक्ति की कुंजी (अद्वैतज्ञान) प्राप्त कर ली है।

श्री गुरुग्रन्थ साहिब में अद्वैतभाव की स्थिति के अनेक उदाहरण मिलते हैं। कहीं-कहीं तो ऐसे उदाहरण मिलते हैं, जिनका प्रयोग वेदान्तवादियों ने किया है—

बाजीगरि जैसे बाजी पाई। नाना रूप भेख दिखलाई।।
सांगु उतारि थंम्हिओ पासारा। तब एको एककारा।।
कवन रूप द्रिसटिओ बिनसाइओ। कतहि गइओ उहु कतते आइओ।।1।।रहाउ।।

---

1. श्री गुरुग्रन्थ साहिब, विलावलु, महला 5, पृष्ठ 803

जल ते ऊठहि अनिक तरंगा। कनिक भूखन कीने बहु रंगा।।
बीजु बीजि देखिओ बहु परकारा। फल पाके ते एकंकारा।।2।।
सहस घटा महि एकु आकासु। घट फूटे ते ओही प्रगासु।।
भरम लोभ मोह माइआ विकार। भ्रम छूटे तो एकंकार[1]।।3।।1।।

यदि हम उपर्युक्त वाणी पर ध्यान दें, तो हमें प्रतीत होता है कि जिन उदाहरणों से परमात्मा और सृष्टि की एकता का सम्बन्ध सूचित किया है, वे निम्नलिखित हैं—

1. बाजीगर और उसका स्वाँग।
2. जल और उसकी लहरें।
3. कनक और उसके आभूषण।
4. बीज और उससे उत्पन्न अनेक बीज।
5. घट और आकाश।

बाजीगर से उसका खेल पृथक् नहीं है। यह खेल बाजीगर ही में है और उसी का स्वरूप है। जल और उसकी लहरों में नाममात्र का भी भेद नहीं है। जल की लहरें जल का ही रूप हैं। सोना एक है, उससे नाना प्रकार के आभूषण बनाये गये। आभूषणों में वही सोना व्याप्त है। जो आभूषण है, वही सोना है और जो सोना है, वही आभूषण है। बीज से उत्पन्न सभी बीजों में एक ही भाव है। अनेक घटाकाश हैं। परन्तु उन समस्त घटाकाशों में एक ही आकाश व्याप्त है। घट फूटने पर सभी घटाकाश एक हो जाते हैं। उसी प्रकार अनेक जीव हैं। उपाधि-भेद के कारण सब पृथक्-पृथक् प्रतीत हो रहे हैं। पर उपाधि मिटने पर सब एक हो जाते हैं।

सिक्ख गुरुओं की वाणियों में स्थान पर ऐसी उक्तियाँ पायी जाती हैं, जो अद्वैतभाव की द्योतिका हैं। कुछ उदाहरण नीचे दिये जाते हैं—

काटे अगिआन तिमर निरमलीआ बुधि विगास बिबेका।
जिउ जल तरंग फेनु जल होईहै सेवक ठाकुर भए एका।।

सारंग, महला 5, पृष्ठ 1209

साहिबु सेवकु इकु इकु दृसटाइआ।
गुर प्रसादि नानक सचि समाइआ।

गूजरी की वार, महला 5, पृष्ठ 524

गुर परसादी दुरमति खोई। जहँ देखा तहँ एको सोई।।

आसा, महला 1, पृष्ठ 357

जत कत देखउ तत तत सोइ।
तिसु बिनु दूजा नाहीं कोइ।।

भैरउ, महला 5, पृष्ठ 1150

---

1. श्री गुरुग्रन्थ साहिब, रागु सूही, महला 5, पृष्ठ 736

जलि थलि महीअलि पूरिआ सुआमी सिरजनहारु।
अनिक भाति होइ पसरिआ नानक एकंकारु।।

थिती गउड़ी, महला 5, पृष्ठ 206

सरब जोति रूपु तेरा देखिआ सगल भवन तेरी माइआ।।

आसा, महला 1, पृष्ठ 351

इस प्रकार उपर्युक्त उदाहरणों से स्पष्ट विदित होता है कि गुरुओं के अद्वैत ज्ञान के ऊपर पूरा बल दिया है।

शेरसिंह जी अद्वैतवाद को स्वीकार नहीं करते–श्री गुरुग्रन्थ साहिब में भक्ति प्रधान है, यह बात तो निर्विवाद रूप से सिद्ध है। इसी भक्ति-भावना की प्रधानता के कारण कतिपय सिक्ख विद्वान् भी गुरुग्रन्थ साहिब में अद्वैतवाद को स्वीकार नहीं करते। शेरसिंह ने अपने ग्रन्थ "फिलासफी ऑव सिक्खिज़्म" में अद्वैतवाद स्वीकार नहीं किया है। इसके लिए उन्होंने निम्नलिखित तर्क उपस्थित किये हैं[1]—

1. गुरुओं ने जीव-ब्रह्म की एकता नहीं स्वीकार की।
2. ब्रह्म और सृष्टि में भी एकता नहीं स्वीकार की।
3. 'सोऽहं', 'तत्त्वमसि' आदि अद्वैत शब्दावली नहीं पायी जाती।
4. शंकर के अद्वैतवाद में भक्ति के लिए कोई स्थान नहीं है।

इन्हीं तर्कों के आधार पर शेरसिंह जी ने यह सिद्ध करने की चेष्टा की है कि गुरुओं में अद्वैतवाद नहीं है। पर यह बात समीचीन नहीं है।

शेरसिंह जी के मत का खण्डन–हम शेरसिंह जी की दलीली और तर्कों से सहमत नहीं हैं। शेरसिंह जी द्वारा प्रस्तुत की हुई युक्तियों में से एक-एक का खण्डन किया जा रहा है।

जीव ब्रह्म की एकता–सिक्ख गुरु परमात्मा और जीवात्मा में भेद मानते हैं, यह सत्य है। किन्तु जब जीवात्मा अपने कुसंस्कारों को त्यागकर परमात्मा के साथ एक हो जाता है, तो वह परमात्मा ही हो जाता है। स्थान-स्थान पर गुरुओं ने जीव और ब्रह्म के बीच एकता सिद्ध की है। इतना ही नहीं, बल्कि उन्होंने इस साधन पर भी बल दिया है कि आत्मा और परमात्मा को एक करे—

आतमा परातमा एको करै।
अतरि दुबिधा अंतरि मरै।
गुर परसादी पाइआ जाइ।
हरि सिउ चितु लागे फिर कालु न खाइ[2] *।।1।।रहाउ।।2।।4।।*

---

1. श्री फिलासफी ऑव् सिक्खिज़्म : शेरसिंह, पृष्ठ 82-83-84
2. श्री गुरुग्रन्थ साहिब, धनासरी, महला 1, पृष्ठ 661,

अर्थात् "आत्मा और परमात्मा को एक किया जाय, तात्पर्य यह कि अद्वैत ज्ञान की स्थिति के लिए प्रयास किया जाय। जब आत्मा और परमात्मा में अद्वैत भाव स्थापित हो जाता है, तभी आन्तरिक द्वैतभाव की निवृत्ति होती है। यह स्थिति गुरु कृपा से ही प्राप्त हो सकती है। जब जीवात्मा अपने को परमात्माा में मिला देता है, तो विलक्षण आनन्द प्राप्त होता है और परमात्मा में स्वभावतः प्रेम हो जाता है। अकाल पुरुष के साथ मिलकर वह अकाल रूप हो जाता है। इसी से काल उसका स्पर्श भी नहीं कर सकता।

जीव ब्रह्म की एकता सम्बन्धी अनेक पंक्तियाँ श्री गुरुग्रन्थ साहिब में पायी जाती हैं। यथा—

सागर महि बूंद बूंद महि सागरु कवणु बुझै विधि जाणै।

रामकली, महला 1, पृष्ठ 878

आतम महि रामु राम महि आतम चीनसि गुर वीचारा।।

भैरउ, महला 1, पृष्ठ 1153

एक जोति दुइ मूरती धन पिरु कहीऐ सोइ।।3।।

सूही की वार, महला 3, पृष्ठ 788

ब्रहम महि जनु, जन महि पारब्रहमु।
एकहि आपि नहीं कछु भरम।।3।।18।।

गउड़ी सुखमनी, महला 5, पृष्ठ 287

सृष्टि और ब्रह्म की एकता : ब्रह्म और सृष्टि की एकता के सम्बन्ध में भी इसी प्रकार की अनेक बातें कही गयी हैं। एक स्थान पर तो गुरु नानक देव ने कहा है कि परमात्मा ने स्वयं ही अपने को सृष्टि रूप में निर्मित किया है। वही अनेक नामों और रूपों में अपने को निर्मित किये हुए है—

आपीन्है आपु साजिओ आपीन्है रचिओ नाउ।।

आसा की वार, महला 1, पृष्ठ 463

गुरु अर्जुन देव ने भी एक स्थल पर कहा है कि परमात्मा ने स्वयं अपने को सृष्टि के रूप में बनाया है। वही माँ और वही बाप है। सृष्टि की स्थूल से स्थूल और सूक्ष्म से सूक्ष्म वस्तुएँ वही हैं। इस प्रकार उसकी लीला अनन्त है, वह देखी नहीं जा सकती—

आपनि आपु आपहि उपाइओ।
आपहि बाप आप ही माइओ।।
आपहि सूखम आपहि असथूला।
लखी न जाई नानक लीला।

गउड़ी, बावन अखरी, महला 5, पृष्ठ 250

इसी प्रकार की और भी उक्तियाँ प्राप्त होती हैं—

सभ किछु आपे आपि है दूजा अवरु न कोई।।4।।30।।63।।

सिरी रागु, महला 3, पृष्ठ 250

सृष्टि के जितने भी पदार्थ हैं, वे सब परमात्मा ही हैं।
जो दीसै सो सगल तूं है पसरिआ पासारु।।4।।25।।95।।

सिरी रागु, महला 5, पृष्ठ 51

चौथे गुरु श्री रामदास जी ने अपनी अनुभूति इस प्रकार व्यक्त की है, ''परमात्मा स्वयं ही चारों प्रकार के जीव बना है, अर्थात् वही अण्डज है, वही जरायुज है, वही स्वेदज है और वही उद्भिज है। इतना ही नहीं, बल्कि सारे खण्ड, ब्रह्माण्ड और लोक वही है।''—

आपे अंडज जरज सेतज उतभुज आपे खंड आपे सभ लोइ।।1।।2।।

सोरठि, महला 4, पृष्ठ 604-5

अतः उपर्युक्त उदाहरणों से सिद्ध होता है कि सृष्टि और परमात्मा के बीच गुरुओं ने एकता प्रतिपादित की है।

सोऽहं और तत्वमसि की शब्दावली भी मिलती है : इसमें सन्देह नहीं कि सिक्ख गुरु शत-प्रतिशत भक्त हैं। उन्होंने अपने तथा परमात्मा के बीच सोऽहं आदि की शब्दावली का प्रयोग बिल्कुल ही नहीं किया है और उन्हें यह अभीष्ट भी नहीं था। परन्तु श्री गुरुग्रन्थ साहिब जी में एकाध स्थल पर ऐसे शब्द प्राप्त होते हैं, जिनमें सोऽहं आदि के शब्द मिलते हैं। गुरु नानक देव कहते हैं।—

ततु निरंजनु जोति सोहं भेदु न कोई जीउ।
अपरंपर पारब्रहमु परमेसरु नानक गुर मिलिआ सोई जीउ[1] ।।5।।11।।

अर्थात् ''निरंजन का तत्त्व और उसकी ज्योति सब में रमी हुई है। उसमें और मुझमें (अहं) कोई अन्तर नहीं है। गुरु के मिलने (और उसके उपदेश से) परब्रह्म, परमेश्वर का साक्षात्कार हो गया।

एक स्थान पर गुरु नानक देव ने सोऽहं जप का स्पष्ट निर्देश किया है। उद्धरण में पूरा 'शब्द' दिया जा रहा है।

हउमै करी तां तू नाहीं तू होवहि हउ नाहि।
बूझहु गिआनी बूझणा एह अकथ कथा मन माहि।।
बिनु गुर तत न पाईए अलखु बसै सभ माहि।।
सतिगुरु मिलै त जाणीऐ जा सबदु बसै मन माहि।।
आपु गइआ भ्रम भउ गइआ जनम मरन दुख जाहि।।
गुरमति अलख लखाईऐ ऊतम मति तराहि।।
नानक सोहं 'हंसा जपु जापहु त्रिभवण तिसै समाहि[2] ।।1।।

अन्तिम पंक्ति का भाव यही प्रतीत होता है, ''नानक कहते हैं कि (ऐ हंसा) जीवात्मा सोऽहं का जप करो जिसमें तीनों लोक समाये हैं।''

---

1. श्री गुरुग्रन्थ साहिब, सोरठि, महला 3, पृष्ठ 599
2. श्री गुरुग्रन्थ साहिब, मारू की वार, महला 1, 1092-93

उपर्युक्त उद्धरणों से कम-से-कम यह अवश्य सिद्ध हो जाता है कि गुरुओं ने सोऽहं जप का विरोध नहीं किया है। 'तत्वमसि' वेदान्त का महावाक्य है। यह शब्द अपने वास्तविक रूप में भी गुरुग्रन्थ साहिब में मुझे देखने को नहीं मिला, परन्तु उसके समकक्षभाव की पंक्तियाँ एकाध स्थल पर अवश्य प्राप्त हुई हैं—

नानक ततु तत सिउ मिलिआ पुनरपि जनमि न आहि[1]।।4।।1।।15।।35।।

शंकराचार्य जी ने भक्ति पर भी बल दिया है : शेरसिंह जी ने अपने चौथे तर्क में कहा है कि शंकराचार्य जी ने भक्ति के पक्ष में अपना विचार नहीं प्रकट किया। पर बात ऐसी नहीं है। वे महान् वेदान्ती होते हुए भी उच्चकोटि के भक्त थे। उनके स्तोत्रों में भक्ति की जो अपूर्व मन्दाकिनी प्रवाहित हुई है, वह स्तुत्य है। उन्होंने अपनी 'चर्पट-पंच रका' में स्पष्ट रूप में 'गोविन्द भजन' के लिए उपदेश दिया है—

'भज गोविन्दं भज गोविन्दं गोविन्दं भज मूढमते'

इस प्रकार शेरसिंह जी की चारों दलीलें तर्क की कसौटी पर खरी नहीं उतरतीं। अतएव यह नहीं कहा जा सकता श्री गुरुग्रन्थ साहिब में अद्वैतवाद नहीं है।

शंकराचार्य जी तथा सिक्ख गुरुओं के व्यावहारिक पक्ष में विभिन्नता : शंकराचार्य जी और सिक्ख गुरुओं के अद्वैत सिद्धान्त में कोई अन्तर नहीं है। हाँ, व्यावहारिक पक्ष में दोनों में पर्याप्त विभेद है। शंकराचार्य जी ने निवृत्ति मार्ग का प्रतिपादन किया, किन्तु सिक्ख गुरुओं ने प्रवृत्ति मार्ग का। पर वेदान्त सम्बन्धी अद्वैत ग्रन्थों में यह कहीं नहीं बताया गया है कि प्रवृत्ति मार्ग ज्ञान का बाधक है। वेदान्त में साधन की परिपक्वता के लिए जनक का उदाहरण बहुत अधिक दिया जाता है। जनक प्रवृत्ति मार्गी ही थे। विद्यारण्य स्वामी कृत 'पंचदशी' अद्वैत-परम्परा का बहुत ही मान्य, प्रामाणिक एवं प्रसिद्ध ग्रन्थ है। पंचदशी में निवृत्ति मार्ग और प्रवृत्ति मार्ग को समान बताया गया है।

आरब्धकर्मनानात्वाब्दुद्धानामन्यथाऽन्यथा।
वर्त्तनं तेन शास्त्रार्थे भ्रतिमव्यं न पण्डितैः।।287।।
स्व स्वकर्मानुसारेण वर्त्ततां ते यथा तथा।
अवशिष्टः सर्वबोधः समामुक्तिरिति स्थितिः[2]।।288।।

भावार्थ यह है कि प्रारब्ध कर्म नाना प्रकार के हैं इससे बोधवान् ब्रह्मज्ञानी पुरुष भी अन्यथा बरतते हैं। इस कारण शास्त्र के अर्थ में पण्डित जनों को भ्रम में नहीं पड़ना चाहिए। अपने-अपने प्रारब्ध कर्मों के अनुसार वे चाहे जिस प्रकार आचरण करें, परन्तु 'मैं ब्रह्मस्वरूप हूँ' यह ज्ञान सबको एक है और निष्कलंक व्रत स्वरूप से मुक्ति भी सबको समान है। यह स्थिति जानने योग्य है।

---

1. श्री गुरुग्रन्थ साहिब, गउड़ी वैरागिणि, महला 3, पृष्ठ 162
2. पंचदशी : विद्यारण्य स्वामी, चित्रदीप प्रकरणम् 6, श्लोक 287, 288

इसी प्रकार इसकी पुष्टि के लिए एक और श्लोक दिया जा रहा है—

जनकादे कथं राज्यमिति चेद्दृढ़ बोधतः।
तथा तवापि चेत्तर्क पठ यद्वा कृषि कुरु[1] ।।130।।

भावार्थ यह है कि कदाचित् कोई शंका करे कि तत्त्वज्ञानी जनक आदि ने किस प्रकार राज्य किया, तो इसका उत्तर यह है कि दृढ़ अपरोक्ष ज्ञान का सहारा लेकर उन्होंने राज्य किया। यदि ऐसा अपरोक्ष आपको है, तो चाहे शास्त्र पढ़िये अथवा कृषि कीजिये। जनक आदि के समान, तर्क का पढ़ना अथवा कृषि का करना आपके भी तत्त्व ज्ञान के बाधक न होंगे।

ज्ञान के साधन

विचार सागर इत्यादि वेदान्त ग्रन्थों में ज्ञान के आठ अन्तरंग साधन माने गयेः—1. विवेक, 2. वैराग्य, 3. षट्-सम्पति (शम, दम, श्रद्धा, समाधान, उपराम, और तितिक्षा) 4. मुमुक्षत्व, 5. श्रवण, 6. मनन, 7. निदिध्यासन तथा 8. तत्पद और त्वं पद के अर्थ का शोधन।[2] सिक्ख गुरुओं में ज्ञान के निम्नलिखित साधन प्राप्त होते हैं—

1. विवेक, 2. वैराग्य, 3. श्रद्धा, 4. श्रवण, 5. मनन और निदिध्यासन, 6. अहंकार-त्याग, 7. परमात्मा एवं गुरु की कृपा। सिक्ख गुरुओं ने किसी प्रणाली अथवा परम्परा विरोध का अनुसरण नहीं किया है। उनकी साधना-प्रणाली इस दृष्टि से मौलिक है। अब संक्षेप में इनके ऊपर विचार किया जायेगाः—

1. विवेक : विवेक का तात्पर्य वह ज्ञान है, जिससे सत् असत् वस्तुएँ परखी जायँ। परमात्मा सत्य स्वरूप है सांसारिक विषय सुख अथवा मायिक पदार्थ नश्वर हैं। श्री गुरुग्रन्थ साहिब जी के प्रत्येक पृष्ठ ही नहीं, बल्कि प्रत्येक वाणी में परमात्मा के महान्, शाश्वत, सत्य और आनन्द स्वरूप की व्याख्या की गयी है। श्री गुरुग्रन्थ साहिब जी का मूल मन्त्र इसका सबसे बड़ा प्रमाण है।[3] मायिक पदार्थों की क्षणभंगुरता की व्याख्या इसी अध्याय के वैराग्य शीर्षक के अन्तर्गत की गयी है। श्री गुरुग्रन्थ साहिब में उपर्युक्त बातें इतनी अधिकता से कहीं गयी हैं कि कुछ ही पृष्ठों के अध्ययन के पश्चात् परमात्मा के अविनाशी स्वरूप में श्रद्धालु पाठक की निष्ठा हो जाती है। साथ ही इन्द्रिय-सुख भी असार तथा क्षणभंगुर प्रतीत होने लगता है। परमात्मा के अविनाशी रूप में निष्ठा हो जाती तथा सांसारिक विषयों की क्षणभंगुरता की अनुभूति ही विवेक है। इसी विवेक से साधक क्रियासम्पन्न हो अध्यात्म पथ में आगे बढ़ने का प्रयास करता है।

---

1. पंचदशी, विद्यारण्य स्वामी, तृप्तिदीप प्रकरणम् 7, श्लोक 130
2. विचार सागर, साधु निश्चलदास कृत, पृष्ठ 4 से 7 तक।
3. श्री गुरुग्रन्थ साहिब,—1ओंकार, गुर-प्रसादि, पृष्ठ 1

2. वैराग्य : "ब्रह्मलोक लौं भोग को, यहै सबन को त्याग"[1] अर्थात् ब्रह्मलोक तक के विषयों के भोगों का त्याग वैराग्य है। बिना वैराग्य के परमात्मा में पूर्ण प्रीति नहीं होती है। सिक्ख गुरुओं के अनुसार वैराग्य वह वैराग्य नहीं है, जो गृहस्थी को छोड़कर भिखमंगा बनाना सिखाये। सिक्ख गुरुओं ने ब्राह्य त्याग पर नहीं, बल्कि आन्तरिक त्याग पर बल दिया है।

सिक्ख गुरुओं ने मुमुक्षु के हृदय में सांसारिक भोगों से विरक्ति उत्पन्न करने की चेष्टा की है। इसके लिए पाँचवें गुरु कहते हैं, "मुझे कोई काम, क्रोध, लोभ तथा मान इत्यादि से मुक्ति दिला दे।[2] सभी को संसार रूपी नैहर से परलोक रूपी सासुर जाना है।[3] मूर्ख मनुष्य स्वप्न तुल्य मायिक पदार्थों में अपनी आयु व्यर्थ व्यतीत करते रहते हैं।"[4] इन्द्रियों के भोगों के पीछे पड़कर पतंग, मृग, भृंग, कुंजर और मीन एक-एक विषय के पीछे अपना प्राण गँवा देते है।[5] लाखों स्त्रियों को भोगने में और नव खण्डों के ऊपर राज्य करने में आन्तरिक सुख नहीं प्राप्त होता। उन भोगों को भोगने के पश्चात् भी बार-बार योनि के अन्तर्गत आना पड़ता है[6] विषयों के भोग में किसी को उसी प्रकार तृप्ति नहीं प्राप्त होती, जैसे आग ईंधन से तृप्त नहीं होती।[7]

इसके पश्चात् मुमुक्षु के हृदय में काल की प्रबलता का साकार स्वरूप चित्रित किया गया है, "हे मित्र, इस शरीर का कुछ भी विश्वास नहीं है। इसलिए शुभ कार्यों के आचरण में टाल-मटोल करके विलम्ब नहीं करना चाहिए।[8] इस शरीर के सौन्दर्य पर आकृष्ट होकर लोग नाना भाँति के पाप-कर्म में

---

1. विचारसागर : साधु निश्चलदास जी; पृष्ठ 5
2. श्री गुरुग्रन्थ साहिब, काम, क्रोध, लोभ तथा मान इह बिआधि छोरै।।1।।3।।154।। आसा, महला 5, पृष्ठ 408
3. श्री गुरुग्रन्थ साहिब,—सभना साहुरै वंञणा।।4।।23।।93।। सिरी रागु, महला 5, पृष्ठ 50
4. श्री गुरुग्रन्थ साहिब,—सुपने सेती चितु मूरखि लाइआ। जैतसिरी की वार, महला 5, पृष्ठ 707
5. श्री गुरुग्रन्थ साहिब,—पचै पतगु मृग भृंग कुंजर मीन इक इन्द्री पकरि सधारे।। नटनराइन, महला 4, पृष्ठ 983
6. श्री गुरुग्रन्थ साहिब,—जे लख इसतरीआ भोग करहि नवखंड राजु कमाहि।
बिनु सतगुर सुख न पावही फिरि फिरि जोनी पाहि।।3।।2।।35।। सिरी रागु, महला 3, पृष्ठ 26
7. श्री गुरुग्रन्थ साहिब,—विखिआ महि किनपी तृपति न पाई।
जिउ पावकु ईधनि नहीं धापै...।।2।।6।।
धनासरी, महला 5, पृष्ठ 672
8. श्री गुरुग्रन्थ साहिब,—कहा बिसासा देह का, बिलम न करिहो मीत।।19।। गउड़ी, बावन अक्खरी, महला 5, पृष्ठ 254

प्रवृत्त होते हैं। शरीर को ही सर्वस्व समझकर इसी के सजाने और सँवारने में लगे रहते हैं। गुरुओं ने शरीर में वैराग्य-भावना के आरोप पर बहुत अधिक बल दिया है। गुरु अर्जुन देव कहते हैं, "जिस शरीर के ऊपर तुम बहुत अभिमान करते हो, तुम जानते हो क्या है? यह विष्ठा, अस्थि और रक्त का ढेर है, जो चमड़े से परिवेष्टित है। भला, ऐसी अपवितवस्तु पर क्या गुमान करते हो?[1] दुर्गन्धयुक्त मलपूर्ण इस अपवित्र और अशुद्ध शरीर के भीतर जितनी भी वस्तुएँ दिखायी पड़ती हैं, सब खाक में मिल जाने वाली है।"[2] और आगे चलकर घर के सारे सम्बन्धियों के प्रति वैराग्य भाव प्रदर्शित किया है। गुरु नानक देव ने कहा है कि माता, पिता, सुत-कन्या, पुत्र-कलत्र सभी बंधन स्वरूप है।[3] घर के सारे सम्बन्धी, बहन, भाई, सास, फूफी, नानी, मौसी, देवर, जेठानी, मामे-मामी, माता-पिता आदि पथिक के समान चलनेवाले हैं। इनमें से कोई भी सच्चा सम्बन्ध नहीं निभा सकता। सच्चा सम्बन्ध निभानेवाला एकमात्र परमात्मा है।[4] गुरु अर्जुन भी गुरु नानक देव के स्वर में स्वर मिलाते हुए कहते हैं, कि पुत्र कलत्र आदि सभी माया में बाँधनेवाले हैं और मिथ्या प्रेमी हैं, क्योंकि उनमें से अन्त समय कोई भी खड़ा नहीं होता।[5] जगत् की सारी सम्पत्ति और धन स्वप्नवत् हैं और वसुधा के राज्य और वैभव आदि बालू की भीति की भाँति नश्वर है।[6]

ज्ञान-प्राप्ति में सात्त्विक बंधन बहुत ही बाधक है। इसीलिए पाँचवें गुरु श्री अर्जुन देव ने कहा है कि तट, तीर्थ, देव केदार, मथुरा, काशी, स्मृति, शास्त्र, चारों वेद, षट्-दर्शन, पोथी, पण्डित, गीत, कवित्त, यती, तपस्वी, संन्यासी, सभी काल के वशीभूत हैं। यही हाल मुनियों, योगियों, दिगम्बरों का भी है। सभी

---

1. श्री गुरुग्रन्थ साहिब,—बिसटा असत रकतु परेटे चाम।
   इसु ऊपरि ले राखिओ गुमान।।3।।14।। आसा महला 5, पृष्ठ 374
2. श्री गुरुग्रन्थ साहिब,—दुरगन्ध अपवित्र अपावन भीतरि जो
   दीसै सो छारा।।1।।रहाउ।।11।।
   देव गांधारी, महला 5, पृष्ठ 530
3. श्री गुरुग्रन्थ साहिब, बन्धन मात पिता संसारि।
   बन्धन सुत कंनिआ अरु नारि।।2।।10।।
   आसा, महला 1, पृष्ठ 416
4. श्री गुरुग्रन्थ साहिब, ना भैणा भरजाईआ...।।8।।2।।10।।
   मारू, काफी, महला 1, पृष्ठ 1015
5. श्री गुरुग्रन्थ साहिब, पुत्र कलत्र लोक गृह बनिता माइआ सन बंधेही। अंत की बार को खरा न होसी सभ मिथिआ असनेही।।1।।4।।
   सोरठि, महला 5, पृष्ठ 609
6. श्री गुरुग्रन्थ साहिब, सुपने जिउ धनु पछानु। काहे पर करतु मानु।।
   बारू की भाँति जैसा बसुधा को राजु है।।1।।1।।
   रागु जजावंती, महला 9, पृष्ठ 1352

यमराज के साथ जानेवाले हैं। सारी दृश्यमान् वस्तुएँ नश्वर हैं। स्थिर रहनेवाला केवल परमेश्वर और उसका सेवका है[1]। इसी भाँति पंच तत्व, धरती, आकाश, पाताल, चन्द्रमा तथा सूर्य आदि मरणधर्मा और नश्वर हैं। जब उन्हीं का यह हाल है, तो बादशाहों, शाहों, उमरावों और खानों का क्या पूछना है। वे किस खेत की मूली हैं?[2]

किन्तु गुरुओं की प्रवृत्ति आन्तरिक त्याग की ओर थी। वे ब्राह्य त्याग को पाखण्ड समझते थे। गुरु अमरदास जी का कथन है, "ऐ मेरे मन, तू वैराग्य का स्वांग भरकर किसे प्रदर्शित कर रहा है? तू सच्चे वैराग्य को धारण कर, पाखण्ड को छोड़, क्योंकि अन्तर्यामी परमात्मा सब-कुछ जानता है—

मेरे मन बैरागिआ तू वैरागु कनि किसु दिखावही।

...

करि बैरागु, तूं छोड़ि पाखंडु, सो सहु सभु किछु जाणए।।[3]

3. श्रद्धा : श्री गुरुग्रन्थ साहिब जी में श्रद्धा, विश्वास और भक्ति की जो त्रिवेणी प्रवाहित हुई है, वह बहुत कम ग्रन्थों में पायी जाती है। यह श्रद्धा सन्तों के प्रति, गुरु के प्रति और परमात्मा के प्रति है। कर्म और योग की सारी सिद्धियाँ गुरु-कृपा और परमात्म-कृपा पर ही अवलम्बित हैं। इसकी विवेचना पहले की जा चुकी हैं। विचार की दृष्टि से देखा जाय तो गुरु-कृपा और परमात्म-कृपा में विश्वास रखना श्रद्धा का ही परिणाम है। इसी श्रद्धा के बल पर साधक सभी मार्ग पर सरलतापूर्वक आगे बढ़ सकता है। श्रद्धा ही अध्यात्म-पथ के किसी भी मार्ग का सबसे बड़ा पाथेय है।

'गुरु ईसरु गुरु गोरखु बरमा गुरु पारबती पाई[4]।।'

में अपूर्व श्रद्धा प्रकट हो रही है। श्री गुरुग्रन्थ साहिब जी के 1430 पृष्ठों में से कोई भी ऐसा पृष्ठ नहीं है, जहाँ श्रद्धा की अपूर्व मन्दाकिनी न प्रवाहित हो रही हो।

4. श्रवण : ज्ञान के लिए श्रवण परमावश्यक साधन है। किसी वस्तु की जानकारी के पूर्व उसका श्रवण आवश्यक है। श्रवण की अपूर्व महत्ता है। गुरु नानक देव जी ने "जपुजी" में श्रवण के माहात्म्य का विशद वर्णन किया है।

---

1. श्री गुरुग्रन्थ साहिब, तट तीरथ देव देवालिआ केदारु मथुरा कासी।
   ....
   थिरु पारब्रहमु परमेसरो सेवकु थिरु होसी।।18।।
   मारू की वार, महला 5, पृष्ठ 1100
2. श्री गुरुग्रन्थ साहिब, धरति आकासु पातालु है चंदु सूरु बिनासी।
   बादिसाह साह उमराव खान ढाहि ढेरे जासी।।17।।
   मारू की वार, महला 5, पृष्ठ 1100
3. श्री गुरुग्रन्थ साहिब, छंत धरु 3, पृष्ठ 440
4. श्री गुरुग्रन्थ साहिब, जपुजी, महला 1, पौड़ी 5, पृष्ठ 2

"श्रवण से साधारण मनष्य सिद्ध बन गये। उनके मनोरथों की सिद्धि हो गयी, पीर बन गये, सुर, देवता हो गये, 'नाथ' की पदवी से विभूषित हो गये। श्रवण से ही, अकाल पुरुष के आदेश से धरती और धवल स्थित हैं। द्वीप, (चौदह) लोक, पाताल आदि सब श्रवण के ही बल पर चल रहे हैं। श्रवण से ही मनुष्य काल के बंधनों से मुक्त हो सकता है, क्योंकि उसका सम्बन्ध अकाल पुरुष परमात्मा से जुड़ जाता है। भक्तों के हृदय का विकास तथा उनमें चढ़ती कला का निवास श्रवण के ही कारण है। वे अपने अन्तर्गत परमात्मा का कीर्त्तन सुनते रहते हैं। श्रवण से ही पापों का नाश होता है और सारे दुःखों की निवृत्ति होती है। मल, विक्षेप, विकार और आवरण पाप के परिणाम हैं; वे सब श्रवण से नष्ट हो जाते हैं। पापियों के पापमय मन और बुद्धि के परदे नष्ट हो जाते हैं। उनकी रुचि और प्रवृति पापों में नहीं रह जाती।"[1]

"श्रवण से ही, अन्तर्नाद से ही, ईश्वर, ब्रह्मा और इन्द्र देवता बने हुए हैं। सुनने से ही वह शक्ति प्राप्त हुई कि जिसके द्वारा मन्त्र-रचना करके ऋषिगण अपने मुख से प्रभु की उपासना तथा गुणगान करते हैं। श्रवण से ही योग की मुक्ति प्राप्त होती है, प्रभु में 'लिव' लगती है और शरीर के सारे बाहरी और भीतरी भेद मालूम होते हैं। श्रवण से ही मन्त्रद्रष्टा ऋषियों ने शास्त्रों, स्मृतियों और वेदों की रचना की। गुरु नानक देव का कथन है कि भक्तों का हृदय जो निरन्तर आनन्द का निवास है, वह श्रवण के ही कारण है। श्रवण से ही दुःखों और पापों का नाश होता है।"[2]

"श्रवण से ही सत्त्वगुण और सन्तोष की वृद्धि होती है, जिसके फलस्वरूप ब्रह्मज्ञान की प्राप्ति होती है, अड़सठ तीर्थों का वास्तविक आनन्द प्राप्त होता है और उनके फल की प्राप्ति होती है। श्रवण से ही सारी विद्याओं की प्राप्ति होती हैं। इसी कारण मनुष्य को मान प्राप्त होता है। श्रवण से सहज ध्यान होता है, और प्रभु के नाम में मन लगता है।"[3]

"श्रवण से ही मनुष्यों, देवताओं और परमात्मा के गुण रूपी सरोवर का थाह मिलता है। श्रवण के ही फलस्वरूप मनुष्य शेख, पटि और पातशाह बन जाते हैं। श्रवण से ही ज्ञानान्धों को दिव्य दृष्टि प्राप्त होती है। श्रवण से परमात्मा के असीम स्वरूप का बोध होता है और उसकी अथाह गति हाथ में आ जाती है।"[4]

5. मनन एवं निदिध्यासन : श्रवण के आगे की स्थिति का नाम मनन है। अद्वितीय ब्रह्म का तदाकार भाव से चिन्तन ही मनन है। अनात्माकार वृत्ति की व्यवधान रहित ब्रह्माकार वृत्ति की स्थिति ही निदिध्यासन है।

---

1. श्री गुरुग्रन्थ साहिब, जपुजी, महला 1, पौड़ी 8, पृष्ठ 2
2. श्री गुरुग्रन्थ साहिब, जपुजी, महला 1, पौड़ी 9, पृष्ठ 2-3
3. श्री गुरुग्रन्थ साहिब, जपुजी, महला 1, पौड़ी 10, पृष्ठ 3
4. श्री गुरुग्रन्थ साहिब, जपुजी, महला 1, पौड़ी 11, पृष्ठ 3

सिक्ख गुरुओं ने निदिध्यासन का पृथक् नाम नहीं दिया है। पर मनन की परिपक्वावस्था ही निदिध्यासन का रूप धारण कर लेती हैं। इस प्रकार निदिध्यासन का स्वरूप मनन ही में अन्तर्हित है।

गुरु नानक देव जी कहते हैं कि, "जिस पुरुष ने श्रवण करके भली भाँति मनन कर लिया, उसकी दशा का वर्णन नहीं किया जा सकता। उसके आनन्दमय ज्ञान की स्थिति वर्णनातीत है। जो कोई वर्णन करना चाहेगा, उसे पीछे पछताना पड़ेगा कि मैंने उस दशा का वर्णन करने का प्रयास करके भारी भूल की। मनन सम्बन्धी स्थिति के वर्णन के लिए न पर्याप्त काग़ज है और न उसका कोई लिखनेवाला ही है। वह 'सत्य नाम', 'अकाल पुरुष' ऐसा है, जिसके नाम का श्रवण करके और उस पर मनन करके साधक पूर्ण मननशील हो जाता है। ऐसे मननशील साधक की महिमा महान् है। वह सत्य नाम, नाम-निरंजन, प्रत्येक भाँति की माया से रहित है। इस बात की जो अपने मन में जानता है, वही जान सकता है, दूसरे उसकी महिमा को नहीं जान सकते। वह एकंकार, सत्य नाम, माया से रहित परमात्मा अपने आपके मनन करनेवालों की प्रतिभा में अपने को व्यक्त करता है।"[1]

"मनन द्वारा ही मन और बुद्धि में एकाग्रता आती है, प्रभु की प्रीति में आनन्द उत्पन्न होता है तथा शुद्ध चेतनता की उत्पत्ति होती है। मन और बुद्धि में चौकसी भी इसी के द्वारा उत्पन्न होती है। मन और बुद्धि में दोनों ही ध्यान में केन्द्रित होते हैं और प्रभु की आराधना में निमग्न होते हैं। मनन से ही सारे भुवनों की, सारे लोकों की, सारे खण्ड-ब्रह्माण्डों की स्मृति और चेतना प्राप्त होती है। मनन से साधक अपने मुँह पर माया की चोटें नहीं खाता। मनन से ही यमराज के बंधनों से बचा जा सकता है। यमराज उस मननशील साधक को घसीटकर नहीं ले जाते। ऐसा वह सत्यनाम, नाम-निरंजन है।"[2]

"मनन से मार्ग में कोई रुकावट नहीं नहीं आती। नाम के मनन से ही प्रतिष्ठा और सम्मान के साथ खुलुमखुल्ला प्रभु के दरवाजे पर जाता है, अर्थात् स्वाभिमान के साथ ब्रह्मानुभूति का आनन्द लेता है। मनन से ही साधक को मार्ग की कठिनाई नहीं उठानी पड़ती। सहज भाव से वह अपनी मंजिल, अपने लक्ष्य तक पहुँच जाता है। मनन से ही उसका सम्बन्ध धर्म से हो जाता है, ऐसा धर्म जो आत्म-कल्याणकारी है। साधक मनन के ही बल पर अपने अन्तःकरण में जीवन को व्यतीत करने के लिए आन्तरिक शक्ति और नेतृत्व प्राप्त कर लेता है। यह उस महान् परमेश्वर की महिमा है, जिसके मनन से अपने आप सारे काम होते चलते हैं।"[3]

---

1. गुरुग्रन्थ साहिब, जपुजी, पौड़ी 12, महला 1, पृष्ठ 3
2. गुरुग्रन्थ साहिब, जपुजी, पौड़ी 13, महला 1, पृष्ठ 3
3. गुरुग्रन्थ साहिब, जपुजी, पौड़ी 14, महला 1, पृष्ठ 3

"नाम के मनन से ही मोक्ष का द्वार प्राप्त होता है। मननशील पुरुष परिवार तथा कुटुम्ब को आधारयुक्त बना लेता है। वह अपने समस्त सिक्खों को तारता है। गुरु नानक देव का कथन है कि मननशील साधक को भिक्षु बनकर दर-दर की ठोकरें नहीं खानी पड़तीं। ऐसा वह सर्व निरंजन, नाम-निरंजन, शब्द-निरंजन, अकुल निरंजन, अलख निरंजन है, जिसके नाम के मनन और निदिध्यासन करने से उपर्युक्त कही हुई वस्तुएँ प्राप्त होती हैं[1]।"

सारांश यह है कि मनन परमात्मा के अपरोक्ष ज्ञान का प्रबल साधन है।

6. अहंकार-त्याग : अलख परमात्मा का अन्तः करण के ही अन्तर्गत निवास हैं। परन्तु उस परमात्मा का दर्शन नहीं हो पाता, क्योंकि जीवात्मा और परमात्मा के बीच अहंकार का पर्दा पड़ा हुआ है। इस प्रकार माया-मोह में सारा जगत् सो रहा है। भला बताइए, इस भ्रम की निवृत्ति किस प्रकार हो? बड़े आश्चर्य की बात है कि जीवात्मा और परमात्मा एक ही साथ, एक ही गृह में निवास करते हैं, परन्तु फिर भी दोनों मिलकर बातें नहीं करते। कारण यह कि अहंकार का पर्दा पड़ा हुआ है—

अंतरि अलखु, न जाई लखिआ विचि पड़दा हउमै पाई।
माइआ मोहि सभो जगु सोइआ, इहु भरमु कहहु किउ जाई।।1।।
एका संगति इकतु गृहि बसते मिलि बात न करते भाई[2] ।।2।।122।।

कामादिक पर्दे के कारण ब्रह्म और जीव में पृथक्त्व है। उनके नष्ट हो जाने से उन दोनों में अभेदता स्थापित हो जाती है। गुरु अर्जुन देव का कथन है—

ओइ जु बीच हम तुम कछु होते तिन की बात बिलानी।
अलंकार मिलि थैली होई है ताते कनिक बखानी[3] ।।3।।5।।

अर्थात् काम, क्रोध, मोह, लोभ और अहंकार जो हम और तुम के बीच भेद के कारण बने थे, उनकी बातें नष्ट हो गयीं। सारे सोने के अलंकार गलकर सोने की डली बन गये तो उनमें और सुवर्ण में कोई अन्तर नहीं रह गया। सारे-के-सारे आभूषण अपने नाम और रूप को नष्ट कर सोने के साथ मिलकर उससे एक हो गये। उन आभूषणों के पृथक् नाम और रूप की संज्ञा जाती रही और सुवर्ण-स्वरूप हो गये। इस प्रकार अनेक जीवात्मा उपाधि भेद के घटाकाश की भाँति पृथक्-पृथक् दिखायी पड़ रहे हैं। पर उन जीवात्माओं में परम ब्रह्म परमेश्वर की ज्योति उसी प्रकार रमी हुई है, जिस प्रकार महाकाश अनेक घटाकाशों में रम रहा है। अहंकार के विलय करने पर जीवात्मा परमात्मा के साथ मिलकर उसी भाँति

---

1. गुरुग्रन्थ साहिब, जपुजी, पौड़ी 15, महला 1, पृष्ठ 3
2. श्री गुरुग्रन्थ साहिब, रागु गउड़ी पूरबी, महला 5, पृष्ठ 205
3. श्री गुरुग्रन्थ साहिब, धनासरी, महला 5, पृष्ठ 672

एक हो जाता है, जैसे घटों के नष्ट होने से समस्त घटाकाश महाकाश से मिलकर एक हो जाते हैं।

सारांश यह है कि अहंकार के नष्ट हो जाने से जीव आत्म-स्वरूप परमात्मा ही हो जाता है—

आपु गइआ ता आपहि भए।

अहंकार का विस्तृत विवेचन पीछे 'अहंकार' नामक अध्याय में किया गया है।

7. गुरु-कृपा एवं परमात्म-कृपा : सिक्ख गुरु ज्ञान के सभी साधनों में गुरु-कृपा एवं परमात्म-कृपा को सर्वोपरि श्रेष्ठ साधन मानते हैं। सभी साधक अवगुणों को नष्ट करने का प्रयास करते हैं, परन्तु बिना गुरु-कृपा से दुर्बुद्धि का शमन नहीं होता। गुरु की महती अनुकम्पा से आन्तरिक अवगुणों का नाश होता है, तभी पूर्ण ब्रह्म, परमेश्वर सर्वथा दिखायी पड़ता है। गुरु नानक देव जी का कथन है कि गुरु-कृपा से जब यह अद्वैत बुद्धि और ब्रह्ममयी दृष्टि साधक को प्राप्त होती है, तब वह सत्य स्वरूप परमात्मा में समाहित हो जाता है—

गुर परसादी दुरमति खोई। जहँ देखा तहँ एको सोई।।
कहत नानक ऐसी मति आवै। तां को सचे सचि समावै[1] ।।4।28।।

गुरु के 'सबद' उसी के मन में बसते हैं, जिसके ऊपर परमात्मा की कृपा होती है। प्रभु की कृपा से गुरु का 'सबद' साधक के अन्तःकरण में पहुँचकर उसे यह सद्बुद्धि प्रदान करता है, जिससे अपने आत्मस्वरूप को देखता है। अन्त में आराध्य और आराधक में कोई अन्तर नहीं रह जाता—

सो चेतै जिसु आपि चेताए।
गुर कै सबदि बसै मनि आए।
आपे वेखै आपे बूझै आपै आपु समाइदा[2] ।।9।।7।।21।।

ज्ञान केवल बात करने मात्र से नहीं प्राप्त होता। ज्ञान-कथन सरल नहीं है। ज्ञान-कथन उसी को शोभा देता है, जिसने ज्ञान पर आचरण किया हो। बिना आचरण के सारा मौखिक ज्ञान 'चंचु-ज्ञान' मात्र है। वास्तविक ज्ञान-कथन लोहे के समान कठिन है। ज्ञान-प्राप्ति के सम्बन्ध में मनुष्य की सारी हिकमतें, सारी युक्तियाँ, सारे तर्क, सारे पुरुषार्थ व्यर्थ सिद्ध होते हैं। ज्ञान-प्राप्ति परमात्मा की असीम कृपा से ही सम्भव है—

गिआनु न गलीई ढूढीऐ, कथना करड़ा सारु।
करमि मिलै ना पाईऐ, होर हिकमत हुकमु खुआरु[3] ।।

सारांश यह कि ज्ञान-प्राप्ति गुरु-कृपा और परमात्म-कृपा से सम्भव है।

---

1. श्री गुरुग्रन्थ साहिब, आसा, महला 1, पृष्ठ 357
2. श्री गुरुग्रन्थ साहिब, मारू सोलहे, महला 3, पृष्ठ 1065
3. श्री गुरुग्रन्थ साहिब, आसा की वार, महला 1, पृष्ठ 465

ज्ञानोपलब्धि

उपर्युक्त साधनों में से किसी एक के सम्यक् आचरण से शेष साधनों द्वारा साधक स्वयं सम्पन्न हो जाता है। इन साधनों से ज्ञान की उपलब्धि होती है। यह वह ज्ञान है जिसके जान लेने पर सब-कुछ जान लिया जाता है। जो आत्मा को जानते हैं, वे साक्षात् परमात्मा ही हो जाते हैं। उनमें और परमात्मा में कोई भेद नहीं रह जाता—

जिनी आतम चीनिया परमातमु सोई।

आसा-काफी, महला 1, पृष्ठ 421

जो उस परब्रह्म को जानता है, वह ब्रह्मस्वरूप ही हो जाता है। उसमें और परब्रह्म में कोई अन्तर नहीं रह जाता—

बाबा बहमु जानत ते ब्रह्मा।।39।।

गउड़ी, बावन अक्खरी, महला 5, पृष्ठ 258

मुण्डकोपनिषद् में भी यही बात कही गयी है—

"स यो ह वै तत्परमं ब्रह्म वेद ब्रह्मैव भवति।"[1]

अर्थात् जो कोई भी परब्रह्म को जान लेता है, वह ब्रह्म ही हो जाता है।

ब्रह्मज्ञानी : जो परमात्मा का ज्ञान प्राप्त करता है वही ज्ञानी, ब्रह्मज्ञानी, ब्रह्मज्ञ, तत्त्वज्ञानी, अथवा तत्त्वज्ञ है। जो अहंकार को मारता है, वही वास्तविक ज्ञानी है। इस युग में ब्रह्मज्ञानी कोई विरला ही है। ऐसे ब्रह्मज्ञानी से मिलकर परम शान्ति और सुख की प्राप्ति होती है, जो निरन्तर परमात्मा के ध्यान में अनुरक्त रहता है—

इसु जुग महि को बिरला ब्रहमगिआनी जिहउमै मेटि समाए।
नानक तिसनो मिलिआ सदा सुख पाईए जि अनुदिनु नाम धिआए।[2]

गुरु तेगबहादुर जी ने एक वाणी में ब्रह्मज्ञानी के लक्षणों को इस भाँति बतलाया है—

लोभ मोह माइआ ममता फुनि अउ विखिअन की सेवा।
हरखु सोगु परसै जिह नाहिन, सो मूरति है देवा।।1।।
सुरग नरक अंमृत बिखु ए सम तिउ कंचन अरु पैसा।
उसतति निन्दा ए सम जाकै लोभु मोहु फुनि तैसा।।2।।
दुखु सुखु ए बाधे जिह नाहिन तिह तुम जानहु गिआनी।
नानक मुकति नाहि तुम मानउ इह विधि को जे प्रानी।।[3] *3।।7।।*

भाव यह कि लोभ, मोह, माया, ममता, विषय-रस, हर्ष-शोक जिसे स्पर्श नहीं करते, वह परमात्मा की ही मूर्ति है। स्वर्ग-नरक, अमृत-विष, कंचन-पैसा,

---

1. मुण्डकोपनिषद्, मुण्डक 3, खण्ड 2, मन्त्र 9
2. श्री गुरुग्रन्थ साहिब, गूजरी की वार, सलोक, महला 3, पृष्ठ 512
3. श्री गुरुग्रन्थ साहिब, गउड़ी, महला 9, पृष्ठ 220

स्तुति-निन्दा, लोभ-मोह आदि को जो साक्षी भाव से देखता है अथवा जिसकी बुद्धि इनमें समान भाव से स्थित है, विचलित नहीं होती, यही ब्रह्मज्ञानी है। ज्ञानी का सबसे बड़ा लक्षण यह भी है कि वह दुःख और सुख में सम भाव से स्थित रहता है। उपर्युक्त लक्षणों से युक्त जो पुरुष है, उसे मुक्त ही समझना चाहिए।''

गुरु अर्जुन देव ने गउड़ी सुखमनी में ब्रह्मज्ञानियों के लक्षण विस्तार से दिये हैं—

''ब्रह्मज्ञानी संसार में उसी भाँति निर्लिप्त रहता है, जिस भाँति कमल पानी में निर्लिप्त रहता है। ब्रह्मज्ञानी उसी भाँति निर्दोष रहता है, जिस भाँति सूर्य सभी प्रकार के रसों को ग्रहण करके भी निर्दोष बना रहता है। ब्रह्मज्ञानी की दृष्टि वायु के समान समदर्शिनी होती है। जैसे वायु राजा-रंक को समान रूप से स्पर्श करती है, उसी प्रकार ब्रह्मज्ञानी का व्यवहार अमीर और गरीब के प्रति समान होता है। ब्रह्मज्ञानी पृथ्वी की भाँति धैर्यवान् है। जैसे पृथ्वी को तो कोई खोदता है, और कोई उस पर चन्दन चढ़ाता है, पर वह दोनों को समान भाव से अपने ऊपर धारण करती है। ब्रह्मज्ञानी की भी कोई निन्दा करता है और कोई स्तुति, पर वह ब्रह्मीभूत होने के कारण दोनों स्थितियों में सम बना रहता है वह अपने धैर्य को नहीं खोता। नानक कहते हैं कि ब्रह्मज्ञानी की गुण ग्राहकता अग्नि के समान है। जिस प्रकार आग दूसरे के मलों को जलाकर स्वयं विशुद्ध बनी रहती है, उसी प्रकार ब्रह्मज्ञानी भी दूसरे के पापों को जलाकर विशुद्ध बना रहता है।''

''ब्रह्मज्ञानी जल की भाँति अति पवित्र है। जैसे धरती के ऊपर आकाश सर्वत्र व्यापक है, वैसे ही आत्मिक प्रकाश के कारण ब्रह्मज्ञानी भी व्यापक हो जाता है, क्योंकि उसे सर्वत्र परमात्मा के दर्शन होते हैं। ब्रह्मज्ञानी की दृष्टि में मित्र और शत्रु समान हैं, क्योंकि उसका आन्तरिक अहंकार नष्ट हो गया है। ब्रह्मज्ञानी का ज्ञान अथवा विचार उच्च-से-उच्च है। परन्तु वह व्यवहार में अपने को सबसे नीचा प्रदर्शित करता है। हे नानक, ब्रह्मज्ञानी वही हो सकता है, जिस पर प्रभु की असीम अनुकम्पा हो।''

''ब्रह्मज्ञानी परमब्रह्म परमात्मा मात्र से आशा रखता है। ब्रह्मज्ञानी की ऊँची आत्मिक स्थिति का कभी नाश नहीं होता। ब्रह्मज्ञानी के अन्तर्गत सदैव विनय-भावना बनी रहती है। इसी से वह सदैव दूसरों के उपकार में रत रहता है। ब्रह्मज्ञानी के मन में (माया का) जंजाल नहीं व्याप्त होता, (क्योंकि) वह भटकते मन को वशीभूत करके माया की ओर से रोक सकता है। जो कुछ भी होता है, उसे प्रभु की ओर से होता हुआ जानकर ब्रह्मज्ञानी उसे भला ही समझता है। ब्रह्मज्ञानी का जीवन धन्य एवं कृतकृत्य है। उसकी संगति में सभी सांसारिक प्राणियों का बेड़ा पार हो सकता है। हे नानक, (ब्रह्मज्ञानी द्वारा प्रेरित किये जाने पर) सारा संसार प्रभु के नाम का जप करने लगता है।''

''ब्रह्मज्ञानी के हृदय में अकाल पुरुष परमात्मा मात्र से प्रेम रहता है। इसीलिए परमात्मा ब्रह्मज्ञानी के अंग-अंग में समाया रहता है। परमात्मा का नाम

ही ब्रह्मज्ञानी का सहारा है और वही उसका परिवार है। ब्रह्मज्ञानी विकार से रहित होकर अपने स्वरूप में जागता रहता है। ब्रह्मज्ञानी "मैं मैं" की बुद्धि को त्याग देता है। ब्रह्मज्ञानी के मन में परमात्मा के आनन्द का अपार समुद्र समाया रहता है। ब्रह्मज्ञानी की स्थिति सदैव सहजावस्था में रहती है। हे नानक, (ब्रह्मज्ञानी की ऊँची अवस्था का) कभी नाश नहीं होता।"

"ब्रह्मज्ञानी ही वास्तविक ब्रह्मवेत्ता है इसी से उसका प्रेम एक परमात्मा मात्र से रहता है। ब्रह्मज्ञानी में (के मन में) सदैव निश्चिन्तता बनी रहती है। उसका मन्त्र अथवा उपदेश सदैव पवित्र करनेवाला होता है। ब्रह्मज्ञानी का प्रताप लोक-विधुरत होता है। वही ब्रह्मज्ञानी होता है, जिसे प्रभु स्वयं बनाता है। ब्रह्मज्ञानी का दर्शन बड़े भाग्य से प्राप्त होता है। मैं (गुरु अर्जुन देव) ब्रह्मज्ञानी के ऊपर बलिहारी हो जाता हे। शिव (आदि देव भी) ब्रह्मज्ञानी को ढूँढ़ते फिरते हैं। हे नानक परमेश्वर स्वयं ब्रह्मज्ञानी का स्वरूप है।"

"ब्रह्मज्ञानी के गुणों का मूल्य नहीं आँका जा सकता। सारे गुण उसके अन्तर्गत स्थित हैं। ब्रह्मज्ञानी के (ऊँचे जीवन के) रहस्य को कौन जान सकता है? ब्रह्मज्ञानी के आगे सदैव प्रणाम (आदेसु) करना ही शोभा देता है। ब्रह्मज्ञानी की इतनी बड़ी महिमा है कि उसके आगे अक्षर का भी कथन नहीं हो सकता। ब्रह्मज्ञानी संसार के सभी जीवों का ठाकुर (स्वामी) है। ब्रह्मज्ञानी (के ऊँचे जीवन) का कौन अनुमान लगा सकता है? उसकी गति (उसी के समान अन्य) ब्रह्मज्ञानी ही जान सकता है। ब्रह्मज्ञानी (के गुणों के समुद्र) की कोई सीमा नहीं है। हे नानक, ब्रह्मज्ञानी के चरणों में सदैव पड़े रहो।"

"ब्रह्मज्ञानी ही समस्त सृष्टि का निर्माता है (क्योंकि वह परमात्मा से मिलकर एक हो गया है)। सदैव जीवित रहता है और कभी नहीं मरता। ब्रह्मज्ञानी ही युक्ति की मुक्ति बतानेवाला है। वही ऊँचा जीवन देनेवाला है। वही पूर्ण पुरुष और सबका रचयिता है। ब्रह्मज्ञानी ही अनाथों का नाथ है। उसका हाथ सभी के ऊपर रहता है। सारा दृश्यमान् जगत् ब्रह्मज्ञानी का ही स्वरूप है, क्योंकि उससे पृथक् कुछ भी नहीं है। ब्रह्मज्ञानी ही निरंकार परमात्मा है। ब्रह्मज्ञानी की महिमा (का कथन) कोई अन्य ब्रह्मज्ञानी ही कर सकता है। हे नानक, ब्रह्मज्ञानी सभी जीवों का स्वामी है।"[1]

प्रवृत्ति मार्ग

गुरुओं ने एकाध स्थल पर इसे स्वीकार किया है कि ईश्वरानुभूति के पश्चात् प्रारब्ध कर्मानुसार मनुष्य चाहे गृहद्यथा काम में रहे अथवा विरक्ति वृत्ति में रहे, वह दोनों ही में शोभनीय है—

नानकु नामु वसिआ जिसु अंतरि परवाणु गिरसत उदासा जीउ[2] ।।4।।40।।47।।

---

1. श्री गुरुग्रन्थ साहिब, गउड़ी सुखमनी 8, महला 5, पृष्ठ 272-74
2. श्री गुरुग्रन्थ साहिब, माझ, महला 5, पृष्ठ 108

अर्थात् जिसके मन में परमात्मा का निवास है, वह व्यक्ति चाहे गृहस्थावस्था में रहे, चाहे विरक्तिप्रधान जीवन व्यतीत करे, वह दोनों ही में श्रेष्ठ है।

सिक्ख गुरुओं ने गृहत्याग पर कभी बल नहीं दिया, बल्कि उन्होंने स्वयं अपनी रहनी से तथा अपनी वाणी से गृहस्थी में रहने की प्रेरणा दी। प्रवृत्ति मार्ग ज्ञानमार्ग का विरोधी नहीं है।

गुरु नानक देव ने कहा है कि गृहस्थ धर्म सर्वश्रेष्ठ धर्म है। नाम, दान तथा स्नान पर श्रद्धा भाव से आरूढ़ रहने पर ईश्वर की भक्ति अवश्य जगती है—

इकि गिरही सेवक साधिका गुरमती लागे।
नामु दानु इसमानु दृढ़ करि भगति सु जागे[1] ।।7।।14।।

चौथे गुरु रामदास जी का कथन है कि गृहस्थी त्याग से तथा वनवासी बनने से ही मन स्थिर नहीं हो जाता।—

तजै गिरसतु भइआ वनवासी इकु खिनु मनूआ टिकै न टिकईआ[2] ।।
।।2।।4।।7।।

वास्तव में सुख न गृहस्थी में है, न विरक्ति में। दोनों के ऊपर जो अपनी वृत्ति रखता है, अर्थात् जो दोनों आश्रमों का समान रूप से द्रष्टा है और परमात्मा में अनुरक्त है, वही सुखी है—

जिसु गृहि बहुतु तिसै गृहि चिंता।
जिसु गृहि थोरी सो फिरै भ्रमंता।।
दुहू विपसथा ते जो मुकता सोई सुहेला भालीऐ[3] ।।1।।1।।7।।

जब दोनों ही मार्ग में झंझटें हैं, तो मनुष्य जिस आश्रम में है, स्वाभाविक रीति से स्वाभाविक रूप से उसी आश्रम में रहकर उसे ईश्वरप्राप्ति अथवा ज्ञानोपलब्धि का प्रयास करना चाहिए। इसलिए गुरुओं ने गृहत्याग पर बल नहीं दिया, बल्कि गृह में रहने की प्रवृत्ति को उत्तम बतलाया है। गुरुओं के अनुसार साधक गृह में रहता हुआ भी सारे कर्त्तव्यों को करे साथ ही भगवत्-चिन्तन में निमग्न रहकर संसार में कमल की भाँति अलिप्त रहे। इस प्रकार गृहस्थी में रहता हुआ उदासी अथवा संन्यासी बन जाय। कहना न होगा कि गुरुओं का यह सिद्धान्त, श्रीमद्भगवद्गीता के सिद्धान्तों के सर्वथा अनुकूल है। गुरुवाणी द्वारा इस कथन की पुष्टि की जा रही है—

विचे गृह सदा रहे उदासी जिउ कमल रहे विचि पाणी हे।10।।2।।

मारू सोलहे, महला 4, पृष्ठ 1070

---

1. श्री गुरुग्रन्थ साहिब, आसा काफी, महला 1, पृष्ठ 419
2. श्री गुरुग्रन्थ साहिब, विलावलु, महला 4, पृष्ठ 835
3. श्री गुरुग्रन्थ साहिब, मारू, महला 5, पृष्ठ 1019

मन रे गृह ही माहि उदासु।
सचु संजमु करणी सो करे गुरमुखि होइ परगासु।।1।।रहाउ।।2।।

35।। सिरी रागु, महला 3, पृष्ठ 26

भगत जना कउ सरधा आपि हरि लाई।
विचे गृसत उदास रहाई।।

गूजरी, महला 4, पृष्ठ 494

परन्तु यह वृत्ति परमात्मा एवं गुरु-कृपा से ही प्राप्त होती हैं।

सहज सुभाइ भए किरपाला तिसु जन की काटी फास।
कहु नानक गुरु पूरिआ भेटिआ परवाणु गिरसत उदास।।4।।4।।5।।

गूजरी, महला 5, पृष्ठ 496

उपर्युक्त विवेचन से यह भली भाँति सिद्ध हो जाता है कि गुरुओं के अनुसार प्रवृत्ति-मार्ग ज्ञान-मार्ग का विरोधी नहीं है, बल्कि उसका सबसे बड़ा सहायक है।

हरि-प्राप्ति-पथ

(ई) भक्ति-मार्ग

भक्ति की प्राचीनता—ईश, मुण्डक, श्वेताश्वतर, नारायण आदि प्राचीन उपनिषदों में शान्तिपर्व, श्रीमद्गवद्गीता आदि महाभारत के अंशों में, श्रीमद्भागवत (विशेषकर एकादश स्कन्ध) आदि पुराणों में, नारद पंचरात्र आदि आगम ग्रन्थों में, भक्ति-दर्शन आदि सूत्र-ग्रन्थों में तथा अनेकानेक अन्य 'आगम निगम पुराण' की शाखा-प्रशाखाओं में भक्ति के सिद्धान्त भरे पड़े हैं।[1] इस प्रकार का साधन हमारे देश में बहुत प्राचीन समय से प्रचलित है और इसी को उपासना या भक्ति कहते हैं।

भक्ति का लक्षण शाण्डिल्य-सूत्र (2) में इस प्रकार दिया गया है—"सा परानुरक्तिरीश्वरे" अर्थात् ईश्वर के प्रति निरतिशय प्रेम को ही भक्ति कहते हैं।

देवर्षि नारद ने भक्ति-सूत्र के अन्तर्गत भक्ति के निम्नलिखित भेद गिनाये हैं—

गुणमाहात्म्यासक्ति रूपासक्ति पूजासक्ति स्मरणासक्ति दास्यासक्ति सख्यासक्ति कान्तासक्ति वात्सल्यासक्ति आत्मनिवेदनासक्ति तन्मयासक्ति परमविरहासक्ति।[2]

इस प्रकार देवर्षि नारद के अनुसार भक्ति के उपर्युक्त ग्यारह भेद हैं। किन्तु यह भक्ति भागवत पुराण के अनुसार नौ प्रकार की हैं—

श्रवणं कीर्त्तनं विष्णोः स्मरणं पादसेवनम्।
अर्चनं वन्दनं दास्यं सख्यमात्मनिवेदनम्।।[3]

माध्व सिद्धान्त के अन्तर्गत भी उपर्युक्त नवधा भक्ति को माना गया है। नारद पंचरात्र शाण्डिल्य सूत्र तथा भक्ति तरंगिणी आदि ग्रन्थों में भी नवधा भक्ति की ही विवेचना प्राप्त होती है।

मोटे रूप से भक्ति के दो प्रधान विभेद किये जा सकते हैं—(1) वैधी भक्ति, (2) रागात्मिका भक्ति अथवा प्रेमा भक्ति।

वैधी भक्ति अनेक विधि-विधानों से युक्त होती है। इसमें विधि-विधानों की इतनी अधिक जटिलता भरी है कि साधक निर्दोष वैधी भक्ति कभी करने में समर्थ

---

1. तुलसी दर्शन (भारतीय भक्ति मार्ग), बलदेव प्रसाद मिश्र, पृष्ठ 59
2. भक्ति-सूत्र, देवर्षि नारद, सूत्र 82
3. श्रीमद्भागवद्, स्कन्ध 7, अध्याय 5, श्लोक 23

ही नहीं हो सकता। यही कारण है कि यह भक्ति सिद्धि रूप न मानी जाकर साध्य रूप मानी गयी है। वैधी भक्ति का सच्चा उद्‌देश्य रागात्मिका भक्ति को उद्‌दीप्त करना है। अतः परमेश्वर में निरतिशय और निर्हेतुक प्रेम ही रागात्मिका अथवा प्रेमा भक्ति है। तीव्र श्रद्धालु साधकों के लिए ही रागात्मिका अथवा प्रेमा भक्ति है। श्रद्धालु साधक बाह्याडम्बरों और विधि-विधान के नियमों से परे हो जाता है।

सिक्ख गुरुओं द्वारा निरूपित भक्ति-मार्ग—भक्ति की अबाध मन्दाकिनी सिक्ख गुरुओं के प्रत्येक पद में प्रवाहित हुई है। गुरुओं द्वारा निरूपित सभी पथ—कर्ममार्ग, योगमार्ग और ज्ञानमार्ग भक्ति की धारा से सिञ्चित हैं। बिना परमात्मा की रागात्मिका भक्ति के कर्म पाखण्डपूर्ण और आडम्बरयुक्त हैं, ज्ञान 'चञ्चु-ज्ञान' मात्र है और योग शरीर का व्यायाम मात्र है। परमात्मा की प्रेमाभक्ति ही कर्मयोग को निष्काम कर्मयोग बनाती है, ज्ञान को ब्रह्मज्ञान का रूप देती है और योग को सहज योग में परिणत करती है। इसीलिए गुरुओं के अनुसार किसी भी मार्ग की साधना बिना भक्ति के निष्प्राण और निस्तत्त्व है।

परमात्मा की प्रेमा भक्ति ही किसी भी साधन की पूर्णता प्रदान करती है। बिना प्रेमा भक्ति के सभी साधन अपूर्ण और अधूरे हैं। सिक्ख गुरुओं का समस्त जीवन प्रेमा भक्ति से ओत-प्रोत है। उनका आचार-विचार, रहन-सहन, उठना-बैठना, हर्ष-विषाद, सुख-दुःख, यहाँ तक कि उनके जीवन के समस्त-क्रिया-कलाप भक्ति के दिव्य रंग में रँगे हैं।

वैधी भक्ति का खण्डन—गुरुओं ने रागात्मिका भक्ति को माना है और वैधी भक्ति का खण्डन किया हैं। उन्होंने वैधी भक्ति के समस्त विधि-विधानों—तिलक, माला, आसन, पादुका, प्रतिमा-पूजन, पंचामृत, वस्त्र, यज्ञोपवीत, पुष्प, चन्दन, नैवेद्य, ताम्बूल, धूप, दीप आदि की निस्सारता स्थान-स्थान पर प्रदर्शित की है—

पड़ि पुसतक संधिआ बादं। सिल पूजसि बगुल समाधं।।
मुखि झूठ विभूखण सारं। त्रैपाल तिहाल विचारं।।
गलि माला तिलकु ललाटं। दुइ धोती वसत्र कपाटं।।
जे जाणसि ब्रह्मं करमं। सभि फोकट निसचउ करमं।।[1]

उन्होंने वैधी भक्ति के बाह्य आचारों को 'पाखण्डपूर्ण भक्ति' के नाम से सम्बोधित किया है। उनका मत है कि पाखण्डों से स्वप्न में भी भक्ति की प्राप्ति नहीं होती—

पाखंडि भगति न होवई पारब्रह्मु न पाइआ जाइ।।[2]

---

1. श्री गुरुग्रन्थ साहिब, आसा की वार, महला 1, पृष्ठ 470
2. श्री गुरुग्रन्थ साहिब, विलावलु की बार, महला 3, पृष्ठ 849

गुरुओं के अनुसार वैधी भक्ति की सारी क्रियाएँ हउमै (अहंकार) में हुआ करती हैं। अहंकार में ही सारे लोग भक्ति करते हैं। परन्तु इन बाह्य क्रियाओं से मन में वास्तविक प्रेम की अनुभूति नहीं होती है। जब तक वास्तविक प्रेम अन्तःकरण में नहीं उत्पन्न होता, तब तक आनन्द की प्राप्ति भी नहीं होती। बहुत-से भक्त वैधी भक्ति की साधना करते अवश्य हैं, किन्तु उनका अहंभाव नष्ट नहीं होता। वे अनेक बार कथन करके अपने को भक्तों की श्रेणी में बिठाना चाहते हैं। पर भला कभी इस प्रकार भक्ति की जाती है? कथनीवाली भक्ति आडम्बरपूर्ण और पाखण्डयुक्त है। ऐसी भक्ति व्यर्थ है और इससे सारा जन्म नष्ट हो जाता है—

हउमै भगति करै सभु कोइ।
ना मनु भीजै ना सुखु होइ।।
कहि कहि कहणु आपु जाणाए।
बिरथी भगति सभु जनम गवाए।।6।।1।।3।।[1]

कथनवाली भक्ति दो कौड़ी की है। इससे परमात्मा के 'हुकुम' समझने की शक्ति नहीं प्राप्त होती। वास्तविक भक्ति का रहस्य तो इसी में है कि परमात्मा की आज्ञा शिरोधार्य करे। जो परमात्मा की आज्ञा शिरोधार्य करता है, वही सच्चा भक्त है। सच्ची भक्ति करने का वही अधिकारी है। अन्य लोग जो भक्ति का दम्भ भरते हैं, वे अधमों में अधम हैं—

कथनी बदनी करता फिरै हुकमु न बूझै सचु।
नानक हरि का भाणा मंने सो भगतु होइ, विणु मंने कच निकचु।।[2]

रागात्मिका भक्ति अथवा प्रेमा भक्ति—सारे अहंभाव को मिटाकर अत्यन्त विनयी बनकर, एकनिष्ठ भाव से परमात्मा का चिन्तन ही प्रेमा भक्ति है। गुरु अर्जुन देव ने इसका निम्नलिखित ढंग से चित्रण किया है—

पहिला मरणु कबूलि, जीवण की छड़ि आस।
होहु सभना की रेणुका, तउ आउ हमारै पासि।।[3]

परमात्मा के विषय में निरन्तर पढ़ना, लिखना, जपना और उन्हीं का अहर्निश गुणगान करना ही प्रेमा भक्ति है। मन, वचन और हृदय में परमात्मा को बसा लेना प्रेमा भक्ति का सबसे बड़ा लक्षण है। तैलधारावत प्रेम से परमात्मा द्रवीभूत होता है। उन्हीं के द्रवीभूत होने से अत्यन्त आसानी से संसार-सागर तरा जा सकता है—

हरि पड़ु हरि लिखु हरि जपि हरि गाउ हरि भउजलु पारि उतारी।
मनि वचनि रिदै धिआइ, हरि होइ सन्तुसट इव भणु हरि नामु मुरारी[1] *।।1।।3।।9।।*

---

1. श्री गुरुग्रन्थ साहिब, मलार, महला 3, पृष्ठ 1278
2. श्री गुरुग्रन्थ साहिब, रामकली की वार, महला 3, पृष्ठ 950
3. श्री गुरुग्रन्थ साहिब, मारू की वार, महला 5, पृष्ठ 1102

रागात्मिका अथवा प्रेमा भक्ति वह है, जिसमें एक क्षण के लिए भी परमात्मा का विस्मरण न हो और परमात्मा साधक के हृदय में सदैव के लिए विराजमान हो जायँ—

मेरे मन हरि का नामु धिआइ।
साची भगति ता थीए जा हरि बसै मनि आइ[2] ।।1।। रहाउ ।।22।।55।।

प्रेम किस प्रकार का हो? जिस प्रेम में इतनी तीव्रता और तन्मयता हो कि एक क्षण के लिए भी प्रियतम के विरह में न रहा जा सके, वही प्रेम है और वही सच्ची प्रेमा भक्ति है।

निम्नलिखित उदाहरणों द्वारा भक्ति की प्रगाढ़ता और तन्मयता प्रदर्शित की गयी है।[3]

1. चकोर का चन्द्रमा से प्रेम।
2. मीन का जल से प्रेम।
3. अलि का कमल से प्रेम।
4. चकवी का सूर्य से प्रेम।
5. पत्नी का पति से प्रेम।
6. लोभी का धन से प्रेम।
7. जल का दूध से प्रेम।
8. महान् क्षुधार्त्त का भोजन से प्रेम।
9. माता का पुत्र से प्रेम।
10. पतंग का दीपक से प्रेम।
11. चोर का निर्जन स्थान से प्रेम।
12. हाथी का काम से प्रेम।
13. विषयी मनुष्यों का सांसारिक प्रपंचों से प्रेम।
14. जुआरी का जुए से प्रेम।
15. मृग का नाद से प्रेम।
16. चातक का मेघ से प्रेम।

प्रेमा भक्ति में विरह की तड़पन और मिलन के आनन्द दोनों ही महत्त्वपूर्ण हैं। विरह की तड़पन में तो अनेक संचित पाप नष्ट हो जाते हैं और मिलन के आनन्द में पुण्य नष्ट हो जाते हैं। इस प्रकार साधक पाप-पुण्य दोनों को जलाकर त्रिगुणातीत होकर परमात्मा के साथ शाश्वत क्रीड़ा करता है। गुरुओं ने प्रेमाभक्ति के विरह की तड़पन का हृदयस्पर्शी वर्णन किया है—

---

1. श्री गुरुग्रन्थ साहिब, धनासरी, महला 4, पृष्ठ 669
2. श्री गुरुग्रन्थ साहिब, सिरी रागु, महला 3, पृष्ठ 35
3. श्री गुरुग्रन्थ साहिब, इक निमिख रहनु न जाइ।।...चातृक चाहत मेघ...। आदि रागु बिलावलु, महला 5, पृष्ठ 838

नानक मिलहु कपट दर खोलुह एक घड़ी खटु मास[1] *।।12।।*

गुरु नानक देव का "एक घड़ी खटु मासा।" मीराँबाई के "भई छमासी रैन" की स्मृति दिलाता है।

गुरु नानक देव एक स्थल पर कहते हैं,

बैदु बुलाइआ वैदगी पकड़ि ढंढोले बांह।
भोला बैदु न जाणई करक कलेजे माहि।[2]

मीराँबाई के कलेजे की करक भी भोला वैद्य नहीं जान पाता।

इसी विहरासक्ति में गुरु अर्जुन देव कहते हैं—

खोजत खोजत भई वैरागिनि।
प्रभु दरसन कउ हउ फिरत तिसाई[3] *।।3।।1।।118।।*

गुरु अर्जुन देव के बारहमाहा (मांझ राग) में विरह की तड़पन देखते ही बनती है। प्रीति की प्रगाढ़ता को व्यक्त करने के लिए बारहमासा की कल्पना करके, प्रत्येक मास के तीव्र विरह को व्यक्त किया गया है।[4]

प्रेमा भक्ति की प्रगाढ़ता कलम-दवात के माध्यम से नहीं व्यक्त की जा सकती है। यह प्रेम हृदय में ही लिखा जा सकता है। हृदय का प्रेम कभी नहीं टूटता, अन्य प्रेम तो टूट जाते हैं। गुरु अमरदास जी हृदय के अलौकिक प्रेम का इस भाँति संकेत करते हैं—

कलउ मसाजनी किआ सदाईऐ, हिरदै ही लिखि लेहु।
सदा साहिब कै रंगि रहै, कबहुँ न तूटसि नेह।।[5]

गुरु अमरदास परमात्मा की मदिरा के अमृत-रस में मतवाले होकर कहते हैं कि (सांसारिक विषय सुख की) कृत्रम मदिरा क्यों पीते हो? परमात्मा की कृपा रूपी मदिरा का पान करो जिससे सद्‌गुरु की प्राप्ति हो—

झूठा मदु मूलि न पीचई जेका पारि पसाइ।
नानक नदरी सचु मदु पाइऐ सतिगुर मिलै जिसु आइ।।[6]

इसी प्रेमाभक्ति में आत्मविभोर होकर गुरु अर्जुन देव ऐसे नेत्र चाहते हैं जिनसे अहर्निश परमात्मा का दर्शन हो। वे लाख जिह्वाओं की कामना इसलिए करते हैं, ताकि उनसे परमात्मा का गुणगान कर सकें। करोड़ कानों की कामना इसलिए करते हैं, ताकि उनसे प्रियतम हरि और अविनाशी राम की कीर्ति सुन सकें, जिसके श्रवण मात्र से मन निर्मल हो जाय और काल की फौसी कट जाय।

---

1. श्री गुरुग्रन्थ साहिब, तुखारी छंत, महला 1, पृष्ठ 1109
2. श्री गुरुग्रन्थ साहिब, वार मलार की, सलोक, महला 1, पृष्ठ 1279
3. श्री गुरुग्रन्थ साहिब, राग गउड़ी पूरबी, महला 5, पृष्ठ 204
4. श्री गुरुग्रन्थ साहिब, बारहमाहा, माझ, महला 5, पृष्ठ 133-136
5. श्री गुरुग्रन्थ साहिब, सिरी रागु की वार, महला 3, पृष्ठ 84
6. श्री गुरुग्रन्थ साहिब, विहागड़े की वार, महला 3, पृष्ठ 554

करोड़ हाथों की याचना इसलिए करते हैं, ताकि उनसे प्रभु की टहल कर सकें। करोड़ चरण इसलिए चाहते हैं, ताकि उनसे प्रभु का मार्ग तय हो। वे परमात्मा से इस प्रकार के मन की याचना करते हैं, जो निरन्तर प्रभु के चरणों में लगा रहे और उनकी शरण को छोड़कर अन्यत्र न जाय।[1]

श्री गुरुग्रन्थ साहिब में प्रेमा भक्ति की तीव्र मार्मिक अनुभूति मात्रा में पायी जाती है। यह अनुभूति ऐसी हृदयस्पर्शिणी है कि तुरन्त हमारे हृदय को स्पन्दित कर देती है।

प्रेमा भक्ति में परमात्मा से साथ विविध सम्बन्ध—प्रेमा भक्ति में गुरुओं का प्रेम सीमित दिशा में प्रवाहित न होकर अनेक दिशाओं में व्यक्त हुआ है। उन्होंने परमात्मा के साथ विविध सम्बन्ध स्थापित किये हैं जिनमें से प्रधान निम्नलिखित हैं—

(1) अपने को पुत्र समझना और परमात्मा को माता-पिता समझना और उसी भाव से उपासना करना।

(2) अपने को सेवक समझकर, परमात्मा की उपासना स्वामी भाव से करना।

(3) अपने को परमात्मा का सखा समझना।

(4) अपने को भिखारी और परमात्मा को दाता समझना।

(5) अपने को पत्नी तथा परमात्मा को पति समझकर आराधना करना।

अब प्रत्येक के सम्बन्ध में अलग-अलग बताया जा रहा है—

माता-पिता और पुत्र का सम्बन्ध—माता-पिता का स्नेह पुत्र के प्रति स्वाभाविक होता है। निकम्मे और नालायक पुत्र के भी माता-पिता देख-रेख करते हैं। परमात्मा अनन्त कृपालु और रक्षक है, वह भक्तों की रक्षा उसी भाँति करता है, जैसे पुत्र की रक्षा मात-पिता करते हैं—

अपने सेवक कउ आपि सहाई।
नित प्रतिपारै बाप जैसे माई[2] *॥1॥13॥*

परमात्मा पिता है। सारे प्राणी उसके बालक हैं। जिस भाँति वह अपने पुत्रों को खेलाता है, उसी भाँति वे खेलते हैं—

तूं पिता सभि बारिक थारे।
जिउ खेलावहि तिउ खेलण हारे[3] *॥4॥1॥10॥*

तथा,

---

1. श्री गुरुग्रन्थ साहिब, करि किरपा मेरे प्रीतम सुआमी नेत्र देखहिं...
दरसु तेरा राम।। सूही, महला 5, पृष्ठ 780-81
2. श्री गुरुग्रन्थ साहिब, गउड़ी, महला 5, पृष्ठ 202
3. श्री गुरुग्रन्थ साहिब, मारू सोलहे, महला 5, पृष्ठ 1081

हम बारिक प्रतिवारे तुमरे तू बड़ा पुरखु पिता मेरा माइआ[1] *।।1।।*

रहाउ।।

गुरु अर्जुन देव कहते हैं, "हरि जी ही हमारी माता है, वे पिता है और वे ही रक्षक हैं। हम उनके बालक हैं। वे निरन्तर हमारी खोज-खबर करते हैं। वे स्वाभाविक रूप से खिलाते-पिलाते रहते हैं। इसमें वे तनिक भी आलस्य नहीं करते। वे अपने भक्त रूपी पुत्रों के अवगुणों की चिन्ता न करके, उन्हें अपने गले से लगाते हैं। हरि हमारे इतने सुखदायी पिता हैं कि उनसे जो कुछ भी माँगा जाता है, सब-कुछ देते हैं। यहाँ तक कि वे अपने पुत्र को योग्य समझकर ज्ञानराशि और नाम-धन भी सौंप देते है।[2]

2. स्वामि-सेवक भाव का सम्बन्ध—गुरुओं की स्वामि-सेवक भाव की भक्ति को 'दास्य-भक्ति' की संज्ञा दी जा सकती है। सच्चा दास वही है, जो निरन्तर स्वामी की सेवा में तन्मय रहे। थोड़ा भी मान, थोड़ा भी आलस्य दास को स्वामी की भक्ति से पराङ्‌मुख कर देता है। सिक्ख-गुरुओं की भक्ति में प्रमाद और आलस्य को रत्ती भर भी गुंजाइश नहीं है। वे तो पहले मरण को कबूल कर, जीवन की सारी आशाओं का त्यागकर और सभी की रेणु बनकर, तब भक्ति-पथ में आते हैं—

पहिला मरणु कबूलि, जीवण की छडि आस।
हाहु सभना की रेणुका, तउ आउ हमारै पासि।।[3]

इसी कारण उनकी भक्ति में मान, अभिमान और प्रमाद तथा आलस्य के लिए स्थान नहीं है।

गुरु नानक देव अपने को परमात्मा का खरीदा हुआ सेवक समझते हैं। इसमें वे अपने को परम भाग्यशाली समझते हैं—

मुल खरीदी लाल गोला मेरा नाउ सभागा[4] *।।1।।6।।*

तथा,

मेरे लालरँगीले हम लालन के लाले[5] *।।1।।5।।*

गुरु रामदास जी कहते हैं, "मैं तो गुलाम हूँ और अपने मालिक द्वारा खुले बाजार में खरीदा गया हूँ। भला ऐसा गुलाम अपने स्वामी से क्या चतुराई कर

---

1. श्री गुरुग्रन्थ साहिब, रागु कलिआन, महला 4, पृष्ठ 1319
2. श्री गुरुग्रन्थ साहिब, हरि जी माता, हरि जी पिता, हरि जीउ प्रतिपालक।

   ....

   गिआन रासि नामु धनु सउपिओन इसु सउदे लाइक।।21।।

   मारू की वार, महला 5, पृष्ठ 1101-1102
3. श्री गुरुग्रन्थ साहिब, मारू की वार, महला 5, पृष्ठ 1102
4. श्री गुरुग्रन्थ साहिब, मारू, महला 1, पृष्ठ 991
5. श्री गुरुग्रन्थ साहिब, तुखारी, महला 1, पृष्ठ 1112

सकता है? यदि राज्य पर बैठा दे, तो भी उसी परमात्मा का गुलाम रहूँगा। यदि वह घसिहारा बना दे, तो भी अपने घसिहारे से अपना नाम जपावेगा! भाव यह है कि मैं संसार की चाहे जिस परिस्थिति में रहूँ—अमीर रहूँ अथवा गरीब रहूँ,—पर रहूँगा प्रभु का गुलाम ही—

लाला हाटि विहाझिआ किआ तिसु चतुराई।
जे राजि बहाले ता हरि गुलाम घासी कउ हरि नामु कढाई।।
जनु नानक हरि का दासु है, हरि की वडिआई[1] *।।4।।2।।8।।46।।*

गुरु अर्जुन देव एक स्थल पर अपनी आन्तरिक भावना इस भाँति व्यक्त करते हैं—

हम दासे तुम ठाकुर मेरे।
मानु महतु नानक प्रभ तेरे[2] *।।4।।40।।109।।*

3. सखाभाव—सखा भाव की भक्ति भारतीय भक्ति-परम्परा की प्रधान शाखाओं में से एक है। अर्जुन और उद्धव इस कोटि के भक्तों में उल्लेखनीय हैं। गुरुओं ने परमात्मा को सखा के रूप में चित्रित किया है। सखा अपने जीवन के सारे रहस्यों को अपने सखा के प्रति व्यक्त कर देता है, यही सखा-भक्ति की सबसे बड़ी विशेषता है। सहायता पहुँचाने की दृष्टि से भी सखा का सबसे बड़ा महत्त्व है। संसार में सबसे बड़ा सहायक मित्र ही होता है। श्री गुरुग्रन्थ साहिब में सखा भाव की भक्ति भी मिलती है—

गुरु अर्जुन देव जी का विचार है कि परमात्मा को ही अपना मित्र और सखा बनाना चाहिए—

साजनु मीतु सखा करि एकु।
हरि हरि अखर मन महि सुखु[3] *।।3।।62।।131।।*
वे तन्मयावस्था में इस प्रकार कहते हैं—
तूं मेरा सखा तूं ही मेरा मीतु।
तूं मेरा प्रीतम तुम संगि हीतु।।
तूं मेरी पति तूं है मेरा गहणा।
तुझ बिनु निमखु न जाई रहणा।[4] *।।1।।18।।87।।*

गुरु नानक देव ने बतलाया है कि परमात्मा के समान मेरा कोई मित्र नहीं है—

हरि सा मीतु नाही मैं कोई[5] *।।1।।2।।8।।*

---

1. श्री गुरुग्रन्थ साहिब, गउड़ी बैरागिणि, महला 4, पृष्ठ 166
2. श्री गुरुग्रन्थ साहिब, गउड़ी, महला 5, पृष्ठ 188
3. श्री गुरुग्रन्थ साहिब, गउड़ी, महला 5, पृष्ठ 192
4. श्री गुरुग्रन्थ साहिब, गउड़ी गुआरेरी, महला 1, पृष्ठ 181
5. श्री गुरुग्रन्थ साहिब, मारू सोलहे, महला 1, पृष्ठ 1027

4. दाता-भिखारी का सम्बन्ध—भक्त अपने को अत्यन्त दीन भिखारी समझकर, परब्रह्म परमात्मा से याचना करता है। वह ऐसा बड़ा दाता है कि सभी को देता रहता है। गुरु अमरदास जी अपनी दीनता इस भाँति प्रदर्शित करते हैं, "दे परमात्मा मैं तेरा भिक्षुक, भिखारी हूँ। तू ही मेरा स्वामी है, तू ही मेरा दाता है। तुझसे अन्य भिज्ञा नहीं चाहता हूँ, तू कृपालु होकर मुझे नाम की भीख दे, जिससे तेरे रंग में सदैव रँगा रहूँ।"—

हम भीखक भेखारी तेरे तूं निज पति है दाता।

होहु दैआल नामु देहु, मंगत, जन कउ, सदा रहउ रंगि राता[1] ।।1।।9।।

एक स्थल पर गुरु अर्जुन देव कहते हैं—

"हे प्रभु तुम्हीं मेरे दाता हो, तुम्हीं स्वामी हो, तुम्हीं रक्षक हो, तुम्हीं मेरे नायक हो और तुम्हीं हमारे खसम हो।"—

तुम दाते ठाकुर प्रतिपालक नाइक खसम हमारे[2] ।।1।।12।।

जब भक्त अपने को परमात्मा का भिक्षुक समझ लेता है तो उसके अन्तर्गत कोई अभिमान आ ही नहीं सकता।

5. पति-पत्नी का सम्बन्ध—पति-पत्नी के सम्बन्ध में जितनी एकरूपता, तदाकारिता और तन्मयता है, उतनी किसी अन्य सम्बन्ध में नहीं, कान्तासिक्त में द्वैतभाव के लिए कोई गुंजाइश नहीं रह जाती है। दुहागिनी स्त्री वह है, जो अपने पति से पृथक् है। सुहागिनी स्त्री तो वह है जो अपने पति के साथ मिलकर एक हो गयी है।

सिक्ख गुरुओं ने अपनी प्रेमा अथवा रागात्मिका भक्ति को अभिव्यक्त करने के लिए पति-पत्नी के प्रेम का माध्यम चुना है।

एक पद में गुरु नानक देव ने जीवात्मा रूप स्त्री की चार अवस्थाएँ चित्रित की हैं, "पहली अवस्था तो वह है, जिसमें जीवात्मा रूपी स्त्री परमात्मा रूपी पति से अनभिज्ञ रहती है। उसे यह ज्ञात नहीं रहता कि परमात्मा रूपी पति का क्या पता-ठिकाना है? दूसरी अवस्था में उसे यह बोध होता है कि मेरा प्रियतम है और वह एक है। वह (गुरु की अलौकिक कृपा से ही) मिल सकता है। तीसरी अवस्था वह है, जब ससुराल में पहुँचकर उसे अपने प्रियतम का पूर्ण ज्ञान होता है कि यही मेरा प्रियतम है। गुरु की कृपा होती है, तब कामिनी (जीवात्मा) भी पति (परमात्मा) को अच्छी लगती है। चौथी और अन्तिम अवस्था वह है, जब भय (परमात्मा के भय) और भाव (परमात्मा के प्रेम) का शृंगार करके, वह प्रियतम के पास जाती है। प्रियतम उसके शृंगार पर आकृष्ट होकर, उसे सदैव के

---

1. श्री गुरुग्रन्थ साहिब, रागु धनासिरी, महला 3, पृष्ठ 669
2. श्री गुरुग्रन्थ साहिब, रागु धनासिरी, महला 5, पृष्ठ 674

लिए अपना बना लेता है। और सदैव उसके साथ रमण करता है, अर्थात् जीवात्मा और परमात्मा सदैव के लिए एक हो जाते हैं।''[1]

अनेक आध्यात्मिक रूपकों द्वारा कामिनी के शृंगार और गुण प्रदर्शित किये गये हैं। गुरु नानक देव कहते हैं, ''जो स्त्री निर्मल मन रूपी मोती का आभूषण पहने और श्वास, प्रश्वास द्वारा परमात्मा के जप रूपी तागे में मन रूपी मोती गूँथे, क्षमा को शृंगार बनावे, वही प्रियतम के संग रमण कर सकती है।''—

मनु मोती जे गहणा होवै, पउणु सूत-धारी।
खिमा सींगारु कामणि तन पहिरै, रावै लाल पिआरी[2] ।।1।।1।।35।।

गुरु अर्जुन देव ने एक ऐसी जीवात्मा रूप स्त्री की कल्पना की है जो अनन्य भाव से परमात्मा रूपी पति में अनुरक्त है। वह उनसे मिलने को आतुर है। अन्त में प्रियतम परमात्मा उसके गुणों-अवगुणों की चिन्ता छोड़कर, उसके रूप-रंग और शृंगार की चमक-दमक भूलकर, उसके आचार-व्यवहार की परवाह न करके, उसे अपना लेते हैं—

गुनु अवगुन मेरो कछु न बीचारो।
नह देखिओ रूप रंग सींगारो।।
चज अचार किछु विधि नही जानी।
बांह पकरि प्रिअ सेजै आनी[3] ।।1।।7।।

सुहागिनी स्त्री ही प्रियतम के गले लग सकती है। जो अहंकार में पूर्ण है, वह प्रियतम के महल तक फाटक नहीं पा सकती। ऐसी कर्महीना और मन के अनुसार चलनेवाली स्त्री, प्रियतम को नहीं प्राप्त कर सकती। वह रात व्यतीत हो जाने पर पछताती है—

सा सोहागिणि अंकि समावै।।2।।
गरब गहेली महलु न पावै।
फिरु पछुतावै जब रैणि बिहावै।
करम हीणि मनमुखि दुखु पावै[4] ।।3।।3।।

गुरु अमरदास ने बतलाया है कि निम्नलिखित गुणों से युक्त पत्नी, अपने पति से मिल सकती है—

---

1. श्री गुरुग्रन्थ साहिब, पेवकड़े धन खरी इआणी
 ....
 सद ही सेजै रवै भतारू ।।4।।27।।
 आसा, महला 1, पृष्ठ 357
2. श्री गुरुग्रन्थ साहिब, आसा, महला 1, पृष्ठ 359
3. श्री गुरुग्रन्थ साहिब, आसा, महला 5, पृष्ठ 372
4. श्री गुरुग्रन्थ साहिब,रागु सूही, महला 5, पृष्ठ 737

भउ सीगारु, तबोल रसु, भोजन भाउ करेइ।

तनु मनु सउपै कंअ कउ, तउ नानक भोगु करेइ[1] ।।

अन्त में गुरु अर्जुन देव इस निष्कर्ष पर पहुँचते हैं कि जब पत्नी अपने रँगीले पति (परमात्मा) को पा जाती है, तब फिर उसे कभी दुःख नहीं होता—

जब नानक कंतु रंगीला पाइआ फिरि दुख न लागै आए[2] ।।4।।1।।

निष्कर्ष—इस प्रकार सिक्ख गुरुओं ने परमात्मा के साथ अनेक सम्बन्ध स्थापित किये हैं। मेरी ऐसी धारणा है कि जहाँ रक्षा, पालन करने आदि का भाव है, वहाँ परमात्मा की उपासना माता-पिता, स्वामी, मित्र तथा दाता आदि के रूप में की गयी है, पर जहाँ प्रेम की तीव्रता, तन्मयता, तदाकारिता और एकरूपता की अभिव्यंजना की आवश्यकता पड़ी है, वहाँ पति-पत्नी प्रेम के माध्यम का सहारा लिया गया है।

प्रभु के विस्मरण से बुरी अवस्थाएँ—परमात्मा को विस्मरण करनेवाले मनुष्य अत्यन्त निन्द्य हैं। बिना स्मरण के मनुष्य लम्बी आयुवाले सर्प के सदृश है। बिना स्मरण के मनुष्य के सारे कार्य व्यर्थ हैं और कौवे के समान उनका विषय रूपी विष्ठा में ही वास है। बिना स्मरण के मनुष्य काम के कुत्ते के समान है। स्मरणहीन पुरुष वेश्या के पुत्र की भाँति बिना पिता के है। स्मरण न करनेवाला पुरुष मेढ़े के सींग के समान है। बिना स्मरण के गधे के समान है, बावले कुत्ते के तुल्य है, इतना ही नहीं, बल्कि महान् आत्महत्यारा है।[3]

परमात्मा-विस्मृति भयानक रोग है।[4] हरि के विस्मरण से माया आकर सवार हो जाती है और नाना भाँति के कष्ट देती है।[5] परमात्मा के विस्मरण से जीव दुःखी होकर मरता है, वह अनेक बार योनियों में पड़ता है, पर उसका कोई भी सहायक नहीं होता।[6] अतः बड़े-से-बड़े भोग-प्राप्ति में परमात्मा का विस्मरण नहीं करना चाहिए। इसीलिए गुरु नानक देव ने अपनी कामना प्रकट की मैं चाहे जिस

---

1. श्री गुरुग्रन्थ साहिब, सूही की वार, महला 3, पृष्ठ 788
2. श्री गुरुग्रन्थ साहिब, रागु मलार, महला 5, पृष्ठ 1266
3. श्री गुरुग्रन्थ साहिब, बिनु सिमरन जैसे सरप आरआजारी।।1।।

   ....

   बिनु सिमरन है आतम घाती।।7।।7।। गउड़ी, महला 5, पृष्ठ 239
4. श्री गुरुग्रन्थ साहिब, इकु तिलु पिआरा बीसरै रोगु बड़ा मन माहि।।1।।20

   सिरी रागु, महला 1, पृष्ठ 21
5. श्री गुरुग्रन्थ साहिब, बिसरत भ्रम केते दुख गनीअहि महा मोहनी खाइओ।।

   गूजरी, महला 5, पृष्ठ 501
6. श्री गुरुग्रन्थ साहिब, हरि बिसरत ते दुखि दुखि मरते।

   अनिक बार भ्रमहि बहु जोनी टेक न काहू धरते।।1।।4।।

   रागु मलार, महला 5, पृष्ठ 1267

योनि में पड़ूँ—चाहे हरिणी होऊँ चाहे कोकिला होऊँ, चाहे मछली होऊँ, चाहे सर्पिणी होऊँ—पर मैं परमात्मा को किसी दशा में न भूलूँ।[1]

भक्ति के उपकरण—परमात्मा के विस्मरण से जीव की अनेक दुर्दशाएँ होती हैं। अतएव सिक्ख गुरुओं ने परमात्मा की भक्ति को मनुष्य-जीवन का चरम लक्ष्य बतलाया है; भक्ति से ही मनुष्य का जीवन सार्थक होता है और सारे क्लेशों की निवृत्ति होती है। भक्ति-प्राप्ति सरल नहीं है। परन्तु साधना और विश्वास की प्रबलता से सब-कुछ सम्भव हो सकता है। वैसे तो भक्ति के अनेक उपकरण भी गुरुग्रन्थ साहिब में मिलते हैं, पर जिन उपकरणों के ऊपर गुरुओं की व्यापक दृष्टि पड़ी है, वे निम्नलिखित हैं—

1. सद्गुरु-प्राप्ति और उसकी कृपा तथा उपदेश।
2. नाम।
3. सत्संगति तथा साधु-संग।
4. परमात्मा का भय और उनका 'हुकम'।
5. दृढ़ विश्वास।
7. आत्म-समर्पण भाव।
8. परमात्मा का स्मरण और कीर्त्तन।
9. भगवत्कृपा।

उपर्युक्त उपकरणों में से प्रथम दो—(1) सद्गुरु और (2) नाम की विवेचना तो पृथक्-पृथक् की जायगी। शेष का संक्षिप्त विवरण नीचे दिया जा रहा है—

सत्संगति तथा साधु-संग—सिक्ख गुरुओं ने सत्संगति को आध्यात्मिक उन्नति का आवश्यक अंग माना है। गुरुओं द्वारा निरूपित कर्म-मार्ग, योग-मार्ग तथा ज्ञान-मार्ग में सत्संगति पर अत्यधिक बल दिया गया है भक्ति मार्ग का तो यह सर्वस्व ही है। सत्संग करना प्रत्येक सिक्ख का नित्य कर्म-विधान है। प्रत्येक सिक्ख अरदास (प्रार्थना) में नित्य परमात्मा से माँग माँगता है, "साध दा संग, गुरमुख दा मेल।" अर्थात् "साधु का साथ और गुरुमुख का मेल।" गुरु अर्जुन देव जी ने साधु-संग प्राप्ति के लिए प्रार्थना की है—

करहु कृपा करुणायते मेरे हरि गुण गाउ।
नानक की प्रभ बेनती साध संगि समाउ[2] *।।2।।3।।43।।*

सत्संगति का अत्यधिक महत्त्व है। "जिस प्रकार पारस पत्थर के स्पर्श से लोहा कंचन में परिवर्तित हो जाता है। उसी प्रकार पापीगण भी सत्संगति के प्रभाव

---

1. श्री गुरुग्रन्थ साहिब, हरणी होवा बनि बसा...नागनि होवा धर बसा।।4।।2।।19।।
गउड़ी, वैरागणि, महला 1, पृष्ठ 157
2. श्री गुरुग्रन्थ साहिब, रागु सूही, महला 5, पृष्ठ 745

से शुद्ध होकर गुरुमुख हो जाते हैं। जिस प्रकार काठ के साथ लोहा भी पार हो जाता है, उसी प्रकार साधु-संग से पापीगण भी भव-सागर से तर जाते हैं—

जिउ छुहि पारस मनूर भए कंचन तिउ पतित जन,
मिलि संगती सुध होवत, गुरमती सुध-साधो1।।
जिउ कासट संगि लोहा बहु तरता,
तिउ पापी संगि तरे साध साध-संगती गुर सतिगुरु साधो[1]।।
।।2।।5।।11।।

सन्त-जन पृथ्वी की भाँति धैर्यशील, आकाश की भाँति निर्विकार, सूर्य और वायु की भाँति समदर्शी और अग्नि के समान परोपकारी होते हैं।[2]

गुरु अर्जुन देव ने एक स्थल पर साधुओं के लक्षण निम्नलिखित बतलाये हैं—

''परमात्मा का नामोच्चारण ही उनका मन्त्र है। परमात्मा सर्वत्र पूर्ण और व्यापक है—यही उनका ध्यान है। दुःख और सुख में समान बुद्धि रहनी ही उनका ज्ञान है। निर्मल निर्वैर होना ही, उनकी युक्ति है। ऐसे साधुगण सभी जीवों के ऊपर कृपालु हैं और पंच कामादिक विकारों से रहित हैं। परमात्म-कीर्तन ही उनका भोजन है। वे माया से ऐसे अलिप्त रहते हैं, जैसे जल से कमल। शत्रुओं और मित्रों को समान भाव से उपदेश देते हैं और परमात्मा की भक्ति में अटूट श्रद्धा रखते हैं। सन्त जन अपने कानों से परायी निन्दा नहीं सुनते। वे अहंकार को त्यागकर सबके चरणों की धूल बने रहते हैं। वे षट् लक्षणों से—शम, दम, श्रद्धा, समाधान, उपराम, तितिक्षा—से युक्त होते हैं। ऐसे पुरुषों की संज्ञा साधु कहलाती है।''[3]

इतना ही नहीं, बल्कि सन्तों और परमात्मा में कोई अन्तर नहीं है। परमात्मा और सन्त एक हैं। हाँ, यह बात अवश्य है कि ऐसा सन्त पुरुष लाखों और करोड़ों में एक ही होता है—

राम संत महि भेदु किछु नाहीं, एकु जन कई महिं लाख करोरी[4]।।3।।13।।134

ऐसे ही सन्त पुरुषों अथवा साधुओं का संग सत्संगति अथवा साधु-ढंग है।

---

1. श्री गुरुग्रन्थ साहिब, कानड़ा, महला 4, पृष्ठ 1297
2. श्री गुरुग्रन्थ साहिब, चंदन अगर कपूर लेपन तिसु संगे नहीं प्रीति।
   ....
   सुभाइ अभाइ जु निकट आवै सीतु ता का जाइ।।
   मारू महला 5, पृष्ठ 1018
3. श्री गुरुग्रन्थ साहिब, मन्त्र राम राम नामं ध्यानं सरवत्र पूरनह।
   ....
   खट लख्यण पूरन पुरखह नानक नाम साध स्वजनह।।40।।
   रागु जजावंती, महला 5, पृष्ठ 1357
4. श्री गुरुग्रन्थ साहिब, गउड़ी, महला 5, पृष्ठ 208

सत्संगति में दो बातें परमावश्यक हैं—

(1) जहाँ गुरु के शब्दों पर विचार हो, यथा—

सत्संगति ऊतम सतिगुर केरी गुन गावै हरि प्रभ के[1] ।।2।।1।।

(2) जहाँ परमात्मा के नाम की चर्चा होती हो,

सत्संगति कैसी जाणीऐ। जिथे एकै नाम बखाणीऐ।।
एकै नामु हुक्मु हैं नानक सतिगुरि दीआ बुझाइ जीउ[2] ।।5।।1।।

यही कारण है कि साधुओं का जहाँ निवास होता है, वह स्थान बैकुण्ठ के समान है—

बैकुण्ठ नगरु तहाँ जहाँ संत निवासा।
प्रभ चरण कमल रिद माहिं निवासा[3] ।।1।।21।।27।।

सत्संगति के महान् फल होते हैं। साधु के प्रसाद से ब्राह्मण, क्षत्रिय, वैश्य शूद्र, चाण्डाल और अन्त्यज किसी का भी उद्धार हो सकता है। नामदेव, जयदेव, कबीर, त्रिलोचन, रविदास चमार, धन्ना जाट, सेन नाई इसके प्रत्यक्ष प्रमाण है—

साधू सरणि परै सो उबरै खत्री ब्राहमणु सूदु वैसु चंडालु चंडईआ।
नामा जैदेउ कबीर त्रिलोचनु अउ जाति रविदास चमिआरु चमईआ।।
जो जो मिलै साधू जन संगति धनु धंना जटु सैणु मिलिआ हरि दईआ[4] ।।7।।4।।7।।

सत्संगति के इसी प्रभाव को देखकर शंकर, नारद, शेषनाग और श्रेष्ठ मुनि भी साधु के चरणों की धूलि की कामना करते हैं—

संकरु नारदु सेखनाग मुनि धूरि साधू की लोचीजै[5] ।।1।।6।।1

सन्त जनों की प्राप्ति से गुरु वाणी में श्रद्धा होती है और उसके गान में चित्त लगता है। गुरु वाणी के गान से क्रोध, ममत्व, पाखण्ड, भ्रम, अहंकार आदि दोषों का नाश होता है।[6] साधु-संग द्वारा हरि-गुणगान करने से सांसारिक पदार्थ स्वप्नवत् दिखायी पड़ते हैं, तृष्णा समाप्त हो जाती है और स्थिरता प्राप्त होती है।[7] साधु-सग से माया के बधन शिथिल पड़ जाते हैं। इसी से नाम की महत्ता

---

1. श्री गुरुग्रन्थ साहिब, रागु सूही, महला 4, पृष्ठ 731
2. श्री गुरुग्रन्थ साहिब, सिरी रागु, महला 1, पृष्ठ 72
3. श्री गुरुग्रन्थ साहिब, सूही, महला 5, पृष्ठ 742
4. श्री गुरुग्रन्थ साहिब, बिलावलु , महला 4, पृष्ठ 835
5. श्री गुरुग्रन्थ साहिब, कलिआन, महला 4, 1326
6. श्री गुरुग्रन्थ साहिब, संत जना करि मेलु गुरबाणी गावाईआ बलिराम जीउ।
   हउमै पीर गई सुखु पाइआ आरोगत भए सरीरा।।2।।1।।
   रागु सूही, महला 4, पृष्ठ 773
7. श्री गुरुग्रन्थ साहिब, साध सरनि चितु लाइआ।। आदि।।1।।10।।
   कानड़ा, महला 5, पृष्ठ 1300

प्रतीत होने लगती है जिससे भव-सागर से पार उतरा जा सकता है।[2] साधु-संग में निवास करने से मन की मैल कट जाती है।[3] त्रिविध तापों की शान्ति साधु-संग से ही होती है।[4] सन्तों की चरण धूल से करोड़ों अघों की निवृत्ति होती है। जन्म-मरण से छुटकारा प्राप्त होता है। यही, सच्चा और पूर्ण स्नान है। सन्तों की कृपा से नाम-जप में मन लगता है, अहंकार मिटता हैं। एकंकार परमात्मा सर्वत्र दृष्टि-गोचर होता है और पंच कामादिक सहज ही वशीभूत हो जाते हैं।[5] अनेक योनियों में भ्रमण करने से कष्ट हुआ और परमात्मा की प्राप्ति नहीं हुई। अन्त में सन्तों के सम्पर्क से अगम, अगोचर, अलख, अपार परमात्मा में प्रेम उत्पन्न हुआ और अहर्निश परमात्मा के जप में मन लगने लगा।[6]

गउड़ी सुखमनी सातवीं अष्टपदी में गुरु अर्जुन देव ने साधु-संग से होनेवाले फलों का विस्तार के साथ वर्णन किया है, जिसका सारांश नीचे दिया जा रहा है—

"साधु संग से सारे मलों और अहंकार का नाश होता है। इसी से ज्ञान-प्राप्ति होती है और परमात्मा निकटस्थ प्रतीत होता है। इससे सारे बंधनों से निवृत्ति होती है और नाम रूपी रत्न की प्राप्ति होती है। (मुक्ति साधन के) सारे उपायों में से यह उपाय श्रेष्ठ है। इसी से कामादिक वशीभूत होते हैं और अमृत रस की प्राप्ति होती है। अत्यन्त विनयशीलता भी इसी से प्राप्त होती है। साधु संग से माया के आकर्षण समाप्त हो जाते हैं, सारी दौड़-धूप भी समाप्त हो जाती है और स्थैर्य भाव आ जाता है। साधु-संग से सारे शत्रु मित्र हो जाते हैं और कोई भी बुरा दृष्टि नहीं आता। साधु द्वारा ही नाम की प्राप्ति होती है और परमात्मा के महल में पहुँचा जाता है। साधु-संग सारे मित्रों और कुटुम्बों को तारता है। इसी से सारे पापों की निवृत्ति होती है और सारे स्थानों में गमन किया जा सकता है।

---

1. श्री गुरुग्रन्थ साहिब, साध संगति नानक भइयो मुकता दरसनु पेखत भोरी।।2।। 37।।60।। सारंग, महला 5, पृष्ठ 1216
2. श्री गुरुग्रन्थ साहिब, साधु संगि तरै भे सागरु।। हरि हरि नामु सिमरि रतनागरु ।।1।।28।।34 सूही, महला 5, पृष्ठ 744
3. श्री गुरुग्रन्थ साहिब, मन की कटीऐ मैलु साध संगि बुठिआ।।
   गूजरी की वार, महला 5, पृष्ठ 520
4. श्री गुरुग्रन्थ साहिब, दीन दइआल कृपाल प्रभ नानक साध संगि मेरी जलनि बुझाई।।
   रागु गउड़ी पूरबी, महला 5, पृष्ठ 204
5. श्री गुरुग्रन्थ साहिब, संत की धूरि मिटै अघ कोट।।1।।
   ....
   संत सुप्रसंन आए बसि पचा।।3।।46।।115।।
   गउड़ी महला 5, पृष्ठ 189
6. श्री गुरुग्रन्थ साहिब, अनिक जोनि भ्रमि भ्रमि हारे।।2।।
   नानकु सियरै दिनु रैनारे।।3।।9।।15।। सूही, महला 5, पृष्ठ 740

साधु संग से सारी इच्छाओं की पूर्ति होती है। साधु-संग से प्रभु का सच्चा सेवक और आज्ञाकारी बना जा सकता है। साधु-संग की महिमा का वेद भी वर्णन नहीं कर सकते। सारांश यह कि साधु-इतना महान् है कि उसमें और परमात्मा में तनिक भी भेद नहीं रहता।"[1]

सन्तों से तर्क-विर्तक करना ही सत्संग नहीं है। इससे तो अहंभाव की वृद्धि होती है। वास्तविक सत्संग तो वह है कि सन्तों की सेवा में अपने को मिटा दिया जाय। गुरु अर्जुन देव जी की यह कामना कितनी श्लाघनीय है।

हसत हमरे सन्त टहल।
प्रान मनु धनु सन्त बहल।।[2]

अर्थात् हमारे हाथ सदैव सन्तों की टहल बजाने में ही व्यस्त रहें। प्राण, मन, धन, सब-कुछ, सन्तों के लिए अर्पित हो जायँ।

सन्तों की सच्ची सेवा और उनमें आत्म-समर्पण भाव ही सच्ची सत्संगति है। तभी तो गुरु अर्जुन देव कहते हैं—

हरि के प्राण सन्त ही हैं। ऐसे सन्त का पनिहारा अत्यन्त भाग्यशाली और धन्य है। भाई, मित्र, सुत, सबसे अधिक, यहाँ तक कि अपने प्राणों से बढ़कर सन्त को समझना चाहिए। अपने केशों का पंखा बनाकर साधु पुरुष को व्यजन करना चाहिए। अपना सिर सदैव सन्तों के चरणों में रखना चाहिए। उनके चरणों की धूल को अपने मुख में लगाना चाहिए। मीठे वचनों से दीन की भाँति सन्तों से प्रार्थना करनी चाहिए। अभिमान का त्याग करके आत्म-समर्पण करना चाहिए। बार-बार उन्हीं का दर्शन करना चाहिए। उनके अमृत बचनों से बार-बार मन को सींचना चाहिए।[3]

कहने का तात्पर्य यह कि सन्तों की कायिक, वाचिक और मानसिक सभी प्रकार की सेवा करनी चाहिए। उन्हें अपना तन, मन, धन, जीवन, प्राण सब-कुछ समर्पित कर देना चाहिए। इस प्रकार की सेवा और आत्म-समर्पण की भावना से सत्संगति प्राप्त हो सकती है। सत्संगति की प्राप्ति ही भक्ति-प्राप्ति का सोपान है।

परमात्मा का भय—गुरुओं के अनुसार परमात्मा का भय सभी के ऊपर है। गुरु नानक देव का कथन है, "परमात्मा के भय से ही सैकड़ों स्वर करनेवाली वायु बहती है। भय ही के कारण लाखों नदियाँ अपने-अपने निर्धारित

---

1. श्री गुरुग्रन्थ साहिब, गउड़ी सुखमनी, अष्टपदी 7, पृष्ठ 271-72
2. श्री गुरुग्रन्थ साहिब, माली गउड़ी, महला 5, पृष्ठ 917
3. श्री गुरुग्रन्थ साहिब, हरि का संतु परान, धन तिसका पनिहारा।

   ....

   अमृत बचन मन महि सिंचउ बंदउ बार बार ।।3।।2।।42।।

   रागु सूही, महला 5, पृष्ठ 745

मार्ग पर चलती हैं। परमात्मा के भय के वशीभूत होकर आग उसका बेगार करती है। भय से ही पृथ्वी अपने स्थान पर दबी रहती है। इसी प्रकार इन्द्र, धर्मराज, सूर्य, चन्द्रमा, सिद्ध, बुद्ध, सुर, नाथ, आकाश महाबली शूरवीरों के ऊपर भय है। निर्भय केवल परमात्मा मात्र है।''[1] गुरु अर्जुन देव भी कहते हैं, ''धरती, आकाश, नक्षत्र, पवन, पानी, वैश्वानर इन्द्र, मनुष्य, देव, सिद्ध, साधक, सभी परमात्मा के भय से भयभीत रहते हैं। सारी सामग्रियाँ भय से व्याप्त हैं। कर्त्ता पुरुष ही बिना भय का है।''[2]

पर यहाँ भय का तात्पर्य यह नहीं है कि परमात्मा को हौवा समझकर उससे भयभीत रहना चाहिए। भय का तात्पर्य शासन से है। जिस प्रकार परमात्मा का शासन सबको शिरोधार्य है, उसी भाँति मनुष्य को भी उसका शासन शिरोधार्य करना चाहिए। उसके शासन की महत्ता स्वीकार करके उसके अनुसार चलना जीव के लिए परम कल्याणदायक है। गुरु नानक देव की सम्मति के अनुसार संसार-सागर से पार उतरने के लिए भय आवश्यक है—

भै बिनु कोई न लंघसि पार।।1।।11

रागु गउड़ी कुआरेरी, महला 1, पृष्ठ 151

जिस प्रकार अग्नि से धातुएँ शुद्ध होती हैं, उसी प्रकार परमात्मा के भय से दुमर्ति रूपी मैल कटती है और जीव शुद्ध होकर परमात्मा के मिलन योग्य होता है।

जिउ बैसंतरि धातु सुधु होइ तिउ हरि का भउदुरमति मैल गवाइ।।

रामकली की वार महला 3, पृष्ठ 949

गुरु नानक देव का कथन है—

डरि घरु, घरि डरु, डरि डरु जाइ[3]।।

अर्थात् ''परमात्मा के भय में हृदय हो और हृदय में परमात्मा का भय हो। परमात्मा के इस भय से अन्य सांसारिक भयों की समाप्ति होती है।

गुरु रामदास जी ने परमात्मा के भय के सम्बन्ध में अपनी अनुभूति इस प्रकार व्यक्त की है—''बिना भय से किसी ने आज तक परमात्मा का प्रेम नहीं प्राप्त किया, न बिना भय के आज तक कोई संसार-सागर से पार ही हुआ। भय,

---

1. श्री गुरुग्रन्थ साहिब, भै विचि पउणु बहै सद बाउ।।
   ....
   नानक निरभउ निरंकारु सचु एक।।
   आसा की वार, महला 1, पृष्ठ 464
2. श्री गुरुग्रन्थ साहिब, डरपै धरति अकासु नख्यचा
   ....
   बिनु डर करणै हारा।।4।।1।।
   मारू, महला 5, पृष्ठ 998-999
3. श्री गुरुग्रन्थ साहिब, गउड़ी, महला 1, पृष्ठ 151

प्रीति और भाव उसी को प्राप्त होते हैं। जिनके ऊपर परमात्मा की महती अनुकम्पा हो—

बिनु भै कीनै न प्रेम पाइआ बिनु भै पारि न उतरिया कोई।
भउ भाउ प्रीति नामक तिसहि लागै जिसु तू आपणी किरपा करहि[1] ।।4।।3।।

गुरु अमरदास जी की यह अनुभूति है कि बिना भय के भक्ति कभी होती ही नहीं। भय और भाव ही भक्ति की सवारियाँ हैं। इन्हीं सवारियों पर आरूढ़ होकर भक्ति का आगमन होता है—

भै बिनु भगति न होई कबहीं, भै भाइ भगति सवारि[2] ।।6।।4।।13।।

अन्त में गुरु अर्जुन देव इस निष्कर्ष पर पहुँचते हैं कि बिना भय और भक्ति के संसार के तरना परम दुःसाध्य है—

"बिनु भै भगति तरनु कैसे[3] ।।1।।9।।125।।

परमात्मा का हुकम—गुरु नानक देव का विचार है कि सारा दृश्यमान् जगत् हुकम से उत्पन्न दिखायी पड़ता है। हुक्म से ही जगत् के सभी प्राणी परमात्मा के पृथक् होते हैं और हुकम से वे फिर उसी में लीन हो जाते हैं। स्वर्ग लोक, मर्त्य लोक, पाताल लोक, धरती, पवन, पानी, आकाश, जल, थल, त्रिभुवन के सारे निवासी, सास, ग्रास, दस अवतार अगणित देव और दानव रूपी परमात्मा के हुकम के अधीन हैं।[4]

ऐसी स्थिति में मनुष्य का महान पुरुषार्थ है कि वह परमात्मा के 'हुकम' को पहचानने की चेष्टा करे। जब तक वह परमात्मा के हुकम को नहीं पहचानता, तब तक उसे दुःख-ही-दुःख है, उसके दुःखों का नाश नहीं होता। किन्तु जिस क्षण वह गुरु से मिलकर परमात्मा के हुकम के वास्तविक रहस्य को समझ लेता है, उसी क्षण से वह सुखी हो जाता है—

जब लगु हुकमु न बूझता तब ही लउ दुखिया।
युर मिलि हुकमु पछाणिआ तब ही ते सुखीआ[5] ।।3।।17।।119।।

गुरु नानक देव जी ने जपुजी में प्रश्न किया हैं—

"किव सचिआरा होइए कि कूड़ै तुडै पालि?"[6]

अर्थात् उस सच्चे परमात्मा को जानकर हम कैसे सच्चे बनें ? और झूठ की दीवाल किस प्रकार नष्ट हो?

---

1. श्री गुरुग्रन्थ साहिब, तुखारी छंत, महला 4, पृष्ठ 1116
2. श्री गुरुग्रन्थ साहिब,रामकली, महला 3, पृष्ठ 911
3. श्री गुरुग्रन्थ साहिब, बिलावलु, महला 5, पृष्ठ 829
4. श्री गुरुग्रन्थ साहिब, हुकमे आइआ हुकमि समाइआ।।17।।
   देव दानव अगणत अपारा।13।।4।।16।।
   मारू सोलहे, महला 1, पृष्ठ 1037
5. श्री गुरुग्रन्थ साहिब, आसा, महला 5, पृष्ठ 400
6. श्री गुरुग्रन्थ साहिब, जपुजी पौड़ी 1, महला 1, पृष्ठ 1

उसी पौड़ी में उनका उत्तर निम्नलिखित ढंग से दिया गया है—

हुकमि रजाई चलणा नालक लिखिआ नालि।[1]

अर्थात् उसके हुकम के अनुसार, उसकी रजा (मर्जी) में चलने से सच्चा बन सकता है।

मनुष्य का कल्याण 'हुकम' मानने ही में है यदि साधक अपने को परमात्मा 'हुकम' के साथ युक्त कर देता है तो उसका सारा अहंभाव मिट जाता है, उसकी वासनाएँ शान्त हो जाती हैं, क्योंकि वह यही समझता है कि जो कुछ हो रहा है, सब परमात्मा के हुकम के अनुसार हो रहा है। वह जो कुछ कर्म करता है, उसी बुद्धि से कि यह कर्म परमात्मा के हुकम से किया जा रहा है। वह जहाँ भी रहता है, उसी को भला स्थान समझता है, इसलिए कि यह परमात्मा के हुकम के अनुसार है। इस प्रकार इस संसार में वही चतुर है, वही प्रतिष्ठित है, जिसे परमात्मा का हुकम मीठा लगता है—

सोई करणा जी आपि कराए।
जीथै रखै सा भली जाए।।
सोई सिआणा सो पतिवंता हुकमु लगै जिसु मीठा जीउ[2] *।।1।।42।।49।।*

इस प्रकार हुकम पहचानने से साधक को अहर्निश सुख प्राप्त होता रहता है—

प्रणवति नानक हुकमु पछाणै सुखु होवै दिनु राती[3] *।।6।।5।।17।।*

अतएव परमात्मा का 'हुकम' पहचानना तथा उसके अनुसार कार्य करना भक्ति-प्राप्ति करना महत्त्वपूर्ण साधन एवं उपकरण है।

दृढ़ विश्वास—दृढ विश्वास भक्ति का आवश्यक अंग तथा साधन है। सिक्ख गुरुओं में यह विश्वास बहुत ऊँची मात्रा में पाया जाता है। गुरु तेगबहादुर जी का अनुभव है—"परमात्मा के बिना तेरा कोई भी सहारा नहीं है। माता, पिता, सुत, वनिता, भाई कोई भी किसी का नहीं है। एकमात्र प्रभु ही सहायक है"—

हरि बिनु तेरो को न सहाई।
काकी, मात, पिता, सुत, वनिता, को काहू को भाई[4] *।।1।।रहाउ।।1।।*

परमात्मा की उपर्युक्त भक्तवत्सलता जितना ही अधिक मनन किया जाय, उतना ही अधिक विश्वास बढ़ता है और उस विश्वास में दृढ़ता आती है। सिक्ख गुरुओं की वाणी प्रभु की भक्तवत्सलता से ओत-प्रोत है।

---

1. श्री गुरुग्रन्थ साहिब, जपुजी पौड़ी 1, महला 1, पृष्ठ 1
2. श्री गुरुग्रन्थ साहिब, माझ, महला 5, पृष्ठ 108
3. श्री गुरुग्रन्थ साहिब, गउड़ी चेती, महला 1 , पृष्ठ 156
4. श्री गुरुग्रन्थ साहिब, सारंग, महला 9, पृष्ठ 1231

उनका कथन है, "परमात्मा युग-युग से भक्तों की पैज रखता आया है। दुष्ट हिरण्यकश्यप का हनन करके प्रह्लाद की रक्षा परमात्मा ने ही की और उसे संसार से मुक्त किया। जो अहंकारी पुजारी नामदेव को अछूत समझकर परमात्मा के दर्शन के निमित्त आगे नहीं बढ़ने देता था, उसकी ओर परमात्मा ने मन्दिर का पिछवाड़ा कर दिया और नामदेव की ओर मन्दिर का मुख्य द्वार।[1] भक्त-जनों की परमात्मा स्वयं रक्षा करता है, पापी लोग उनका कुछ भी नहीं बिगाड़ सकते[2]। दुष्ट दुःशासन जब द्रौपदी को पकड़कर ले आया और भरी सभा में उसे नग्न करना चाहा तो परमात्मा ने ही उसकी लज्जा रखी।[3] जिस प्रकार चरवाहा अपनी गायों की रक्षा करता है, उसी भाँति परमात्मा अपने भक्तों की रक्षा करता है।[4] परमात्मा के सेवक के विरुद्ध कोई कुछ भी शिकायत नहीं कर सकता। यदि कोई शिकायत करने की चेष्टा करता है तो गुरु और परमेश्वर उसे अवश्य मार देते है।[5] जिसे परमात्मा के बल का दृढ़ विश्वास है, उसके सारे मनोरथ पूर्ण होते हैं और उसे कभी दुःख नहीं होता।[6]

परमात्मा की उपर्युक्त भक्त-वत्सलता दृढ़विश्वास का मूल स्रोत है और यह भक्ति का प्राण है।

दैन्य भाव—दैन्य भाव तब होता है, जब अपने को भक्त अत्यन्त तुच्छ, गुणहीन, पापी, पाखण्डी समझता है। अन्तःकरण की सरलता और निष्कपटता से यह भावना आ सकती है। इस भावना से अन्तःकरण के मलों की सफाई होती है और अहंभाव का नाश होता है। जो भक्त निरभिमानी होगा, उसी में दैन्य भावना आ सकती है। मध्ययुग के जितने भी सन्त हुए हैं (कबीर, दादू रैदास आदि) सभी में दैन्य-भावना दिखायी पड़ती है। सिक्ख गुरुओं में यह भावना पर्याप्त रूप

---

1. श्री गुरुग्रन्थ साहिब, हरि जुगु जुगु भगत उपाइआ पैज रखदा आइआ रामराजे।
हरणाखसु दुसटु हरि मारिआ प्रहलादु तराइआ।
अहंकारीआ निंदका पिठि देइ नामदेइ मुखि लाइआ।।4।।13।।20।।
आसा, महला 4, पृष्ठ 451
2. श्री गुरुग्रन्थ साहिब, भगत जना का राखा हरि आपि है, किआ पापी करीऐ।।
गउड़ी की वार, महला 5, पृष्ठ 316
3. श्री गुरुग्रन्थ साहिब, जिउ पकरि द्रोपती दुसटां आनी हरि हरि लाज निवारे।।1।।5।।
नट नाराइन, महला 4, पृष्ठ 982
4. श्री गुरुग्रन्थ साहिब, जिउ गाई कउ गोइली राखहि करि सारा।
अहिनिसि पालहि राखि लेहु आतम सुखु सारा।। गउड़ी वैरागणि, महला 1, पृष्ठ 228
5. श्री गुरुग्रन्थ साहिब, अब जनि ऊपरि को न पुकारै।
पूकारन कउ जो उदमु करता गुरु परमेसरु ता कउ मारै।।1।। रहाउ।।
सारंग, महला 5, पृष्ठ 1217
6. श्री गुरुग्रन्थ साहिब, जाकै राम को बलु होइ।
सगल मनोरथ पूरन ताहू को दूखु न बिआपै कोई।।
सारंग, महला 5, पृष्ठ 1223

में पायी जाती है। गुरु नानक देव इतने उच्चकोटि के महान् सन्त होते हुए भी अपने लिये कहते हैं—

हउ पापी पतितु परम पाखंडी, तू निरुमलु निरंकारी।।1।।

..

तू पूरा हम ऊरे होछे, तू गउरा हम हउरै।।2।।5।।

अर्थात् "हे प्रभु तुम तो परम निर्मल और निरंकारी हो। किन्तु मैं परम पापी, पाखण्डी और पतित हूँ।...तुम पूर्ण हो, हम (अपूर्ण) ऊन हैं और ओछे हैं। तुम अत्यन्त गम्भीर हो और मैं अत्यन्त इल्का हूँ।"[1]

गुरु अमरदास जी ने स्थान स्थान पर उच्चकोटि की दैन्य भावना पायी जाती है—

हम दीन मूरख अवीचारी। तुम चिंता करहु हमारी[2] ।।3।।1।।

एकाध स्थल पर गुरु अमरदास जी ने अपने को प्रभु के दासों का दासानुदास कहकर सम्बोधित किया है—

जन नानक कउ प्रभ किरपा कीजै करि दासनि दास दसा वी।[3]

तथा

दासनदास दास होइ रहीऐ जो जन राम भगत निज भईआ।।[4] ।।3।।3।।6।।

गुरु अर्जुन देव जी दैन्य-भावना की साकार प्रतिमूर्ति प्रतीत होते हैं। वे तो गरीबी के ही अस्त्र-शस्त्र से सुसज्जित हैं—

गरीबी गदा हमारी। खंना सगल रेनु छारी।।

इसु आगै को न टिकै बेकारी[5] ।।1।।16।।80।।

भावार्थ यह कि गरीबी ही मेरी गदा है। सबके पैरों की शक्ति धूलि होना मेरा खण्डा है। इन हथियारों के आगे कोई भी बुरे पाप टिकने नहीं पाते।

गुरु अर्जुन देव का ही कथन है, मैं तो अत्यन्त कुचील (मालिन), कठोर, कपटी और कामी हूँ। हे प्रभु, तुम जिस प्रकार उचित समझो, मुझे संसार-सागर से पार करो—

कुचील कठोर कपट कामी।

जिउ जानसि तिउ तारि सुआमी।।[6] रहाउ1।।8।।19।।

वे अपने को दासों के दासों का पनिहारा समझते हैं—

दास दासनि के पानीहारे।[7]

---

1. श्री गुरुग्रन्थ साहिब, सोरठि, महला 1, पृष्ठ 599-97
2. श्री गुरुग्रन्थ साहिब,मलार, महला 3, पृष्ठ 1257
3. श्री गुरुग्रन्थ साहिब, धनासरी, महला 4, पृष्ठ 668
4. श्री गुरुग्रन्थ साहिब, बिलावलु, महला 4, पृष्ठ 834
5. श्री गुरुग्रन्थ साहिब, सोरठि, महला 5, पृष्ठ 628
6. श्री गुरुग्रन्थ साहिब, कानड़ा, महला 5, पृष्ठ 1301

सारांश यह कि दैन्य-भावना भक्ति-प्राप्ति का आवश्यक उपकरण है।

आत्मसमर्पण-भाव—आत्मसमर्पण भाव भक्ति के उपकरणों में सबसे अधिक महत्त्वपूर्ण उपकरण है। बिना आत्म-समर्पण किये, न तो भक्ति का रस प्राप्त होता है, न निश्चिन्तता ही प्राप्त होती है। अपने को पापी, अपराधी तथा परमात्मा को अत्यन्त पतितपावन और क्षमाशील समझकर उनके चरणों में कायिक, वाचिक और मानसिक सभी दृष्टियों से सौंप देना ही आत्मसमर्पण-भाव है।

हम अपराध पाप बहु कीने करि दुसटी चोर चुराइआ।
अब नानक सरणागति आए हरि राखहु लाज हरि भाइआ[2] ।।
4।।11।।25।।63।।

यह आत्मसमर्पण-भाव सर्वाङ्गीण होना चाहिए। इसमें तन, मन, धन सभी का समर्पण होता है—

मनु तनु धनु सभ तुमरा सुआमी आन न दूजी जाइ।
जिउ तू राखहि तिव ही रहणा तुम्हारा पैन्है खाइ[3] ।। 1।।75।।98।।

अर्थात् "हे स्वामी, तन, मन, धन सब तुम्हारा ही है। ये सब अन्यत्र नहीं जा सकते। मैं सब-कुछ समर्पित करके निश्चिन्त हूँ। जिस भाँति तुम्हारी इच्छा हो, उसी भाँति रखो। मैं तुम्हारा ही दिया खाता हूँ और तुम्हारा ही दिया पहनता हूँ।"

बरजोरी और शक्ति से कुछ भी काम नहीं चलता। आत्मसमर्पण से ही उद्धार हो सकता है—

जोरु सकति नानक किछु नाहीं प्रभ राखहु सरणि परे[4] ।।2।।7।।12।।

गुरु रामदास जी का आत्मसमर्पण-भाव कितना श्लाघनीय है—

मोही दूजी नाही ठउर जिस पहि हम जावहगे[5] ।।2।।6।।

उपर्युक्त पंक्ति को देखकर गोस्वामी तुलसीदास जी की पंक्तियाँ अकस्मात् स्मरण हो आती हैं—

जाहुँ कहाँ तजि चरण तिहारे (विनयपत्रिका)

गुरु नानक देव जी आत्मसमर्पण से अत्यन्त निश्चिन्त हो गये हैं। वे कहते हैं—"हे प्रभु मुझे अन्य चिन्ताओं की फ़िक्र नहीं है। 'अगम' अपार, अलखु अगोचर, ही हमारी चिन्ता करेगा।'

हम नाहीं चिंत पराई।।1।। रहाउ।।
अगम अगोचर अलख अपारा चिंता करहु हमारी[1] ।।

---

1. श्री गुरुग्रन्थ साहिब, गउड़ी बावन अखरी, महला 5, पृष्ठ 254
2. श्री गुरुग्रन्थ साहिब, गउड़ी पूरबी, महला 4, पृष्ठ 172
3. श्री गुरुग्रन्थ साहिब, सारंग, महला 5, पृष्ठ 1223
4. श्री गुरुग्रन्थ साहिब, टोडी, महला 5, पृष्ठ 714
5. श्री गुरुग्रन्थ साहिब, कलिआन, महला 4, पृष्ठ 1321

परमात्मा का स्मरण कीर्त्तन—परमात्मा-स्मरण रागात्मिका-भक्ति का सर्वोत्कृष्ट अंग है। परमात्म-स्मरण का उपर्युक्त वर्णित साधन स्वतः अपने आप आ जाते हैं। प्रत्येक क्षण स्मरण अभ्यास करना चाहिए। उठते, बैठते, सोते, मार्ग चलते सभी परिस्थितियों में स्मरण का अभ्यास करना चाहिए—

ऊठत बैठत सोवत धिआइए।
मारगि चलत रहे हरि गाईए[2] ।।1।।10।।61।।

प्रभु के स्मरण के अनन्त फल हैं। उससे अहं-बुद्धि, दीर्घ माया आशा कूकरी, यम-जाल, काम, क्रोध का नाश होता है। और योनियों में बार-बार जन्म-ग्रहण करना भी मिट जाता है।[3]

इतना ही नहीं, बल्कि प्रभु के स्मरण से सांसारिक सुखों की प्राप्ति होती है। पाँचवें गुरु अर्जुन देव जी कहते हैं, "दुबला, भूखा, निर्धन, तिरस्कृत, अत्यन्त चिन्ताशील, रोगी, गृहस्थी के दुःखों में जकड़ा हुआ प्राणी, यदि प्रभु का स्मरण करता है, तो परब्रह्म उसके चित्त में आता है, और उसके तन तथा मन दोनों ही शीतल हो जाते हैं।[4]

गुरुवाणी में कीर्त्तन के ऊपर बहुत अधिक बल दिया गया है। संगीत का विश्वव्यापी प्रभाव है। साँप, मृग आदि जीवों पर भी संगीत का इतना प्रभाव पड़ता है कि वे तन्मय होकर एकनिष्ठ हो जाते हैं। अपना प्राण गँवा देने की भी उन्हें सुध नहीं रहती। अतः मनुष्य पर संगीत का जितना भी अधिक प्रभाव पड़े कम ही है। संगीत में जब उच्च भावों का भी समावेश हो, तो पूछना क्या है? गुरु नानक देव इतना महत्त्व बहुत अच्छी तरह से समझते थे। इसीलिए उनकी अधिकांश दिव्य वाणी उनके शिष्य मरदाना रवाब की मधुर झनकार से ध्वनित होकर निकली थी। दिव्य भावनाओं से ओत-प्रोत होने के कारण, साथ ही संगीत की मंदाकिनी में अभिषिक्त वाणी निष्ठुर-से-निष्ठुर हृदय को द्रवीभूत कर देती थी। इसीलिए सिक्खों में कीर्त्तन का अत्यधिक प्रचलन है। गुरु अर्जुन देव का कथन है कि जहाँ प्रभु का कीर्त्तन होता है, वहीं वैकुण्ठ है—

तहाँ बैकुंठु जहँ कीरतनु तेरा[5] ।।2।।8।।55।।

---

1. श्री गुरुग्रन्थ साहिब, बिलावलु, महला 1, पृष्ठ 795
2. श्री गुरुग्रन्थ साहिब, आसा, महला 5, पृष्ठ 386
3. श्री गुरुग्रन्थ साहिब, अहं बुधि बहु सघन माइआ महा दीरघु रोगु।
   ....
   प्रभ प्रेम गुपाल सिमरण मिटत जोणी भवण। गूजरी, महला 5, पृष्ठ 502
4. श्री गुरुग्रन्थ साहिब, जे को होवै दुबला नंग भूख की पीर।
   ....
   चिति आवै ओसु पारब्रहम तनु मनु सीतलु होइ।।3।।1।।26।। सिरी रागु, महला 5, पृष्ठ 70
5. श्री गुरुग्रन्थ साहिब, सूही, महला 5, पृष्ठ 749

भक्त-हृदय को परमात्मा का कीर्त्तन अत्यधिक उद्वेलित कर देता है। इसीलिए कीर्त्तन प्रभु-भक्ति-प्राप्ति का अद्वितीय उपकरण है।

प्रभु-कृपा—प्रभु-कृपा को यदि सभी साधनों का मूल कहें, तो कोई अत्युक्ति न होगी। परमात्मा की कृपा अनिर्वचनीय है। इसके विषय में कुछ कहा नहीं जा सकता। यह वर्णनातीत है।[1] प्रभु की कृपा से ही साधु-संग प्राप्त होता है।[2] परमात्मा की कृपा से गुरु की प्राप्ति होती है और वही नाम को दृढ़ कराता है।[3] उसकी ही महती अनुकम्पा से नाम रूपी अलौकिक रत्न की प्राप्ति होती है।[4] परमात्मा का भय, भाव और प्रीति अर्थात् भक्ति उसी को प्राप्त होती है। जिस पर उसकी अनन्त कृपा होती है। उसकी भक्ति का भाण्डार अनन्त है, परन्तु उसी को प्राप्त होता है, जिस पर उसका असीम अनुग्रह होता है।[5]। इस जगत् में उसी का उद्धार होता है, जिस पर परमात्मा की कृपा होती है।[6]

परमात्मा की कृपा से ही विवेक, वैराग्य, ज्ञान, भुक्ति, मुक्ति सभी वस्तुओं की प्राप्ति होती है। सभी साधनों का मूल कृपा है। सभी साधन हों, परन्तु परमात्मा की कृपा न हो, तो वे निष्प्रयोजन हैं। किन्तु यदि परमात्मा कृपा हो और एक भी साधन न हों, तो भी सारे साधन अपने-आप आ जाते हैं। इसीलिए प्रेमा-भक्ति-प्राप्ति के भगवत् कृपा सबसे बड़ा अवलम्बन है और यही कृपा सारे साधनों की जननी है।

भक्ति-प्राप्त के परिणाम—परमात्मा की प्रेमा-भक्ति जो प्राप्त करता है, वह परमात्मा का सच्चा भक्त हो जाता है। सच्चे भक्त, जीवन्मुक्त, ब्रह्मज्ञानी और निष्काम कर्मयोगी की स्थिति में कोई अन्तर नहीं है भक्ति प्राप्ति के पश्चात् प्रारब्धवशात् सांसारिक कर्मों को करता हुआ भी भक्त न तो धन की कामना करता है, न स्वर्ग की। वह तो केवल साधुओं की चरण-रज का वाञ्छा करता है।

---

1. श्री गुरुग्रन्थ साहिब, कहणा किछू न जावई जिसु भावै तिसु देइ ।।4।।9।।42।।
सिरी रागु, महला 3, पृष्ठ 30
2. श्री गुरुग्रन्थ साहिब, तुम्हरी कृपा ते भइओ साध संग।।2।।8।।47।।
आसा, महला 5, पृष्ठ 382
3. श्री गुरुग्रन्थ साहिब, किरपा करे गुरु पाईऐ, हरि नामो देइ दृड़ाइ ।।1।।19।।52।।
सिरी रागु, महला 3, पृष्ठ 33
4. श्री गुरुग्रन्थ साहिब, जिसनो कृपा करहि तिनि नामु रतनु पाइआ ।।1।।2।।
आसा, महला 4, सोपुरखु, पृष्ठ 11
5. श्री गुरुग्रन्थ साहिब, भउ भाउ प्रीति नानक तिसहि लागै, जिसु तू आपणी किरपा करहि।
तेरी भगति भण्डार असंख जिसु तू देवहि, मेरे सुआमी तिसु मिलहि ।।
तुखारी, महला 4, पृष्ठ 1116
6. श्री गुरुग्रन्थ साहिब, जिसु नदरि करै सो उबरै हरि सेती लिव लाइ।।4।।4।।37।।
सिरी रागु, महला 1, पृष्ठ 28

धनु नहीं बाछहि सुरग न आछहिं।
अति प्रिअ प्रीति साध रज राचहि[1] ।।4।।

जिस भक्त ने परमात्मा की प्रेमा-भक्ति प्राप्त कर ली है, उसकी रहनी विलक्षण हो जाती है। गुरु अर्जुन देव जी उस स्थिति का वर्णन करते हुए कहते हैं, ''परमात्मा का भक्त काम, क्रोध, लोभ, मोह के विचारों से रहित और माया से अलिप्त हो जाता है। वह अहंबुद्धि के विष को त्याग देता है। उसे एकमात्र परमात्मा के दर्शन को ही कामना रहती है। उसका सोना, जगना, उठना, बैठना और हँसना आदि सभी निश्चिन्त भाव से होते है। जिस माया द्वारा सारा जगत् ठगा जाता है, वह माया हरि भक्तों द्वारा ठग ली जाती है।''[2]

गुरु अमरदास जी कहते हैं ''परमात्मा के भक्तों की चाल निराली होती है। वे विषम मार्ग से चलते हैं। लालच, लोभ, अहंकार और तृष्णा आदि का त्यागकर परमात्मा की भक्ति में निमग्न रहते हैं और मौन भाव से उसी का रसास्वादन करते हैं, जिससे वे अधिक नहीं बोलते।''[3]

''परा अथवा प्रेमा भक्ति प्राप्त कर लेने पर सारे संशय और दुःख नष्ट हो जाते हैं। सारे साधनों की समाप्ति हो जाती है। सद्गुरु की शरण में पड़े रहना सर्वश्रेष्ठ प्रतीत होता है। सारी सिद्धियों की प्राप्ति हो जाती है। सारे कर्म सारे कार्य, सफल हो जाते हैं। अहं रोग नष्ट हो जाता है। करोड़ों जन्मों के संचित पाप और अपराध क्षण भर में दग्ध हो जाते हैं। गुरु की कृपा से निरन्तर परमात्मा का जप होने लगता है, जिससे काम, क्रोध तथा लोभ आदि दास के समान वशीभूत हो जाते हैं। मन अत्यन्त निश्चल और निर्भय हो जाता है, जिससे न कहीं आना होता है, न कहीं जाना और इधर-उधर का डोलना भी समाप्त हो जाता है।''[4]

प्रेमा भक्ति का अन्तिम परिणाम है परमात्मा के साथ मिल जाना और सदैव के लिए एक हो जाना। गुरु अर्जुन देव ने इसका वर्णन निम्नलिखित ढंग से

---

1. श्री गुरुग्रन्थ साहिब, गउड़ी बावन अखरी, महला 5, पृष्ठ 251
2. श्री गुरुग्रन्थ साहिब, जाकी राम नाम लिव लागी।
   ....
   कहु नानक जिनि जगतु ठगाना सु माइआ हरि जन ठागी।।2।।44।।67।।
   सारंग, महला 5, पृष्ठ 1217
3. श्री गुरुग्रन्थ साहिब, भगता की चाल निराली।
   ....
   लबु लोभु अहंकारु तजि तृसना बहुतु नाही बोलणा।।14।।
   रामकली, अनन्दु, महला 3, पृष्ठ 918
4. श्री गुरुग्रन्थ साहिब, अब मेरो सहसा दूखु गइआ।
   ....
   आइ न जावे न कतही डोलै थिरु नानक रोजइआ।।
   सारंग, महला 5, पृष्ठ 1213

किया है, "जिस प्रकार जल की तरंगें जल से मिलकर अपने नाम और रूप को खोकर जल स्वरूप हो जाती हैं, उसी प्रकार जीवात्मा की ज्योति परमात्मा की अखण्ड ज्योति से मिलकर सदैव के लिए तदाकार रूप हो जाती है। भ्रम का किवाड़ा नष्ट हो जाता है। और सारी दौड़ समाप्त हो जाती है।"[1]"

प्रेमा भक्ति में ठाकुर और सेवक दोनों मिलकर उसी भाँति एक हो जाते हैं, जिस भाँति जल की तरंगें और फेन जल से मिलकर एक हो जाते हैं। इस प्रकार जीवात्मा की जहाँ से उत्पत्ति होती है, उसी में उसकी समाप्ति भी होती है। सब-कुछ एकाकार तथा अद्वैत हो जाता है—

जिउ जल तरंग फेनु जल होईहै सेवक ठाकुर भए एका।
जह ते उठिओ तह ही आइओ सभ ही एकै एका[2] ।।2।।4।।27।।

अन्त में तत्त्व तत्त्व से मिल जाता है। फिर जन्म-मरण की समाप्ति हो जाती है—

नानक ततु तत सिउ मिलिआ पुनरपि जनमु न आही[3] ।।4।।1।।15।।35।।

---

1. श्री गुरुग्रन्थ साहिब, जल तरंगु जिउ जलहि समाइआ।
   ....
   बहुड़ि न होईऐ जउला जीउ।।4।।19।।26।।
   माझ, महला 5, पृष्ठ 102
2. श्री गुरुग्रन्थ साहिब, सारंग, महला 5, पृष्ठ 1209
3. श्री गुरुग्रन्थ साहिब, गउड़ी वैरागणि, महला 3, पृष्ठ 162

श्री गुरुग्रन्थ साहिब के सर्वोपरि तत्त्व

(अ) सद्‌गुरु। (आ) नाम।

(अ) सद्‌गुरु

प्राचीन ग्रन्थों में गुरु की महत्ता—भारतीय समाज में गुरु का स्थान बड़ा उच्च गौरवपूर्ण और समादृत रहा है। गुरु ही धर्म और समाज का नियामक रहा है। राजनीतिक गुत्थियों को भी वही सुलझाता था। वशिष्ठ जी इसके सबसे बड़े उदाहरण हैं। उपनिषदों में गुरु की महत्ता पूर्ण रूप से प्राप्त होती है। ज्ञान-प्राप्ति गुरु द्वारा ही होती है। यह बात उपनिषदों से भली भाँति सिद्ध होती है। इन्द्र, शौनक, नचिकेता, नारद, सत्यकाम, श्वेतकेतु, जनक आदि इसके उदाहरण हैं। मुण्डकोपनिषद् में तो स्पष्ट कह दिया गया है—

तद्विज्ञानार्थं स गुरुमेवाभिगच्छेत
समित्पाणिः श्रोत्रियं ब्रह्मनिष्ठ।।[1]

अर्थात् उस नित्य वस्तु का साक्षात् ज्ञान प्राप्त करने के लिए हाथ में समिधा लेकर श्रोत्रिय और ब्रह्मनिष्ठ गुरु के पास जाना चाहिए।

श्रीमद्भगवद्गीता में भी अर्जुन ने सखा भाव त्यागकर, शिष्य भाव से ही भगवान् श्रीकृष्ण से ज्ञान प्राप्त किया—

शिष्यस्तेऽहं शाधि मां त्वां प्रपन्नम्।।[2]

श्रीमद्भगवद्गीता के चौथे अध्याय के चौंतीसवें श्लोक में गुरु की महत्ता स्वीकार की गयी है—

तद्विद्धि प्रणिपातेन परिप्रश्नेन सेवया।
उपदेक्ष्यन्ति ते ज्ञानं ज्ञानिनस्तत्त्वदर्शिनः।।[3]

अर्थात् इसलिए तत्त्व के जाननेवालों ज्ञानी पुरुषों से, भली प्रकार दण्डवत् प्रणाम तथा सेवा और निष्कपट भाव से किये हुए प्रश्न द्वारा उस ज्ञान को जान। वे मर्म को जाननेवाले ज्ञानी जन, तुझे उस ज्ञान का उपदेश करेंगे।

---

1. मुण्डकोपनिषद्, मुण्डक 1, खण्ड 2, मन्त्र 12
2. श्रीमद्भगवद्गीता, अध्याय 2, श्लोक 7
3. श्रीमद्भगवद्गीता, अध्याय 4, श्लोक 34

तेरहवें अध्याय में "आचार्योपासनं" को ज्ञान-प्राप्ति का साधन माना गया है। घेरण्ड संहिता तृतीयोपदेश के दसवें, तेरहवें, और चौदहवें श्लोक में गुरु की महत्ता पूर्ण रूप से प्रतिष्ठित की गयी है। बोपधार में भी गुरु की महत्ता के ऊपर बल दिया गया है। संस्कृत के कवियों ने गुरु की उपमाएँ सूर्य, कमल, चन्द्र और स्वर्ण आदि लौकिक एवं नैसर्गिक तत्त्वों से दी है।

"तन्त्र-साधना में गुरु को शिव के समान स्थान दिया गया है। सहजिया मत के जो बौद्ध दोहे और गान पाये गये हैं, उनमें गुरु की भक्ति के बहुत उपदेश हैं। एक दोहे में कहा गया है कि गुरु सिद्ध से भी बड़े हैं। गुरु की बात बिना विचारे ही करनी चाहिए।[1] कबीरदास ने भी गुरु को गोविन्द के समान कहा है।[2]असल में मध्ययुग के भक्ति-साहित्य में गुरु का स्थान बहुत बड़ा है। बैष्णव भक्तों के मत से गुरु दो प्रकार के हैं—शिक्षा गुरु और दीक्षा गुरु। शिक्षा गुरु स्वयं भगवान् श्रीकृष्ण हैं और सिद्धावस्था में शिक्षा गुरु भी भगवान् के ही तुल्य हैं। कुछ विद्वानों का मत है कि गुरु महिमा मध्ययुग के साधकों को अपने पूर्ववर्ती तान्त्रिकों और सहजभाव के साधकों से उत्तराधिकार के रूप में मिली थी।"[3]

"नाथपन्थियों, योगियों, सहजयानियों और वज्रयानियों, तान्त्रिकों और परवर्ती सन्तों में इसीलिए सद्गुरु की महिमा इतनी अधिक गायी गयी है। सद्गुरु के बिना जगत् के चाहे और सभी व्यापार हो जावें, पर यह जटिल साधना-पद्धति नहीं हो सकती।"[4]

श्री गुरुग्रन्थ साहिब में सद्गुरु की महत्ता–

श्री गुरुग्रन्थ साहिब में सद्गुरु का सर्वोपरि स्थान है। ग्रन्थ के नामकरण से ही गुरु की महत्ता सिद्ध होती है। कुछ विद्वानों की यह धारणा कि सद्गुरु की आवश्यकता पर आदि गुरु नानक देव जी के पश्चात् अन्य गुरुओं द्वारा बल दिया गया, यह धारणा निर्मूल और निराधार है। 'जपुजी' के मूल मन्त्र में ही निरंकार के स्वरूप का वर्णन करते हुए, गुरु नानक देव जी ने कहा कि वह निरंकार परमात्मा "गुरि प्रसादि" अर्थात् गुरु की कृपा द्वारा प्राप्त होता है। 'आसा दी वार' में भी इसी बात की पुष्टि मिलती है कि यह जीवन जब अनेक जन्म-जन्मान्तरों में भ्रमण करके, फिर निरंकार की कृपा का भागी होता है, तभी सद्गुरु का मेल होता है[5]—

1 बौद्ध गान ओ दोहा : हर प्रसाद शास्त्री, भूमिका, पृष्ठ 3

2. गुरु गोविन्द तौ एक है, दूजा यहु आकार।
आपा मेट जीवत मरै, तौ पावै करतार—कबीर ग्रन्थावली

3. हिन्दी साहित्य की भूमिका : हजारीप्रसाद द्विवेदी, पृष्ठ 89

4. हिन्दी साहित्य की भूमिका : हजारीप्रसाद द्विवेदी, पृष्ठ 65

5. गुरमति निरणय, जोधसिंह, पृष्ठ 101

नदरि करहि जे आपणी ता नदरी सतिगुरु पाइआ।
एहु जीउ बहुते जनम भरमिआ ता सतिगुरि सबदु सुणाइआ[1] ।।

उपर्युक्त उदाहरणों से यह स्पष्ट रूप से व्यक्त होता है कि गुरु नानक देव स्वयं ने ही गुरु की महत्ता पर अत्यधिक बल दिया।

कर्म-मार्ग, योग-मार्ग, ज्ञान-मार्ग और भक्ति-मार्ग सभी में गुरु की महत्ता स्थापित की गयी है। बिना गुरु के 'हुकम रजाई कर्म' नहीं प्राप्त होता, न योग की सिद्धि ही प्राप्त होती है और न ज्ञान ही प्राप्त होता है। भक्ति की प्राप्ति भी गुरु के बिना नहीं हो सकती।[2]

बात यह है कि जिस परमात्मा का शरीर रूपी घर है, उसी ने उस घर में ताला लगा दिया है, जिससे उसका रहस्य समझ में नहीं आता। ताला बन्द करने के पश्चात् उस परमात्मा ने कुंजी गुरु के हाथों में सौंप दी है। उस शरीर रूपी गृह को खोलने के लिए अनेक उपाय किये जायँ, पर कोई भी उपाय सिद्ध नहीं हो सकता बिना सद्‌गुरु की शरण में गये वह ताला खुल नहीं सकता, क्योंकि कुंजी तो उसी के हाथों में है—

जिसका गृहु तिनि दीआ ताला कुंजी गुर सउपाई।
अनिक उपाय करे नहीं पावै बिनु सतिगुर सरणाई3 ।।3।।1।।122।।

सद्‌गुरु और परमात्मा में अभिन्नता—श्री गुरुग्रन्थ साहिब ने गुरु की महत्ता समस्त देहधारियों में सबसे अधिक है। कहीं-कहीं तो सद्‌गुरु और परमात्मा में बिल्कुल अभिन्नता स्थापित की गयी है। गुरु की महिमा ऐसी है, जिसे वेद भी नहीं जान सकते। उसका वर्णन सुनकर वेदादि रंचमात्र कर पाते हैं। सद्‌गुरु परब्रह्म है, अपरम्पार है, जिसके स्मरण से मन शीतल हो जाता है—

गुर की महिमा बेद न जाणहिं।
तुछ मात सुणि सुणि बखाणहि।।
पारब्रह्म अपरंपार सतिगुर जिसु सिमरत मनु सीतलाइणा[4] ।।10।।2।।7।।

कहीं-कहीं तो परमात्मा के समस्त गुण सद्‌गुरु में आरोपित किये गये हैं—

सतिगुरु मेरा सरब प्रतिपालै। सतिगुरु मेरा मारि जीवालै।
सतिगुर मेरे की बडिआई। प्रगटु भई है सभनी थाई।।[5]

गुरु रामदास जी के अनुसार सद्‌गुरु में स्वयं निरंकार परमात्मा ही बरत रहा है—

---

1. श्री गुरुग्रन्थ साहिब, आसा की वार, महला 1, पृष्ठ 465
2. इनके विस्तृत विवेचन के लिए देखिये, पिछले अध्याय, कर्म-मार्ग, योग-मार्ग, ज्ञान-मार्ग तथा भक्ति-मार्ग।
3. श्री गुरुग्रन्थ साहिब, गउड़ी पूरबी, महला 5, पृष्ठ 205
4. श्री गुरुग्रन्थ साहिब, मारू सोलहे, महला 5, पृष्ठ 1078
5. श्री गुरुग्रन्थ साहिब, भैरउ, महला 5, पृष्ठ 1142

सतिगुर विचि आपि वरतदा, हरि अपे राखणहारु।।[1]

कहीं-कहीं तो गुरु और परमात्मा में इतनी अभिन्नता प्रदर्शित की गयी है। कि परमात्मा के स्थान पर गुरु ही शब्द का प्रयोग किया गया है। गुरु अमरदास जी का कथन है। कि जीवों और उनके शरीरों आदि की उत्पत्ति गुरु से ही होती है—

जीउ पिंडु सभु गुर ते उपजै[2] *।।2।।1।।*

गुरु अर्जुन देव की अनुभूति है कि मेरा गुरु ही परब्रह्म परमेश्वर है। उसी का हृदय में ध्यान करना चाहिए—

गुरु मेरा पारब्रह्मु परमेसरु ताका हिरदै धरि मन धिआनु[3] *।।*

उन्होंने यह भी कहा है कि गुरु और परमेश्वर को एक ही समझो—

गुरु परमेसरु एको जाणु।[4]

इस स्थल पर यह बात स्पष्ट कर देनी आवश्यक प्रतीत होती है कि सद्‌गुरु का पंचभौतिक शरीर निरंकार की मूर्ति नहीं है, बल्कि उनकी आत्मा निरंकार का स्वरूप है। अतः गुरु में स्थित उनकी ज्योति ही परमात्मा का स्वरूप है।

सद्‌गुरु ही मध्यस्थ है—जीव और परमात्मा के बीच का मध्यस्थ सद्‌गुरु ही है। इसका भाव यह है कि मध्यस्थ गुरु जब तक जीव का परमात्मा से मेल न करावे, तब तक वह भटकता ही रहेगा। स्थान-स्थान पर गुरु की मध्यस्थता की बात श्री गुरुग्रन्थ साहिब में कही गयी है। यथा—

हरि अगमु अगोचरु पारब्रह्मु है मिलि सतिगुर लागि बसीठ[5] *।।*

2।।9।।23।।61।।

अर्थात् हरि अगम है, अगोचर है और परम ब्रह्म है। मध्यस्थ सद्‌गुरु से मिलकर उससे मिलो।

सतिगुर विसटु मेलि मेरे गोविन्दा हरि मेले करि रैबारी जीउ[6] *।।*

4।।3।।29।।67।।

अर्थात् मैंने मध्यस्थ अथवा विचोला गुरु पा लिया है। उस मध्यस्थ गुरु ने मुझे प्रभु से जोड़ दिया।

सद्‌गुरु विहीनता का परिणाम—लाखों कर्म करने से भी बिना गुरु के परमात्मा की प्राप्ति नहीं होती—

---

1. श्री गुरुग्रन्थ साहिब, गउड़ी की वार, महला 4, पृष्ठ 302
2. श्री गुरुग्रन्थ साहिब, रागु सूही, महला, पृष्ठ 753
3. श्री गुरुग्रन्थ साहिब, बिलावसु, महला 5, पृष्ठ 827
4. श्री गुरुग्रन्थ साहिब, गोंड, महला 5, पृष्ठ 864
5. श्री गुरुग्रन्थ साहिब, गउड़ी-पूरबी, महला, पृष्ठ 171
6. श्री गुरुग्रन्थ साहिब, गउड़ी की माझ, महला 4, पृष्ठ 174

बिनु गुर दाते कोई न पाए। लख कोटी जे करम कमाए।।15।।4।।13।।

मारू सोलहे, महला 3, पृष्ठ 1057

कोई करोड़ों यत्न क्यों न करे, किन्तु बिना गुरु के कोई भी तर नहीं सकता—

कोटि जतना करि रहे गुर बिनु तरिओ न कोई।।2।।24।।94।।

सिरी रागु, महला 5, पृष्ठ 51

सैकड़ों चन्द्रमाओं और सहस्त्रों सूर्यों का प्रकाश भी बिना गुरु के घनघोर अन्धकार ही है।

जे सउ चंदा उगवहिं सूरज चड़हिं हजार।
एते चानण होदिआं गुर बिनु घोर अंधार।।

आसा की वार, महला 2, पृष्ठ 463

षट्-दर्शन, योगी संन्यासी आदि बिना गुरु के भ्रमित ही रहते हैं।[1] बिना गुरु के बड़े-से-बड़े को भी कष्ट भोगना पड़ा। ब्रह्मा, राजा बलि, राजा हरिश्चन्द्र, हिरण्यकश्यप, रावण, सहस्त्रबाहु, मधुकैटभ, महिषासुर, जरासन्ध, कालयमन, रक्तबीज, कालनेमि, दुर्योधन, जन्मेजय, कंस, केशी तथा चाण्डूर आदि इसके प्रत्यक्ष प्रमाण है।[2] अत; जिन्होंने सद्गुरु का साक्षात्कार नहीं किया, उनका जन्म निरर्थक है।[3] बिना गुरु के मोह रूपी अन्धकार का प्राबल्य रहता है और पुनः-पुनः संसार-सागर में डूबना पड़ता है।[4] सद्गुरु से जो विमुख होते हैं, वे परम अभागे होते हैं। वे निरन्तर दुःख ही कमाते हैं और मृत्यु सदैव उनकी प्रतीक्षा करती रहती है। वे लोग स्वप्न में भी सुख का दर्शन नहीं करते और अनेक चिन्ताओं में जलते रहते है।[5] जो लोग सद्गुरु से मुँह फेरते हैं और उससे विमुख रहते हैं, उनकी अत्यन्त बुरी दशा होती है। वे प्रतिदिन बाँध जाते हैं और मारे

---

1. श्री गुरुग्रन्थ साहिब, षटु दरसन जोगी संनिआसी बिनु गुर भरमि भुलाए।।5।।5।।22।।
   सिरी रागु, महला 3, पृष्ठ 67
2. श्री गुरुग्रन्थ साहिब, ब्रह्मै गरबु कीआ नहीं जानिआ।।1।।
   ....
   कंसु केसु चाण्डूरु न कोई।।11।।9
   रागु गउड़ी, महला 1, पृष्ठ 224-25
3. श्री गुरुग्रन्थ साहिब, जिनी दरसनु जिनी दरसनु सतिगुर पुरख न पाइआ राम।
   तिन निहफल तिन निहफल जनमु गवाइआ राम।।3।।3।। वडहंसु, महला 4, पृष्ठ 574
4. श्री गुरुग्रन्थ साहिब, बाझु गुरु है मोह गुबारा। फिरि फिरि डूबै बारोबारा।।8।।2।।24।।
   मारू, सोलहे, महला 3, पृष्ठ 1068
5. श्री गुरुग्रन्थ साहिब, सतगुर ते जो मुह फेरहि मथे तिन काले। अनुदिनु दुख कमावदे नित जोहे जमजाले।।
   सुपनै सुखु न देखनी बहु चिंता परजाले।।
   3।।9।।42।। सिरी रागु, महला 3, पृष्ठ 30

जाते हैं। उन्हें फिर परमात्मा प्राप्ति भी वेला नहीं प्राप्त होती।[1] जो व्यक्ति सद्गुरु से मुँह फेरे हुए है, उन्हें कोई ठौर-ठाँव नहीं है।[2] बिना गुरु के लोग घनघोर अन्धकार में अज्ञानी और अन्धों के समान हैं। उनकी दशा विष्ठा के कीट के समान है। जिस प्रकार विष्ठा का कीट, उसी में उत्पन्न होता है, उसी में रहता है और अन्त में उसी में मर भी जाता है, उसी भाँति बिना गुरु के लोग विषयों में रहते हैं और विषयों में ही मर-खप जाते हैं।[3] बिना गुरु के परमात्मा के महल और उसके नाम की प्राप्ति नहीं होती है।[4]

असद्गुरु—गुरु की इतनी महत्ता देखकर, अनेक विषयी सांसारिक मनुष्य भी सद्गुरु बनाने का ढोंग करने लगे। ऐसे गुरुओं को असद्गुरु अथवा अन्धा गुरु कहा गया है। अन्धे गुरु से भ्रम निवारण नहीं हो सकता, क्योंकि वह मूल परमात्मा को त्यागकर द्वैत भाव में ही लिप्त रहता है। वह विषय रूपी विष में मतवाला है और अन्त में विष ही में समा जाता है।[5]

गुरु नानक देव ने ऐसे असद्गुरु की तीव्र भर्त्सना की है। उनका कथन है कि ऐसे असद्गुरु झूठ बोलते हैं और हराम का खाते हैं। उनके स्वयं तो ऐसे आचरण हैं, पर फिर भी दूसरों को उपदेश देते हैं। ऐसा गुरु तो स्वयं नष्ट ही होता है, पर अपने साथ-ही-साथ दूसरों को भी नष्ट करता है। ऐसे असद्गुरु संसार में अगुआ (गुरु) के नाम से प्रसिद्ध होते हैं।[6] ऐसे अंधे गुरु के शिष्य को ठौर-ठिकाना नहीं प्राप्त हो सकता।[7] ऐसा अंधा गुरु, जो दूसरों को राह दिखाता

---

1. श्री गुरुग्रन्थ साहिब, सतिगुर ते जो मुंह फेरे ते बेमुखि बुरे दिसंनि।
   अनुदिनु बधे मारीअनि, फिरि वेला ना लहिन।।1।।1।।9।।
   रागु गउड़ी, बैरागणि, महला 3, पृष्ठ 233
2. श्री गुरुग्रन्थ साहिब, जो सतिगुरु ते मुहं फिरे तिना ठउर न ठाउ।।
   सोरठि की वार, महला 3, पृष्ठ 645
3. श्री गुरुग्रन्थ साहिब, बाझु गुरु है अंध गुबारा। अगिआनी अंधाधुंधु अंधारा।। विसटा के कीड़े विसटा कमावहि फिरि विसटा माहि पचावणिआ।। 5।।11।।12।।
   माझु, महला 3, पृष्ठ 116
4. श्री गुरुग्रन्थ साहिब, बिनु गुर महलु न पाईऐ नामु न परापति होई ।।3।।11।।4।।
   सिरी रागु महला 3, पृष्ठ 30
5. श्री गुरुग्रन्थ साहिब, अन्धै गुरु ते भरमु न जाई।।
   मूलु छाड़ि लागै दूजै भाई।।
   विखु का माता बिखु माहि समाई।।
   रागु गउड़ी, गुआरेरी, महला 3, पृष्ठ 232
6. श्री गुरुग्रन्थ साहिब, कूड़ू बोलि मुरदारु खाइ। अवरी नो समझावणि जाइ। मूठा आपि मुहाए साथै। नानक ऐसा आगू जापै।। माझ की वार, महला 1, पृष्ठ 140
7. श्री गुरुग्रन्थ साहिब, गुरु जिना का अंधुला चेलै नाहीं ठाउ।।3।।8।।
   सिरी रागु, महला 1, पृष्ठ 58

है, सभी को नष्ट करता है।[1] यदि अंधा मार्ग-प्रदर्शक हो, तो किस प्रकार मार्ग का पता चला सकता है?''[2]

गुरु अमरदास जी ने अन्धे गुरु का वर्णन इस प्रकार किया है—"जो गुरु अन्धे हैं, उनके शिष्य भी अन्धे ही कर्मों में प्रवृत्त होते हैं। वे अपनी मरजी के अनुसार कार्य करते हैं और नित्य ही झूठ बोलते हैं। वे नित्य प्रति झूठ और असत्य कमाते हैं और दूसरों की निन्दा में रत रहते हैं। ऐसे निन्दक स्वयं तो डूबते ही हैं अपने कुटुम्बवालों को भी डुबो देते हैं परन्तु उन बेचारे शिष्यों का क्या अपराध है? वे बेचारे तो जिस प्रकार के कार्य में प्रेरित करके लगाये जाते हैं, उसी प्रकार लगते हैं।''[3]

सद्‌गुरु कौन है?—ढोंगी और पाखण्डी गुरुओं से बचना कठिन है, क्योंकि वे अपने पाखण्ड और ढोंग का ऐसा जाल फैलाते हैं कि उसमें बड़े-बड़े लोग भी फँस जाते हैं। श्री गुरुग्रन्थ साहिब में स्थान-स्थान पर सद्‌गुरु के लक्षण दिये गये हैं। यदि विवेकी साधक आँख खोलकर उन लक्षणों की ठीक-ठीक मीमांसा करें, तो उन्हें असद्‌गुरु और सद्‌गुरु में अन्तर विदित हो जायगा।

गुरु अर्जुन देव ने सद्‌गुरु का सर्वप्रथम लक्षण यह बतलाया है कि वही व्यक्ति सद्‌गुरु है, जिसने सत्य पुरुष अर्थात् परमात्मा का साक्षात्कार कर लिया है। ऐसे ही सद्‌गुरु द्वारा सिक्ख का उद्धार होता है—

सति पुरखु जिनि जानिआ सतिगुरु तिसका नाउ।
तिसकै संगि सिक्खु उधरै नानक हरि गुन गाउ[4] *।।1।।18।।*

तथा

ब्रहमु विन्दे सो सतिगुरु कहीऐ हरि हरि कथा सुणावै[5] *।।4।।4*

गुरु रामदास जी के एक पद पर विचार करने से सद्‌गुरु के लक्षण निम्नलिखित ज्ञात होते हैं[6]—

---

1. श्री गुरुग्रन्थ साहिब, नानक अंधा होई कै दसै राहै सभसु मुहाए साथै।
   माझ की वार, महला 1, पृष्ठ 140
2. श्री गुरुग्रन्थ साहिब, अंधा आगू जो थीए किउ पाधरु जाणै।।6।।2।।5।।
   सूही, महला 1, पृष्ठ 767
3. श्री गुरुग्रन्थ साहिब, गुरु जिना का अंधुला सिक्ख भी अंधे करम करेनि।
   ....
   नानक जितु ओइ लाए तिनु लगै ओइ बपुड़े किआ करेनि।।
   रामकली की वार, महला 3, पृष्ठ 951
4. श्री गुरुग्रन्थ साहिब, गउड़ी सुखमनी, महला 5, पृष्ठ 286
5. श्री गुरुग्रन्थ साहिब, मलार, महला 5, पृष्ठ 1264
6. श्री गुरुग्रन्थ साहिब, वाहु वाहु सतिगुरु पुरखु है जिनि सचु जाता सोइ।
   ....
   नानक सतिगुरु वाहु वाहु जिसते नाम परापति होइ।।
   सलोक, महला 4, सलोक वारां ते वधीक, पृष्ठ 1421

1. जिसने सत्य का साक्षात्कार कर लिया हो।
2. जिसके मिलने से तन, मन शीतल हो।
3. जो सबके प्रति समान भाव रखता हो।
4. जो निन्दा और स्तुति में समान हो।
5. जो ब्रह्म-विचार में निमग्न रहे।
6. जो सत्य परमात्मा में दृढ़ निश्चय करावे।
7. जिससे नाम की प्राप्ति हो।

गउड़ी सुखमनी की अट्ठारहवीं अस्टपदी में गुरु अर्जुन देव ने सद्गुरु की निम्नलिखित विशेषताएँ दी हैं—

"सद्गुरु अपने शिष्यों की सदैव पालना करता है और अपने सेवकों के ऊपर सदैव कृपालु बना रहता है। वह दुमर्ति से शिष्य का निवारण करता है। गुरु अपने वचनों द्वारा शिष्य से प्रभु का पवित्र नाम जप कराता है। वह शिष्य के सारे बंधनों को काटता है। गुरु का सच्चा शिष्य (गुरु की प्रेरणा से) विकारों से हट जाता है। गुरु अपने शिष्य को ज्ञान रूपी धन देता है। सचमुच ही सच्चे गुरु का शिष्य अत्यन्त भाग्यशाली होता है, क्योंकि उसके ऊपर गुरु की महान् छत्रच्छाया रहती है। सद्गुरु अपने शिष्य के लोक-परलोक, दोनों ही सुधारता है। नानक का कथन है, कि सद्गुरु अपने शिष्यों को रक्षा अपने प्राण की भाँति करता है।"[1]

गुरु नानक देव गुरु के सद्गुणों के सम्बन्ध में अपने विचार निम्नलिखित ढंग से व्यक्त किये हैं—

"मैं अपना गुरु उसे बनाता हूँ, जो हृदय में सच्चाई को दृढ़ कराता है। अकथनीय परमात्मा का यह कथन करता है और साथ ही शब्दब्रह्म से मिलाप कराता है। परमात्मा के लोगों का कुछ दूसरा कार्य अथवा व्यवसाय ही नहीं रहता। सत्य परमात्मा को सत्य ही प्यारा होता है।[2]

गुरु रामदास जी ने कहा है कि विवेकी और समदर्शी गुरु के मिलने से ही शंकाओं की निवृत्ति होती है। ऐसे सद्गुरु की प्राप्ति से परम पद की प्राप्ति होती है। मैं ऐसे सद्गुरु की बलैया लेता हूँ।[3]

---

1. श्री गुरुग्रन्थ साहिब, सतिगुरु सिख की करै प्रतिपाल।
   ....
   नानक सतिगुरु सिख कउ जिअ नालि सभारै।।1।।18।।
   गउड़ी सुखमनी, महला 5, पृष्ठ 286
2. श्री गुरुग्रन्थ साहिब, सो गुर करउ जि साचि दृड़ावै।
   ....
   साचउ ठाकुर साचु पिआरा।।2।।2।।
   धनासरी, महला 1, पृष्ठ 686
3. श्री गुरुग्रन्थ साहिब, विवेकु गुरु गुरु समदरसी तिसु मिलऐ संकु उतारे।
   सतिगुर मिलीऐ परम पदु पाइआ हउ सति-गुर कै बलिहारे।।3।।2।।
   नट नाराइन, महला 4, पृष्ठ 981

उपर्युक्त विवेचन से यह भली भाँति सिद्ध हो गया कि वास्तविक गुरु कौन है और उसके क्या लक्षण हैं?

परमात्मा की कृपा सद्गुरु की प्राप्ति—उपर्युक्त लक्षणों और गुणोंवाला सद्गुरु अपने बल से नहीं प्राप्त होता। ऐसे गुरु की प्राप्ति में ईश्वरीय विधान ही होता है। सिक्ख गुरुओं ने स्थान-स्थान पर इस बात का संकेत किया है कि परमात्मा की अलौकिक कृपा ही सद्गुरु की प्राप्ति होती है—

पूरै भागि सतिगुरु पाईऐ जे हरि प्रभु बखस करेइ।।

बिलावलु की वार, महला 3, पृष्ठ 851

नदरि करै ता गुरु मिलाए ।।2।।2।।11।।

मारू सोलहे, महला 3, पृष्ठ 1054

आपै दइआ करे प्रभु दाता सतिगुरु पुरखु मिलाए।

रागु सूही, महला 4, पृष्ठ 773

परमात्मा की कृपा के साथ-ही-साथ गुरु-प्राप्ति के लिए अपने अहंभाव को नष्ट कर देना आवश्यक है। जो अपने आपेपन को गँवा देता है, उसी को सद्गुरु की प्राप्ति होती है।

नानक सतिगुरु तद ही पाए जां विचहु आपु गवाए।।2।।

विहागड़े की वार, महला 3, पृष्ठ 550

गुरु-शिष्य सम्बन्ध—गुरु और शिष्य का सम्बन्ध सांसारिक सम्बन्ध नहीं है। यह दिव्य सम्बन्ध है। यही कारण है कि सच्चा शिष्य पुत्रों से भी बढ़कर प्रिय हो जाता है, यहाँ तक कि आपना ही शरीर हो जाता है। गुरु नानक देव द्वारा गुरु अंगद देव का नामकरण ही इस बात का प्रत्यक्ष प्रमाण है। गुरु शिष्य के ऊपर माता-पिता की भाँति स्नेह करता है।

मेरा पिआरा प्रीतमु सतगुरु रखवाला।
हम बारिक दीन करहु प्रतिपाला।।

माझ, महला 4, पृष्ठ 94

कहीं-कहीं गुरु को पिता, माता, भाई, सखा, सहायक, सब-कुछ माना गया है—

तूं गुरु पिता तू है गुरु माता तूं गुरु। बंधपु मेरा सखा सहाई।।

गउड़ी, वैरागणि, महला 4, पृष्ठ 167

सद्गुरु समुद्र है और शिष्य नदियाँ हैं। जिस प्रकार नदियाँ पृथक्-पृथक् दीख-पड़ती हैं, परन्तु जब समुद्र में जाकर मिलती हैं, तो अपने नाम और रूप को खोकर समुद्र रूप ही हो जाती हैं, उसी प्रकार शिष्यों का पृथक्-पृथक् अस्तित्व है। परन्तु जब वे सद्गुरु के साथ मिलते हैं तो अपने पृथक् नाम रूप को त्याग कर, सद्गुरु के साथ एक हो जाते हैं।

गुरु समंदु नदी सभि सिखी नातै जितु वडिआई।।

माझ की वार, महला 1, पृष्ठ 150

पूर्णावस्था में सिक्ख और गुरु एक हो जाते हैं—

गुरु सिखु सिखु गुरु है एको गुर उपदेसु चलाए।
राम नाम मंतु हिरदै देवै नानक मिलणु सुभाए।।8।।2।।9।।

राणु आसा, महला 4, पृष्ठ 444

सद्गुरु से दुराव नहीं करना चाहिए—सद्गुरु के प्राप्त होने पर, वही साधक उससे पूरा-पूरा लाभ उठा सकता है, जो उसमें पूर्ण श्रद्धा, विश्वास और भक्ति रखता हो। जैसा भाव होता है, वैसी ही सिद्धि होती है। इसीलिए सद्गुरु को परमात्मा का साक्षात् स्वरूप समझना चाहिए। जो निरंकार की ज्योति सद्गुरु में प्रतिष्ठापित है, वह परमात्मा की ही अखण्ड ज्योति है। गुरु अमरदास जी ने इसीलिए कहा है कि हम जिस प्रकार सद्गुरु में भाव रखते हैं, उसी प्रकार का हमें सुख प्राप्त होता है—

जेहा सतिगुरु करि जाणिआ तेहो जेहा सुखु होइ।।4।।11।।44।।

सिरी रागु, महला 3, पृष्ठ 30

गुरु के प्रति पूर्ण निष्कपट और सरल होना चाहिए। गुरु के तिलमात्र भी दुराव करने से कल्याण नहीं होता। जो गुरु से अपने को छिपाते हैं, उन्हें कहीं भी ठौर-ठिकाना नहीं मिलता। उनके लोक-परलोक दोनों ही नष्ट हो जाते हैं और परमात्मा के द्वारा पर भी स्थान नहीं प्राप्त होता—

जिनि गुरु गोपिआ आपणा तिसु ठउर न ठाउ।।
हलतु पलतु दोवै गये दरगह नाही थाउ।।

जिन्होंने अपने को गुरु से छिपाया है, वे अत्यन्त बुरे हैं। उनका देखना वर्जित है, क्योंकि वे पापी और हत्यारे हैं—

जिना गुरु गोपिआ आपणा ते नर बुरिआरी।
हरि जीउ तिनका दरसनु ना करहु पापिसट हतिआरी।।

सोरठि की वार, महला 3, पृष्ठ 651

अतः सद्गुरु के प्रति पूर्ण निष्कपट होना चाहिए।

गुरु-सबद—सबद का तात्पर्य 'वचन', 'उपदेश', 'शिक्षा' आदि से है। 'गुरु सबद' और 'गुरु वाणी' एक ही हैं। गुरु की वाणी और गुरु में तिलमात्र भी अन्तर नहीं है। जो गुरु-वाणी है, वही गुरु है और जो गुरु है, वही गुरु वाणी है। गुरुवाणी अथवा गुरुसबद में अमृत का निवास है।[1] गुरु का सबद जो नहीं जानते वे अन्धे और बावले हैं। ऐसे प्राणी भला संसार में क्यों उत्पन्न हुए? वे लोग परमात्मा के रस को नहीं पाते और अपना अमूल्य मनुष्य-जीवन व्यर्थ ही नष्ट

1. श्री गुरुग्रन्थ साहिब, वाणी गुरु गुरु है वाणी विचि वाणी अंमृत सारे।।
नटनाराइन, महला 4, पृष्ठ 982

करके, बार-बार जन्म धारण करते हैं। ऐसे अन्धे, मूर्ख और मनमुख विष्ठा के कीड़े के समान विष्ठा ही में समा जाते हैं।[1] अनेक प्रकार के शारीरिक तपों से अथवा भयानक ऊर्ध्व तप करने से अहंकार की निवृत्ति नहीं होती। अनेक भाँति के आध्यात्मिक कर्म करने से भी परमात्मा के पवित्र नाम की प्राप्ति नहीं होती। परन्तु गुरु के सबद के अनुसार जीवित ही मर जाने से परमात्मा पवित्र नाम में आ बसता है।[2] जो व्यक्ति गुरु के सबद पर मरता है, वह ऐसा मरता है, कि उसे फिर मरने की आवश्यकता नहीं पड़ती। गुरु के 'सबद' से हरि नाम की प्राप्ति होती है और नाम प्यारा लगता है। बिना गुरु के 'सबद' के सारा जगत् भटककर इधर-उधर घूमता फिरता है। बार-बार मरता है और जन्म लेता है।[3] जो गुरु के 'सबद' पर विचार करते हैं, उन्हें परमात्मा का भय प्राप्त होता है, सत्संगति मिलती है और सच्चे परमात्मा का गुणगान करने की बुद्धि प्राप्त होती है। इसी से परमात्मा हृदय में आ बसता है और दुविधा की मैल कट जाती है। उसकी वाणी सच्ची होती है, उसके मन में परमात्मा का वास होता है। वह परमात्मा से ही प्रेम करता है।[4] सारांश यह कि गुरुवाणी मन में बसाने से माया के बीच में रहते हुए भी निरंजन परमात्मा की प्राप्ति होती है और साधक की ज्योति परमात्मा की अखण्ड ज्योति से मिलकर एक हो जाती है।[5]

सद्‌गुरु में आत्म-समर्पण भाव—गुरु में आत्मसमर्पण-भाव मौखिक नहीं होना चाहिए, बल्कि अपना तन और मन गुरु को बेंच देना चाहिए और यदि

---

1. श्री गुरुग्रन्थ साहिब, सबदु न जाणहि अंने बोले से कितु आए संसार।।
   ....
   बिसटा के कीड़े बिसटा माहि समाणे मनमुख, मुगध, गुबारा।।
   सोरठि, महला 3, पृष्ठ 601
2. श्री गुरुग्रन्थ साहिब, कांइआ साधै उरध तपु करै, विचहु हउमै न जाइ।
   ....
   गुरु के सबदि जीवतु मरै हरिनामु बसै मनि आइ।।
   सिरी रागु, महला 3, पृष्ठ 33
3. श्री गुरुग्रन्थ साहिब, सबदि मरै सो मरि रहै फिरि मरै न दूजी बार।
   ....
   बिनु सबदै जगु भूला फिरै मरि जनमै बारोबार।।
   सिरी रागु, महला 1, पृष्ठ 58
4. श्री गुरुग्रन्थ साहिब, आपणा भउ तित पाइओनु जिन गुर का सबहु वीचारि।
   ....
   सची वाणी सच मनि, सचै नालि पिआरु।।
   सिरी रागु, महला 3, पृष्ठ 35
5. श्री गुरुग्रन्थ साहिब, हउ वारी जीउ वारी गुर की वाणी मनि वसावणिंआ।
   अंजन माहि निरंजनु पाइआ जोती जोति मिलावणिआ।।
   माझ, महला 3, पृष्ठ 112

आवश्यकता पड़े तो सिर के साथ मन भी सौंप देना चाहिए।[1] जो सद्गुरु परमात्मा से मिलाप कराता है उसे अपना तन, मन और धन अर्पित कर देना चाहिए इसी से भ्रम और यम कटते हैं और यमराज की प्रतीक्षा भी समाप्त हो जाती है।[2] सद्गुरु में मन और बुद्धि अर्पित कर देने से गुरु की कृपा से अकथ परमात्मा की प्राप्ति होती है।[3] इस प्रकार अनन्य भाव से गुरु के चरणों में अपने को अर्पित कर देना चाहिए।

सद्गुरु की विविध सेवाएँ—बड़े भाग्य से गुरु की सेवा का अवसर प्राप्त होता है। गुरु और परमात्मा में कोई अन्तर नहीं है। इसलिए गुरु की सेवा परमात्मा की ही सेवा है।[4] सद्गुरु की सेवा सचमुच बड़ी कठिन है। यदि सिर देने से, अपने को नष्ट करने से भी गुरु सेवा का शुभ अवसर प्राप्त हो, तो उसे करने में नहीं चूकना चाहिए।[5] गुरु की वाह्य और आन्तरिक सेवाएँ दोनों ही बरनी चाहिए। बाह्य सेवा के अन्तर्गत उसकी शारीरिक सेवा है। गुरुराम दास जी कहते हैं, "जो सद्गुरु परमात्मा का अलौकिक प्रेम प्रदान करता है, उसकी सेवा तन-मन से करनी चाहिए। उस पूर्ण सद्गुरु को नित्य पंखा करना चाहिए। उसका पानी भरना चाहिए।"[6] इसी प्रकार गुरु अर्जुन देव भी शारीरिक सेवा का आदर्श बतलाते हुए कहते हैं, 'गुरु के चरणों को धोकर पीना चाहिए। गुरु के चरणों की धूलि में स्नान करना चाहिए। उसे पंखा करना चाहिए और उसके घर का पानी भरना चाहिए, उसका आटा नित्य पीसना चाहिए।"[7]

आगे चलकर गुरु का यही बाह्य अथवा शारीरिक सेवा आन्तरिक सेवा में परिणत हो जाती है। गुरु की एकनिष्ठ होकर आराधना करनी ही उसकी

---

1. श्री गुरुग्रन्थ साहिब, तनु मनु गुर पहि वेचिआ मनु दीआ सिरु नालि।।4।।17।।
   सिरी रागु, महला 1, पृष्ठ 20
2. श्री गुरुग्रन्थ साहिब, तनु मनु धनु अरपउ तिसै प्रभू मिलावै मोहि।
   नानक भ्रम भउ काटिऐ चूकै जम की जोह।।
   गउड़ी, बावन अखरी, महला 5, पृष्ठ 256
3. श्री गुरुग्रन्थ साहिब, मनु बुधि अरपि धाउ गुट आगै परसादि मैं अकथु कथाईआ।।3।।3।।6।।
   विलावलु, महला 4, पृष्ठ 834
4. श्री गुरुग्रन्थ साहिब, बड़ै भाग गुरु सेवहि अपुना, भेदु नाही, गुरुदेव मुरार।। गूजरी महला 1, पृष्ठ 504
5. श्री गुरुग्रन्थ साहिब, सतगुर की सेवा गाखड़ी, सिरु दीजै आपु गवाई।। सिरी रागु, महला 3, पृष्ठ 27
6. श्री गुरुग्रन्थ साहिब, जो हरि प्रभु काभै देह सनेहा। तिसु मनु तनु अपणा देवा।।
   नित पंखा फेरी सेना कमावा। तिसु आगै पानी ढोवा।। वडहंसु, महला 4, पृष्ठ 561
7. श्री गुरुग्रन्थ साहिब, गुरु के चरण धोइ धोइ पीवा।
   ....
   तिस गुरु कै गृह पीसउ नीत।।5।।9।। गउड़ी गुआरेरी महला 5, पृष्ठ 239-40

आन्तरिक सेवा हैं। गुरु अर्जुन देव ने उसका रूप इस भाँति बताया है, "अन्तःकरण से सद्गुरु की आराधना करनी चाहिए। जिह्वा से गुरु का जप करना चाहिए। नेत्रों से भक्ति-भाव से सद्गुरु का दर्शन करना चाहिए। कानों से गुरु का शब्द सुनना चाहिए।"[1]

गुरु में जब पूर्ण और एकनिष्ठ भक्ति होती है तभी उसकी आन्तरिक सेवा हो सकती है, तभी श्वास-प्रश्वास से उनका स्मरण और जप हो सकता है, तभी गुरु को अपना प्राण समझा जा सकता है और तभी उसको अपनी सर्वस्व राशि समझने की बुद्धि प्राप्ति होती है।[2]

सद्गुरु की सेवा एवं कृपा का फल—सद्गुरु की सेवा और कृपा का महान् फल होता है। समस्त श्री गुरुग्रन्थ साहिब के पृष्ठ-पृष्ठ में उसका दर्शन है। गुरु की कृपा एवं सेवा से लौकिक एवं पारलौकिक दोनों ही प्रकार के कल्याण होते हैं। लौकिक सुखों में बड़ी-बड़ी सिद्धियाँ और अनेक प्रकार के सुखों की गणना की जा सकती है। पारमार्थिक कल्याण में विवेक, वैराग्य, ज्ञान, योग और भक्ति सभी का समावेश है।

पूर्ण गुरु की आराधना से सारे कार्यों की सिद्धि होती है और सारे मनोरथों की पूर्ति होती है—

गुरु पूरा आराधे। कारज सगले सगले साधे।
सगल मनोरथ पूरे। बाजे अनहद तूरे[3] *।।1।।18।।82।।*

सद्गुरु की प्राप्ति से ऋद्धियाँ-सिद्धियाँ तक चेरी हो जाती हैं। इनकी प्राप्ति सांसारिक ऐश्वर्य प्राप्ति की चरमसीमा है। ऋद्धि-सिद्धि की प्राप्ति से बढ़कर कोई भी सांसारिक विभूति नहीं है—

सतगुरु मिलिऐ, उलटी भई नव निधि खरचिउ खाउ।
अठारह सिधि पिछै लगीआ फिरनि निज घर बसै निज थाई।।[4]

परन्तु सच्चा मुमुक्षु तो इनकी ओर फूटी आँख से भी नहीं देखता। विवेकी साधक तो ज्ञान, भक्ति और वैराग्य ही चाहता है और उसे मिलता भी है। सद्गुरु

---

1. श्री गुरुग्रन्थ साहिब, अंतरि गुरु आराधणा, जिह्वा जपि गुर नाउ।।
   नेत्री सतिगुरु पेखणा, सुवणी सुनणा गुर नाउ।।
   गूजरी की वार, महला 5, पृष्ठ 517
2. श्री गुरुग्रन्थ साहिब, तिसु गुरु कउ सिमिरउ सासि सासि।।
   गुरु मेरे प्राण सतिगुरु मेरी रासि।।1।।रहाउ।।9।।
   गउड़ी, महला 5, पृष्ठ 239
3. श्री गुरुग्रन्थ साहिब, सोरठि महला 5, पृष्ठ 629
4. श्री गुरुग्रन्थ साहिब, सिरि रागु की वार, महला 3, पृष्ठ 91

की प्राप्ति की वास्तविक सिद्धि तो जन्म-मरण का नाश है।[1] गुरु के प्रसाद से ही अहंकार का सर्वथा नाश होता है।[2] सद्‌गुरु की महती अनुकम्पा से ही ब्रह्मज्ञान की प्राप्ति होती है।[3] सद्‌गुरु की कृपा से ही योग की बड़ी-से-बड़ी सिद्धियाँ— अनाहत सबद, दशम द्वार की प्राप्ति होती है।[4]

सद्‌गुरु की सेवा से ही परमात्मा का भय, वैराग्य, भक्ति, प्रेम आदि प्राप्त होते हैं—

गुर सेवा नाउ पाईऐ सचै रहे समाइ।
सबदि मंनिऐ गुरु पाईऐ बिचहु आपु गवाइ।
अनुदिनु भगति करै सदा साचै की लिव लाइ।।
नामु पदारथु मनि बसिआ नानक सहजि समाइ।।[5]4।।19।।52।।

एवं,

सति गुर दाते नामु द्रिड़ाइआ।
बड़ भागी गुर दरसनु पाइआ[6]।।3।।6।।

गुरु अमरदास जी ने सद्‌गुरु सेवा से प्राप्त होनेवाले फलों का निम्नलिखित ढंग से एकत्रीकरण किया है[7]—

1. अमृत-रस प्राप्त होना।
2. स्वयं तरना और सारे कुल को तारना।
3. हृदय में नाम का निवास हो जाना।
4. नाम में अनुरक्त होकर संसार-सागर से पार होना।
5. सदैव प्रभु का सेवक बने रहना।
6. अहंकार का नाश होना।

---

1. श्री गुरुग्रन्थ साहिब, ऐ मन ऐसा सतिगुरु खोजि लहु जित सेविऐ जनम मरण दुखु जाइ।। वडहंस की वार, महला 3, पृष्ठ 591
2. श्री गुरुग्रन्थ साहिब, गुर परसादी हउमैं जाए।।8।।8।।9।। माझ महला 3, पृष्ठ 114
3. श्री गुरुग्रन्थ साहिब, कहु नानक गुरि ब्रहमु दिखाइआ।
मरता जाता नदरि न आइआ।।4।।4।। गउड़ी महला 1, पृष्ठ 152
4. श्री गुरुग्रन्थ साहिब, सतिगुर मिलिऐ धावतु थम्हिआ निजघरि बसिआ आए।।
....
तह अनेक बाजे सदा अनहदु है सचै रहिआ समाए।। आसा, महला 3, पृष्ठ 440-41
5. श्री गुरुग्रन्थ साहिब, सिरी रागु, महला 3, पृष्ठ 33-34
6. श्री गुरुग्रन्थ साहिब, माझ, महला 4, पृष्ठ 96
7. श्री गुरुग्रन्थ साहिब, ऐ मन मेरे भरमु न कीजै।
....
नानक नामि रते निहकेवल निरवाणी।।
गउड़ी गुआरेरी, महला 3, पृष्ठ 161-62

7. आन्तरिक हृदय-कमल का प्रस्फुटित होना।
8. अनाहत शब्द प्राप्त होना।
9. आत्म-स्वरूप में स्थित होना।
10. गृह में ही उदासीन बन जाना।
11. सच्ची वाणी प्राप्त होना।
12. शाश्वत भक्ति में रमण करना।
13. निरन्तर परमात्मा का जप करना।
14. निर्वाणावस्था प्राप्त होना।

गुरु-सेवा और गुरु की कृपा से प्राप्त होनेवाले फल असंख्य हैं। उनकी गणना की ही नहीं जा सकती। गुरु-सेवा से प्राप्त होनेवाले फलों का साधारण प्राणी अनुमान ही नहीं कर सकता। उन्हें तो कोई पूर्ण सद्गुरु ही जान सकता है।

(आ) नाम

मध्ययुग के सन्तों में नाम के प्रति अपूर्व निष्ठा और विश्वास— मध्ययुग के लगभग सभी सन्तों ने नाम के प्रति अपूर्व श्रद्धा दिखलायी है। इस युग के सगुण और निर्गुण दोनों प्रकार के मत के सन्तों ने नाम की महिमा खूब गायी है। नाम-माहात्म्य भागवत आदि प्रायः सभी पुराणों में पाया जाता है, पर मध्ययुग के भक्तों में इसका चरम विकास हुआ है।[1] कबीर, दरियादेव, दूलनदास, सहजोबाई, गरीबदास, पलटू साहब आदि के नाम के प्रति अपनी असीम श्रद्धा, भक्ति, विश्वास अभिव्यक्त किया है। सगुणवादी कवियों में भी यही विश्वास पाया जाता है। गोस्वामी तुलसीदास जी ने रामचरितमानस[2] के बालकाण्ड के प्रारम्भ में नाम की महिमा विस्तार के साथ गायी है और कहा है कि ब्रह्म और राम अर्थात् निर्विशेष चिन्मयसत्ता और अखण्डानन्त प्रेमस्वरूप भगवान् इन दोनों में नाम बड़ा है। नाम की इतनी महिमा है कि उसका वर्णन स्वयं राम भी नहीं कर सकते।[3] इस प्रकार नाम की महिमा के सम्बन्ध में सभी सन्त एकमत हैं।

श्री गुरु गन्थ साहिब में नाम-माहात्म्य—श्री गुरु ग्रन्थ साहिब जी में नाम की आपर महिमा का गुणगान हुआ है। नाम और नामी में किसी प्रकार का अन्तर नहीं है। दोनों एक हैं। नाम नामी का प्रतीक है। सतिनामु ही कर्त्ता पुरुष, एक और ओंकार है। सारी सृष्टि की रचना नाम ही द्वारा हुई है। नाम ही सारे स्थान बना हुआ है। अत; नाम के बिना स्थान का कोई अस्तित्व नहीं है।[4] समस्त

---

1. हिन्दी साहित्य की भूमिका, हजारीप्रसाद द्विवेदी, पृष्ठ 92
2. ब्रह्म राम ते नाम बड़, बरदायक वरदानि।
   रामचरित सत कोटि महँ, लिय महेस जिय जानि।। रामचरितमानस, बालकाण्ड।
3. कहउँ कहाँ लगि नाम बड़ाई। राम न सकहिं नाम गुन गाई।। रामचरितमानस-बालकाण्ड।
4. श्री गुरुग्रन्थ साहिब, जेता कीता तेता नाउ। विणु नामै नाही को थाउ।। जपुजी, पौड़ी 19, पृष्ठ 4

जीव, खण्ड-ब्रह्माण्ड, स्मृति, वेद, पुराण, श्रवण, ज्ञान, ध्यान, आकाश, पाताल, सारे दृश्यमान् आकार नाम ही द्वारा धारण किये गये हैं।[1] नाम से ही सब उत्पन्न होते हैं और नाम में ही सब समा जाते हैं।[2]

नाम ही चारों वेदों का सार है।[3] अनेक खोजों के पश्चात् नाम ही तत्त्व प्रतीत हुआ है।[4] नाम ही कलियुग का पुरश्चरण है।[5] नाम ही सारे साधनों का साधन है।[6] नाम ही सर्वस्व निधान है।[7] नाम ही जप, तप, संयम का सार है।[8] लाखों, करोड़ों, कर्म और तपस्याएँ नाम के सदृश नहीं हैं।[9] अनेक प्रकार के कठिन व्रत और साधन नाम की समानता नहीं कर सकते।[10] नाम ही रत्न, जवाहर, सत्य, सन्तोष, ज्ञान, सुख और दया का खजाना है और अनुपम भाण्डार है।[11] नाम धन परम धन है, यह स्थिर है, सत्य है। यह धन अग्नि, चोर और यमदूतों द्वारा नष्ट नहीं किया जा सकता।[12] नाम के सौदे में सदा लाभ ही

---

1. श्री गुरुग्रन्थ साहिब, नाम के धारे सगले जंत।
   ....
   नाम कै धारे सगल आकार।। गउड़ी, सुखमनी, महला 5, पृष्ठ 284
2. श्री गुरुग्रन्थ साहिब, नामे उपजै नामे बिनसै नामे सचि समाए।। गउड़ी पूरबी, महला 3, पृष्ठ 246
3. श्री गुरुग्रन्थ साहिब, चतुरथ चारे वेद सुणि सोधिओ ततु बीचारु।
   सरब खेम कलिआण निधि राम नमु जपि सारु।। थिती गउड़ी, महला 5, पृष्ठ 297
4. श्री गुरुग्रन्थ साहिब, खोजत खोजत खोजि बीचारीओ रामु नामु ततु सारा।।1।।10।। सोरठि, महला 5, पृष्ठ 611
5. श्री गुरुग्रन्थ साहिब, नाम ततु कलि यहि पुनहचरना।।
   गउड़ी, बावन अखरी, महला 5, पृष्ठ 254
6. श्री गुरुग्रन्थ साहिब, नामो गिआनु नाम इसनाना हरि नामु हमारै कारज सवारे।।1।।5।।24।।
   कानड़ा, महला 5, पृष्ठ 1302
7. श्री गुरुग्रन्थ साहिब, मेरे सरबसु नामु निधानु ।।1।।7।।8।।
   नट नाराइन, महला 5, पृष्ठ 979
8. श्री गुरुग्रन्थ साहिब, अहिनिसि रामु रमहु रंगि राते एहु जपु तपु संजमु सारा हे।।3।।4।।10।। मारू सोलहे, महला 1, पृष्ठ 1030
9. श्री गुरुग्रन्थ साहिब, हरिनामे तुलि न पुजई जे लख कोटी करम कमाइ ।।2।।14।। सिरी रागु, महला 1, पृष्ठ 62
10. श्री गुरुग्रन्थ साहिब, सरीरु कटाइ होमै करि राती। बरत नेम करै बहु भाती।।
    नही तुलि राम नाम वीचार। नानक गुरमुखि नामु जपीऐ इक बार।
    गउड़ी सुखमनी, महला 5, पृष्ठ 265
11. श्री गुरुग्रन्थ साहिब, रतन जवेहर नाम। सतु संतोखु गिआन।
    ....
    मेरे राम को भंडारु।।1।। रहाउ।।24।। 35।। रामकली, महला 5, पृष्ठ 893
12. श्री गुरुग्रन्थ साहिब, हरि धनु निरभउ सदा असथिरु है साचा।
    इहु हरि धनु अगनी तसकरै पाणीऐ किसै का गवाइआ न जाई।। सूही, महला 4, पृष्ठ 734

लाभ है। माया, मोह सब दुःख रूप है।[1] ये सब खोटे व्यापार हैं।[2] नाम में सारे पदार्थ और अष्ट सिद्धियाँ निहित हैं।[3]

इस प्रकार नाम की 'कीमत' की 'मिति' वर्णनातीत है। सच्चे नाम की तिल मात्र बड़ाई भी वर्णनातीत है।[4] चाहे कथन करते-करते थक भले ही जायँ, परन्तु नाम की कीमत का वर्णन नहीं हो सकता है।[5]

नाम विहीन जीवन—नाम के बिना मनुष्य को लोक-परलोक दोनों ही नष्ट हो जाते हैं। नाम को छोड़कर द्वैत भाव में पड़ने के कारण जप, तप और संयम सभी नष्ट हो जाते हैं।[6] बिना नाम के प्राणी अन्धों के समान भ्रमित होकर भटकता फिरता है और बार-बार जन्मता और मरता है।[7] इसके बिना प्राणी अपवित्र ही बना रहता है।[8] नाम के बिना जितने भी व्यवहार हैं, वे सब मृतक के शृंगार के तुल्य हैं। नाम-विस्मरण करके रसों और भोगों का भोगना सुखविहीन है। उन भोगों के भोगने में स्वप्न में भी सुख प्राप्त होता है। वे शरीर में रोगों की उत्पत्ति के कारण ही बनते हैं...यदि नाम में अनुराग नहीं है, तो करोड़ों कर्मों को करके भी नरक ही जाना पड़ता है। जो व्यक्ति हरि के नाम की आराधना नहीं करते, वे यमपुरी में चोरों की भाँति बाधे जाते हैं।[9] जो नाम को त्यागकर अन्य रसों में भूले

---

1. श्री गुरुग्रन्थ साहिब, बखरु नामु सदा लाभु है।।1।।4।। वडहंसु, महला 3, पृष्ठ 570
2. श्री गुरुग्रन्थ साहिब, माइआ मोहु सभु दुखु है खोटा एहु वापारा राम।।2।।4।। वडहंसु, महला 3, पृष्ठ 570
3. श्री गुरुग्रन्थ साहिब, सगल पदारथ असट सिधि नाम महारस माहि।। रागु गउड़ी वैरागणि, महला 5, पृष्ठ 203
4. श्री गुरुग्रन्थ साहिब, नावै की कीमति मिति कही न जाइ।।1।।8।। धनासरी, महला 3, पृष्ठ 666
5. श्री गुरुग्रन्थ साहिब, साचै नाम की तिलु वडिआई। आखि थके कीमत नहीं पाई।।2।।2।। रागु आसा, महला 1, पृष्ठ 389
6. श्री गुरुग्रन्थ साहिब, नानक नावहु घुथिआ हलतु पलतु सभु जाइ।
   जपु तपु संजमु सभु हिरि लइआ मुठी दूजै भाइ।। सोरठि की वार, महला 3, पृष्ठ 648
7. श्री गुरुग्रन्थ साहिब, विणु नावै सभी डुमणी दूजै भाइ खुआइ।
   ... .
   भरमि भुलाणा अंधुला फिरि फिरि आवै जाइ।। सिरी रागु, महला 3, पृष्ठ 35
8. श्री गुरुग्रन्थ साहिब, मैला हरि के नाम बिनु जीउ।। सारंग, महला 5, पृष्ठ 1224
9. श्री गुरुग्रन्थ साहिब, नाम बिना जेता बिउहार। जिउ मिरतक मिथिआ सींगारु।।2।।
   नामु विसारि रस भोगु।। सुखु सुपनै नहीं, तन महि रोग।।
   ... .
   नाम संगि मनि प्रीति न लावै। कोटि करम करतो नरकि जावै।
   हरि का नामु जिनि मनि न आराधा। चोर की निआई जमपुरि बाधा।।
   रागु गउड़ी, गुआरेरी, महला 5, पृष्ठ 240

रहते हैं, वे नाना भाँति के क्लेश भोगते हैं।[1] जो परमानन्द स्वरूप (नाम) के यश का श्रवण नहीं करते, वे पशु-पक्षी, तिर्यक् योनि के जीवों से भी गये बीते हैं।[2]

नाम ही सारे सुखों का सार है। नाम को छोड़कर मायाजनित सारे कर्म व्यर्थ हैं और क्षार के समान हैं।[3] नाम-रहित यज्ञ, होम, पुण्य, तप और पूजा आदि सब व्यर्थ हैं। इनसे शरीर दुखी ही रहता है और नित्य दुःख ही सहना पड़ता है। नाम के बिना मुक्ति की प्राप्ति नहीं हो सकती।[4] नाम के बिना योग की प्राप्ति नहीं हो सकती।[5] नाम के बिना न तो मुक्ति ही होती है, न अभिमान ही टूटता है।[6] सारांश यह कि नाम के बिना चिन्ता और भूख नहीं मिटती तथा सुख की भी प्राप्ति नहीं होती है।[7] नाम के बिना शान्ति नहीं प्राप्त होती है।[8] इसके बिना तृप्ति भी नहीं मिलती।[9]

परमात्मा के विविध नाम—श्री गुरुग्रन्थ साहिब में परमात्मा के किसी विशेष नाम का ही प्रयोग नहीं हुआ है। गुरुओं ने स्थान-स्थान पर इस बात का संकेत किया है कि परमात्मा के असंख्य नाम हैं। उनकी संख्या इतनी अधिक है कि जिह्वा द्वारा उनकी गणना हो ही नहीं सकती।[10] वे नाम अनेक हैं, उनकी कीमत नहीं पायी जा सकती।[11]

वास्तव में, परमात्मा किसी खास नाम के अन्तर्गत नहीं सीमित किया जा सकता। उसका वास्तविक नाम केवल उसकी सत्यता अथवा अस्तित्व का लक्षण

---

1. श्री गुरुग्रन्थ साहिब, अनरस महि भोलाइआ बिनु नामै दुख पाइ।। आसा, महला 3, पृष्ठ 430
2. श्री गुरुग्रन्थ साहिब, जो न सुनहिं जसु परमानन्दा। पसु पंखीं तृगद जोनि ने मंदा।। गउड़ी, महला 5, पृष्ठ 188
3. श्री गुरुग्रन्थ साहिब, मन रे नाम को सुखसार।
   आन काम बिकार माइआ सगल दीसहि छार।
   सारंग, महला 5, पृष्ठ 1223
4. श्री गुरुग्रन्थ साहिब, जगन होम पुंन तप पूजा देह दुखी नित दूख सहै।
   राम नाम बिनु मुकति न पावसि मुकति नामि गुरमति लहै।। भैरउ, महला 1, पृष्ठ 1127
5. श्री गुरुग्रन्थ साहिब, नानक बिनु नावै जोगु कदे न होवै देखहु हिदै बीचारे। रामकली, महला 1, सिध गोसटि, पृष्ठ 946
6. श्री गुरुग्रन्थ साहिब, राम नाम बिनु मुकति न होई है, तुटै नाही अभिमाने।।
   सारंग, महला 5, पृष्ठ 1205
7. श्री गुरुग्रन्थ साहिब, अंतरि चिंता नैणी सुखी, मूलि न उतरै भुखु।
   नानक सचे नाम बिनु किसै न लथों दुखु।। गउड़ी की वार, महला 5, पृष्ठ 319
8. श्री गुरुग्रन्थ साहिब, राम नाम बिनु सांति न आवै। भैरउ, महला 1, पृष्ठ 1127
9. श्री गुरुग्रन्थ साहिब, राम नाम बिनु तृपति न आवै।। भैरउ, महला 1, पृष्ठ 1127
10. श्री गुरुग्रन्थ साहिब, अनेक असंख नाम हरि तेरे न जाही जिहवा इतु, गनणे।। भैरउ, महला 4, पृष्ठ 1135
11. श्री गुरुग्रन्थ साहिब, तेरे नाम अनेक कीमति नहीं पाई।।
    मारू सोहले, महला 3, पृष्ठ 1067

अथवा प्रतीक हो सकता है। शेष जितने नाम, मनुष्य की भाषा में बरते जाते हैं, वे सभी कृत्रिम नाम हैं। परमात्मा के अस्तित्व का बोधक केवल 'सतिनामु' है, जिसका भाव सर्वव्यापी सत्ता है। परमात्मा के समीप कोई विशिष्ट शब्द अथवा नाम कोई विशेष अर्थ नहीं रखता। नाम तो केवल हार्दिक भावों के प्रकाशन का संकेत मात्र है। परमात्मा घट-घटव्यापी होने के कारण हमारे आन्तरिक भावों को भली भाँति जानता ही है। उसके बुलाने के लिए किसी भाषा की आवश्यकता नहीं है। इसी बात को ध्यान में रखते हुए सिक्ख गुरुओं में परमात्मा का कोई ख़ास नाम नहीं रखा। हिन्दू-मुसलमानों दोनों ही धर्मों में प्रयुक्त होनेवाले नाम गुरुवाणी में बड़ी श्रद्धा से व्यवहृत हुए हैं।[1] गुरुवाणी में सगुण और निर्गुण दोनों ही नामों के प्रयोग हुए हैं, पर उन सबका प्रयोग निर्गुण ही अर्थ में हुआ है।

एक बार शाहंशाह जहाँगीर ने छठें गुरु श्री हरगोविन्द जी से प्रश्न किया, "हिन्दू राम, नारायण, परब्रह्म और परमेश्वर की उपासना करते हैं और मुसलमान अल्लाह के उपासक हैं। इन दोनों अर्थात् हिन्दू-मुसलमानों की उपासनों में क्या अन्तर है?" इस पर गुरु हरगोविन्द जी ने गुरु अर्जुन देव जी द्वारा रचित वाणी द्वारा उत्तर दिया[2]—

कारन करन करीम। सरब प्रतिपाल रहीम।
अलह अलख अपार। खुदि खुदाई वउ बेसुमार।।1।।
ओं नमो भगवंत गुसाईं। खालकु रवि रहिआ सरब ठाई।।1।।रहाउ।।
जगंनाथ जगजीवन माधो। भउ भंजन रिद माहि अराधौ।।
रिखीकेश गोपाल गोविन्द। पूरन सरवत्र मुकंद।।2।।
मिहरबान मउला तू ही एक। पीर पैकाम्बर शेख।।
दिला का मालकु करे हाकु। कुरान कतेब ते पाकु।।3।।
नाराइण नरहर दइआल। रमत राम घट घट आधार।।
बासदेव बसत सभ ठाइ। लीला किछु लखी न जाई।।4।।
पिहर दइआ करि करनै हार। भगती बंदगी देहि सिरजणहार।।
कहु नानक गुरि खोए भरम। एको अलहु पारब्रहम[3] ।।5।।34।।45

उपर्युक्त "शब्द" से भलीभाँति यह सिद्ध हो जाता है कि गुरुओं के लिए अकाल पुरुष के नामों में कोई अन्तर नहीं था। सभी नाम एक ही सत्ता के वाचक हैं। इसीलिए "एको अलहु पारब्रह्म" कहा गया है।[4]

---

1. गुरमति दरशन, शेरसिंह, पृष्ठ 158
2. सिक्ख रिलीजन, भाग 4, मैकालिफ़, पृष्ठ 15
3. श्री गुरुग्रन्थ साहिब, रामकली, महल 5, पृष्ठ 896-97
4. गुरमति दरशन, शेरसिंह, पृष्ठ 159

शेरसिंह जी ने श्री गुरुग्रन्थ साहिब जी तथा दशम ग्रन्थ में प्रयुक्त होनेवाले परमात्मा के नामों का वर्गीकरण निम्नलिखित ढंग से किया है।[1]

1. हिन्दू नाम। 2. मुसलमानी नाम। 3. नवीन नाम।

1. हिन्दू नाम—गुरुवाणी में अकाल पुरुष के लिए निर्गुणी और सगुणी दोनों ही प्रकार के नाम पाये जाते हैं। निर्गुणी नामों ने अच्युत, परब्रह्म, अविनाशी, पूर्ण, सर्वमय, निरंकार, निर्गुण, अपरम्पार, सर्वाधार, अयोनि, स्वयंभू, अकालमूर्ति अव्यक्तअगोचर आदि नामों के प्रयोग मिलते हैं।[2] सगुणी नामों में अधिकांशतः विष्णु के अवतार सम्बन्धी नाम पाये जाते हैं—यथा मधुसूदन, दामोदर, हृषीकेश; गोवर्धनधारी, मुरली-मनोहर, हरि, मोहन, माधव, कृष्ण, मुरारी, धरणीधर, नृसिंह, नारायण, वामन, श्री रामचन्द्र, वनमाली, चक्रपाणि, गोपीनाथ, वासुदेव, मुकुंद, लक्ष्मीनारायण, कमलाकन्त, श्रीरंग, केशव, चतुर्भुज, श्यामसुन्दर, शंखचक्रधारी, जगन्नाथ, गोपाल, शारंगधर, भगवान, बिठूला, धनंजय,[3] गोविन्द, कृष्ण,[4] राम तथा श्रीधर[5] आदि।

2. मुसलमानी नाम—मुसलमानी नामों में अल्लाह, कादिर, करीम, रहीम,[6] खुदा, खालिक़, मिहरबान, मौला, पीर, पैगम्बर, शेख़ और

---

1. गुरमति दरशन, शेरसिंह, पृष्ठ 159
2. श्री गुरुग्रन्थ साहिब, हे अचुत हे पारबहम अविनासी अघनास
   ....
   हे संतह कै सदा संगि निधारा आधार।। पउड़ी 55।।
   गउड़ी, बावन अखरी, महला 5, पृष्ठ 261
   तथा श्री गुरुग्रन्थ साहिब, अमोघ दरसन आजूनी संभउ।
   अकाल मूरित जिंसु कदे नाही खउ।।
   अनिवासी अविगत अगोचर सभु किछु तुझ ही है लगा।।
   मारूझ, महला 5, पृष्ठ 1082
3. श्री गुरुग्रन्थ साहिब, मधुसूदन दामोदर सुआमी।
   ....
   धनंजै जलि थलि है महीऐ।।12।।2।।11।।
   मारू, महला 5, पृष्ठ 1082-83
4. श्री गुरुग्रन्थ साहिब, दीन दइआल गोपाल गोविन्दा हरि धिआवहु गुरमुखि गाती जीउ।।
   ....
   निरहारी केसव निरवैरा।।3।।6।।13।।
   मारू, महला 5, पृष्ठ 98
5. श्री गुरुग्रन्थ साहिब, जपि मना तूं राम नराइणु गोविन्दा हरि माधो।
   ... .
   दुख हरण दीन सरण श्रीधर चरन कवल अराधीऐ।।1।।3।। रागु गउड़ी, महला 5, पृष्ठ 248
6. श्री गुरुग्रन्थ साहिब, अलाहु अलखु अगंम, कादरू करणहारु करीमु।
   सभी दुनी आवण जावणी मुकामु एकु रहीमु।
   सिरी रागु, महला 1, पृष्ठ 64

पाक[1] आदि नामों के प्रयोग मिलते हैं।

3. नवीन नाम—गुरुओं ने कुछ नवीन नामों के भी प्रयोग गुरुवाणी में किये हैं। शेरसिंह ने इनकी चार कोटियाँ बनायी हैं।[2] वे निम्नलिखित हैं—

(क) पहले प्रकार के तो वे नाम हैं, जिनसे परमात्मा के प्रेम में भिन्नता और समानता का भाव परिलक्षित होता है। इस भाव को प्रकट करनेवाले नाम हैं—मित्र, मीत, प्रीतम, पिआरा, सजण और यार।[3]

(ख) गुरु जी ने अकाल पुरुष की निर्लिप्तता और उच्चता की भावना को उसकी लिप्तता और सर्वव्यापकता के साथ जोड़कर नया आदर्श रखा है। गुरुवाणी में अकाल पुरुष को तरोवर (पेड़) भी कहा गया है।[4] परमात्मा के स्वरूप को प्रकट करने का यह अलंकार मात्र है। नाम नहीं।[5]

(ग) दशम गुरु ने कुछ ऐसे नामों के प्रयोग किये हैं, जिनसे वीर रस का भाव प्रकट होता है। महाबली योद्धाओं के लिए ऐसे नाम आवश्यक हैं। उनके हृदय में इन नामों से वीर रस का संचार होता है। वे नाम निम्नलिखित हैं—

असिकेतुः अतिपाण, खड्गकेतु, महान काल, सर्वलोह, महालोह, सर्वकाल आदि।[6]

(घ) गुरु वाणी में कुछ ऐसे नाम भी हैं, जो असाम्प्रदायिकता के परिचायक है—उदाहरणार्थ 'अधरम' और अमज़हब।[7]

वाहिगुरु—वाहिगुरु नाम सिक्खों में बहुत अधिक प्रचलित है। यह सिक्खों में उसी भाँति प्रचलित है, जिस प्रकार मुसलमानों में 'अल्लाह', हिन्दुओं में राम नाम प्रचलित हैं। खालसा के निर्माण के साथ-ही-साथ 'वाहिगुरु' नाम अधिक व्यापक हो गया और यह परमात्मा का विशिष्ट नाम समझा जाने लगा। परन्तु गुरु नानक देव का कदाचित् यह तात्पर्य नहीं था कि वाहिगुरु को 'परमात्मा' का

---

1. श्री गुरुग्रन्थ साहिब, कारन करन करीम। सरब प्रतिपाल रहीम।।
   ....
   दिला का मालकु करै हाकु। कुरान कतेब ते पाकु।।
   रामकली, महला 5, पृष्ठ 896-97
2. गुरमति दरशन, शेरसिंह, पृष्ठ 160-161
3. गुरमति दरशन, शेरसिंह, पृष्ठ 160
4. ठीक यही भावना श्रीमद्भगवद्गीता में भी पायी जाती है
   ऊर्ध्वमूलमधःशाखमश्वत्थं प्राहुरव्ययम् ।
   श्रीमद्भगवद्गीता, अध्याय 15, श्लोक 1
   कठोपनिषद् में भी यही विचार दिखायी पड़ता है—
   ऊर्ध्वमूलोऽवाक्शाख एषोऽश्वत्थः सनातनः कठोपनिषद् अध्याय 2, वल्ली 3, मन्त्र 1
5. गुरमति दरशन, शेरसिंह, पृष्ठ 160
6. गुरमति दरशन, शेरसिंह, पृष्ठ 160
7. गुरमति दरशन, शेरसिंह, पृष्ठ 160-61

विशिष्ट नाम बनाया जाय। 'वाहिगुरु' में परमात्मा के नाम की भावना उतनी अधिक नहीं है। हाँ, यह बात आवश्यक है। कि सिक्खों के लिए 'वाहिगुरु' का जप आवश्यक है। इसका भाव यह है कि सिक्ख गुरु अकाल पुरुष के अस्तित्व और सर्वव्यापकता की अनुभूति पर्वतों, समुद्रों आकाश से लेकर बालू के कणों तक में करे। जब कोई सिक्ख प्रकृति में अकाल पुरुष की आश्चर्यमयी भावना की अनुभूति करेगा, तो वह 'विस्माद'' (आश्चर्यमय) अवस्था में आ जायगा और उस आनन्दमयी अवस्था में उसके मुँह से अकस्मात् 'वाहिगुरु, वाहिगुरु' निकल पड़ेगा।[1] सारांश यह कि 'वाहिगुरु' मन की 'विस्माद' अवस्था का अन्तिम चिह्न है। यह 'राम' अथवा अल्लाह की भाँति संज्ञक नाम नहीं है।[2] तैत्तिरीयोपनिषद् में भी इसी आनन्दमयी अवस्था की अनुभूति के पश्चात् साधक के मुख से निम्नलिखित उद्‌गार अकस्मात् निकल पड़ते हैं—

एतत्साम गायन्नास्ते। हा3 वु हा 3, वु हा, 3 वु[3] ।।

अर्थात् ''सब रूप होने के कारण ब्रह्म ही साम है। उस सबसे अभिन्न रूप लोक पर अनुग्रह करने के लिए साम गान करता है। किस प्रकार साम गान करता है? हा 3, वु हा 3, हा 3, वु 3—ये तीन शब्द 'अहो' के सूचक हैं। इस अर्थ में अत्यन्त विस्मय प्रकट करने के लिए है।[4]

इस प्रकार ''वाहिगुरु'' बिल्कुल नवीन शब्द हैं। यह सिक्ख की आन्तरिक अवस्था का प्रतीक है।

नाम-जप—श्री गुरुग्रन्थ साहिब में नाम-जप और नाम-स्मरण पर बहुत अधिक बल दिया गया। नाम-जप तथा नाम-स्मरण से ही परमात्मा की समीपता प्राप्त होती है। गुरुवाणी के पदों पर ध्यान देने से नाम-जप तीन प्रकार के प्रतीत होते हैं—

1. साधारण जप। 2. अजपा जप। 3. लिव जप।

1. साधारण जप—साधारण जप जिह्वा से प्रारम्भ होता है। कतिपय विद्वान् इस जप को 'तोता रटनी' जप कहते हैं और उनकी यह धारणा है कि इस जप से कुछ लाभ नहीं होता। परन्तु हमारी समझ में उनकी यह धारणा ठीक नहीं है। पहले पहल साधक को अपनी नाम-जप साधना में साधारण जप का ही सहारा लेना पड़ता है। यह साधारण जप, 'अजपा जप' तथा 'लिव जप' की नींव है। साधारण जप स्थूल अवश्य है, पर इससे शरीर में स्थित मल-विक्षेपों का नाश होता है। पंचम गुरु अर्जुन देव ने इस जप की महत्ता भली भाँति सिद्ध की है। उनका कथन है ''सर्व निवासी परमात्मा घट-घटवासी है। वह सबमें लिपायमान

---

1. गुरमति दरशन, शेरसिंह, पृष्ठ 161
2. गुरमति दरशन, शेरसिंह, पृष्ठ 161
3. तैत्तिरीयोपनिषद्, वल्ली 3, अनुवाक 10, मन्त्र 5
4. शांकर भाष्य, (तैत्तिरीयोपनिषद्) गीता प्रेस, गोरखपुर, पृष्ठ 244

होकर भी अलिप्त है। वैसे तो नाम का निवास सब स्थानों में है, पर सन्तों की जिह्वा में विशेष रूप से है।[1] जिह्वा जप साधारण होते हुए भी धीरे-धीरे असाधारण प्रभाव दिखलाता है। रसना के जप से धीरे-धीरे तन, मन दोनों ही निर्मल हो जाते हैं।[2] स्वयं भी नाम-जप करना चाहिए और दूसरों से भी नाम-जप कराना चाहिए।[3]

2 अजपा जप—जब साधारण जप अथवा जिह्वा जप का पूरा-पूरा अभ्यास हो जाता है, तब अजपा-जप का प्रारम्भ होता है। अजपा जप में जिह्वा का काम समाप्त हो जाता है और श्वास-प्रश्वास के तार पर प्रारम्भ होता है। श्वास-प्रश्वास के तार पर यह जप होता रहता है। गुरु नानक देवे ने उपर्युक्त अजपा-जप के लिए बहुत बल दिया है—

अजपा-जापु जपै मुखि नाम।।16।।1।।

बिलावलु, महला 1, पृष्ठ 840

3. लिव जप—जिह्वा जप परमात्मा-प्राप्ति का प्रथम सोपान है। यह प्रथम सोपान अजपा-जप तक पहुँचा देता है, जो परमात्मा-प्राप्ति का द्वितीय सोपान है। अजपा-जप से फिर हम तृतीय और अन्तिम सोपान तक पहुँच जाते हैं। लिव-जप ही अन्तिम सोपान है। लिव-जप में वृत्ति द्वारा जप होने लगता है। यह जप अत्यन्त भाग्यशाली साधक को प्राप्त होता है। इस जप में शरीर, जिह्वा और मन एकनिष्ठ और केन्द्रीभूत हो जाते हैं अर्थात् शरीर जिह्वा और मन तीनों से एक साथ जप होता रहता है। गुरु नानक देव ने एक आध्यात्मिक रूपक द्वारा इसका चित्रण किया है—

काइआ कागदु जे थीए, पिआरे मनु मसवाणी धारि।
ललता शेखणि सच की पिआरे हरि गुण लिखहु वीचारि।।
धनु लेखारी नानका पिआरे साचु लिखै उरधारि।।8।।3।।

सोरठि, महला 1, पृष्ठ 636

अर्थात् "शरीर कागज हो, मन दवात और जिह्वा लेखनी हो और हरि का गुणगान ही उसकी लिखावट हो। तात्पर्य यह कि मन रूपी दवात में जिह्वा रूपी लेखनी डुबोकर हरि गुण की लिखावट शरीर रूपी कागज पर लिखी जाय।

---

1. श्री गुरुग्रन्थ साहिब, सरब निवासी घटि घटि बासी लेपु वही
   नानक कहत सुनहु रे लोगा संत रसन को बसहीअउ।।
   जैतसरी, महला 5, पृष्ठ 700
2. श्री गुरुग्रन्थ साहिब, रसना सचा सिम रीऐ मनु तनु निरमल होइ।
   सिरी रागु, महला 5, पृष्ठ 49
3. श्री गुरुग्रन्थ साहिब, सिमरि सिमरि सिमरि सुखु पावहु।
   आपि जपहु अवरहु नामु जपावहु।।
   गउड़ी सुखमनी, महला 5, पृष्ठ 290

नानक कहते हैं कि ऐसा लेखक धन्य है, वह हृदय में सत्य ही धारण करता है और उसी को लिखता है।''

लिव जप में मनुष्य का व्यक्तिगत आन्तरिक भाव, ब्रह्माण्ड के समष्टिगत आन्तरिक भाव में मिलकर विलीन हो जाता है। यह निमग्नता ऐसी घनीभूत होती है कि न तो तोड़ने से टूटती है और न छुड़ाने से छूटती है। इस लिव जप के बिना सारा जीवन थोथा और व्यर्थ है—

साची लिवै बिनु देह निमाणी।
देह निमाणी लिवै बाझहु किआ करे बेचारिआ[1] ।।6।।

गुरुमुख लिव जप में निरन्तर जगता रहता है। लिव जप की अनुभूति मात्र जप है। इसमें तो अनुभूति मात्र ही अवशिष्ट रहती है—

गुरमुखि जागि रहे दिन राती।
साचे की लिव गुरमति जाती[2] ।।4।।5

इस प्रकार यह लिव जप अत्यन्त दुर्लभ वस्तु है। करोड़ों में विरला ही इस जप को करता है। इस लिव जप का परिणाम यह होता है कि झूठ और लालच समाप्त हो जाते हैं। जो कुछ भी होता है, वह सहज भाव से होता जाता है। साधक को कुछ प्रयास नहीं करना पड़ता। वह निरन्तर परमात्मा के रस का पान करता रहता है—

गुरमुखि राम नामि लिव लाई। कूड़े लालचि ना लपटाई।।
जो किछु होवै सहजि सुभाई। हरि रसु पीवै रसन रसाइ।।
कोटि मधे किसहि बुझाई। आपे बखसे दे वडिआई[3] ।।

नाम-प्राप्ति

नाम-प्राप्ति के लिए आन्तरिक प्रेम आवश्यक है—

नामु न पावहि बिनु असनेह[4] ।।2।।4।।24।।

नाम का निवास अशुद्ध अन्तःकरण में नहीं रहता। निर्मल मन ही उसका निवास स्थान है—

हरि जीउ निरमल निरमला निरमल मनि वासा[5] ।।1।। रहाउ।।7।।29।।

श्री गुरुग्रन्थ साहिब में इस बात पर अत्यधिक बल दिया गया है। कि नाम-प्राप्ति गुरु द्वारा ही होती है—

सतिगुर ते हरि पाईऐ भाई।

---

1. श्री गुरुग्रन्थ साहिब, रामकली, महला 3, अनन्दु, पृष्ठ 917
2. श्री गुरुग्रन्थ साहिब, मारू सोलहे, महला 1, पृष्ठ 1024
3. श्री गुरुग्रन्थ साहिब, मलार, महला 3, पृष्ठ 1262
4. श्री गुरुग्रन्थ साहिब, गउड़ी गुआरेरी, महला 3, पृष्ठ 159
5. श्री गुरुग्रन्थ साहिब, रागु आसा, महला 3, पृष्ठ 426

अंतरि नामु निधानु है पूरै सतिगुरि दीआ दिखाई[1] ।।1।।रहाउ।।

तथा,

गुरु ते नामु पाईऐ वडी वडिआई[2] ।।1।।4।।26।।

तथा,

सतिगुर दातै नामु दिड़ाइआ।।
बड़भागी गुर दरसनु पाइआ[3] ।।
तथा, सतिगुर दाता राम नाम का होरु दाता कोई नाही[4] ।।2।।4।।

नाम-प्राप्ति के लिए इसीलिए गुरु-सेवा आवश्यक है—

रसना नामु सभु कोई कहै। सतिगुरु सेवै ता नामु लहै[5] ।।

तथा,

गुर सेवा नाउ पाईऐ सचै रहे समाइ[6] ।।

तथा,

जिनी सतिगुर सेविआ तिनी नाउ पाइआ बूझहू करि वीचारु[7] ।

नाम-प्राप्ति के लिए परमात्मा की कृपा परमावश्यक है। परमात्मा की असीम अनुकम्पा से ही नाम-प्राप्ति होती है और बंधन से निवृत्ति होती है। मन के सारे जंजालों का विस्मरण हो जाता है और गुरु के चरणों में प्रेम बढ़ता है—

करि किरपा दीआ मोहि नामा बंधन से छुटकाए।
मन ते बिसरिओ सगलो धंधा गुर की चरणी लाए[8] ।।1।।3।।

अतः नाम-रूपी ओषधि उसी को प्राप्त होती है जिसके ऊपर परमात्मा की कृपा होती है—

नामु अउखधु सोई जनु पावै।
हरि किरपा जिसु आपि दिखावै[9] ।।4।।10।।79।।

सारांश यह कि नाम-प्राप्ति के लिए आत्म-कृपा, गुरु-कृपा और परमात्मा-कृपा तीनों ही आवश्यक है।

नाम-प्राप्ति के फल—नाम-प्राप्ति के अनन्त फल होते हैं। मोटे तौर से उन फलों को दो भागों में विभक्त किया जा सकता है—

---

1. श्री गुरुग्रन्थ साहिब, रागु आसा, महला 3, पृष्ठ 425
2. श्री गुरुग्रन्थ साहिब, रागु आसा, महला 3, पृष्ठ 424
3. श्री गुरुग्रन्थ साहिब, माझ, महला 4, पृष्ठ 232
4. श्री गुरुग्रन्थ साहिब, मलार, महला 3, पृष्ठ 1259
5. श्री गुरुग्रन्थ साहिब, मलार, महला 3, पृष्ठ 1262
6. श्री गुरुग्रन्थ साहिब, सिरी रागु, महला 3, पृष्ठ 33
7. श्री गुरुग्रन्थ साहिब, सिरी रागु की बार, महला 3, पृष्ठ 86
8. श्री गुरुग्रन्थ साहिब, धनासरी, महला 5, पृष्ठ 671
9. श्री गुरुग्रन्थ साहिब, गउड़ी गुआरेरी, महला 5, पृष्ठ 179

1. सांसारिक अथवा ऐहिक फल।

2. पारमार्थिक फल।

संक्षेप में पृथक्-पृथक् दोनों का विवेचन किया जायगा।

1. सांसारिक फल—परमात्मा के भजन करनेवाले भक्तों की चार श्रेणियाँ हैं—

अर्थार्थी, आर्त्त, जिज्ञासु एवं ज्ञानी। अर्थार्थी और आर्त्त भक्तों की गणना तो कम या वेश सांसारिक श्रेणी में ही की जा सकती है, क्योंकि वे संसार के भोगों की प्राप्ति अथवा दुःखों का निवारण ही चाहते हैं। जिज्ञासु और ज्ञानी भक्त की गणना पारमार्थिक भक्तों में की जा सकती है। परन्तु इतना तो निश्चय है कि जो जिस भाव से नाम की उपासना करता है, उसे उसी भाव की सिद्धि भी प्राप्त होती है। नाम अनन्त कल्पतरु तथा कामधेनु है। इसी से यह सबकी मनोकामनाओं को पूरा करने में समर्थ है। नाम के गुणगान से लोक-परलोक दोनों ही सुहावने हो जाते हैं।[1] नाम की उपासना के कलियुग के सारे क्लेश मिट जाते हैं और यमदूतों से छुटकारा प्राप्त हो जाता है। इससे शत्रुओं का नाश हो जाता है, अन्य उपाय नहीं है।[2] नाम-स्मरण से सारे रोगों का मूल ही नष्ट हो जाता है।[3] नाम-स्मरण से सारी वस्तुएँ प्राप्त हो जाती हैं, कोई भी विघ्न दिखायी नहीं पड़ता। परमात्म नाम-स्मरण करनेवाले साधक की प्रतिष्ठा स्वयं रखता है, कोई भी उसका अस्तित्व नहीं मिटा सकता। नाम-स्मरण से महान् सुखों की प्राप्ति होती है। नाम के गुणगान से रोग समूल नष्ट हो जाते हैं नाम को मन में बसाने से सारी आशाओं की प्राप्ति हो जाती है और साथ ही किसी प्रकार का विघ्न भी नहीं उपस्थित होता।[4] जो नाम की आराधना करते हैं, उनके सारे कार्य बन जाते हैं।[5] नाम-जप से करोड़ों मनोरथ हाथ में आ जाते है।[6] नाम-जप से मनोवांछित फलों की प्राप्ति

---

1. श्री गुरुग्रन्थ साहिब, राम के गुन गाउ।
   हलतु पलतु होहि दोवै सुहेले। रामकली, महला 5, पृष्ठ 895
2. श्री गुरुग्रन्थ साहिब, कलि कलेस मिटंता सिमरणि काटि जमदूत फारु।। 1 रहाउ।।
   सत्रु-दहन हरिनाम कहन अवर कछु न उपाउ।।2।।1।।3।।
   गूजरी, महला 5, पृष्ठ 502
3. श्री गुरुग्रन्थ साहिब, सिमरत सिमरत प्रभ का नाउ। सगल रोग का बिनसिआ थाउ।।
   गउड़ी, महला 5, पृष्ठ 191
4. श्री गुरुग्रन्थ साहिब, तैडै सिमरणि हमु किछु लघमु बिखमु न डिठमु कोई।।
   ....
   कोइ न लागै बिघनु आपु गवाईए।। गूजरी की वार, महला 5, पृष्ठ 520
5. श्री गुरुग्रन्थ साहिब, जिन जिनि नामु धिआइआ तिन के काज सरे।।14।।1।।
   माझ, बारहमाहा, महला 5, पृष्ठ 136
6. श्री गुरुग्रन्थ साहिब, कोटि मनोरथ आवहि हाथ।।1।।8।।
   भैरउ महला 5, पृष्ठ 1137

होती है और सारे शोक तथा सन्ताप दूर होते है।[1] नाम-जप और नाम-स्मरण से निरन्तर सुख की प्राप्ति होती है, सारे कल्मष, पाप, दुःख, दरिद्रता और भूख नष्ट हो जाती है।[2] जिसके हृदय में नाम का निवास है, उसके सम्पूर्ण कार्य हो जाते हैं और वह करोड़ों धन पा जाता है[3] सारांश यह कि सारी शक्तियाँ और प्रभुता नाम की चेरी है।[4]

(2) पारमार्थिक फल—नाम-जप से प्राप्त होनेवाले सांसारिक फल, तो पारमार्थिक फलों की अपेक्षा अत्यन्त अल्प हैं, क्योंकि बड़ी-से-बड़ी सांसारिक ऐश्वर्य-प्राप्ति अथवा सिद्धि नष्टधर्मा ही है। सभी नाम-रूपात्मक वस्तुएँ नश्वर और क्षणभंगुर हैं। इसी से सच्चे भक्त परमात्मा से न तो कभी सांसारिक वैभव माँगते हैं, न किसी प्रकार की सांसारिक सिद्धि ही चाहते हैं। उनकी तो परम सिद्धि परमात्मा ही है। उनका तो परम वैभव हरि ही हैं, क्योंकि सारी सिद्धियों, सारे ऐश्वर्य नाम में ही प्रतिष्ठित हैं। नाम का सच्चा प्रेमी, परमात्मा का सच्चा भक्त तो सिद्धियों को वमन की भाँति त्याग देता है। जिज्ञासु और ज्ञानी की दृष्टि में बड़े-से-बड़ा ऐश्चर्य बिना नाम के मिथ्या है और क्षार-तुल्य है।[5] उन्हें तो नाम में ही रत्न, जवाहर, माणिक तथा अमृत प्रतीत होता है।[6] वे तो नाम को ही अपना सर्वस्व समझते हैं और उन्हें नाम-धन के बिना अन्य धन विष के सदृश प्रतीत होते हैं।[7]

अतः ऐसे भक्तों को पारमार्थिक फल प्राप्त होते हैं। निर्मल नाम से हउमै का नाश होता है और रागात्मिका भक्ति की प्राप्ति होती है, जिसे परमानन्द मिलता है। उसे सदैव ही आनन्द-ही-आनन्द रहता है, कभी शोक नहीं होता। नाम से साधक स्वयं तो मुक्त ही होता है औरों को भी मुक्त कराता है।[8]

---

1. श्री गुरुग्रन्थ साहिब, मन मेरे रामु नामु जपि जापि। मन इछे फल भुंचि तू सभु चूकै सोग सतापु।। रहाउ।।17।।87।। सिरी रागु, महला 5, पृष्ठ 48
2. श्री गुरुग्रन्थ साहिब, हरि हरि नामु जपहु मन मेरे जितु सदा सुखु होवै दिनु राती।
   हरि हरि नामु जपहु मन मेरे जितु सिमरत सभि किलविख पाप लहाती।।
   हरि हरि नामु जपहु मन मेरे जितु दालदु दुख भुख सभ लहि जाती।।
   सिरी रागु की वार, महला 3, पृष्ठ 88
3. श्री गुरुग्रन्थ साहिब, जिसु नामु रिदै तिसु पूरे काजा।।
   जिसु नामु रिदै तिनि कोटि धन पाए।।1।।1।।4।। भैरउ, महला 5, पृष्ठ 1155
4. श्री गुरुग्रन्थ साहिब, सरब जोति नामै की चेरि ।।2।।1।। बसंतु, महला 1, पृष्ठ 1187
5. श्री गुरुग्रन्थ साहिब, बिनु हरि नाम मिथिआ सभ छारु।।4।।8।।
   भैरउ, महला 5, पृष्ठ 1137
6. श्री गुरुग्रन्थ साहिब, रतन जवेहर माणिका अंमृतु हरि का नाउ।। 4।।17।।87।। सिरी रागु, महला 5, पृष्ठ 48
7. श्री गुरुग्रन्थ साहिब, नाम-धन बिनु होर सभ बिखु जाणु।।1।।2।।
   धनासरी, महला 3, पृष्ठ 664
8. श्री गुरुग्रन्थ साहिब,निरमल नामि हउमै मलु धोइ।
   ....
   आपि मुकतु अवरा मुकतु करावै।।3।।2।। धनासरी, महला 3, पृष्ठ 664

नित्य के नाम-जप से काम क्रोध अहंकार नष्ट हो जाते और एक परमात्मा में निष्ठा बढ़ती है।[1]

नाम-जप से साधक में जो परिवर्तन होते हैं, उनका गुरु अर्जुन देव ने इस भाँति चित्रण किया है, नाम-जप से सर्वप्रथम परायी-निन्दा का त्याग हो जाता है। लोभ, मोहादि दूर हो जाते हैं और परम वैष्णव की रहनी प्राप्त होती है, जिससे परमात्मा अत्यन्त निकट दिखायी पड़ता है। फिर वह अत्यन्त त्यागी हो जाती है। उस साधक का संग अहंबुद्धि से छूट जाता है और काम-कोध का सारा रंग उतर जाता है।...वैरी और मित्र समान से लगाते हैं, क्योंकि पूर्ण परमात्मा सभी में व्याप्त होता है। प्रभु की आज्ञा मानने में सुख प्राप्त होने लगता है।''[2]

गुरु रामदास जी ने नाम की आराधना के निम्नलिखित फल बताये हैं, गुरु की वाणी द्वारा नाम सुनने से सभी कार्यों की सिद्धि हो गयी, और सारे कार्य अत्यन्त सुहावने लगने लगे। गुरु के मुख द्वारा नाम की आराधना से नाम रोम-रोम में रम गया। नाम की आराधना से (मन, बुद्धि, चित्त तथा अहंकार) सब-कुछ पवित्र हो गये। उसी की आराधना के फलस्वरूप नाम का वास्तविक रहस्य समझ में आ गया कि 'उसका न कोई रूप है, न रेखा।' जो नाम सर्वत्र घट-घट में व्याप्त है, उसमें रमने से तृष्णा और भूख की निवृत्ति हो गयी, तन, मन शीतल हो गये तथा सुहावने प्रतीत होने लगे।''[3]

एक स्थल पर गुरु अर्जन देव ने गुरु द्वारा प्राप्त होनेवाले नाम के जप से निम्नलिखित फल बतलाये हैं[4]—

1. सांसारिक आपदाएँ नष्ट हो जाती हैं।
2. चंचल मन स्थिर हो जाता है।
3. पुनः दुःख की प्राप्ति नहीं होती।

---

1. श्री गुरुग्रन्थ साहिब, हरि की नामु जपीऐ नीत।
काम क्रोध अहंकार बिनसै लगै एकै प्रीति।।1।।रहाउ।।1113।।
प्रभाती, महला 5, विभास, पृष्ठ 1341
2. श्री गुरुग्रन्थ साहिब, प्रथमे छोड़ी पराई निन्दा। उतर गई सम मन की चिन्ता।।
....
प्रभ की आगिआ मानि सुखु पाइआ। गुरि पूरै हरि नामु दृड़ाइआ।।3।।27।।40।। भैरउ, महला 5, पृष्ठ 1147
3. श्री गुरुग्रन्थ साहिब, वाणी राम नाम सुणी सिधि कारज सभि सुहाए राम।
....
मनु तनु सीतल सींगारु सभु होआ गुरमति रामु प्रगासा।। रागु आसा, महला 4, पृष्ठ 443
4. श्री गुरुग्रन्थ साहिब, जासु जपत भउ आपदा जाइ।।2।। ...
जासु जपत सुणि अनहत धुनै।।7।।2।।
रागु गउड़ी गुआरेरी, महला 5, पृष्ठ 236

4. हउमै वश में हो जाता है।

5. पंच कामादिक वशीभूत हो जाते हैं।

6. हृदय में अमृत का संचार होता है।

7. तृष्णा-निवृत्ति हो जाती है।

8. परमात्मा रूपी रत्न की प्राप्ति होती है।

9. करोड़ों पाप और अपराध मिट जाते हैं।

10. मन शीतल हो जाता है और सारे भलों को खो देता है।

11. अनेक वैकुण्ठ-निवास का फल होता है।

12. सहजावस्था के सुख में निवास होता है।

13. तृष्णा रूपी अग्नि नहीं जलाती।

14. काल का प्रभाव भी नष्ट हो जाता है।

15. भाग्य अत्यन्त निर्मल हो जाता है।

16. सारे दुःखों का नाश हो जाता है।

17. सारी कठिनाइयाँ समाप्त हो जाती हैं।

18. और अनाहत ध्वनि सुनायी पड़ती है।

इस स्थल पर सांसारिक और पारमार्थिक फल एक कर दिये गये हैं। अन्य स्थल के वर्णनों में भी यही बात पायी जाती है।

नाम-जप से ही 'घरम-खण्ड', 'गिआन खण्ड', 'सरम खण्ड', 'करम खण्ड', तथा 'सचखण्ड' का बोध शक्य है।[1] नाम-जप से ही 'अनहद झुनकार' तथा 'सुंन समाधि' की प्राप्ति होती है।[2]

अन्त में नाम द्वारा ऐसी अवस्था प्राप्त होती है, जो वर्णनातीत है। यह मन, बुद्धि चित्त से परे है। इस अवस्था का नामकरण गुरुओं द्वारा 'विस्माद अवस्था' किया गया है। नाम का 'जहूर' ही विस्माद है। इसकी वास्तविक स्थिति वही जान सकता है, जो इसका अनुभव करता है। यह वह अवस्था है, जो मनुष्य को अहंकार की चहारदीवारी से बाहर निकालकर आत्म-स्वरूप में स्थित करके अलौकिक मस्ती प्रदान करती है।[3] नाम की घनीभूत अनुभूति ही विस्माद अवस्था है और विस्मादि का 'जहूर' ही 'वाहिगुरु' पद है।[4]

---

1. श्री गुरुग्रन्थ साहिब, देखिये 'धरम खण्ड आदि का स्वरूप', जपुजी, पृष्ठ 7-8
2. श्री गुरुग्रन्थ साहिब, प्रभ के सिमरनि अनहद झुनकार ।।7।।1।। गउड़ी सुखमनी, महला 5, पृष्ठ 265
3. श्री गुरुग्रन्थ साहिब, सेंन समाधि नाम रस माते।।7।।2।।
   गउड़ी, सुखमनी, महला 5, पृष्ठ 265
4. गुरमति दरशन, शेरसिंह, पृष्ठ 308

तभी तो गुरु अर्जुन देव ने कहा है—

विसमन बिसम भए बिसमाद।
जिनि बूझिआ तिसु आइआ स्वाद[1] *।।8।।16।।*

तथा,

नउ निधि अंमृतु प्रभ का नाम। देही महि इसका विस्रामु।।
सुंन समाधि अनहत तह नाद। कहनु न जाई अचरज बिसमाद[2] *।।1।।23।*

इस विस्माद अवस्था में अभेद-स्थिति प्राप्त होती है। अतः इस अवस्था में भी विस्माद है, संसार भी विस्माद है और जीव भी विस्माद है। जीव, ब्रह्म और ब्रह्माण्ड सभी विस्माद अवस्था में एक हो जाते हैं। इसलिए गुरु नानक देव जी 'आसा की वार' में प्रत्येक वस्तु को विस्माद में ही देखते हैं। इन्हें वेद, नाम, जीव और जीवों के भेद अनेक रूप रंग, पवन, पानी, अग्नि और अग्नि के विविध रूपों के खेल, खण्ड-ब्रह्माण्ड, संयोग-वियोग, भूख-भोग, सिफति-सलाह, राह-कुराह, 'नेड़ै-दूरि' सब-कुछ में विस्माद दिखायी पड़ता है—

विसमादु नादु विसमादु वेद। विसमाद जीअ विसमादु भेद।।
विमाद रूप विसमादु रंग। विसमादु नागे फिरहि जंत।।
विसमादु पउणु विमाद पाणी। विसमादु अगनि खेडहि विडाणी।।
विसमादु धरती विसमादु खाणी। विसमादु सादि लगहि पराणी।।
बिसमादु सजोगु विसमादु बिजोगु। विसमाद भुख विसमाद भोग।।
विसमादु सिफति विसमाद सालाह। विममाद उझड़ बिसमादु राहु।।
विसमादु नेड़ै विसमादु दूरि। विसमाद देखै हाजरा हजूरि।।
देखि विडाणु रहिआ विसमादु। नानक बुझणु पूरै भागि[3] *।।1।।3।।*

उपर्युक्त 'विस्माद-अवस्था' 'नाम-जप' का ही परिणाम है। इस विस्माद अवस्था के सीकर मात्र में वह आनन्द है, जिससे मन परम आह्लादित होकर अपनी चंचलता को त्याग देता है।

---

1. श्री गुरुग्रन्थ साहिब, गउड़ी सुखमनी, महला 5, पृष्ठ 285
2. श्री गुरुग्रन्थ साहिब, गउड़ी सुखमनी, महला 5, पृष्ठ 293
3. श्री गुरुग्रन्थ साहिब, आसा की वार, महला 1, पृष्ठ 463-464

सहायक ग्रन्थों की सूची

ENGLISH

Adi Grantha : Ernest Trump (Wm. H. Allen and Co. London, 1877)

A History of the Punjabi Literature : Mohan Singh. (University of the Punjab, Lahore, I Edition, 1932).

A Short History of the Sikhs : Teja Singh and Genda Singh. (Orient Longmans Ltd., Bombay, Calcutta and Madras, I Edition, 1950).

East and West : S. Radhakrishnan (George Allen and Unwin Ltd.) London, 1933).

Encyclopaedia of Religion : Edited by James Hastings Vol VI, (God in Hinduism by A. S. Gedan) (Edinburgh, 1913).

Essays in Sikhism : Teja Singh. (Sikh University Press, Lahore, 1944).

Evolution of the Khalsa, Vol I : Indubhushan Banerjee, Ist. Edition, (University of Calcutta, 1936).

Gorakhnath and Medieval Hindu Mysticism : Mohan Singh. (Published by Dr. Mohan Singh, Oriental College, Lahore, I Edition, 1936).

History of the Sikhs : J.D. Cunningham (New and Revised Edition) (Oxford University Press, 1918).

Indian Philosphy : S. Radha Krishnan, (Gerorge Allen and Unwin Ltd., London, Indian Edition, 1941).

J.R.A.S. Part XVIII : Calcutta (Fredrick Pincott)

Life of Guru Nanak Deva : Kartar Singh, (Sikh Publishing House, Amritsar, I Edition, 1937).

Philosophy of Sikhism : Sher Singh, (Sikh University Press, Lahore, I Edition, 1944)

The Hindu View of Life : S. Radha Krishnan, (George Allen and Unwin Ltd., London, 1937).

The Philosophy of Yogavashistha : B. L. Atreya (Theosophical Publishing House, Madras, 1937).

The Religion of the Sikhs : Dorothy Field. (Wisdom of the East Series, London, 1944)

The Quran : Mirza Abul Fazl. (G. A. Ashghar, and Go., Allahabad 1912.)

The Sikh Religion (In Six Vols.) M.A. Macauliffe (At the Clarendon Press, 1909)

Transformation of Sikhism : Gokul Chand Narang (New Book Society, III Edition, 1946)

Vaishnavism, Shaivism and Minor Religious Systems : R. G. Bhandarkar. (Bhandarkar, Oriental Research, Institute ; 1929)

पंजाबी

कुझ होर धारमिक लेख : साहिब सिंह (लाहौर बुक शाप, प्रथम संस्करण, 1946 ई.)

गुरमति अधिआतम करम फिलासफी : रणधीर सिंह (ज्ञानी, नाहरसिंह, गुजरांवाला, अमृतसर प्रथम संस्करण, 1951 ई.)

गुरमति दर्शन : शेरसिंह, (शिरोमणि गुरुद्वारा प्रबन्धक कमेटी, अमृतसर, प्रथम संस्करण, 1951 ई.)

गुरमति निरणय : जोधसिंह (मेसर्स अतरचन्द कपूर एण्ड संस, अनारकली, लाहौर, छठा संस्करण, 1945 ई.)

गुरमति प्रकाश : साहिब सिंह (लाहौर बुक शाप, छठा संस्करण, 1945 ई.)

गुरमति प्रभाकर : कान्ह सिंह (श्री गुरमत प्रेस, अमृतसर, तीसरा संस्करण, 1928-29)

गुरमति फिलासफी : प्रतापसिंह, (सिक्ख पब्लिशिंग हाउस, अमृतसर, दूसरा संस्करण, 1947 ई.)

गुरवाणी विआकरण : साहिब सिंह (प्रकाशक प्रोफेसर साहिब सिंह, खालसा कालेज, अमृतसर, प्रथम संस्करण, 1929 ई.)

दस वारां सटीक : साहिब सिंह (लाहौर बुक शाप, प्रथम संस्करण, 1946 ई.)

पंजाबी भाखा विगिआन अते गुरमति गिआन : मोहन सिंह 'कस्तूरी लाल एण्ड संस, बाजार माई सेवां, अमृतसर, प्रथम संस्करण, 1952)

पुरातन जनम साखी : वीर सिंह (अमृतसर, 1931 ई.)

भट्टा दे सवैये : साहिब सिंह, (लाहौर बुक शाप, तीसरा संस्करण, 1945 ई.)

वारां : भाई गुरदास जी (शिरोमणि गुरुद्वारा, प्रबन्धक कमेटी, अमृतसर प्रथम संस्करण, 1952 ई.)

श्री गुरु ग्रंथ साहिब : (नागरी लिपि में) शिरोमणि गुरद्वारा प्रबन्धक कमेटी, अमृतसर, 1951 ई.)

सुखमनी साहिब सटीक : साहिब सिंह (लाहौर बुक शाप, द्वितीय संस्करण, 1945 ई.)

संस्कृत

उपनिषद : ईशाद्यस्टोत्तशतोपनिषद : (निर्णय सागर प्रेस, बम्बई, तृती संस्करण, 1925 ई.)

(ईशावास्य, के, कठ मुण्डक, माण्डूक्य, तैत्तिरीय, छान्दोग्य, वृहदारण्यक, श्वेताश्वतर, मैत्रायणी, सुबाल)

ऋग्वेद-सिंहता : (प्रकाशक पं. गौरीनाथ झा, व्याकरणतीर्थ, संचालक, वैदिक पुस्तकमाला, कृष्णागढ़, सुल्तानगंज, भागलपुर, प्रथम संस्करण, सं. 1988-1993 वि.)

कुमार-संभव : कालिदास (श्री वेंकटेश्वर प्रेस, बम्बई, सं. 1969 वि.)

पंचदशी : विद्यारण्य स्वामी (खेमराज श्रीकृष्णदास, बम्बई, सं. 1969 वि)

पातंजल योग-दर्शनम् : पतंजलि (लखनऊ विश्वविद्यालय, लखनऊ)

ब्रह्मसूत्र : व्यास (निर्णय सागर प्रेस, बम्बई, सन् 1915 ई.)

भक्तिसूत्र : नारद (गीताप्रेस, गोरखपुर, तृतीय संस्करण सं. 1994 वि.)

मनुस्मृति : मनु (टीकाकार, जनार्दन झा) हिन्दी पुस्तक एजेंसी, 203 हरिसन रोड, कलकत्ता, छठा संस्करण, सं. 1993 वि.)

महाभारत : (शान्ति पर्व) (सनातन धर्म प्रेस, मुरादाबाद, 1924 ई.)

शिव-संहिता : लक्ष्मी वेंकटेश्वर मुद्रणालय, कल्याण, बम्बई, सं. 1952 वि)

श्रीमद्भगवद्गीता : शांकर भाष्य (गीताप्रेस, गोरखपुर, सं. 2008 वि)

श्रीमद्भागवतमहापुराणम् : व्यास (गीताप्रेस, गोरखपुर, सं. 1998 वि.)

सांख्य-दर्शन : कपिल (लक्ष्मी वेंकटेश्वर प्रेस, कल्याण, बम्बई सं. 1980 वि)

सौन्दर्य-लहरी : शंकराचार्य (हितचिन्तक यत्रालय, रामघाट, काशी 1910 ई.)

हिन्दी

उत्तर भारत की संत-परम्परा : परशुराम चतुर्वेदी (भारती भण्डार, लीडर प्रेस, प्रयाग, प्रथम संस्करण, सं. 2008 वि)

उमेश मिश्र का भाषण : 36 वें हिन्दी साहित्य सम्मेलन के अवसर पर दिया गया भाषण, सं. 2005 वि.)

कबीर : हजारी प्रसाद द्विवेदी (हिन्दी ग्रंथ रत्नाकर, कार्यालय, बम्बई, प्रथम संस्करण, 1942 ई.)

कबीर का रहस्यवाद : रामकुमार वर्मा, साहित्य-भवन प्रा. लिमिटेड, इलाहाबाद, चतुर्थ संस्करण, 1941 ई.)

कबीर-ग्रंथावली : सम्पादक श्यामसुन्दर दास, (इण्डियन प्रेस लिमिटेड, प्रयाग, 1928 ई.)

कबीर-वचनावली : सम्पादक अयोध्यासिंह उपाध्याय (नागरी प्रचारिणी सभा, काशी, छठा संस्करण, सं. 1982 वि.)

कबीर साहित्य की परख : परशुराम चतुर्वेदी, भारती भण्डार, इलाहाबाद।

कुरान और धार्मिक मतभेद : मूल लेखक—मौलाना अबुल कलाम आज़ाद, अनुवादक—सैय्यर जहरुल हुसेन हाशिमी, (तर्ज़ुमानुल कुरान, कार्यालय दरियागंज, दिल्ली, प्रथम संस्करण, 1933 ई.)

गीता-रहस्य अथवा कर्मयोग-शास्त्र : बाल गंगाधर तिलक, (अनुवादक माधव राव सप्रे)
(प्रकाशक-तिलक बन्धु, शिमला हाउस, मैथ्यू रोड, चौपाटी, बम्बई 4, छठा संस्करण, 1958 ई.)

गोरखबानी : सम्पादक पीताम्बर दत्त बड़थ्वाल (दिल्ली साहित्य सम्मेलन, प्रयाग) द्वितीय संस्करण, सं. 2003 वि.)

जायसी ग्रंथावली : रामचन्द्र शुक्ल (नागरी प्रचारिणी सभा, काशी,) पंचम संस्करण 2008 वि.)

तसव्वुफ़ अथवा सूफीमत : चन्द्रबली पाण्डेय, (सरस्वती मन्दिर बनारस, द्वितीय संस्करण, 1948 ई.)

तुलसी-दर्शन : बलदेव प्रसाद मिश्र, (द्वितीय साहित्य सम्मेलन, प्रयाग, पंचम संस्करण, 2005 वि.)

नाथ सम्प्रदाय : हजारी प्रसाद द्विवेदी (हिन्दुस्तानी एकेडमी उत्तर प्रदेश, इलाहाबाद, प्रथम संस्करण, 1950 ई.)

भारतीय दर्शन : बलदेव उपाध्याय, (प्रकाश पं. गौरी शंकर उपाध्याय, जतबर, बनारस, प्रथम संचरण, 1942 ई.)

भारतीय-दर्शन : सतीशचन्द्र चट्टोपाध्याय और धीरेन्द्र मोहन दत्त पुस्तक भाण्डार पटना, प्रथम संस्करण

मध्यकालीन प्रेम-साधना : परशुराम चतुर्वेदी (साहित्य भवना प्रा. लिमिटेड, इलाहाबाद द्वितीय-संस्करण, 1959 ई.)

मीरांबाई की पदावली : परशुराम चतुर्वेदी, हिन्दी साहित्य सम्मेलन, प्रयाग रामचरितमानस (बालकाण्ड) : तुलसीदास (गीताप्रेस, गोरखपुर, बीसवाँ संस्करण, सं. 2009 वि.)

विचार सागर : निश्चलदास—(मनोरंजन छापाखाना, बम्बई, सन् 1917 ई.)

संस्कृति-संगम : क्षितिमोहन सेन (साहित्य-भवन प्रा. लिमिटेड, इलाहाबाद, तृतीय संस्करण, 1957 ई.)

सुन्दर-दर्शन : त्रिलोकीनारायण दीक्षित (किताब महल, जीरोरोड, इलाहाबाद, प्रथम संस्करण, 1953 ई.)

सुन्दर-विलास : सुन्दरदास, (खेमराज भी कृष्णदास, बम्बई, सं. 1967 वि.)

सूफी काव्य-संग्रह : परशुराम चतुर्वेदी (हिन्दी साहित्य सम्मेलन, प्रयाग, प्रथम संस्करण, 1958 ई.)

हिन्दी काव्य में निर्गुण सम्प्रदाय : पीताम्बर दत्त बड़थ्वाल अनुवादक : परशुराम चतुर्वेदी (अवध पब्लिशिंग हाउस, लखनऊ, प्रथम संस्करण) हिन्दी साहित्य का आलोचनात्मक इतिहास : राजकुमार वर्मा (रामनारायण लाल कटरा, इलाहाबाद, संशोधन और परिवर्द्धित संस्करण) हिन्दी साहित्य का इतिहास : रामचन्द्र शुक्ल, (नागरी प्रचारिणी सभा, काशी, संशोधित और परिवर्द्धित संस्करण, 1997 वि.)

हिन्दी साहित्य की भूमिका : हजारी प्रसाद द्विवेदी (हिन्दी ग्रंथ रत्नाकार कार्यालय, बम्बई, चौथा संस्करण, 1950 ई.)

●●●